# 心理學

## （第五版）

# *Psychology*

葉重新　著

# 作者簡介

## 葉重新　台灣台南市人

學　　歷：國立台灣大學心理學碩士、國立政治大學教育學博士

曾經任教：國立台中教育大學、國立彰化師範大學、國立政治大學、國立空中大學、東海大學、淡江大學、亞洲大學、中國文化大學、中原大學、輔仁大學、實踐科技大學、中央警察大學、萬能科技大學、中台科技大學、聖約翰科技大學、朝陽科技大學、台灣神學院、中台神學院

曾經擔任：淡江大學教育研究中心執行長、國立台中教育大學數理教育學系主任、考選部心理師考試典試委員、亞洲大學心理學系主任、保力達公司顧問、台中家庭扶助中心專業諮詢委員、國立台中圖書館教育文化講座、台灣北部社區心理衛生中心主任、斐陶斐榮譽學會總幹事

論文指導：擔任過約百名研究生學位論文指導教授

專書出版：心理與教育測驗、心理學、教育研究法、教育心理學、變態心理學、心理測驗、心理與生活

# 序言

作者任教大學約四十年，此期間閱讀過許多國內學者所撰寫的心理學教科書，發現絕大部分直接翻譯自英文書，不但詞不達意，而且有「見樹不見林」的感覺。近年來，有些心理學教科書由多位學者合作撰寫，內容拼湊不連貫，體例也不一致。同時，有些教師採用英文本心理學教科書，許多學生表示閱讀之後仍然一知半解，對心理學無法獲得清晰的概念。其次，坊間心理學相關書籍甚多，一類屬於學術性，另一類屬於通俗讀物。就前者來說，台灣已出版的心理學大學用書，普遍缺乏本土心理學資料，不符合台灣社會的需求。就後者而言，大眾化心理學書籍充斥市面，有些確實對讀者有益，可是其中也不乏有偏離心理學學術者。

心理學是研究人類行為的基礎科學。在社會變遷快速、資訊蓬勃發達的新世紀，心理學的知識一日千里。本書為心理學入門書籍，不但適合大專院校學生使用，同時適合各行各業從業人員以及一般社會大眾閱讀，對讀者的學業、事業、婚姻與家庭、心理健康等方面，都有莫大的助益。基於前述動機及理念，在撰寫本書時，依循以下原則：文詞力求簡明通順；內容取材最新穎；兼具學術性和通俗性；內容份量適中；多舉實例，讀者可學以致用。

本書已出版過四版，雖然獲得讀者熱烈迴響，但是為了提供讀者最新的心理學訊息，因此不斷更新內容。作者在撰寫第五版過程中，同時準備新書出版，惟恐書中疏忽之處在所難免，懇請國內外賢達先進不吝指正，感激不盡。

葉重新 謹識

2020 年 4 月於台中市

# 目次

# 第 *1* 章

# 心理學緒論

## 本章大綱

　　心理學是研究人類行為的科學。研究人類行為的學門非常多，例如：哲學、教育學、社會學、人類學等。何以會有心理學？究其主要原因，乃人類在自然科學方面，已經有相當高的成就，科學技術有效增進人類生活的品質。可是，在環境急速變遷、生活競爭日趨劇烈的今日世界，人類物質生活雖然日漸富足，但是精神生活卻日益空虛，社會問題層出不窮。每天有許多人犯罪、酗酒、自殺、失眠、使用毒品，很多人罹患心理或精神疾病，人與人之間的感情淡薄，人際間的距離益發疏遠。這些問題顯然無法以自然科學來解決，其他學門也無能為力，在這種背景之下心理學乃應運而生。

　　心理學主要以個人為研究對象，研究結果可以增進對人的了解，幫助個人充分發揮潛能，健全人格發展，成為身心健全的人，進而使社會安定、進步與繁榮，生活品質提升，增進全人類的福祉。因此，心理學已成為現代研究人類行為的顯學。

　　本章將就心理學的涵義、心理學發展簡史、現代心理學的門類與發展取向、心理學的研究方法、心理學家的倫理道德等，分別加以說明，使讀者對心理學有基本的認識。

# 第一節　心理學的涵義

## 一、心理學的定義

　　心理學起源於兩千多年前的古希臘哲學。西方哲學自蘇格拉底（Socrates, 469～399 B.C.）、柏拉圖（Plato, 427～347 B.C.）、亞里斯多德（Aristotle, 384～322 B.C.）等著名哲學家以來，歷代哲學家幾乎都把「心」作為哲學探討的主題。由於他們都以主觀的方法來研究人類的心靈，因此只能說是哲學的心理學，而非科學的心理學。

　　**心理學**的原名為「psychology」，該字是由希臘文中的psyche與logos兩

個字演變而來。前者指「**靈魂**」（soul），後者意指「**論述**」（discourse），兩者合在一起，泛指研究人類心靈的學問。由於心靈一詞非常抽象，只具有哲學的思維，因此以哲學鑽研人類心靈的學問，並不具有科學的意義。一直到西元 1879 年，德國心理學家馮德（Wilhelm Wundt, 1832～1920）（圖1-1）在**萊比錫大學**（University of Leipzig）設立心理實驗室，以科學的方法來研究人類的行為。此時心理學才脫離哲學的領域，成為一門獨立自主的科學。由此可知，心理學可以說淵源數千年，但是卻只有百餘年歷史的學科。

　　在19世紀末年，心理學已具有科學的雛形，心理學被定義為：研究心理活動的科學。一直到20世紀六〇年代，許多心理學家認為：心理學是研究行為（behavior）的科學，行為是指人類外在的、可以直接觀察到的活動。到了1970年代，很多心理學者認為：除了外在的行為，內在的心理活動歷程，例如：思考、記憶、動機與情緒等，也應納入心理學研究的範圍。因此，又將心理學界定為：心理學是研究人類內在與外在的行為歷程的科學。由此可見，在不同的時代背景之下，心理學家對心理學的定義有所差異。

圖1-1　馮德
（Wilhelm Wundt, 1832～1920）

## 二、心理學研究的目的

　　心理學與其他學科一樣，其研究取向可以分為基礎研究與應用研究。從事基礎研究的心理學家，偏重於純理論的探討，其主要目的在發現事實真相，並且探求事物變化的原理原則，建立各種理論學說，以達成敘述、詮釋、預測與控制人類行為的目的；基礎研究偏重於學術理論的鑽研，研究結果不一定用來提高生活品質。至於從事應用研究的心理學家，則以提高人類生活品質為主要目標。由上述分析，作者將心理學的研究目的，歸納為以下五個層面：

### （一）敘述

　　敘述（description）是指在不同情境之下，觀察與記錄人類的行為，根據所蒐集到的事實資料客觀描述。例如：心理學家想探討憂鬱症患者的行為，如果研究發現憂鬱症患者與正常人在思考、感覺及行為上有明顯的差異，這樣就可以對憂鬱症作詳細的敘述。

### （二）詮釋

　　詮釋（explanation）是對人們的思考、感覺與行為作進一步分析、解讀。心理學家常針對研究問題蒐集各種相關的資料，然後提出假說（hypothesis），甚至提出理論來說明個體內在心理歷程。例如：假設離婚者可能與小時候父母婚姻不幸福美滿有關。為了進一步驗證這種假說是否正確，需要作更多研究。研究者進一步訪談離婚者的父母親，如果發現他們的婚姻美滿情形確實與一般家庭不同，這個假說就可以得到支持。反之，如果發現離婚者他們的父母婚姻幸福美滿情形與一般家庭相同，這個假說就可以推翻或加以修正。

## （三）預測

　　預測（prediction）是根據現有的資料，推估將來某一事件發生的可能性。在進行預測之前，需要先知道影響個體行為的因素或條件，再據以預估該行為出現的可能性。心理學家大都根據以往問題發生後，所得到的因果關係資料，以科學方法來預測個體發生同類問題的可能性。例如：某心理學家對幾萬名高中生學業成績與學測成績的分數進行統計分析，經由統計分析所得到的資料，就可以精確預測一名高三學生將來大學入學考試能得幾分。

## （四）控制

　　控制（control）是指操弄影響某一事項的條件或決定因素，以使該事項能產生預期的變化。對很多心理學家來說，控制個體行為遠比預測更重要，因為對個體不利的原因或情境，如果能夠有效加以控制，將可避免產生不良的後果，或使可能發生問題的嚴重性減少到最低的程度。例如：人類的心理疾病是可以避免的，加強心理衛生教育，將有助於控制心理疾病的發生。

## （五）提升人類生活品質

　　心理學研究的主要對象是人，大多數心理學家從事心理學的應用研究，其主要目的在提高人類的生活品質。將心理學的研究成果，應用到生活各個層面，或直接利用心理學基礎研究所發現的理論，提出改善生活品質的建議，成為目前許多心理學家所努力的方向。

　　目前應用心理學涵蓋幾十餘個學門，諸如：企業管理、產品行銷、犯罪矯治、諮商輔導、教育心理、廣告設計、人事行政、精神醫療、軍事心戰、法庭審問以及心理治療等，各個學門的研究結果都有助於提升人類生活品質。

第二節　心理學的發展

## 一、心理學的歷史淵源

雖然心理學起源於幾千年前的西方哲學，但是它成為一門科學僅有百餘年的歷史。以下簡要說明心理學演進的歷史。

### （一）心理學根源於哲學和生理學

自古以來就有一些哲學家，探討人類的心靈與思維等問題。例如：人是否有自由意志來選擇自己的行為？任何行為都有特殊的原因嗎？現代哲學之父——法國哲學家笛卡兒（René Descartes, 1596～1650）認為：行為由心生，身體的活動由內心所控制。

心理學的另一個源頭是生理學，生理學家向來以科學方法探討有機體的生命現象。到了19世紀，有些生理學家探討如何將感官所接收的資訊加以組織的問題。由於有機體對各種刺激的接受，經由內在歷程然後產生行為，這些內在的過程無法直接觀察得到，因此研究進展相當緩慢。雖然這類研究很難有重大發現，不過，這種研究取向對心理學具有催生作用。

### （二）結構主義與功能主義學派之爭

當心理學成一門科學之初，有結構主義（structuralism）與功能主義（functionalism）之爭論。結構主義學者鐵欽納（Edward Titchener, 1867～1927）為美國康乃爾大學（Cornell University）教授，在該校設置心理實驗室，他傳承馮德的研究並且著書倡導意識結構的理念，於是結構主義成為科學心理學誕生之後的第一個學派。以鐵欽納為首的結構主義，仍然承續馮德的研究方法，在控制嚴謹的實驗室中讓受試者以內省法（introspection），說出自己對外界環境刺激所產生的心思意念，研究者再進一步分析構成這些心

思意念的成分，例如：想像、感覺、知覺等。根據鐵欽納的解釋，意識包括感覺的、想像的與情感的等三元素。簡單來說，結構主義主張人的心思意念與行為是由許多元素所構成的。

美國心理學家詹姆斯（William James, 1842～1910）（圖1-2）倡導功能主義，強調人類心靈的功能，也就是重視人們心思意念與行為是如何運作的。他的著作《心理學原理》（*The Principles of Psychology*）強調心理學與文化有密切的關聯。詹姆斯深受達爾文進化論以及洛克經驗主義的影響，認為人類的意識與生活經驗有密切關係，人的思維是動態的而非靜態的。因此，研究人類的意識除了內省法之外，尚可以採用觀察、心理測驗以及問卷調查等方法。

由於功能論注重個體適應環境時的心理功能，於是引發心理學者對這一個領域的探討。例如杜威（John Dewey, 1859～1952）對兒童發展、心理測驗、教育心理以及兩性差異等方面，針對心理功能進行研究。結構論與功能論之爭持續許多年，後來由於新興的心理學派相繼崛起，於是這兩個理論乃日漸沒落。

圖1-2　詹姆斯
（William James, 1842～1910）

## （三）科學心理學的誕生

在1870年，當一些哲學家與生理學家熱衷於探討心理方面問題的時候，德國有一名教授馮德，在心理學的研究中自行開創出一片天地。他的研究計畫被政府接受，於1879年在萊比錫大學建立世界第一座心理實驗室，積極從事心理物理學的實驗工作。由於馮德率先採用科學方法進行人類心理的研究，因此，歷史學家公認1879年為心理學的元旦，尊稱馮德為心理學的創始人或心理學之父。

馮德對人類心理的研究，深受生理學的影響，他在德國海德堡大學任教期間，出版《生理心理學原理》（*Principles of Physiological Psychology*）一書，該書強調心理學應仿照物理學或化學，採用科學的研究方法。他主張人類的意識（conscious）可以利用科學方法來探討。當時有許多美國的心理學者慕名來到萊比錫大學求教於馮德。他們從事視覺、聽覺、觸覺、味覺、情緒以及注意力等方面的研究，在其入門弟子中，多人奔波於美國與德國兩地，後來在北美洲有24所大學院校設立類似的實驗室。

在馮德眾多門生之中，最負盛名的首推賀爾（G. Stanley Hall, 1846～1924），他於1883年在美國約翰霍普金斯大學（Johns Hopkins University）設置心理實驗室，並且在1892年成立美國心理學會（American Psychological Association, APA）。由此可知，雖然心理學誕生於德國，但是後來卻是在美國發揚光大。

# 二、現代心理學的理論學派

## （一）心理動力學

心理動力（psychodynamic）理論，是由奧地利的精神科醫師佛洛伊德（Sigmund Freud, 1856～1939）（圖1-3）在1896年所創立。他在精神科診所

以**心理分析**（psychoanalysis）探討患者焦慮、恐懼以及人格等問題，在經歷幾十年診療之經驗，從患者內心深處的焦慮、慾望、衝突以及矛盾，找出疾病的根本原因來自**潛意識**（unconscious）。雖然潛意識是一種隱藏不為個人所知曉的心思意念，但是它對個人的行為卻具有重大的影響力。

　　佛洛伊德認為人是非理性的動物，人類的行為完全受到潛意識的驅使。一個人的潛意識，很容易在作夢、說話、行為以及心理疾病等方面表現出來。同時，他主張性與攻擊是人類的本能，這兩種本能成為主宰人類行為的原動力。因此，精神分析學派又稱為心理動力學派。

　　佛洛伊德的心理動力學理論，透過分析個案的潛意識來建立學說，由於其研究資料無法複製或驗證，因此被多數心理學者認為不夠科學。雖然如此，佛洛伊德所倡導的精神分析論，到目前為止在臨床心理學界仍然有很大的影響力，可說是本世紀對人性探討最具有影響力的理論之一。目前精神分析理論，偏重在人格發展、動機、行為異常與心理治療等方面的研究與應用。

圖1-3　佛洛伊德
（Sigmund Freud, 1856～1939）

### （二）行為主義

　　行為主義（behaviorism）學派，是由美國心理學家華森（John B. Watson, 1878～1958）（圖1-4）在1913年所創立，該學派強調生活環境對人類行為有決定性的影響力。他有一句名言：「給我12個健康的小孩，不論他們的祖先遺傳、興趣嗜好或種族，我可以訓練他們成為醫師、律師、科學家、法官、藝術家、企業家或變成乞丐、小偷、精神病患。」換句話說，個體受外界環境刺激一定可以產生預期的行為反應。因此，行為主義的研究焦點放在刺激與反應之間的關係，又稱為**刺激**（stimulus）—**反應**（response）心理學，簡稱為**S-R**心理學。

　　行為主義主張心理學應採科學方法，僅研究可以觀察得到的與可以驗證的行為，而不必去探討那些隱而不見的心理歷程。因此，思考、情緒、認知及意識等無法觀察的行為，均不在其研究範圍之內。

　　在行為主義萌芽初期，受到不少心理學家的質疑。一直到1906年，俄國心理學家巴夫洛夫（Ivan Pavlov, 1849～1936）以狗作為實驗對象，結果發現可以訓練狗聽到鈴聲就自動分泌唾液，更證實刺激（鈴聲）與反應（分泌唾

圖1-4　華森
（John B. Watson, 1878～1958）

液）之間可以產生連結，之後行為主義再度受到心理學界的重視。此後，行
為主義盛行長達幾十年之久，但是其實驗均以動物為對象，對人類心理的了
解仍然有所不足。

　　史金納（B. F. Skinner, 1904～1990）（圖1-5）為20世紀美國最著名的行
為主義學家。他不否認動物有內在心理歷程的事實，但是堅持只探討可以觀
察得到的行為；因為個體內在的行為無法進行科學性研究，研究結果無法讓
人相信。他舉例：動物看見食物而進食，我們不可解釋成動物是飢餓的。

　　史金納主張個體表現某一行為之後，如果能夠立即獲得獎賞，則該行為
再出現的機率就增加。反之，個體如果表現某一行為之後立即受到懲罰，則
再出現該行為的機率就減少。也就是說個體的行為決定於刺激與反應之間的
連結，改變環境就可以改變人的行為，而且只有外在的行為才可以進行科學
研究。他曾經以鴿子與天竺鼠作為實驗對象，結果發現利用獎勵或懲罰，就
可以塑造牠們的行為。

　　目前行為主義所發現的行為塑造原理，已經被教育心理學家用來導正學

圖1-5　史金納
（B. F. Skinner, 1904～1990）

生行為與提升學習效果。同時，在監獄受刑人管理以及心理診療機構的臨床心理治療上，也廣泛被應用。史金納相信人類的行為受外在環境刺激所控制，行為主義以人類或動物在實驗室進行操弄與觀察研究，過分注重個體外在行為，而忽略其內在的動機、情緒、認知以及思考推理歷程。

　　目前心理學所指的行為論，已經對早年極端行為主義做了修正，研究重點放在學習、**行為改變**（behavior modification）與行為治療、動機及社會學習等方面。

## （三）人本心理學

　　**人本心理學**（humanistic psychology）起源於1950年代，主要代表人物有羅吉斯（Carl Rogers, 1902～1987）（圖1-6）與馬斯洛（Abraham Maslow, 1908～1970）（圖1-7）。他們批評精神分析論將觀察記錄精神病患的異常行為推論到一般正常人，而且反對精神分析論主張性的壓抑與衝動主宰人類行為；同時也不贊成行為主義將研究動物行為的結果，用來解釋人類複雜的行為，他們主張心理學研究應以正常人為對象，以人的需要為出發點去研究

圖1-6　羅吉斯
（Carl Rogers, 1902～1987）

圖1-7　馬斯洛
（Abraham Maslow, 1908～1970）

人性。由於人本心理學提出的年代，比精神分析及行為主義較晚，因此被稱為心理學的**第三勢力**。

　　人本心理學認為人有**自由意志**（free will）、**正向價值**（positive value）、創造力、人性本善以及自我成長的無限潛在能力。只要心理師對**案主**（client）有**同理心**（empathy），給予**無條件正向關懷**（unconditional positive regard），以**真誠**的態度接納他，培養其正面的**自我概念**（self-concept）與自我成長的意願，這樣就有助於案主去追求**自我實現**（self-fulfillment）。人本心理學以個人生活經驗的獨特性、生活型態、價值與目標作為研究重點，該理論偏重在人格發展、學習、心理諮商與輔導，以及心理治療的研究與應用。

　　人本心理學者以人性為研究的重點，認為應該把人當作一個獨特的個體來研究，而不是只研究某些片斷的行為而已。這個學派不贊成以科學方法來研究人類的心理歷程。因此，有些學者認為人本心理學屬於宗教學的領域。可是，這個學派在心理諮商輔導、心理治療、發展心理學以及教育心理學等領域上，都有相當大的貢獻（Kosslynn & Rosenberg, 2006）。

（四）認知理論

　　**認知**（cognition）是指個體求知的心理歷程，在此歷程中包含：思考、記憶、想像、期望、理解、注意及辨別等複雜的內在心理歷程。認知理論起源於1950年代，有一些心理學者研究兒童認知發展、語言學習以及記憶等方面的問題，於是帶動一股研究認知心理學的風潮。

　　認知理論主要的學者有皮亞傑（Jean Piaget）（圖1-8）、強士基（Noam Chomsky）與西蒙（Herbert Simon）等人。他們主張透過檢驗人們如何獲得、儲存訊息以及**訊息處理**（information processing），就能夠對人類行為有充分的了解。認知心理學強調人的「知在先，行在後」。在求知的歷程中，個體主動地對其所接受的各種訊息進行處理或過濾。因此，個人處理訊息的結果將影響其行為。

圖1-8　皮亞傑
（Jean Piaget, 1896～1980）

　　認知理論認為要了解個人的行為，必須先探討個體如何取得、儲存與處理各種訊息。同時，主張環境刺激與心思歷程是決定人類行為的主要因素。認知心理學成為今日心理學的主流，研究的焦點偏重在利用科學方法，探究人類的思考、語言學習以及內在心理歷程，諸如：推理、做決定及問題解決等，人工智慧（artificial intelligence, AI）也是現代認知心理學的相關研究主題。這個學派在學習、智能發展、語言與思考、壓力紓解、諮商輔導以及心理治療等方面的研究與應用，都相當受到重視。

## （五）生理學理論

　　生理學理論起源於1950年代，主要的學者包括：歐得斯（James Olds）、史培利（Roger Sperry）等人。這個理論以人或動物行為的生理基礎作為研究主題，尤其重視大腦與神經系統歷程的探討，研究重點偏重在生理與心理歷程之間的關係。該理論主張有機體的心理功能與心理彼此相互影響，因此想要深入了解人類複雜的心理，應先對生理方面進行研究。

　　神經心理學（neuropsychology）是現代心理學研究人類行為的新學門，該學科是從生理心理學（physiological psychology）衍生出來的。其探討的重點為大腦各部位以及身體神經系統對個體行為的影響。近幾十年來，由於大腦神經外科醫學進步相當神速，因此，對人類大腦與神經系統的運作及功能已經有更深入的了解。這些知識激勵了神經心理學家們的研究，研究人員可以經由直接觀察個體，在清醒、睡眠、大腦受傷及焦慮不安等意識狀態下，大腦各部位的活動情形，進而分析大腦各區域的功能。

　　綜言之，神經心理學的研究是以生理學為基礎，其對個體行為的解釋，大部分採自生理學以及醫學的觀點。目前有一些心理學家，在感覺、知覺、情緒、動機、人格、攻擊與暴力、壓力、異常行為、學習以及思考等方面的研究，大都借重生理學理論的知識。

## （六）完形心理學

　　完形（Gestalt）一詞為德文，含有形狀或組型（pattern）的意思。完形心理學（Gestalt psychology）研究的主題，在探討人類知覺（perception）與意識的心理歷程。完形心理學是由德國心理學家魏哲邁（Max Wertheimer, 1880～1943）（圖1-9）於1912年在法蘭克福大學所創立的。

　　結構主義主張心理意識由許多元素所組成的觀點，完形心理學家不表贊同。同時，也反對行為主義的刺激—反應學說，他們所持的理由有以下兩點：(1)心理學的研究應探討個體內在的意識，不應只探究可以看得到的外顯行為；(2)行為主義將行為視為多個刺激與反應的連結與組合，但是人類的感覺與知覺，並非由許多零碎的刺激經驗拼湊而成的。

　　完形心理學者認為，個人接受外界環境的各種刺激，經歷有組織的心理歷程而產生知覺。完形心理學主張整體不等於部分的總和，換言之，整體大於部分的總和。因為人們在接受各個零散的刺激之後，會在心理上加以組織再產生新的知覺。以欣賞一首著名的歌曲為例，一個人所知覺的，不只是這首歌曲中全部音符的總和，而是感受到一首優雅動人的音樂。完形心理學對

圖1-9　魏哲邁
（Max Wertheimer, 1880～1943）

繪畫藝術、攝影、數位媒體設計、視覺傳達設計以及創意商品設計等領域，都有很大的貢獻。

# 第三節　現代心理學的門類與發展取向

　　今日心理學可以細分成數十個學科，以下先介紹理論與應用兩大學門，再列舉一些比較常見的學科，供讀者參考。

## 一、理論心理學門

　　理論心理學以發現事實、建立心理學的理論為目的，目前至少包含以下學科：

## （一）發展心理學

　　**發展心理學**（developmental psychology）旨在研究個體自生命開始，到生命結束全程中，每一個時期身心發展的各種身心特徵及其變化情形。探討成熟與學習在人生發展中所扮演的角色。從前的發展心理學者，特別注重兒童心理發展的研究，但是近年來研究對象逐漸擴大，涵蓋青少年、成人與老年人。

## （二）實驗心理學

　　**實驗心理學**（experimental psychology）是以科學的實驗方法，研究人類與動物各種心理及行為的一門學科。實驗心理學研究主題包括：感覺、知覺、認知、記憶、問題解決、思考、推理、學習、動機及情緒等各方面的基本心理歷程。

## （三）社會心理學

　　**社會心理學**（social psychology）旨在研究人際關係、社會知覺、個人與團體或團體與團體之間，相互影響的各種社會行為。社會心理學家研究主題包括：偏見、刻板印象、態度的形成與改變、人際吸引、助人與利他行為、攻擊與暴力、集體思考與決策、領導等。與社會心理學有關的學科，包括：政治學、社會學、大眾傳播學、組織行為學、教育學以及文化人類學等。

## （四）生理心理學

　　**生理心理學**旨在探討身體及生理功能對個體行為的影響。生理心理學的內容，偏重在內分泌腺、神經系統、生物化學以及腦等各方面的研究。現代心理學家以動物來做實驗，利用**斷層掃描**（CAT）、**功能性磁振造影**（fMRI）、**腦電波**（EEG）、**正離子斷層掃描**（PET）以及**跨顱磁刺激術**（TMS）等儀器，來探討腦特定部位與行為的關係。生理心理學家通常需要

具備物理、化學、生物化學、藥劑學、生理學與神經外科等方面的專業知能。

## （五）認知心理學

認知心理學（cognitive psychology）旨在探索人類如何獲得知識與使用知識的心理歷程，例如：訊息處理、語言、學習、記憶、推理、創造力及問題解決等。認知心理學的研究內容，偏重在個人接觸的外在環境、探求知識以及使用知識的心理歷程。現代認知心理學結合語言學、生物學、通訊、計算機科學等學科，探討人工智慧（artificial intelligence, AI）相關議題。

## （六）人格心理學

人格心理學（personality psychology）旨在探討個體的人格特質、人格發展以及影響人格的因素，例如：遺傳、社會文化、社會階級、性別、父母教養子女方式、宗教信仰以及生活環境等。與人格心理學有關的理論，包括：精神分析論、行為論、認知論、人本論以及生理學理論等。

## （七）學習心理學

學習心理學（psychology of learning）旨在研究人們經由觀察或練習，使行為產生比較持久性改變的歷程與結果，以及探討影響行為改變的因素。近年來，學習心理學已經成為教育心理學家和教育工作者所關心的課題。

## （八）心理計量學

心理計量學（psychometrics）旨在藉由各種心理測驗工具，測量個體的行為與能力。心理計量學包括：人格、智力、性向、興趣、態度、自我概念、人際關係、行為困擾及心理健康等心理測量工具的研發。同時，採用各種統計分析方法，說明與解釋測驗的結果。心理計量學可以應用在諮商、心理輔導、心理治療、職業輔導、學習輔導、員工甄選與訓練、犯罪矯治心理

學的學術研究等領域。

### （九）比較心理學

比較心理學（comparative psychology）旨在探討與比較各類動物行為的異同，並且找出行為變化的原理與原則，由動物行為的研究結果來推論與解釋人類的行為。比較心理學家常以猴子、猩猩、鴿子、山羊、天竺鼠等動物，作為研究對象。由於人類行為與動物行為之間仍然有明顯的差距，所以將研究一般動物行為所得到的結果，用來解釋人類行為，仍然有很大的限制。

### （十）變態心理學

變態心理學（abnormal psychology）以研究心理異常原因、行為特徵以及治療方法為主要目的。變態心理學研究的範圍包括：**器質性心理異常**（organic mental disorders）、酗酒、**藥物濫用**（drug abuse）、**人格異常**（personality disorder）、**心身症**（psychosomatic disorder）、**精神官能症**（psychoneurosis）與**精神病**（psychosis）等方面。

## 二、應用心理學門

### （一）臨床心理學

臨床心理學（clinical psychology）專門以精神異常和偏差行為者作為研究對象。根據心理學的理論以及利用諮商、輔導、晤談、心理測驗等方法，對患者心理疾病實施衡鑑與治療。臨床心理學的研究範圍包括：心理與精神疾病的診斷、精神疾病與心身性疾病原因的探討、心理與精神疾病的預防與治療等。臨床心理工作是助人專業，臨床心理師必須具備臨床心理師證照。

## （二）諮商心理學

諮商心理學（counseling psychology）常以適應不良或心理異常者作為研究對象。通常利用晤談、心理測驗，對個案提供各種正確的資訊或對個案實施心理輔導，使當事人充分認識自己、澄清自己的迷思概念、解除心理困惑，進而革除不良行為，重建自信心以及正向的人生觀。諮商心理工作為助人專業，諮商心理師必須具備諮商心理師證照。他們常利用心理學的理論與方法，對於有家庭、感情、婚姻、職業、學業、心理異常或偏差行為者，提供諮商與輔導。

## （三）教育心理學

教育心理學（educational psychology）是利用心理學的原理與方法，以教學方法、學習環境、師生互動、教學評量、班級經營以及學習輔導等，作為研究主題。其主要目的在建立教學理論，解決各種教育難題，增進教師教學與學生學習效果，並促進學生身心健全發展。

## （四）工業心理學

工業心理學（industrial psychology）旨在運用心理學的理論與知識，研究產業界從業人員的行為，例如：員工甄選與訓練、員工意見與態度調查、員工管理、意外事故原因與預防、工作環境與工作效率、勞資關係和工作績效評估等。

## （五）消費者心理學

消費者心理學（consumer psychology）旨在研究社會大眾的消費行為，探討消費者購物的動機和行為、消費態度，以及影響消費者購買產品行為的因素。例如：人格特質、價值觀、文化背景、性別、年齡、社會階層以及教育程度等。

## （六）管理心理學

**管理心理學**（managerial psychology）旨在運用心理學原理，探究團體組織中人與事的問題，例如：員工價值觀念與態度、工作壓力、人際關係、群體行為、工作滿足、溝通、領導、組織文化、組織變革與發展、工作績效等。其目的在增進員工工作滿足感、提高員工對組織機構的向心力、促進勞資和諧，進而提升組織的績效。

## （七）健康心理學

**健康心理學**（health psychology）旨在利用心理學的知識與技術，協助個體調適生活、解決**心理衝突**（mental conflict）、消除心理**焦慮**（anxiety）、培養健全的人際關係、增進感情生活、減輕心理壓力、預防身心疾病，進而使個體身心健全發展。

## （八）犯罪心理學

**犯罪心理學**（criminal psychology）是利用心理學的方法，診斷犯罪者的犯罪動機，探討影響犯罪的各種可能因素，並據以提出矯治罪犯之道。研究的範圍包括：心智缺陷、精神病、精神官能症、**心理病態人格**（psychopathic personality）、性變態、酗酒、菸毒與犯罪的關係等。

## （九）廣告心理學

**廣告心理學**（advertising psychology）旨在探討如何將各種產品以心理學的原理，透過有效的廣告途徑及媒體，提供社會大眾有關產品的訊息，使消費者產生深刻的印象，刺激消費者產生購買的意念與行動，以達成產品行銷的目的。

## （十）環境心理學

　　**環境心理學**（environmental psychology）是一個跨領域的學科，又稱為生態心理學。環境心理學運用心理學的原理，探討人與環境之間的交互作用。研究的主題包括：生活環境與空間知覺、生活領域與個人隱私權、都市化對人類行為的影響、物理環境及環境設計等。從研究人與環境的關係，到社會與自然環境的改善、提供美化生活環境的方法、提升國民生活品質、增進人類的福祉等，都是環境心理學研究的焦點。

# 三、現代心理學的學科

　　有許多心理學學者經過多年的努力研究，除了上述學科之外，已經發展成以下的獨立學科：

## （一）由教育心理學分化出來的學科

　　1. 學校心理學（school psychology）。
　　2. 教學心理學（psychology of instruction）。
　　3. 運動心理學（exercise and sport psychology）。

## （二）由工業心理學分化出來的學科

　　1. 工程心理學（engineering psychology）。
　　2. 人體工學（human engineering）。
　　3. 組織心理學（organizational psychology）。
　　4. 商業心理學（commercial psychology）。
　　5. 人事心理學（personnel psychology）。

## （三）　由發展心理學分化出來的學科

1. 嬰兒心理學（infant psychology）。
2. 兒童心理學（child psychology）。
3. 青少年心理學（psychology of adolescence）。
4. 成人心理學（adult psychology）。
5. 老年心理學（geriatric psychology）。

## （四）　由諮商輔導分化出來的學科

1. 復健心理學（rehabilitation psychology）。
2. 家庭心理學（family psychology）。
3. 心理衛生（mental hygiene）。
4. 社區心理學（community psychology）。

## （五）　由臨床心理分化出來的學科

1. 心理治療（psychotherapy）。
2. 心理藥物學（psychopharmacology）。
3. 臨床神經心理學（clinical neuropsychology）。

## （六）　其他心理學

　　除了上述學科之外，尚有一些心理學科，例如：知覺心理學（perception psychology）、軍事心理學（military psychology）、心理測驗（psychological testing）、法律心理學（forensic psychology）、媒體心理學（media psychology）、工作心理學（psychology applied to work）、職場健康心理學（occupational health psychology）、正向心理學（positive psychology）、習慣心理學（habit psychology）、創造心理學（creative psychology）、藝術心理學（psychology of art）、女性心理學（female psychology）、情緒心理學（psychology of emotion）、色彩心理學（color psychology）、視覺心理學（visual psychology）、

認知心理學（cognitive psychology）等。

　　由上述可知，目前心理學已涵蓋幾十個學科，心理學的學科還在不斷擴展中，這是順應現代社會的需求，各門類心理學對於增進人類生活品質與福祉，均有很大的貢獻。

## 四、現代心理學的發展取向

### （一）科際整合取向

　　**科際整合**（interdisciplinary）是指整合不同學科的知識來解決複雜的問題。雖然科學日新月異，但是人類行為相當複雜，因此現代心理學需要與其他領域相結合，方能對人類社會做出更大的貢獻。例如：心理學結合藥物學、神經科學，對藥物濫用者就可以產生大的治療效果。

### （二）本土心理學研究

　　以往心理學知識來自西方，由於歷史文化與國情的差異，外國研發的心理學理論是否適用於本國，這個問題已經受到本國學者的重視，於是有些心理學者轉向本土心理學研究。**本土心理學**（indigenous psychology）是研究特定社會文化的心理學，例如：研究華人的人格特質，或研究台灣原住民管教子女的方法。

### （三）跨文化研究

　　綜觀心理學的發展歷史，大多數心理學家都把研究重點放在探討人類行為的原理原則。但是，今日世界上大部分心理學者為歐洲人與美國人，他們研究的對象又以社會中上階層人士為主，其所獲得的結果如何有效地推論到不同人種，確實是一個值得重視的問題。今日世界交通發達、國際貿易頻繁、資訊傳遞快速，全球儼然成為一個地球村，因此心理學研究的對象，不能只侷限於本國人。

由於不同文化背景的人，其生活經驗、歷史文化、宗教信仰以及遺傳基因，都有很大的差異。因此，近年來許多西方心理學家已察覺到，研究人類行為不可忽略了文化的因素。研究的方向有轉向**跨文化**（cross-culture）的趨勢，也就是比較不同文化背景者行為的異同點，其中以探討不同文化背景、種族歧視、偏見、衝突以及溝通等方面的問題居多。不少心理學者認為上述研究方向，將是本世紀心理學研究的重要課題。

## 第四節　心理學的研究方法

### 一、心理學是行為科學

事實上，現代心理學所採用的科學方法與自然科學相同，只不過科學心理學的起步比較晚，不像其他自然科學已經有相當悠久的歷史，以及研究的成果。究其原因，乃心理學研究的主要對象為具有高度思維能力的人類，而人的人格又具有很大的個別差異、不容易客觀測量等特性。同時，人類的行為受遺傳與環境的影響，因此，心理學的進展速度比自然科學緩慢。

今日自然科學雖然有豐碩的成果，人類物質生活高度文明，可是人類心理與精神生活方面，都無法獲得充分滿足。目前世界各國普遍存在著許多嚴重的問題，例如：精神疾病、犯罪、離婚、自殺、菸毒、濫用藥物、種族歧視等，這些問題嚴重傷害人類的身心健康。上述問題向來是心理學研究的主題，從現代心理學的發展取向來看，心理學研究的問題其複雜程度與重要性，並不亞於自然科學。因此，心理學可說是超乎自然科學的一門學科。

### 二、心理學研究方法

現代心理學已經發展出許多種研究方法，以下僅列出常用的幾種方法。

## （一）觀察法

### 1. 觀察法的適用對象

　　心理學研究常以**觀察法**來蒐集動物、嬰幼兒、兒童、精神病患者的各種行為資料。因為上述這些對象很難表達自己的心思意念，所以適合採用觀察法。教師對於學生五育成績的評量、師生互動歷程、教師教學表現等，除了使用紙筆測驗之外，有時也可以藉由觀察法來了解。觀察法也常使用在機構或組織運作，以及員工工作績效的評估。

### 2. 觀察法的類型

　　**觀察法**就情境來說，可以分為自然觀察與控制觀察。前者乃在自然情境中，對人或動物的行為進行觀察記錄；後者是在人為安排預先設置的情境中，進行嚴密的觀察與記錄。

　　在進行觀察時，就觀察者身分立場的不同，可以分為**參與觀察者**（participant observer）與**非參與觀察者**（nonparticipant observer）。前者係指觀察者在觀察情境中，參與被觀察者的情境，成為該團體的一員，隨時觀察記錄所見所聞。後者則指觀察者在觀察情境中，扮演旁觀者的角色，不介入該團體的任何活動，將所見所聞隨時加以觀察記錄。如果就觀察資料之設計來分，又可以區分為**結構性觀察**（structured observation）與**非結構性觀察**（unstructured observation）。結構性觀察是指事先已明確知道，哪些行為或活動可能要發生，將可能發生的行為項目事先設計出結構性的記錄表格，觀察者只要找出被觀察者行為表現的項目做記錄（例如：打勾）即可，然後對這些記號量化及分析解釋。非結構性觀察缺乏明確的觀察細目以及系統化表格，觀察者在觀察過程中，通常以文字描述被觀察者的行為。

　　不論採取哪一種觀察方式，原則上不宜使被觀察者發現自己被他人觀察，因而表現出不真實的行為。通常觀察成人的社會行為，可以採用參與觀察；觀察兒童或精神病患者的行為，則宜採用非參與觀察。在從事非參與觀察時，研究者透過觀察室與被觀察室之間的**單向視幕**（one-way screen），可

以避免進行觀察時干擾被觀察者的活動，或引起被觀察者敏感以及心理防衛。

## （二）問卷調查法

問卷調查（questionnaire survey）可以在同一時間調查許多人的意見或態度，研究者將所要研究的問題編製或修訂成問卷，問卷內容大致包括：(1)簡函，說明該問卷調查的目的、填寫及交回方式、致謝詞等；(2)個人基本資料，通常為**自變項**（independent variables），包括：性別、年齡、教育程度、職業、婚姻、宗教信仰、經濟狀況及居住地區等；(3)問卷題目，以選擇題、量表題、**開放的**（open-ended）問題居多。然後郵寄、透過網路或直接發放問卷，受調查者在問卷上填寫。

研究者在清查回收的問卷，將被調查者個人基本資料填寫不齊全者剔除。填答者在問卷題目填寫的資料，屬於反應變項或稱為**依變項**（dependent variables）。然後分析自變項與依變項之間的關係，也就是統計分析不同性別、年齡、教育程度、職業及宗教信仰等受試者，在問卷各個題目上的意見、態度，並比較其差異情形。

調查法以**抽樣調查**（sampling survey）居多，其目的乃在經由對抽樣調查所得的資料推論或解釋母群體的行為特徵。常用的抽樣調查有以下幾個方法（葉重新，2008）：

### 1. 簡單隨機抽樣

**簡單隨機抽樣**（simple random sampling）的目的，在使每一個樣本都有相同被抽中的機率，其抽樣法以利用抽籤或**亂數表**（random table）最多。

### 2. 系統抽樣

**系統抽樣**（systematic sampling）是將母群體依序編號，再每間隔若干個人，就抽取一人作為樣本，惟第一個樣本必須隨機抽取，例如：研究者想自某校學生1,000人隨機抽取100人，則每隔10人就抽一人，如果第一個樣本抽中277號，接下去287、297、307……抽到接近1,000號，如果還未滿100人，

就再從頭繼續抽，例如：7、17、27⋯⋯一直抽到滿100人為止。

## 3. 分層隨機抽樣

分層隨機抽樣（stratified random sampling）是將母群體依其性質分成若干層次，然後分別自每一個層次中，以隨機抽樣法抽取若干樣本；但各層次所抽取樣本人數的比率，均應與母群體中各個層次人數占全體人數的比率相同。例如：某心理學者想調查某國小學童使用零用錢的態度，將該國小分為高、中、低年級，假如高年級300人、中年級400人、低年級500人，合計1,200人，以分層隨機抽樣法抽取120人作為調查樣本，則自高年級300人隨機抽取30人、自中年級400人隨機抽取 40人、自低年級500人隨機抽取50人。

## 4. 叢集抽樣

叢集抽樣（cluster sampling）是將母群體分為若干類別，每類為一個團體，再從各個團體中以隨機方式抽取若干小團體，然後對這些小團體的所有個體進行調查。例如：心理學者想了解某大學學生對打工的看法，假設該大學有20個學系，合計120班，從這120班中隨機抽取15班，然後對這15班學生全部實施問卷調查。

## （三）個案研究法

### 1. 個案研究的意義

個案研究（case study）是以個人或組織體（例如：一個家庭、一所學校或一個社區）作為對象。在利用各種途徑蒐集個案相關資料之後，對個案的問題做深入的分析，再據以提出矯正或治療方案的一種研究方法。臨床或諮商心理學家常以個案研究來探討個案的問題，例如：精神疾病、心理疾病以及犯罪行為等，並且從研究結果中找出解決問題的方法。在教育心理學上，心理學者常對於有學習障礙、偏差行為及情緒失常的個人，實施個案研究。

2. 蒐集個案資料的方法

(1)文件分析法。分析患者的病歷、信函、日記、週記、學校成績、自傳及犯罪紀錄等。

(2)個別晤談或問卷調查。

(3)以觀察法蒐集個案的各種行為資料。

(4)實施各種測驗，例如：智力、性向、人格、興趣以及成就測驗。

(5)以社會計量法（sociometry）了解個案的社會人際關係。

(6)由個案的身體健康檢查資料，了解個案行為發生的生理原因。

(7)利用家庭訪視或工作場所訪視，蒐集個案的相關資料。

3. 蒐集個案資料的範圍

個案資料的範圍包括：(1)個人基本資料；(2)家庭背景與家人關係；(3)學校生活；(4)社會生活；(5)心理特質；(6)身體特徵。

4. 分析個案資料

在蒐集個案資料之後，宜召開**個案研討會議**（case conference），邀請有關領域學者專家參加，集思廣益分析與鑑定問題的真正原因。個案研討會議的內容不可以隨意對外公開，以免傷害當事人的隱私權，甚至觸犯法律。個案研討會議舉行的次數，視實際需要情況而定。

## （四） 實驗法

**實驗法**（experimental method）的目的，在探討**自變項**（independent variable）與**依變項**（dependent variable）之間的因果關係。換言之，實驗研究就是在控制影響實驗結果的**無關干擾變項**（extraneous variables）之下，有系統地**操弄**（manipulate）自變項，然後觀察或測量依變項隨自變項的改變情形，從而找出自變項與依變項之間的因果關係，這種實驗稱為**真正實驗設計**（true-experimental design）。

例如：研究照明對閱讀速度的影響，研究者先從母群體中以隨機方式抽取部分樣本當作實驗組與控制組，然後將實驗室的環境，例如：噪音、溫

度、濕度等因素保持恆定，以便有效控制無關干擾變項，使這兩組受試者都在相同的條件之下接受實驗。然後實驗者操弄自變項（例如：照明分為20、60、100燭光等三種情況，實驗者可以依其實驗目的，選擇要使用幾燭光來實驗，所以稱為自變項），假設讓實驗組在20燭光的環境閱讀，控制組在100燭光的環境閱讀，再觀察實驗組與控制組在依變項（閱讀速度）的差異情形。假如實驗結果發現：控制組閱讀速度顯著優於實驗組，這樣就可以解釋燈光愈強閱讀速度愈快。

但是很多心理學家所關心的議題，無法在實驗室進行系統操弄，也不能隨機抽取受試者，以致無法完全控制實驗誤差來源的實驗，這時只能採取準實驗設計（quasi-experimental design）。例如：某研究者想探討建構式教學對國中學生數學成績的影響，乃以某校七年級甲班為實驗組接受建構式教學，七年級乙班為控制組不接受建構式教學，學期結束後同時對這兩班學生進行數學測驗，然後比較這兩班學生數學測驗分數的差異。因為甲、乙兩班學生不是從全校七年級學生隨機抽樣而來，所以其平均智能可能有所差異，這樣實驗結果就很難判斷建構式教學的影響。簡言之，準實驗設計的實驗結果，不如真正實驗設計準確。

## （五）相關法

相關法（correlation method）旨在探討一個因素（或稱為變項）的變化，與另一個因素變化之間的關聯性。兩個變項之間的相關程度愈大，就愈能準確地預測另一個變項的發生。在心理學上，有很多研究都在分析兩個事件之間的相關。例如：吸菸與肺癌之間的相關、自我節制飲食與肥胖之間的相關。

相關的大小，以相關係數（coefficient of correlation）表示，相關係數通常以英文字母「r」代表。r值介於+1.00與−1.00之間。當r值大於0時，稱為正相關，等於0時為無相關，小於0則稱為負相關。例如：某心理學者將20名學生的高中畢業成績與其大學入學考試成績求積差相關，結果發現相關係

數0.90。這個結果顯示高中畢業成績與大學入學考試分數之間，有很高的相關。不過，有高相關不一定有因果關係。

## （六）質性研究法

### 1. 質性研究的涵義

　　**質性研究**（qualitative research）是指研究者在自然情境之下，經由實地觀察、深入訪談、口述歷史或分析私人文件等方法，透過與被研究者密切互動過程，利用錄音、攝影來廣泛蒐集研究對象的各種資料。

　　研究者融入被研究者的經驗世界中，深入體會其知覺與感受，並且從被研究者的觀點與立場，去了解研究對象主觀的感受、想法、態度或價值觀。

### 2. 質性研究之特徵

　　(1)在自然情境中蒐集資料

　　研究情境不經任何設計，而是在自然情境（或稱為**田野**）中進行。研究者在自然情境下，長期與研究對象接觸，記錄現場自然發生的各種現象。研究者本身就是研究的重要工具。

　　(2)以文字、圖畫或視聽器材來記錄資料

　　質性研究常將受訪者口述資料，以逐字稿、照相、錄音、作筆記、日記、個人評論、官方記錄等方式，呈現出來。例如：記錄受試者的姿勢、表情、講話重點、身體語言、作品、人際交往、服裝儀容等。

　　(3)重視過程與結果

　　質性研究注重情境脈絡（context），對事件發生的原因與過程特別感到興趣，同時對於為何產生這個結果的深層涵義特別重視。

　　(4)將所蒐集到的資料作歸納分析

　　質性研究常將觀察、訪問所得到的資料，作整理、歸納與分析，進而探索問題的真相。

(5)注重現場參與者的觀點

研究者從現場去了解人們如何觀看周遭的世界，站在其立場去探索人們的觀念，發現人們如何解釋自身的經驗。

(6)以統整的觀點進行研究

研究者將現場所有的人、事、物看成一個整體，而不是當作可分割的變項來探究。為了對研究對象有全方位的了解，研究者需長時間投入現場，而且運用各種方法來蒐集資料。

(7)研究者保持客觀的立場

任何研究者難免都有個人的信念、偏見，但是從事質性研究者，應以公正、客觀的態度，來看待研究對象。

(8)視研究對象為獨特的個案

研究者將每一個個案當作特殊的與獨特的對象，對個案深入了解其心思意念，研究者尊重個案為獨立自主的個體。

## （七）整合分析

由於人類行為相當複雜，很難以單一方法了解問題的全貌。**整合分析**（meta-analysis）是將很多心理學者對某一個議題研究結果，利用統計方法做量化整合，以獲得較客觀的結論。例如：近年來有25位臨床心理學家探討影響憂鬱症的原因，所得到的結果雖然不完全一致，但是經統計之後發現，有20位都認為憂鬱症與壓力及遺傳有顯著關係，這樣就可以說明壓力及遺傳對憂鬱症有明顯的影響。

# 第五節　心理學家的倫理道德

## 一、以人為研究對象的倫理道德

　　有些人認為，心理學研究人員想盡辦法要受試者吐露出內心的隱私，是否會傷害接受研究的對象？這是一個值得重視的問題。**美國心理學會**（American Psychological Association）以及台灣心理學會提出以下心理專業人員的倫理準則，供研究者遵守。

　　1. 心理學家在進行研究之前，必須先取得受試者的同意，才可以進行研究。
　　2. 告知的內容包括：研究的目的、研究內容、預期的效益以及可能的後果。
　　3. 研究者必須對受試者個人隱私加以保密，以免其身心健康受到傷害，這是最基本的職業倫理道德。
　　4. 如果研究有可能傷害受試者身心健康，應考慮以其他方法來取代，即使受試者同意也不可以勉強進行。
　　5. 心理學家有時不事先將研究目的告訴受試者，以免他們知道以後，就無法得到真實的資料。
　　6. 研究者在結束研究之後，仍應告知受試者整個研究的真相，以消除其內心的疑慮。

## 二、以動物為對象的倫理道德

### （一）以動物作為研究對象的理由

　　大多數心理學者以一些動物，例如：天竺鼠、鴿子或猩猩等，作為實驗的對象。主要的理由如下：

1. 人類有些行為與動物行為頗有相似之處，可以根據動物的行為來推論人類的行為。

2. 有些研究基於安全或健康的理由，不適合以人類為實驗對象。例如：研究大腦某一部位的功能與飢餓的關聯，研究者不可能先找一個正常人做大腦神經系統的實驗，在這種情況之下，適合以動物來進行實驗。

3. 大多數動物的生命週期比人類短，有時以人為對象要花上很長的研究時間，而在動物身上只需短時間就可以完成。

4. 以動物為研究對象所需的費用比較少，因為動物繁殖的速度快、數量多而且價錢便宜。雖然，研究者以動物為研究對象很方便，但在政府相關部門訂有保護動物的法律，以及心理學會制定對待實驗動物的人道法規，這是心理學者應遵守的基本道德。

## （二）以動物作為研究對象的倫理

1. 在實驗過程中，應盡量降低動物可能的不適。

2. 在實驗過程中應合理且善待動物。

3. 如果研究者基於研究需要，必須剝奪動物的基本生理需求，甚至帶來疼痛或危及生命安全時，必須施予適當麻醉，並設法幫助其復原機會。

4. 如果動物因實驗導致生命無法挽回，研究者應基於人道給予安樂死。

# 本章摘要

1. 心理學起源於西方哲學，在哲學心理學時代，心理學泛指研究人類心靈的學問。1879年德國心理學家馮德，在萊比錫大學成立心理實驗室，從此心理學乃步入科學時代。

2. 心理學是研究人類與動物行為的科學。

3. 心理學研究的目的在發現人類行為的真相，以科學方法建立各種理論學說，藉以詮釋及預測人類行為，進而提升人類生活品質。

4. 心理學淵源數千年，但科學心理學只有百餘年的歷史。

5. 科學心理學根源於哲學、生物學和生理學。

6. 科學心理學誕生於德國，後來在美國發揚光大。

7. 結構主義代表人物鐵欽納，提出以內省法探索個人意識的內在結構。

8. 詹姆斯倡導功能論，主張心理學應研究個人適應環境時的心理功能。

9. 華森首先提倡行為主義，主張心理學應以嚴謹的實驗方法研究個體外顯的行為，反對研究思考、情緒、認知及意識等內在的心理歷程。

10. 完形心理學探討人類知覺與意識的心理歷程，主張個人對外在環境的刺激，在心理上加以組織而產生知覺。

11. 精神分析論由奧國精神醫學家佛洛伊德所倡導，他由診治心理疾病患者的經驗，發現潛意識對人類行為的重大影響，進而提出人格動力、人格發展以及人格結構等精闢見解。

12. 人本心理學是心理學第三勢力，其代表人物為羅吉斯與馬斯洛，他們主張以正常人為研究對象。心理學研究目的在了解人性，培養積極的自我概念，發揮個人潛在能力，進而幫助個人達到自我

實現的境界。

13. 認知心理學旨在探討個人推理、做決定、問題解決以及訊息處理等「知之歷程」。

14. 神經心理學探討大腦各部位的功能，與神經系統對個人行為的影響。

15. 現代心理學的研究趨勢：(1)科際整合取向；(2)本土心理學研究；(3)跨文化研究。

16. 現代心理學理論學派包括：(1)心理動力學；(2)行為主義；(3)人本心理學；(4)認知理論；(5)生理學理論；(6)完形心理學。

17. 現代心理學分為理論與應用兩大學門，每一學門又包含許多學科。

18. 心理學家常使用的研究方法包括：觀察法、問卷調查法、個案研究法、實驗法、相關法、質性研究法以及整合分析等。

19. 心理學者以人類為研究對象，必須遵守社會及行為科學的倫理道德，不可侵犯當事人隱私權，也不可傷害當事人身心健康。

20. 以動物為研究對象，研究結論假如要推論到人類行為，一定要審慎行事，因為人類與動物的行為仍然有相當大的差距。

21. 有一些研究基於安全理由，不適合以人為研究對象，這時可考慮以動物來替代。但是，以動物作為研究對象時，研究者仍應遵守有關規定。

# 第 2 章

# 人類行為的生理基礎

　　人類的思考、推理、感情及各種行為，都以生理為基礎。因此，在了解人的心理現象之前，對於生理的研究相當重要。人體的生理與神經系統、腦的構造、內分泌系統以及遺傳基因等，都有密不可分的關係，上述是本章各節中討論的主題。

# 第一節　神經元

## 一、神經元的構造與性質

　　**神經元**（neuron）是構成神經系統的基本單位。神經細胞與其他器官或組織的細胞不同，它具有極高度的敏感性。身體不同部位的神經元具有不同的形狀，但是一般神經元的構造都有三個部分，包括：**細胞體**（cell body）、**樹狀突**（dendrites）與**軸突**（axon）等（圖2-1）。

　　神經元在接受外來的刺激訊息之後，先由樹狀突傳導到細胞體，再傳遞至軸突。軸突的末端有分枝的**終紐**（terminal button），**神經衝動**（nerve impulse）便由終紐傳導到另一個神經元。由此可知，神經元傳送訊息是單方面的。軸突外圍包著一層**髓鞘**（myelin sheath），髓鞘具有絕緣作用，可以防止神經衝動向外圍擴散。終紐與其他神經細胞相毗鄰，兩者之間隔著小細縫，稱為**突觸**（synapse），神經衝動的訊息必須經由突觸來傳送。神經元可分為以下三類：

1. **感覺神經元**（sensory neuron），具有將身體各種感覺器官所接受到的各種刺激，產生神經衝動之後，傳導到中樞神經系統的功能。
2. **運動神經元**（motor neuron）的主要功能，是將中樞神經系統傳來的神經衝動，傳導到負責動作反應的**反應器**（effector），例如：腺體和肌肉。

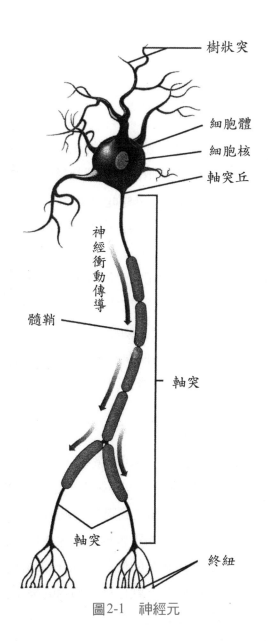

樹狀突

細胞體

細胞核

軸突丘

神經衝動傳導

髓鞘

軸突

軸突

終紐

圖2-1　神經元

3. **中介神經元**（interneuron），它是介於運動神經元與感覺神經元之
　間，而且只存在於脊髓和大腦中，其主要功能在傳導神經衝動，因
　此又稱為**聯結神經元**（connect neuron）。

## 二、神經元的功能

### （一）神經元內電位的傳導

當神經元處於休止狀態之下，細胞體外的正電離子多於細胞體內。也就是說，細胞體內的負電離子多於細胞體外，細胞體外的電位比細胞體內高出70毫伏特，此種狀態稱為**靜電位**（resting potential）。一旦神經元受到刺激，細胞膜就產生變化，使正電離子迅速滲入細胞體內，於是細胞體內的正電荷高於細胞體外。

大約不到一秒，細胞膜就排斥正電子的滲入，細胞體內的正電子逐漸被排出，於是再恢復靜止電位。在上述電位化過程中，便構成神經衝動的訊息。神經衝動是遵循全有或全無的活動原則；換言之，刺激達到一定強度時，神經元才傳導此一衝動，否則便保持靜止狀態。此外，電位採跳躍方式，以每秒大約200公尺的速度，沿著軸突傳導前進。

### （二）神經元之間電位的傳導

兩個神經元很接近，當神經元受到刺激後，電位沿著細胞體傳送到軸突，再到達終紐。在電位抵達終紐時，終紐上的圓形狀**突觸小囊**（synaptic vesicle）會釋出傳導物質，游經突觸區到達另一個神經細胞的接受器，刺激第二個神經元。也就是說，這傳導物質會具有興奮或抑制的功能；傳導物質是否產生興奮或抑制，是依傳導物質的性質以及身體的部位而定。傳導物質在越過突觸之後，不是被終紐吸收，就是被突觸內的酵素分解或破壞。事實上，大多數神經元都同時與許多神經元相鄰，所以神經元隨時都可以收到許多興奮或抑制的複雜訊息。

人服用藥物會改變神經傳導物質，進而影響個人的感覺與行為。有些藥物會增強或抑制釋放傳導物質，例如：香菸中的尼古丁就具有增強作用；有

些藥物如安非他命，會阻礙終紐對傳導物質的回收，使其滯留在突觸，因而不斷刺激神經元，所以服用這種藥物的人，就會感覺到相當舒服或精神百倍。可是，安眠藥、鎮靜劑和酒精，則有抑制神經元活動的作用。了解各種藥物對人體神經系統的影響，在預防與治療毒癮上，都有很大的功效。

## 第二節　神經系統

在人體神經系統中，依其部位與功能，可以分為**中樞神經系統**（central nervous system）與**周邊神經系統**（peripheral nervous system）（圖2-2）。由圖2-2來看，中樞神經系統包括脊髓和腦兩部分；周邊神經系統則包括軀體神經系統與自主神經系統兩部分。上述四部分，除了腦的構造與功能留待第三節再詳加說明外，其餘在此分別說明之。

## 一、脊髓

脊髓位於人體背部中央部位的脊椎骨內。脊髓是大腦的延伸，它由許多神經元組合而成。在神經傳導上，脊髓具有下述兩個功能：第一，將感覺器官接受到外界刺激的訊息傳送到大腦，或將大腦的命令經由脊髓傳導到腺體與肌肉，進而做出反應。第二，作為反射中樞。就第二個功能來說，身體感覺器官將神經衝動傳到脊髓後，脊髓的中間神經元不將它傳入大腦，就直接傳導到反應器，形成**反射弧**（reflex arc）。例如：手不小心碰觸到電時，會立刻縮回來；一陣風吹向眼睛時，會立刻眨眼睛。醫師用物體輕擊病人膝蓋下方，小腿就出現不能自主的跳動，稱為**膝跳反射**（knee-jerk reflex）。脊髓反射時間（大約0.001秒），可以使人對突發事件做出反應，以避開危險。

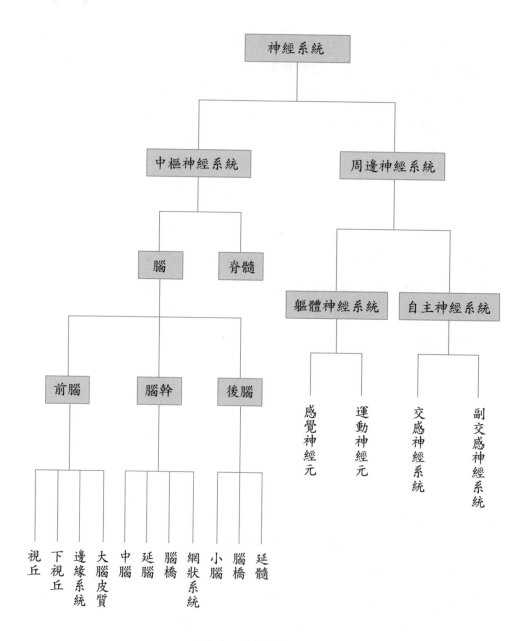

圖2-2　人體神經系統

## 二、軀體神經系統

軀體神經系統（somatic nervous system）連接中樞神經系統與全身的隨意肌，使個體能夠隨意志支配各種動作。軀體神經系統包括感覺神經元與運動神經元，前者與感受器（receptor）相連結，能夠將外界刺激所產生的神經衝動傳導到中樞；後者與反應器相連結，能夠將中樞命令的神經衝動，傳達到隨意肌進而產生行動。

## 三、自主神經系統

自主神經系統（autonomic nervous system）連結中樞神經系統與內臟器官、腺體。由於這一個神經系統的運作不受個體的意志所支配，自動規律運行，因此稱為「自主」神經系統。人體的心跳、消化與呼吸等功能，皆由該系統來負責。

當個體處於極端情緒變化時，例如：突然遇見搶匪，心跳加快、呼吸急促、手心冒汗等，這些功能也是由自主神經系統來負責的。個體在面臨強大的壓力之下，通常會產生攻擊或逃避反應，藉以減輕壓力。如果壓力一直存在，會使該神經系統長期處於緊繃的情況之下，容易產生身體疾病。

自主神經系統可分為交感神經系統（sympathetic nervous system）與副交感神經系統（parasympathetic nervous system）（圖2-3）。人體在激烈運動時，釋放出能量刺激交感神經系統，使心跳加速、血壓升高、血糖增加以及骨骼肌部位的肌肉大量充血。副交感神經的功能與交感神經正好相反，促使身體留存能量、心跳減慢、血壓降低，並且將運動部位肌肉的血液流至消化系統，促進消化。

交感神經系統與副交感神經系統相輔相成，並非相互對抗。例如：在炎熱天氣下享用吃到飽大餐之後，交感神經系統促使流汗增加，以排出體內過

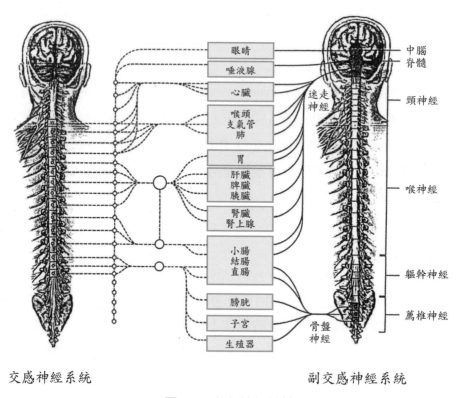

眼睛
唾液腺
心臟
喉頭支氣管肺
胃
肝臟脾臟胰臟
腎臟腎上腺
小腸結腸直腸
膀胱
子宮
生殖器

迷走神經

骨盤神經

中腦
脊髓
頸神經
喉神經
軀幹神經
薦椎神經

交感神經系統　　　　　　　　　副交感神經系統

圖2-3　自主神經系統

多的能量，副交感神經則刺激胃部加速消化。雖然自主神經系統對體內活動有調節作用，但是全部活動過程仍然由中樞神經系統主導。

# 第三節　人腦的構造與功能

　　腦是人體最重要的部位，它是中樞神經系統的一部分，位於頭顱的上端。雖然成人的大腦重量僅大約1.36公斤，但是它的容量與功能，以當今最先進的電腦，尚無法比擬，例如：人具有想像力、情感經驗、創造力等，再先進的電腦都無法具有這些能力。以下就人腦的構造與功能，分別說明之。

## 一、腦幹

　　**腦幹**（brain stem）上連大腦半球，下接脊髓，呈不規則柱形狀，位於大腦中心地帶因而得名。腦幹與人體內部一切生理運作，如呼吸、心跳、消化、睡眠及體重等，都有密切關係，可見腦幹是生命的中樞。因此要好好的保護你的腦，騎乘機車或腳踏車都必須戴安全帽。腦幹部位包括以下四個部分（圖2-4）：

### （一）延腦

　　**延腦**（medulla）與脊髓相連，又稱延髓，位居大腦的最底部。延腦由許多神經元的細胞體所組成，具有控制呼吸、心跳、消化、血壓、咳嗽及打噴嚏等功能。

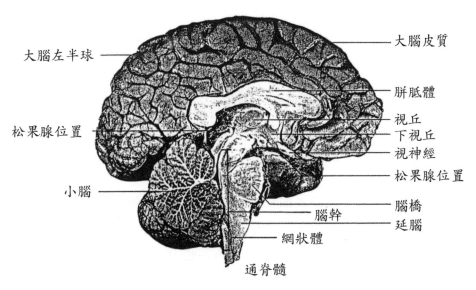

大腦左半球

松果腺位置

小腦

大腦皮質

胼胝體

視丘
下視丘
視神經
松果腺位置
腦橋
延腦

腦幹
網狀體

通脊髓

圖2-4　腦幹透視

## （二）腦橋

腦橋（pons）又稱為橋腦，位居延腦與中腦之間，其神經通到小腦，可將神經衝動由小腦一個半球傳導到另一個半球，使身體兩側肌肉發揮協調的功能，因而名之為腦橋，腦橋具有使人睡眠及醒來的功能。

## （三）中腦

中腦（midbrain）位於腦橋上方，也就是介於前腦與後腦之間，接近腦幹末端，恰好是人腦的中心部位，故名。中腦是聽覺與視覺的反射中樞，例如：人聽到一聲巨響，立即產生轉動頭部的歷程，就是在中腦執行（Middlebrooks & Knudsen, 1984）。假如中腦所分泌的**多巴胺**（dopamine）不足，將導致巴金森氏症（Parkinsonism）（Cote & Crutcher, 1991）。此外，眼球轉動與各種視覺反射，例如：異物快速靠近眼睛，就自然出現眨眼睛動作，這是中腦的功能。

## （四）網狀系統

網狀系統（reticular system）位於腦幹中央，是由許多錯綜複雜的神經元集合而成。其主要功能為控制睡眠、覺醒以及注意力的功能。

# 二、小腦

小腦（cerebellum）位於大腦及枕葉的下方，與腦幹相連，恰在延腦和腦橋的後方。小腦的主要功能為身體動作協調、平衡感以及感覺和認知歷程，例如：學習刺激之間的連結。雖然肌肉運動由大腦中樞發號施令，但是小腦是執行這些命令的部位。如果小腦受到損傷，個體會產生肌肉痙攣與抽搐現象，使動作技能失調，嚴重者可能造成全身癱瘓。酒後開車會妨礙小腦正常功能的運作，容易釀成車禍。

## 三、前腦

前腦（forebrain）包括：視丘（thalamus）、下視丘（hypothalamus）、邊緣系統（limbic system）以及大腦（cerebrum）等四部分。前三者位於腦幹下方，構成前腦的核心；大腦居於三者之上，大腦外圍皺摺部分為大腦皮質（cerebral cortex）。各部分的構造與功能，簡述如下：

### （一）視丘

視丘位於胼胝體（corpus callosum）下方與下視丘的上方。除了嗅覺之外，其餘各種感覺的訊息都經過該處，再傳送到大腦皮質。因此，視丘有時被稱為腦的中繼站。視丘是由許多白質神經纖維和細胞體所構成，每一群細胞體負責輸送特殊的感覺訊息到大腦皮質。此外，視丘也具有調節來自各感覺器官訊息的功能。

### （二）下視丘

下視丘靠近前腦的底部，位於視丘之下；體積雖然極小（不到整個人腦重量的0.3%），它對個人飲食、睡眠、性活動與情緒都有很大的影響。下視丘由許多細胞群所構成，它有管制自主神經系統的功能，同時連接大腦與內分泌腺。下視丘具有調節體溫、管制內分泌系統、維持新陳代謝等功能，舉凡血壓變化、飢餓、渴、性、攻擊行為等，都與下視丘有密切關係。

動物下視丘側面如果損傷，就會喪失食慾。反之，若以電流刺激下視丘側面，動物的食慾則會大增，體重迅速增加。至於人類，尚缺乏類似的研究報告。

（三）邊緣系統

　　邊緣系統大略分布於大腦皮質與較深層副皮質區之邊緣，惟其確實位置尚無定論。大致來說，邊緣系統包括：視丘、下視丘、**海馬迴**（hippocampus）、**杏仁核**（amygdala）與**中隔**（septum）（圖2-5）。邊緣系統具有許多功能，例如：記憶、情緒、動機、嗅覺、內分泌、學習及攝食等，均與此系統有密切關係。該部位受損會表現溫馴行為；如果受電流刺激，則會產生攻擊和暴力行為。

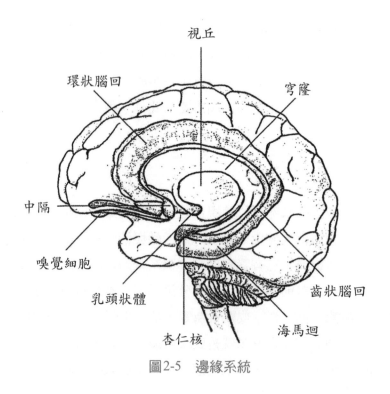

圖2-5　邊緣系統

（四）大腦皮質

　　大腦是人腦中最大、最複雜的部分，它負責許多複雜的心理活動，例如：思考、記憶、學習等。大腦位於腦的最上面部位，其表層的皮質是由灰

質構成的。大腦皮質的厚度不及六公釐，但是摺疊表面積很大，大約有0.14平方公尺；其神經細胞縱橫密布，包含數十億個神經元。此外，大腦皮質與大腦其他部位相連，皮質下方大部分由白質所構成。

大腦中間有一**縱型裂縫**（longitudinal fissure），由前到後將大腦分為左半球與右半球；在兩個半球之間，由胼胝體將它們連結在一起，使兩半球的功能可以相輔相成。大腦半球的背側面，各有一條由前向後的裂縫，稱為**側裂縫**（lateral fissure）。在靠近側裂縫的前葉處，有一條由後上伸向前下方的裂縫，稱為**中央裂縫**（central fissure）。

在中央裂縫與側裂縫之上方的部位，稱為**額葉**（frontal lobe）。額葉掌管身體各部位運動，例如：手指、舌、眼、腿、肩、唇、眉、足趾等之運動（圖2-6），這個部位如受到損傷或發生病變，會使人喪失動作協調能力。在中央裂縫之後與側裂縫之上的部分，稱為**頂葉**（parietal lobe）；頂葉負責統合來自身體各部位的感覺，以及方位感覺。在側裂縫以下接近太陽穴的部分，稱為**顳葉**（temporal lobe）；顳葉有專司聽覺的皮質，大腦左側顳葉區如受損，會傷害說話與語文的能力。在頂葉與顳葉後方、腦上方的大腦後端部分，稱為**枕葉**（occipital lobe）；這個部位又稱後腦，後腦有很多視覺皮質，專司人類的視覺，稱為視覺區。這個區域如果受到損傷，會造成視而不見的現象（圖2-6至圖2-8）。

## 四、腦側化

### （一）左腦與右腦各司其職

人腦有左右兩個半球，左半球稱為左腦，右半球稱為右腦，兩個半球透過胼胝體連接起來，左腦與右腦的功能，如表2-1所示。

1861年，法國著名外科醫師**布洛卡**（Paul Broca）發現大腦左半球有語言區。布洛卡曾診治一名三十年不能言語，但是發音器官正常的病患。在該

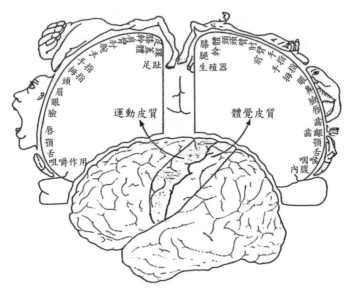

圖2-6　運動皮質與體覺皮質所管制的身體部位

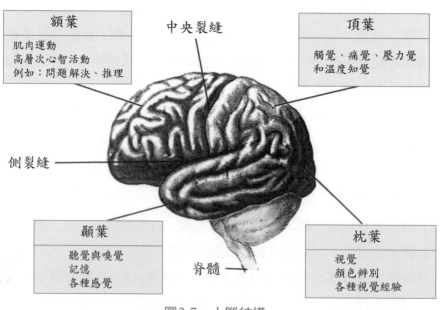

圖2-7　人腦結構

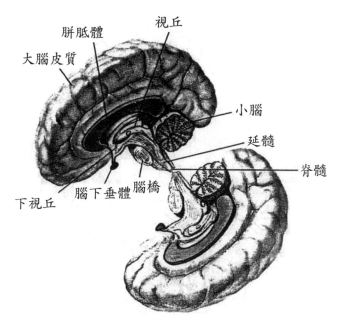

圖2-8　大腦兩半球結構縱剖面

表2-1　左腦與右腦的功能

| 左腦功能 | 右腦功能 |
|---|---|
| 語言 | 空間關係 |
| 閱讀 | 直覺 |
| 邏輯推理 | 音樂 |
| 問題解決 | 繪畫 |
| 思考 | 圖形 |
| 右視野的視覺功能 | 左視野的視覺功能 |
| 身體右半側的活動 | 身體左半側的活動 |

病患死亡解剖其大腦之後發現：大腦左半球前額葉靠近側裂縫的上方，有一塊神經組織損傷，是造成此名病患不能言語的原因。後來又發現很多相類似的案例，該區乃被稱為**布洛卡語言區**（Broca's area）（圖2-9）。這個區域

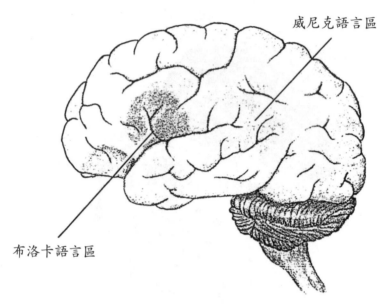

威尼克語言區

布洛卡語言區

圖2-9　布洛卡與威尼克語言區

是管制語言的中樞，如果受到損傷或產生病變，患者還能了解他人話語，但是自己卻講不出話來，因為這區域主要管制語言的表達。

　　到了1974年，德國神經學家威尼克（Carl Wernicke）發現大腦左半球顳葉部分，有另一個管制語言的中樞，稱為威尼克語言區（Wernicke's area）。經過深入研究後發現，這個區域掌管語言的理解和記憶，如果受到破壞損傷，將導致語言的理解與記憶力變差，患者會胡言亂語。

　　人類經由眼睛或皮膚接收外在環境的訊息，進入大腦是交錯的，由右眼所看見的一切事物，輸入左半球，例如：右手或右腳皮膚上的刺激，輸入左半球；由左眼所看見的一切事物，輸入右半球，例如：左手或左腳皮膚上的刺激，輸入右半球，這是一種視覺腦側化的現象（圖2-10）。

（二）用手習慣與大腦有關

　　根據一項研究：90%的人慣用右手，7%至8%的人慣用左手，其餘的人

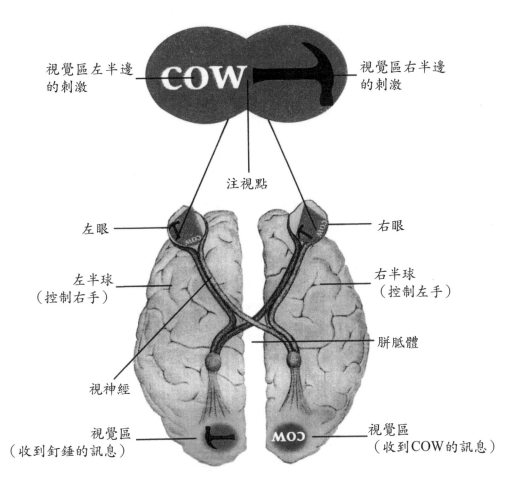

視覺區左半邊
的刺激

視覺區右半邊
的刺激

注視點

左眼

右眼

左半球
（控制右手）

右半球
（控制左手）

胼胝體

視神經

視覺區
（收到釘錘的訊息）

視覺區
（收到COW的訊息）

圖2-10　視覺腦側化現象

資料來源：採自Weiten（1995）。

則雙手並用（Iaccino, 1993），在不同國家或地區都存在著這種現象。

　　到底哪些因素造成個人習慣用一手或兩手？Annett（1972）、Levy與
Nagylaki（1972）等人主張這是遺傳基因所造成。但是，根據Coren（1992）
的研究，父母都是左撇子，小孩也是左撇子的機率為35%。此外，有些學者
研究**同卵雙生子**（identical twins），發現其慣用左手的情形並不比**異卵雙生
子**（fraternal twins）多（Coren & Halpern, 1991）。有些學者主張環境論，也
就是人生下來就生活在慣用右手的社會，大多數的工具、設備及器械都適合

右手者，所以父母、老師都教導孩童使用右手，久而久之乃養成慣用右手的習性。環境論無法說明大多數不同文化社會的人，為什麼習慣使用右手。後來有些學者認為，主要原因在於左右大腦功能不同所致。

# 第四節　內分泌系統

　　由第三節人腦的構造與功能可以得知，下視丘具有管制內分泌系統（endocrine system）的功能。內分泌系統由一些內分泌腺所組成，內分泌腺屬於無管腺，其所分泌的化學物質稱為激素，俗稱荷爾蒙（hormone）；它不經由任何管道輸送，其所分泌的激素直接滲透至血液中，再隨著血液循環輸往身體特定的部位，對身體內的組織或器官產生調節作用。內分泌系統與神經系統，共同協調身體的活動和維持體內平衡（homeostasis）。

　　神經系統必須依賴人體30種激素才能順利運作。例如：神經元在傳導神經刺激衝動時，就需要副腎上腺素（noradrenaline）的協助，其他激素對神經元的興奮程度，具有調節功能。有些內分泌腺亦由神經系統所掌控。綜言之，內分泌腺對個人的生長、性與生育、心跳、血壓、情緒狀態等，都具有很大的影響。人體內由以下各種內分泌腺，構成內分泌系統（參見圖2-11）。以下分別就人體內分泌系統，作簡要說明：

## 一、腦下垂體

### （一）腦下垂體的功能

　　腦下垂體（pituitary gland）位於大腦底部蝶骨的小凹內，在下視丘的正下方，腦下垂體與下視丘以一小垂柄相連，中間包含神經纖維與血管。在許多哺乳類動物，腦下垂體可分成前葉、中葉及後葉三個腺體。但是人類的中葉已退化，僅剩前葉與後葉兩者。因為腦下垂體分泌多種激素流遍全身，而

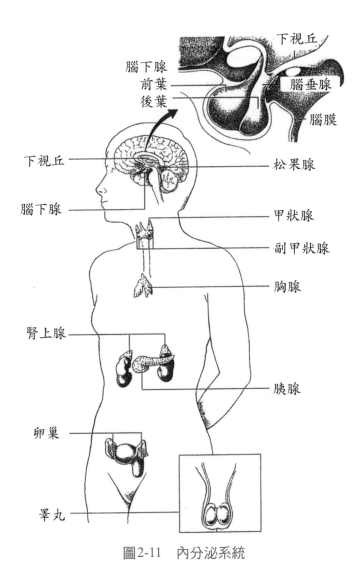

下視丘

腦下腺
前葉
後葉

腦垂腺

腦膜

下視丘

松果腺

腦下腺

甲狀腺

副甲狀腺

胸腺

腎上腺

胰腺

卵巢

睪丸

圖2-11　內分泌系統

且有促進其他腺體分泌的功能，因而常被稱為**主腺**（master gland）。而激素分泌的調控是有層級性，由最上層的下視丘分泌激素來調節中層的腦下垂體激素分泌，最後再管控下游標的器官分泌激素。當標的器官激素分泌過多時，會產生訊息至下視丘及腦下垂體，進而抑制該兩層級激素的釋放，形成一個縝密的調控迴路。

## （二）下視丘分泌六種激素

　　下視丘中有**軸突**（axon）投射到下視丘底部**中突**（median eminence）的微血管叢，藉由下視丘與**腦下垂體門靜脈**（hypothalamo-pituitary portal vessels）輸送至前葉，在此調控前葉之內分泌細胞釋放激素，故前葉又稱**腺葉**（adenohypophysis）。下視丘分泌下列六種激素，分別調控腦下垂體前葉（anterior pituitary）的運作。例如：生長激素經由微血管運送到腦下垂體前葉，刺激前葉分泌**生長激素**（growth hormone, GH），可以控制身體的生長，如果分泌過多可能造成巨人症（gigantism）。反之，如果分泌太少就可能成為侏儒症（dwarfism）。

　　1. 性釋素（gonadotropin-releasing hormone, GnRH）。

　　2. 甲釋素（thyrotropin-releasing hormone, TRH）。

　　3. 腎皮釋素（corticotropin-releasing hormone, CRH）。

　　4. 多巴胺（dopamine, DA）。

　　5. 生長激素釋放激素（growth hormone-releasing hormone, GHRH）。

　　6. 體抑素（somatostatin, SS）。

## （三）腦下垂體前葉分泌五種激素

　　1. 濾泡刺激素（follicle-stimulating hormone, FSH）。

　　2. 黃體生成素（luteinizing hormone, LH）。

　　3. 甲狀腺刺激素（thyroid-stimulating hormone, TSH）。

　　4. 泌乳激素（prolactin, PRL）。

　　5. 腎上腺皮質激素（adrenocorticotropic hormone, ACTH）。

　　上述五種激素負責調控甲狀腺素分泌、可體松（cortisol）分泌、排卵、黃體生成、濾泡成熟、乳汁分泌、動情激素分泌等。

## （四） 腦下垂體後葉

　　下視丘的軸突是直接投射到**腦下垂體後葉**（posterior pituitary gland）。當神經元受到刺激興奮，便直接釋放激素到後葉，再經由血液循環作用到標的器官，故後葉又稱為**神經葉**（neurohypophysis），主要分泌兩種激素，**抗利尿激素**（antidiuretic hormone, ADH）和**催產素**（oxytocin）。抗利尿激素能促進遠端腎小管及集尿管再吸收水分以減少尿液排出，如果分泌不足時會導致尿崩症，另外還具有提高血壓的作用。催產素則具有催產作用、促進子宮收縮和刺激乳汁射出。這兩種激素由下視丘不同神經元所合成，後葉本身並無能力合成激素，功能上只是作為激素的倉庫。

# 二、甲狀腺

　　**甲狀腺**（thyroid gland）位於喉頭下方氣管的兩側，分左右兩葉及其中央之甲狀腺峽，峽部橫越氣管上部的前方，連接左右兩葉，其分泌的激素稱為**甲狀腺素**（thyroxine）。甲狀腺素是由一種胺基酸和碘化合物組合而成，其功能可以促進全身細胞的氧化作用，增進新陳代謝速率。同時，可以維持人體的生長以及骨骼的發育。當甲狀腺的機能高亢時，新陳代謝加速，體內熱量增多，患者常感到悶熱；體內儲藏的脂肪和醣，因新陳代謝消耗較多，造成身體消瘦。此外，患者尚有神經緊張、雙手顫抖、容易疲勞、情緒敏感激動等現象。

　　甲狀腺機能失調時，會引起甲狀腺腫大、新陳代謝降低。兒童甲狀腺分泌不足時，會使身體生長發育幾乎停止，導致呆小症（cretinism）。成人由於甲狀腺萎縮，產生甲狀腺分泌不足，會引起黏液性水腫，其症狀為體內能量不足、體溫降低、沒有力氣、脂肪及醣類堆積，導致身體肥胖、心智能力降低及性慾減退。

## 三、副甲狀腺

　　副甲狀腺（parathyroid gland）共有四顆，呈小圓球體，大小似豌豆，位於甲狀腺背面的組織內。副甲狀腺分泌的荷爾蒙激素，稱為**副甲狀腺素**（parathormone），其功能可以調節血液中鈣離子與磷酸根的濃度，維持肌肉與神經系統的正常興奮性。副甲狀腺機能高亢時，血液中的鈣增多、磷減少，硬骨基質中的鈣大量移至血液中，使骨骼變得脆弱、容易折斷或變形，甚至使尿中的排泄量增加，在腎臟內形成結石的疾病。副甲狀腺機能分泌不足時，將使血液中鈣的濃度減少、磷增多，肌肉與神經的興奮性增高而引起痙攣，嚴重者甚至因喉頭肌肉痙攣而窒息死亡。

## 四、胰島腺

　　胰島腺（pancreas）位於胃與十二指腸之間的腸繫膜上，胰島腺分為內分泌與外分泌兩種腺體。胰島腺可以分泌**胰島素**（insulin）與**抗胰島素**（antiinsulin）。胰島素可促進體內醣類、蛋白質以及脂肪的儲存，因而使人發胖；抗胰島素可以促進肝糖分解為葡萄糖，使血糖升高。胰島腺的外分泌腺部分，可分泌消化酶輸入消化系統。

　　當胰島素分泌過少時，血液中的葡萄糖不容易進入細胞，導致血糖增高，糖分隨著尿液排出體外，產生糖尿病。患者常感覺口渴、多尿、虛弱、飢餓、體重減輕、失明、白內障，甚至昏迷死亡。患者若注射過量胰島素時，將使血糖降得太低，腦細胞得不到適量的養分，導致「胰島素休克」。假如胰島素分泌過高，血液中的葡萄糖含量降低，將引起飢餓、心悸、神經緊張以及痙攣等現象。

## 五、腎上腺

腎上腺（adrenal gland）分左右兩個，如帽狀蓋在腎臟上方，故名。腎上腺的外層稱為**腎上腺皮質**（adrenal cortex），內層稱為**腎上腺髓質**（adrenal medulla）。腎上腺皮質分泌葡萄糖皮質素、礦物質皮質素及雄性激素。其中葡萄糖皮質素可以補充抗胰島素的不足，而且可以抑制發炎；礦物質皮質素可以調節體內鉀、鈉離子以及水分的平衡；雄性激素分泌量通常很少，對性徵表現的影響不大。

腎上腺髓質平時儲存腎上腺素與正腎上腺素，前者可以促進交感神經的作用，使心跳、呼吸加快，腸胃蠕動變慢；後者可以促進血管與肌肉收縮，進而使血壓升高。在自主神經系統傳來神經衝動時就大量釋放出來，使個體提高應付緊急事件的能力。

## 六、性腺

**性腺**（sex gland）在男性稱為**睪丸**（testis），在女性稱為**卵巢**（ovary）。睪丸分泌雄性荷爾蒙激素，雄性激素不只一種，其中最重要者為**睪丸素酮**（testosterone）；青春期時分泌量開始增多，促使男性表現出第二性徵，例如：體毛增多、聲音低沉，並且促進男性附屬生殖器官的發育。卵巢分泌**動情激素**（estrogen）與黃體激素，在青春期分泌量增多，前者促使女性出現第二性徵，例如：乳房擴大、皮下脂肪變厚、臀部變寬、月經來臨等。後者又稱為**催產素**（oxytocin），可以促進乳腺分泌細胞之發育，有助於懷孕、分娩與促進乳汁產生及哺乳。

## 七、松果腺

　　松果腺（pineal gland）位於大腦半球間視丘的上方，其分泌的激素可以抑制卵巢的發育。當光線射至視網膜時，外界刺激便由視神經傳導至松果腺，促使松果腺分泌激素。先天性目盲失明的女子，因為眼球缺乏光線的刺激，無法產生抑制卵巢發育的激素，因此其青春期比一般正常的女孩早。松果腺尚有影響日常生理規律，與季節性活動的功能。

## 八、胸腺

　　胸腺（thymus）位於胸腔內心臟之上前方，由左右兩葉所組成。胸腺可促進淋巴球的生成。在人類幼年時期，胸腺是產生免疫力的重要器官，到成年時胸腺才逐漸萎縮。胸腺分泌的激素具有排斥外來細胞的功能，隨著年齡增加胸腺分泌激素逐漸減少，其生產的抗體也隨之下降。因此，年長者容易罹患糖尿病、癌症與貧血等疾病。

## 第五節　遺傳與行為的研究

　　自從1970年代起，就有一些心理學者熱衷於探討人類行為與遺傳的關係。另外，有一些心理學家則從事環境對人類行為影響的研究。大多數人認為身高、體重、毛髮顏色、眼珠顏色、血型、皮膚顏色等身體特徵，受遺傳的影響與支配。但是，人的智力、情緒、人格特徵、性向、興趣與態度等心理特徵，是否也受遺傳的影響？有關這方面的研究起步較晚，不過，目前大多數心理學者認為人類行為或心理特質，受到環境的影響力也不容忽視。以下就遺傳與環境對行為的影響，作簡要說明：

## 一、人類遺傳的基本原則

　　每一個人生理上的特徵遺傳自父母，遺傳的決定因子就是存在於細胞核中的**染色體**（chromosome）。人體大部分細胞（性細胞除外），含有23對（46條）染色體（圖2-12）。人類自受精卵開始，在這46條染色體中，23條來自父親的精子，23條來自母親的卵子。其中除了第23對**性染色體**（sex chromosome）男女不同之外，其餘22對染色體，男女完全相同。正常男性第23對染色體中，有一條X染色體和一條較小的Y染色體，遺傳學家稱為XY；正常女性的第23對染色體都是X染色體，合而為XX。

　　每條染色體由遺傳基本單位**基因**（gene）所組成，在基因中真正攜帶遺

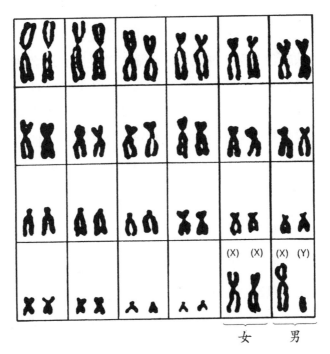

圖2-12　人的染色體

傳訊息者，為**去氧核糖核酸**（deoxyribonucleic acid, DNA），DNA為遺傳的最基本單位。基因與染色體一樣，也是成對排列的。在每一對基因中，有一個來自父親的精子，另一個來自母親的卵子。每個人染色體中的基因數，大約有數百個至上千個，由於無法在顯微鏡下看得清楚，所以實際數目至今仍很難精確估算。每個父母身上細胞中的23對染色體，其組合機率超過800萬；而精子與卵子的結合，其組合機率更超過70兆。這些數字遠超過現在全世界的人口總數，也就是說除了同卵雙生子之外，不可能找到兩個遺傳特徵完全相同的人。因此，每一個人都是獨特的個體，人與人之間永遠存在著個別差異。

在染色體內的基因中，具有**顯性**（dominance）或**隱性**（recessiveness）兩種屬性。假如個體成對的基因都是顯性的，則個體由基因所決定的生理特性，也是顯性的；假如在成對的基因中，一個是顯性的，另一個是隱性的，則個體的生理特性雖然表現出顯性特徵，但是仍然攜帶著隱性的因子；只有兩個基因都是隱性的，才會出現不明確的生理特性。

以個體的眼珠顏色為例，如果藍眼珠屬於隱性，有一名藍眼珠的小孩，其父母有可能都是藍眼珠；但也有可能父母中一人為藍眼珠，另一人為灰眼珠，可是帶有藍眼珠的隱性基因。不過，也有可能父母都是灰眼珠，但兩人都帶有藍眼珠的隱性基因。如果有一名灰色眼珠的小孩，他的父母就不可能都是藍色眼珠，因為這種情形灰色眼珠是屬於顯性，而藍色眼珠屬於隱性。

## 二、心理遺傳學的研究

歷來，有一些心理學者研究遺傳對人類行為特質的影響。由於人類的遺傳不適合進行實驗，只適合以相關法研究，所以，有關人類行為的研究，常使用家族研究、孿生子女研究以及養子女研究等方法。茲分別說明如下：

## （一）家族研究

　　**家族研究**（family studies），是探討血緣關係與行為特徵之間的關係。例如：Gottesman（1991）、Plomin等人（1997）曾對**思覺失調症**（schizophrenia）的血緣關係進行研究，結果發現父母患思覺失調症者，子女（第一等親屬關係）有9%的機率患思覺失調症；姪女、甥女為第二等親屬關係，這些人罹患思覺失調症的機率為4%；堂兄弟姊妹或表兄弟姊妹為第三等親屬關係，這些人患思覺失調症的機率為2%（圖2-13）。換言之，血緣關係愈密切者，罹患思覺失調症的機率就愈大。

　　由家族研究所獲得的結果，不能證明人類行為特質完全受遺傳的影響。因為家族成員除了基因相似之外，生活環境也頗為相似，所以，由家族成員

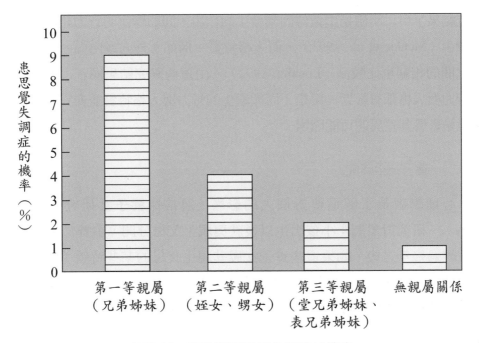

圖2-13　家族罹患思覺失調症的機率

的研究結果只能對行為遺傳現象作粗略的說明。

## （二）孿生子女研究

　　如前所述，對血緣關係相近的家族成員進行心理特質的研究，因為血緣關係相近的人大都生長在同一環境，如果環境因素不能排除就容易產生混淆（confounding），而無法確知遺傳因素的影響力。因此有些心理學者以生長環境相同的孿生子作為研究對象，以便深入探討遺傳所扮演的角色。

　　孿生子女可以分為同卵孿生（identical or monozygotic twins）與異卵孿生（fraternal or dizygotic twins）；前者是由同一個受精卵發育而成，後者則由不同的受精卵發育而成。就遺傳理論來說：同卵雙生的遺傳因子完全相同；異卵雙生之間遺傳因子的關是為50%，因為異卵雙生是由兩個不同的受精卵在胎兒期間一起發育，出生後在相同的環境中成長，因此對同卵孿生子女的研究結果，可以明確指出遺傳因素發生的作用。同卵孿生的智力相同大於異卵孿生（McGue et al., 1993），而人格特質，例如：外向或內向，同卵孿生者之間的相關也比較高（Loehlin, 1992）。由這些研究結果顯示：遺傳基因對智力與人格都有影響。可是，同卵孿生的智力與人格特質並非完全相同，環境是影響其差異的可能因素。

## （三）養子女研究

　　心理學者為了解遺傳對個人的影響，通常採養子女研究（adoption study）。研究對象為：小孩出生以後就與親生父母分開，由養父母來撫養者，經過幾年之後，如果這些養子女與其親生父母的某些特質（例如：智力、性向、人格），仍然非常相似，就可以證明遺傳較具有影響力；反之，如果養子女在某些特質上與養父母很類似，而與其親生父母不同，就可以證明生長環境的影響比較大。

　　有關人類智力受遺傳或環境影響的程度，有些心理學者利用養子女進行科學性研究。例如：Vandenberg與Vogler（1985）的研究發現，養子女與養

父母智商的相關係數為 .31，與親生父母的平均相關係數為 .36。由此可知，個人智力受遺傳與環境兩個因素交互影響，並非單獨只受遺傳的影響。

## （四）遺傳與環境交互作用

近年來，有些心理學者認為人類行為相當複雜，絕非僅由單一因素影響個人行為。因此，主張行為受遺傳與環境相互作用者日漸增多。在本節曾提到有些學者以為思覺失調症與遺傳有密切關係，但是思覺失調症患者與其生活環境或生活經驗，也都有密切的關聯。

## （五）遺傳對心理的影響

有一些心理學者研究發現，雙胞胎的人格特徵有15%至50%來自遺傳，包括神經質、攻擊性、保守等（Plomin et al., 1997）。另外有一些人研究發現，同卵雙生子從小在不同家庭養育，他們從來都沒有見過面，可是他們的職業興趣以及工作滿足感卻大同小異（Arvey et al., 1994）。

## 本章摘要

1. 神經元是構成神經系統的基本單位，神經元的構造包括：細胞體、樹狀突與軸突三部分。

2. 神經元分為感覺神經元、運動神經元與中介神經元三類。

3. 神經元接受外來刺激的訊息之後，由樹狀突傳導到細胞體，再傳送至軸突，軸突末端有分枝的終紐，神經衝動再由終紐傳導到另一個神經元。

4. 人體的神經系統中，包含中樞神經系統及周邊神經系統兩大系統。

5. 中樞神經系統內，包括腦和脊髓；腦又可分為前腦、腦幹、後腦等三部分。

6. 前腦是大腦中最大與最複雜的區域；前腦又分為視丘、下視丘、邊緣系統、大腦皮質等四部分。

7. 腦幹上接大腦半球，下連脊髓，位於大腦中心地帶，包括延腦、腦橋、中腦、網狀系統等四部分，職司呼吸、心跳、消化、睡眠等生理機能。

8. 小腦位於大腦下方，與腦幹相連，具有身體動作協調的功能。

9. 自主神經系統不受個體意志支配，內臟器官的運作與該系統有密切關係。

10. 自主神經系統分為交感神經系統與副交感神經系統，這兩個系統具有相輔相成的作用。

11. 大腦皮質位於大腦的表層，負責思考、記憶、學習等複雜的心理活動。大腦皮質中間有一裂縫分為左右兩個半球，兩半球之間由胼胝體連結在一起。

12. 左右半球的大腦皮質部分，除中央裂縫與側裂縫之外，均分為額葉、頂葉、顳葉、枕葉等四部分。額葉掌管身體各部位運動；頂

葉負責統合來自身體各部位的感覺及方位感；顳葉專司聽覺與嗅
覺；枕葉專司視覺。

13. 大腦左半球職司語言、記憶、推理、思考、問題解決；右半球職
司空間關係、音樂、繪畫等藝術能力。

14. 兩個半球對身體各部位的神經管制功能方式，是上下顛倒左右交
叉的。

15. 兩個半球的聽覺區具有分工合作的功能，同時管制左右兩耳傳導
來的神經衝動。同理，兩半球上的視覺區，同時管制兩眼傳來的
神經衝動。

16. 大腦左半球上有布洛卡語言區和威尼克語言區，前者管控語言的
表達，後者管控語言的理解與記憶。

17. 內分泌系統由內分泌腺組成，內分泌腺為無管腺，分泌荷爾蒙直
接滲透至血液，再隨血液循環系統輸送至身體各部位，對身體組
織器官產生調節作用。

18. 主要的內分泌系統有腦下垂體、甲狀腺、副甲狀腺、胰島腺、腎
上腺、性腺、松果腺、胸腺等。

19. 染色體和基因為決定個體遺傳的基本物質。人體除性細胞外，其
餘細胞均存有23對染色體，其中22對的大小與性質相同。惟在兩
性體細胞內，有一對性質與體積各不相同的性染色體，染色體內
的基因是遺傳的最基本物質。

20. 精子與卵子結合為受精卵，其組合機率超過70兆，除了同卵雙生
子外，全世界不可能找到兩個遺傳特徵完全相同的人。

21. 在心理學上常以家族成員、孿生子女、養子女，來研究遺傳因素
與心理特質之間的相關。

22. 人類行為相當複雜，並非是由單一因素所造成的，心理學者大都
認為人類行為是遺傳與環境交互影響的結果。

# 第 3 章

# 感覺歷程

本章大綱

每一個人藉著身體的感覺器官，接受外在環境的各種資訊，以了解和辨別外在刺激的屬性，這種歷程稱為**感覺**（sensation）。由於人類的生理構造大致相同，因此對相同刺激所產生的感覺也極為相似。人類主要的感覺包括：視覺、聽覺、嗅覺、味覺以及皮膚覺等，職司這些感覺的器官稱為五官。此外，人類尚有觸覺、痛覺、溫度覺、平衡覺以及運動覺等感覺。

## 第一節　感覺的基本特徵

### 一、絕對閾

在1860年，費希納（Gustav Fechner）就對人類的感覺現象進行科學研究。他提出**心理物理學**（psychophysics）的觀念，探討物理刺激如何轉化為心理的經驗。費希納提出**門檻**（threshold）的概念，閾是指物理刺激能量的門檻，可以被人察覺的臨界點。例如：當聲音到達某一定強度時個人就能夠聽見，這時就是聲音強度的門檻。

外在環境的刺激必須達到某一定程度，才能夠使人產生感覺。例如：在心理實驗室的銀幕上，出現一道極微弱的燈光。一開始，受試者無法覺察這燈光的存在，實驗人員逐漸增加光源強度，一直到受試者可以確定此燈光存在為止。此時，光線的物理刺激強度稱為**絕對閾**（absolute threshold）。簡言之，物理刺激強度低於這個門檻，受試者就沒有感覺，在這個界限之上就可以產生感覺。

因為人們對某種刺激的感受性，受身心狀況的影響，所以各種感覺絕對閾的測量，不能只測量受試者一次對物理刺激的反應。費希納利用以下方法來測量受試者的各種感覺絕對閾。他對受試者呈現某一個刺激，讓其判斷該刺激是否存在，假如毫無感覺再持續增強刺激的強度，一直到受試者正好可以察覺它的存在，則此時的刺激強度，就是這名受試者的感覺絕對閾。

## 二、差異閾

　　人類對各種刺激的敏感程度不一，同一個感覺器官對兩種刺激之間的差異，必須達到某一定的程度，才能辨別兩者之間的差異。費希納曾對人類各種感覺器官辨別刺激的差異性進行實驗研究。實驗時對受試者呈現兩種不同強度的刺激，其中一個保持不變，稱為**標準刺激**（standard stimulus），另一個使之微量變化，稱為**比較刺激**（comparative stimulus）。當受試者某一個感覺器官，在辨別標準刺激與比較刺激時，此時這兩個刺激強度的最低差異量，稱為**差異閾**（difference threshold），又稱**最小可覺差異**（just noticeable difference, JND）。

　　差異閾的測量方法，需要做很多次的實驗，讓受試者每一次比較兩個刺激的差異，這兩個刺激的差異量由零開始逐漸增大。當受試者正好可以察覺到這兩個感覺強度有差異時，此時這兩個刺激強度的差異量，就是該受試者對這兩個刺激感覺的差異閾。

　　韋伯（Ernst Weber, 1795～1878）於1834年提出感覺的科學性。他發現人類各種感覺，其差異閾與標準刺激之間成**定比**，稱為**韋伯定律**（Weber's law）。韋伯定律的公式如下：

$$\frac{\triangle I}{I} = K$$

　　　　$\triangle I$：差異閾

　　　　$I$：標準刺激強度

　　　　$K$：常數

　　以重量大小的判斷為例，實驗者先請受試者閉上眼睛，請他伸出右手，然後在受試者手上放一個物體，不久換上不同重量的物體，再請受試者比較這兩個物體的重量。假如100公克為標準刺激，受試者在102公克時仍無法察

覺這兩個重量是否一樣，在103公克時，恰好能夠辨別這兩者的差異，則3公克就是差異閾；假設標準刺激200公克，受試者在206公克時，才能辨別兩者的差異。由韋伯定律可以得到以下比值：

$$\frac{3}{100} = \frac{6}{200} = \frac{9}{300} = \frac{12}{400} = \frac{15}{500} = K$$

由上述比值可知，重量100公克時，只需要加上3公克，即可感覺其差異；重量200公克時，必須加上6公克，才能夠感覺其差異；假如重量增為500公克時，則必須加上15公克，才能察覺兩者之間的差異。韋伯定律中的常數K，又稱為**韋伯分數**（Weber's fraction）。韋伯定律適用於人類各種感覺，人類各種感覺的韋伯分數，詳見表3-1。

表3-1　人類各種感覺的韋伯分數

| 感覺名稱 | 感覺測量 | 韋伯分數 |
|---|---|---|
| 視覺 | 對亮度或白光的辨別 | 1/60 |
| 重量覺 | 對重量的辨別 | 1/30 |
| 痛覺 | 對皮膚灼熱感的辨別 | 1/30 |
| 聽覺 | 對高低音的辨別 | 1/10 |
| 壓力覺 | 對皮膚上某一點壓力的辨別 | 1/7 |
| 嗅覺 | 對橡膠味道的辨別 | 1/4 |

資料來源：採自Geldard（1962）。

## 三、心理物理測量（psychophysical scaling）

人類感覺器官所接受刺激強度的大小，與心理感受程度之間，到底有何關聯？根據費希納的研究發現：當刺激強度改變，差異閾也隨之改變。由圖3-1來看，橫座標的刺激強度逐漸增強時，感覺大小也隨之上升，但是刺激強度達到極限時，感覺大小則維持不變。例如：在暗室打開一盞燈，雖然只

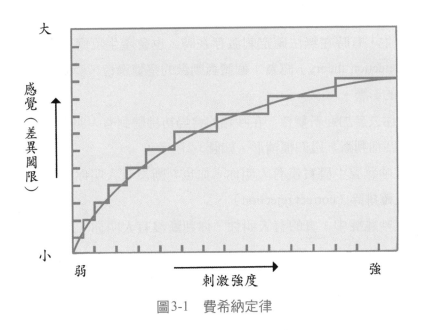

圖3-1　費希納定律

有一個小球泡發出亮光，人們就覺得比暗室亮多了。但是，如果繼續打開第
二盞燈，人們不覺得這時的室內亮度增加一倍，再繼續打開第三盞燈，通常
覺得比這二盞燈時稍亮一些，而不是第一盞燈的三倍亮度。簡言之，燈光刺
激等量增加，感覺差異並非相對增加。

　　史帝文斯（Stevens, 1957）認為費希納定律不適用於各種感覺。因為人
類接受外在物理刺激強度與其內在感覺，兩者之間並非一定成直線性關係。
事實上，前述韋伯定律只能適用於中等強度的標準刺激，如果標準刺激太弱
或太強時，該定律的公式就不適用。因此，費希納在1860年主張：外在的物
理刺激強度與個人的感覺之間，形成一種對數的關係，這就是**費希納定律**
（Fechner's law）（圖3-1）。

## 四、訊號偵察理論

　　根據本節前文絕對閾的觀念，人類必須感受到刺激的存在，才能產生感

覺反應。反之,如果無法察覺刺激存在,則不會產生反應。可是,個人感覺經驗的產生,有時在無法確定刺激存在時,也會產生反應。**訊號偵察理論**(signal-detection theory)認為:個體對刺激的察覺過程,受到刺激強度以及其他因素的影響。

假設你去參加迎新舞會,在吵雜的會場彷彿聽到有人叫你,這時你可能做出以下四種判斷,這四種情形,如圖3-2所示:

1. 在吵雜聲中確實沒有人叫你,你也判斷沒有人叫你,這種情形叫做**正確排除**(correct rejection)。

2. 在吵雜聲中,真的有人叫你,你判斷沒有人叫你,這種情形叫做**失察**(miss)。

3. 在吵雜聲中,沒有人叫你,你判斷有人叫你,這種情形叫做**錯誤警覺**(false alarm)。

4. 在吵雜聲中有人叫你,你判斷有人叫你,這種情形叫做**猜中**(hit)。

訊號偵察理論認為:個體對某一訊號是否做出正確的反應,除了訊號本身的強度以外,與個人的情緒、動機、主觀經驗以及干擾訊號等因素,都有

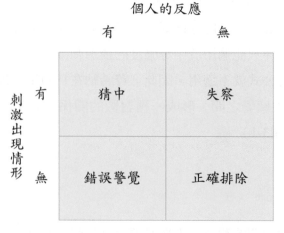

圖3-2 訊號偵察四種可能性

密切關係。相對於心理物理學而言，這個理論比較能夠解釋人類在真實生活中的感覺現象。

## 五、在門檻以下刺激的感覺

如果刺激強度很低人們無法察覺其存在時，該刺激對個人的行為是否仍然產生影響？這個問題由一些心理學家研究的結果發現：在門檻以下的刺激，對人類的行為仍然有很大的影響。茲介紹一項研究報告如下：

在美國新澤西的戲院曾經放映一部電影，電影放映部經理在影片中，以極短暫的時間插播「吃爆米花」這幾個字眼，看電影的人無法看清楚銀幕就閃過去，後來該名經理發現，爆米花銷售量激增58%。到了1980年代，有些心理學者認為，在錄音機所播放門檻以下的刺激，對於幫助人們減肥、改善失眠以及增進記憶力等，都有莫大的益處（Vokey & Read, 1985）。

柯羅斯尼克等學者（Krosnick et al.）於1992年進行一項實驗研究，探討門檻以下刺激對人的影響。該實驗以34名大學生為對象，讓他們專注看9張幻燈片，每一張幻燈片出現的時間為0.013秒。對一半受試者呈現的幻燈片內容，為一些可以使人興奮愉快的人物，例如：一對新郎與新娘、小丑、一群朋友嬉笑等；對另一半受試者呈現的幻燈片內容，為一些使人不愉快的事物，例如：狼人、頭顱、蝙蝠等。實驗結果發現：受試者若觀看使其愉快的幻燈片，會對幻燈片產生良好的印象。反之，若觀看內容是使人不愉快的，該組受試者對此幻燈片則會產生不良的印象。這個實驗結果也證明門檻以下的刺激對人類行為確實具有一定的影響力。

## 六、感覺的適應

人類各種感覺器官對某種刺激的感應程度，隨著時間產生改變。當某種刺激持續一段時間，接受該刺激的感覺器官，其敏銳程度會逐漸降低，也就

是絕對閾限或差異閾限隨之增大。這時刺激強度需要提高才能產生感覺經驗，例如：「入芝蘭之室，久而不聞其香」、「入鮑魚之肆，久而不聞其臭」，就是屬於這種現象。像這種因感覺器官接受刺激較久，而使其感覺敏銳程度降低的現象，稱為**感覺適應**（sensory adaptation）。感覺適應除了因刺激過久而變得遲鈍之外，個人感官如長久缺乏某種刺激時，該感覺器官會變得較為敏銳，這種現象也是感覺適應。但是，心理學上所說的感覺適應，大多屬於前者。

　　在日常生活中，感覺適應對人有利亦有弊。就有利的方面來說，人體器官的刺激敏銳度降低的感覺適應，有助於減輕身心的壓力。例如：在冬天早晨穿上厚重的衣服去上學或上班，起初會覺得有點重，但是後來就毫不自覺，這樣子可以使人專心去求學或工作。可是就弊的方面來說，個體對刺激敏銳度降低的感覺適應，容易使人失去安全的警覺性。例如：有些工人長期以器械鑽挖水泥地面，其聽力在不知不覺中，受到強大噪音的傷害而不自覺。

## 第二節　視覺

　　視覺是人類最重要的感覺，視覺的器官是眼睛。每個人在日常生活中，需要藉著眼睛來了解周圍環境，因此眼睛又稱為「靈魂之窗」。以下就眼睛的構造與功能、視覺刺激與適應、視覺現象以及色覺理論，分別加以說明。

### 一、眼睛的構造與功能

　　人類眼睛的形狀近似圓球體，因而有眼珠或眼球之稱。眼球的構造，如圖3-3所示。

　　人類眼睛的構造可以分為三層，最後一層為**鞏膜**（sclera）與**角膜**（cornea）。鞏膜為半透明纖維，覆蓋與保護眼睛；角膜成曲形與透明狀，具有

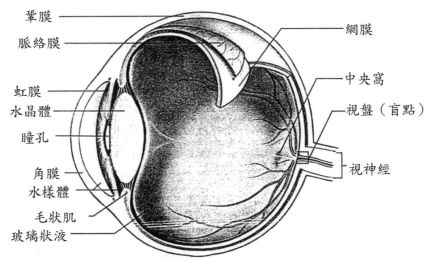

　　　　　　　　　　　　圖3-3　　人類眼睛的構造

透光及聚光性，並且環繞眼球外層。中間層包括：**脈絡膜**（choroid）、**虹膜**
（iris）、**瞳孔**（pupil）、**水晶體**（lens）、**水樣體**（aqueous humor）及**玻璃**
**狀液**（vitreous humor）等。其中脈絡膜為色素層，具有防止光線在眼球內擴
散的作用。虹膜為色素環，可以調節光線進入眼球的多寡。瞳孔位於眼球中
央處，具有使光線進入眼球的功能。水晶體可以使進入眼球的光線，集中射
入**網膜**（retina）上。水樣體具透光性，可以維持眼球壓力。玻璃狀液是一
種透明有透光性的膠狀物，占眼球的大部分，具有支撐水晶體以及整個眼球
的作用，使眼球保持正常的形狀，以免眼睛凹陷下去。

　　在水晶體兩旁各有**毛狀肌**（ciliary muscle），此肌肉具有伸縮作用，可
以隨時改變水晶體的形狀及厚度，調節水晶體的適當焦距。當所看的物體在
近處時，該肌肉就收縮，水晶體變成凸起。反之，當所看之物體在遠處時，
毛狀肌就放鬆，水晶體變為扁平狀。如此，可以使光線恰好投射到視網膜
上，以上現象請參見圖3-4。

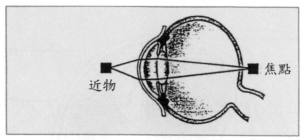

1.毛狀肌未調節前，近物投影位置

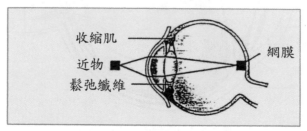

2.毛狀肌調節使水晶體凸起，近物恰好投影在網膜上

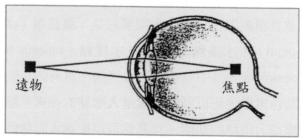

3.毛狀肌未調整前，遠物投影位置

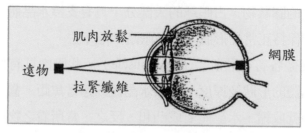

4.毛狀肌調節使水晶體扁平，遠物恰好投影在網膜上

圖3-4　毛狀肌隨視物距離調整水晶體焦距

　　眼球最內一層包括：網膜、中央窩以及視神經的起點。網膜是眼睛最重要的部位，其表面是一種極敏銳的感光組織與神經纖維。網膜上大約有100萬個長桿狀感光神經細胞，稱為**桿狀細胞**（rod cell），以及650萬個圓錐狀感光神經細胞，稱為**錐體細胞**（cone cell）（圖3-5）。桿狀細胞對微暗燈光相當敏感，分布於網膜的周圍；錐體細胞對亮光及顏色知覺很敏銳，不同的錐體細胞，分別對不同波長的紅色、綠色或藍色光波作反應，因而產生各種色覺。人類眼睛的錐體細胞集中在中央窩，錐體細胞如果缺少一種或幾種，就會產生色盲。

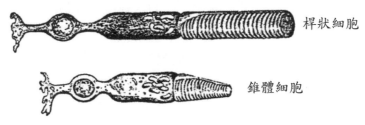

桿狀細胞

錐體細胞

圖3-5　桿狀細胞與錐體細胞

　　眼睛所接受的各種視覺刺激，諸如顏色、動作、深度以及形狀等，都由瞳孔進入，經水晶體、玻璃狀液到達視網膜上；由視神經再傳達到大腦視覺皮質，進而產生視覺。假如光波刺激正好投射到視網膜邊緣的**視盤**（optic disk）上，就不能產生視覺，因為視盤上沒有桿狀細胞，也沒有錐體細胞，它是視網膜上最不敏感的地方，因而該處稱為**盲點**（blind spot）（參見圖3-6）。一般人平時不容易覺察到盲點，但是可藉由以下實驗，測量自己兩眼的盲點。

　　測試盲點的做法：將圖3-6置於正前方，讓本圖與眼睛等高，然後閉上右眼，左眼注視「×」處。將此頁緩慢前後移動，大約在距離眼睛30公分之處，將會發現左端的「＋」圖形消失不見了。

圖3-6　盲點測量

## 二、視覺刺激與適應

### （一）視覺刺激

　　人類必須藉著光才能夠產生視覺。光的來源可以分為兩類：第一類是由發光體直接發射出來的，例如：太陽、電燈、火把等；另一類是由物體反射出來的，例如：月亮或建築物。光屬於電磁輻射波，它具有**波長**（wave length）、**振幅**（amplitude）以及**純度**（purity）等三種物理屬性。以下就光的物理屬性與人類對光的心理反應，分別說明之。

### 1. 波長

　　光波的波長是指兩個波峰或波谷之間的距離。光的波長單位通常以nm表示，1nm等於十億分之一公尺。波長可以細分為以下三類：

　　(1)不可見長波：例如紅外線，其波長介於700nm至1,500nm之間。

　　(2)肉眼可見光譜：其波長介於400nm至700nm之間。

　　(3)不可見短波：例如紫外線、X射線、伽瑪射線、宇宙射線等，其波長小於400nm。

　　人類所能見到的物體，其光波介於400nm至700nm之間。有一些動物所看見的物體，是人類肉眼看不見的，例如：許多昆蟲可以看到紫外線；許多魚類或爬蟲類可以看到紅外線。

　　在人類肉眼可見光譜中，不同的波長產生不同的視覺。人所看到的各種物體，大部分是反光物體，各種物體的顏色由其反射光的波長所決定。例如：紫色感的波長是400nm、藍色感的波長是480nm、綠色感的波長為

521nm、黃色感的波長為573nm、紅色感的波長為700nm。由光波的長短所產生的顏色感覺，又稱為**色調**（hue）。

## 2. 振幅

振幅是指波峰到波谷之間的距離。振幅與光的強度有關，振幅決定顏色的**亮度感**（brightness）。振幅愈大，顏色看來愈亮麗、鮮豔；反之，振幅愈小，顏色看來愈暗淡。

## 3. 純度

光純度的高低與**飽和度**（saturation）有關。例如：某一物體反射出單一黃色光波，則該物體看來為純黃色，即飽和度高；另一個物體雖然反射出黃色光波，但是如果該物體夾雜著一些別的反射光波，則顏色看起來並不是純黃色的，就表示其飽和度低。

## （二）視覺適應

視覺的適應歷程可以分為：**暗適應**（dark adaptation）與**亮適應**（light adaptation）。一個人由明亮處進入黑暗的地方時，視覺逐漸產生暗適應。例如：從光亮的地方走進電影院，一下子很難找到自己的座位，過了一段時間之後，就能夠看清楚座位號碼了。人進入暗室大約5至10分鐘，視覺敏感度逐漸增加，網膜上錐體細胞逐漸適應弱光；大約10分鐘後，網膜上桿狀細胞的感光敏銳程度逐漸提高，使視覺更能適應較為黑暗的光線，暗適應全程大約需10至30分鐘。由於暗適應需要一段時間，因此開車進入隧道應減速慢行或開大燈，以策安全。

亮適應的過程與暗適應正好相反。亮適應過程瞳孔逐漸縮小，減少光線進入眼球，網膜上錐體細胞的感光敏銳程度漸漸降低，接著，網膜上桿狀細胞的感光敏銳度迅速降低。不論暗適應或亮適應，都是錐體與桿狀細胞產生化學變化的過程。但是，在整個視覺適應的過程中，視覺神經系統的刺激傳導變化也扮演相當重要的角色。

## 三、常見的視覺現象

### （一）混合色與互補色

　　由幾種不同顏色的光波混合之後，所產生的顏色感覺稱為**混合色**（color mixture）。混合色可以由兩種或多種顏色混合而成。兩種顏色以相同比率混合所產生的色覺，是介於這兩種顏色之間的顏色。混合色比原色的飽和度低，這種現象可以利用圖3-7的**色環**（color circle）來表示。例如：紅色光與藍色光以相同比率混合之後，產生紫色光；紅色光與黃色光以相同比率混合之後，就產生橙色光。

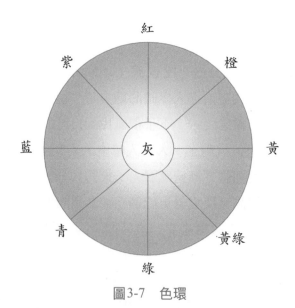

圖3-7　色環

　　上述混合色光，其顏色介於兩色光之間。如果將紅色光與綠色光混合，可以得到灰色光。同理，橙色光與青色光相混合，也可以得到灰色光。換言之，在色環相對位置的兩色光，相混合之後都變成灰色光，這種現象稱為**互**

補色（complementary color）。色光相混合，稱為**相加混合**（additive mixture），因為混合之後的顏色，看起來比原色光明亮，例如：太陽光其實是由各種色光混合而成的。

如果用不同的顏料（例如水彩）相混合，就得到不同的結果。例如：黃色與藍色顏料混合，變成綠色；藍色與紅色顏料混合，變成紫色；黃、藍、紅三種顏料混合，變成黑色。因為不同顏色混合之後，顏料會吸收一部分光波，只有部分光波反射出來，形成不同的色感。因此，顏料的混合稱為**相減混合**（subtractive mixture）。

## （二）後像與顏色對比

人的眼睛如果注視某一個物體，當該物體消失後的一瞬間，在視覺上仍然留存該物體的形象。外在物理刺激雖然消失，在視覺上仍然暫時存在原來刺激的現象，稱為**後像**（afterimage）。根據視覺心理學家的研究，後像可以分為**正後像**（positive afterimage）與**負後像**（negative afterimage）。正後像是指視覺刺激消失後在視覺上所遺留的影像，與原刺激的顏色、亮度以及形狀都相似。例如：觀賞國慶煙火時，在煙火的光、色以及圖案消失之後，仍然暫時在視覺中存留著，就是正後像。負後像是指後像的色彩與原來所看的顏色成為互補色，同時後像的明亮度與原來所看顏色相反。例如：雙眼注目看一色環幾分鐘，然後注視一張白紙，就看到該色環的互補色。通常注視的時間持續增長，刺激的強度增加時，出現後像的可能性也隨之增加。

**顏色對比**（color contrast）是指不同顏色的物體並排或相繼出現時，產生更鮮明的色覺。例如：穿紅色衣服站在綠色樹木前照相，就覺得紅者愈紅，綠者愈綠；又如在黃色紙上寫黑字，其對比效果更為明顯。廣告設計常以顏色對比來吸引消費者的注意，例如：做錦旗常採用對比色。不過，住家裝潢或穿衣服則不宜用對比顏色，以免產生太刺眼的感覺。例如：深藍色的褲子或裙子，配上淺藍色上衣，就容易使人產生美感。

顏色對比在互補色最明顯，因為互補色並排時，各顏色產生較大的飽和

度，這就是**同時對比**（simultaneous contrast）的效果。此外，還有**亮度對比**（brightness contrast）與**連續對比**（successive contrast）。前者是指兩個顏色的刺激亮度不同時，所產生的顏色對比；後者是指兩種視覺刺激相繼出現時，所產生的顏色對比。

在室內裝潢設計上，採用同一色系比較容易使人覺得清爽舒適。例如：客廳的牆壁、天花板、置物櫃、廚具、冰箱等，都採用百合白或玫瑰白的顏色，住起來就覺得很舒服。簡言之，房子裡面的物品盡量不要採用對比色。

## （三）色盲與色覺缺陷

凡是對紅、藍、綠等三種顏色，完全沒有色覺經驗的人，就稱為**色盲**（color blind）。這種人所看到的世界是黑色、灰色與白色的組合，因此又稱為全盲，這種人在世界人口中占極小的比率。有些人對紅、藍、綠等三種顏色不能明確辨別，稱為**色覺缺陷**（color deficiency）或**色弱**（color weakness）。色覺缺陷者，對顏色感覺能力不足，在全世界人口中，男女罹患比率差異相當懸殊：男性大約占8%，女性僅占0.4%。色盲有遺傳的現象，根據醫學研究報告，最主要是由X染色體基因突變所造成的。由於男性XY染色體中，只含有一個X染色體，女性的染色體XX中，兩個都是X染色體，因而造成男性色盲的人數比率，顯著高於女性。

在色盲患者中，不能辨別紅色與綠色，稱為紅綠盲；不能辨別黃色與藍色，稱為黃藍盲。這些人的眼球視網膜上，缺乏對某色光感應的錐體細胞。色盲主要來自遺傳，也有部分患者是由眼球疾病所引起的。在各類色盲中，以無法辨識紅、藍、綠三種顏色之中的兩個顏色的雙色盲患者居多。在單一色盲患者中，以**綠色盲**（deuteranopia）的人數最多。

一般人未經視覺檢查之前，通常不知道自己是否有色盲。為了了解視覺是否正常，可以藉著**石原氏色盲測試**（Ishihara color test）圖案來檢驗。該檢驗工具是以許多不同顏色的相似小圓點，繪成數字，背景也是由許多顏色相近的小圓點，呈不規則狀組合而成。

# 第三節　聽覺

聽覺（auditory sense）是僅次於視覺的重要感覺。聽覺的器官是耳朵。人每天生活在一個充滿聲音的世界，藉著聽覺人際之間可以互相溝通。

## 一、聲音的物理屬性

聽覺的產生來自聲音，聲音的物理特徵為聲波；聲波來自分子震動，經由空氣或其他介質來傳導。聲波在20°C的空氣中傳導速度，每秒大約344公尺。溫度升高音速隨之加快，在水中聲音傳導速度，每秒大約1,428公尺。

聲波具有振幅（amplitude）、波長（wave length）或頻率（frequency），以及波純度（wave purity）或混合度（mixture）等特徵，這些物理特徵影響聲音的心理屬性，即音強（loudness）、音調（pitch）以及音色（timbre）。這三種聲波的物理屬性與三種心理知覺，彼此互相對應（圖3-8）。

## 二、聽覺器官

人耳的構造可以分為外耳、中耳以及內耳等三部分（圖3-9）。外耳可以收集外來的聲音，傳入外耳道，再向內傳至鼓膜（ear drum）。鼓膜是由一層軟骨質的薄膜所構成，位於外耳與中耳交界處，具有保護中耳及內耳的功能。外界物體所發出的聲波，經空氣傳導衝擊鼓膜，使鼓膜產生顫動，再向中耳傳遞。中耳內有鎚骨（malleus）、砧骨（incus）與鐙骨（stapes）等聽小骨（ossicle），並且有鼓膜張肌以及鐙骨肌，聲波在中耳由三塊相連聽小骨的震動與這兩條肌肉的收縮，來傳送刺激訊息。

在中耳下方有一條歐氏管（Eustachian tube）通往鼻咽，平時關閉，只有在咀嚼或吞嚥時才打開，使空氣進入中耳，以維持鼓膜內外壓力的平衡。

內耳又稱迷路（labyrinth），其構造較為複雜。除了專司轉化聲音的物

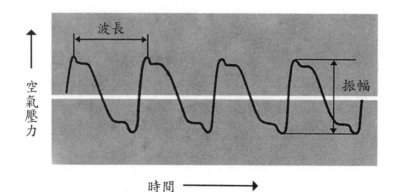

圖3-8　聲波的物理屬性與知覺

| 聲音的物理屬性 | 人的知覺 |
| --- | --- |
| 聲波振幅 | 大小 |
| 聲波波長 | 音調 |
| 聲波純度 | 音色 |

理性刺激成為生理性的神經衝動，再經由聽覺神經傳至大腦皮質的聽覺區之外，尚須職司身體的平衡感覺。內耳包括骨質與膜質兩種迷路，而且有**內淋巴液**（endolymph）與**外淋巴液**（perilymph），但是兩者不相連接。**前庭**（vestibule）是內耳的主要平衡器官。**耳蝸**（cochlea）占內耳最大的部分，裡面充滿液體，是一彎曲蝸形管道，環繞大約三圈。耳蝸管道底部有**基底膜**（basilar membrane）與**前庭膜**（Reissner's membrane），將耳蝸分為三個腔室，這三個腔室內的淋巴液體互不相通，具有保護耳蝸的作用。

　　外界聲波經中耳三個聽小骨傳入後，其顫動先到達**卵圓窗**（oval window），卵圓窗的波動傳入耳蝸，藉著淋巴液振動基底膜上的聽神經細胞。在基底膜上有一個聽覺的主要感受器，稱為**柯蒂氏器**（organ of Corti），其內外兩旁都有**毛狀細胞**（hair cell）。聲波傳到柯蒂氏器毛狀細胞引起聽神經衝動，再經由視丘傳入大腦聽覺皮質顳葉，因而產生聽覺。

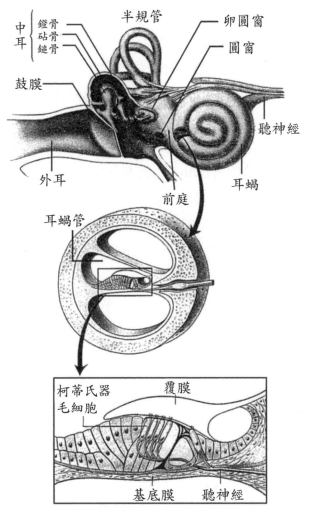

圖3-9　人耳的構造

## 三、聲音與心理感受

　　聲波的頻率，以每秒波幅振動的次數為計算單位，或以**赫茲**（hertz, Hz）表示之。通常頻率愈高，音調也就愈高，音調受聲波的頻率和振幅所影響。年輕人所能聽到的聲音，大約介於15至20,000赫茲之間，年齡愈大聽

覺愈遲鈍。一般音樂的頻率大約介於16至4,000赫茲之間，低於20赫茲低頻率聲波，或高於20,000赫茲的高頻率聲波，一般人就聽不到。老年人對高頻率聲波的感受力比較低，有些動物的聽力比人類敏銳，例如：海豚與蝙蝠能夠聽到超過20,000赫茲的聲音；鴿子可以聽到20赫茲以下的聲音，狗能聽到15至50,000赫茲的聲音。

　　聲波振幅的大小，決定聲音強度的高低；振幅愈大，聲音愈強。音強的單位稱為分貝（decibel，縮寫為**db**）。通常每增加10分貝，人就感覺聲音加大一倍。各種聲音的分貝，如圖3-10所示。

　　太強的聲音會對聽力造成傷害，聲音強度如果超過120分貝，就使人感到很刺耳。飛機起降時的聲音強度超過120分貝，飛機場工作人員必須在外

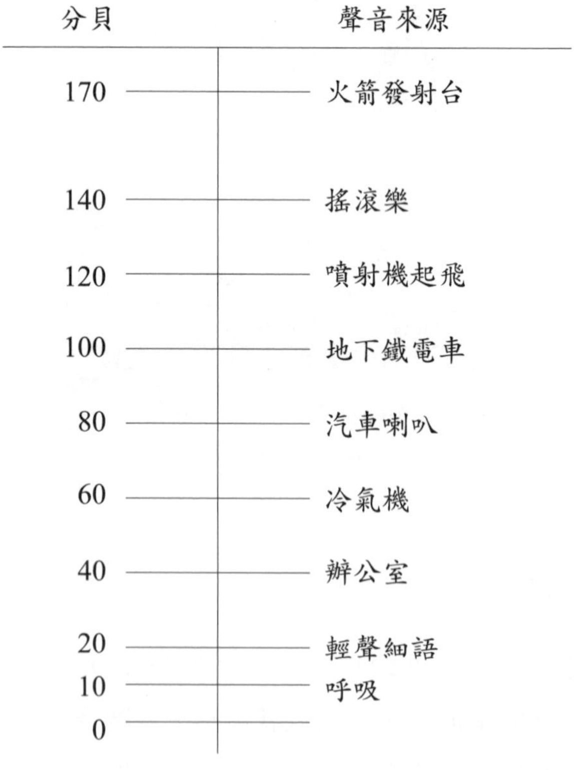

| 分貝 | 聲音來源 |
|---|---|
| 170 | 火箭發射台 |
| 140 | 搖滾樂 |
| 120 | 噴射機起飛 |
| 100 | 地下鐵電車 |
| 80 | 汽車喇叭 |
| 60 | 冷氣機 |
| 40 | 辦公室 |
| 20 | 輕聲細語 |
| 10 | 呼吸 |
| 0 | |

圖3-10　各種聲音的分貝

耳置入耳塞以降低噪音強度，藉以防止聽力損失。長期暴露在90分貝以上的工作環境者，例如：操作水泥地板撞擊機，或在火力發電廠廠房的工作人員，假如不戴上耳塞，其聽力將會逐漸遲鈍，嚴重者可能導致重聽或耳聾。

聲音的另外一個心理屬性是音色，音色又叫音質，聲音的純度與複雜度由音色決定。最純的聲音是由單一頻率所發出的聲波，例如：敲鐘的聲音。各種不同振幅與不同頻率的聲波組合在一起，成為有規律而週期性的振動時，其所發出的聲音稱為**樂音**（music sound），樂音可以使人精神愉快，對安定情緒有很大的幫助。

如果一個物體受到撞擊產生音波振動，除了全部振動所產生的聲音之外，尚有部分振動發出不同頻率的音波，就形成混雜的聲音。全部振動的聲音為基本音，部分振動的聲音為**陪音**（overtones）。陪音可以決定音色，不同樂器各有其特殊的構造，因此所發出的陪音就不一樣。一般人日常生活中很少聽到純音，多數聲音由不同振幅與不同頻率的多種聲波混雜而成，這種聲音稱為**噪音**（noise）。噪音容易使人心神不寧、注意力不集中、工作效率降低，甚至造成意外事件。

## 第四節　其他感覺

人類的感覺除了視覺和聽覺之外，尚有嗅覺、味覺、皮膚覺、運動覺以及平衡覺等，其中皮膚覺，又可以分為觸覺、溫度覺、痛覺等三種。茲分別說明如下：

## 一、嗅覺

**嗅覺**的刺激來自各種物質，經化學變化產生氣體散布於空氣中，產生有機分子。當人呼吸時，這些氣體分子進入鼻腔，往上到達**嗅覺纖毛細胞**（olfactory cilia），嗅覺感受器就在這些細胞上。嗅覺纖毛細胞接受氣體刺激之後，其訊息再往上傳遞到嗅球（olfactory buld），再通往嗅覺神經，最後往上傳導到大腦嗅覺中樞，產生嗅覺現象。人體嗅覺系統，如圖3-11所示。

　　由於人類大約擁有500萬個嗅覺接受器，經由這些接受器的活動，使人能夠分辨各種氣體。人類的嗅覺具有很大的適應性，嗅覺的絕對閾限隨著時間產生變化。某種氣味初次出現時，能聞到甚為微弱的刺激，但是如果該氣味持續存在，嗅覺就逐漸適應而變為遲鈍。所謂「入芝蘭之室，久而不聞其香」，就是嗅覺產生適應的現象。人類聞到某種氣味，大約四分鐘就覺得該氣味的強度降低一半（Cain, 1988）。嗅覺適應現象對個人日常生活有利也有弊。由於嗅覺適應會使人的嗅覺敏銳度降低，因此在有特殊氣味的場所工作時，不會感覺難受。可是嗅覺敏銳度降低，使人對有毒的氣體不容易察覺，因而產生中毒。

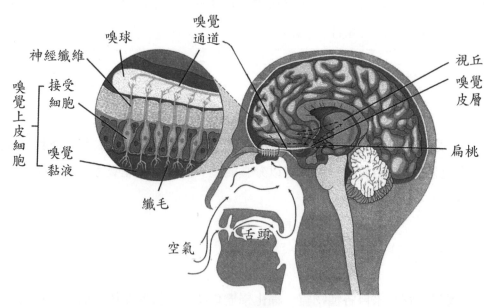

圖3-11　人體嗅覺系統

資料來源：採自Weiten（1995）。

一般人喜歡芬芳清香的氣味，例如：香水、鮮花、香包、香料等，這些有香味的物品使人心情愉快。所有嗅覺神經均通往**邊緣系統**（limbic system），它與情緒反應或內分泌都有關。人喜歡的氣味有個別差異，一般來說，老年人嗅覺比較遲鈍，女性的嗅覺比男性敏銳。另外，有些人則喜歡特殊的氣味，例如：吃臭豆腐或生魚片，這些現象大都得自生活經驗。

根據解剖學的研究，愈低等動物的嗅覺細胞，占大腦的範圍愈大。例如：魚類嗅覺上皮細胞幾乎占滿整個腦半球，狗大約占三分之一，人類嗅覺皮質約占大腦的二十分之一。因此，人們常以樟腦丸來驅除昆蟲，利用雄黃或石灰來防範毒蛇。有些郵差使用辣椒粉與胡椒粉來趕走惡犬，因為狗大約有一億個以上的嗅覺細胞，牠們的嗅覺非常敏銳。所以，世界各國的警察機關或海關，常利用狗的嗅覺來幫助偵探違禁品。

## 二、味覺

**味覺**的感受器稱為**味蕾**（taste bud）。人類舌頭上大約有9,000個味蕾，每一個味蕾的表面覆蓋**舌上皮細胞**（lingual epithelium）與**味孔**（taste pore）。味蕾內部有**支持細胞**（supporting cell）與毛細胞。味蕾多數細胞分布在舌尖、舌面與舌側等三處。產生味覺的刺激必須是液體，一般食物經唾液液化之後，才能產生味覺。液體經由味孔傳入味蕾，再經由味覺神經纖維傳導，經視丘到達大腦皮質進而產生味覺。味蕾的構造，參見圖3-12。

味覺細胞大約只能存活10天，就由新細胞替換（Pfaffmann, 1978）。新的味覺細胞分布在味蕾的邊緣，逐漸向內移動，最後在中央部位消失，所以舌頭中間部位的味覺最遲鈍。人類的基本味覺，至少有甜、酸、苦與鹹等四種（Bartoshuk, 1988）。舌上職司這四種味覺的味蕾，其分布不同；舌尖負責甜覺，舌側邊司酸或鹹，舌根司苦覺。雖然大多數味覺細胞不只對一種基本味覺感應，但是通常對一種味道特別敏感。味蕾的數目隨著年齡增加逐漸減少，因此老年人的味覺比小孩遲鈍。

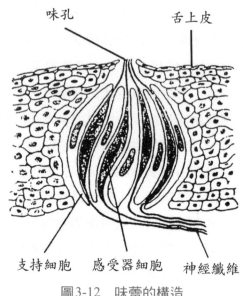

味孔　　　　　　　　舌上皮

支持細胞　感受器細胞　神經纖維

圖3-12　味蕾的構造

　　嬰幼兒喜歡甜味，不喜歡苦、鹹、酸等三味，因此給小孩餵食藥物可以加上糖水，以防止小孩抗拒吃藥。人的味覺喜好，隨著身體營養的需要而產生變化，例如：長期吃某一種食物會有吃膩的感覺，反之，長期缺乏吃某類食物，就使人感覺有需要進食這類食物。因此，商人常推出新的食品或飲料來取悅消費者。

　　人類對各種味覺的偏好，頗受社會化與學習經驗的影響。一個人從小在家庭中成長，長期食用某些食物，久而久之就產生食物偏好。同一個社會或民族的人，通常有相同的食物偏好現象。例如：湖南人喜歡吃辣，西洋人不喜歡吃動物的內臟、血、魚眼等，華人認為動物內臟是補品，這種文化上的差異，與飲食習慣有密切的關係。

　　事實上，味覺常與其他感覺相互影響。美食通常具有色、香、味俱全的條件，也就是鮮豔奪目、香氣撲鼻以及美味可口。感冒鼻塞時，因為聞不到食物的香味，所以食慾不佳。

人類味覺適應比嗅覺緩慢，人們平時的食物都是幾種味道的組合，但是味覺有**後效應**（aftereffect）現象。例如：吃過甜食之後，立刻吃其他食物，就覺得有點酸味或苦味；吃過酸性食物之後，喝水就覺得有點甜味。

味覺與情緒有關，人在飽食之後通常情緒比較愉快，因此常有人以美食作為請客交際。甜食使血糖增高、精神爽快，因此很多節慶免不了有甜的食物。個人在情緒很好的時候，胃口大開，食量大增；情緒低潮時，食而不知其味。長期陷入憂鬱及情緒不安的人，可能產生厭食症。

## 三、皮膚覺

**皮膚覺**的感受器在皮膚，皮膚是身體上最大的感覺器官。由皮膚感覺分化出來的感覺經驗，至少可以包括：觸覺、溫度覺及痛覺。茲分別簡要說明於下：

### （一）觸覺

**觸覺**（sense of touch）又稱為**壓力覺**（sense of pressure），皮膚表面觸及某物體或承受某物體壓力時，就產生觸覺。觸覺可以分為兩種，一種為**主動觸覺**（active touch），就是以肢體主動接觸物體時，所產生的感覺；另一種為**被動觸覺**（passive touch），是由外來物體碰觸到皮膚時，所產生的感覺。有些研究顯示，主動觸覺的敏銳度高於被動觸覺。

觸覺產生的過程，由皮膚上觸覺接受器接受物體壓力或觸及物體之後，**觸覺點**（touch spot）將刺激訊息傳導至脊髓，再傳導至腦幹，經由視丘到達大腦半球頂葉的**體覺皮質**（somatic sensory cortex），進而產生觸覺。

身體各部位對觸覺的敏感度不同，臉頰、乳房、指尖、嘴唇等部位，都比背部、臀部、小腿、腳底的觸覺來得敏銳。因此，觸覺感受器並非均勻分布在皮膚表面上。在心理學上常採用**兩點閾**（two-point threshold），以觸覺器來測量皮膚的敏銳度，該儀器有兩個尖端點，可以任意調整兩尖端點之間

的距離。實驗時請受試者閉上眼睛，然後實驗者將該儀器輕輕觸及皮膚，由受試者說出觸覺點是一點或兩點。如果距離很小就可以辨別出兩點，即表示該部位皮膚的敏銳度高，也就是該處皮膚上的觸覺感受器比較密集。

人類的觸覺有個別差異現象。一般來說，女性的觸覺比男性敏銳；從事勞動行業的農夫或工人皮膚粗糙，其觸覺比較遲鈍。視覺缺陷的盲人其觸覺比正常人敏感，因此盲人可藉點字來讀書報，或當骨相師，或憑觸覺走路。觸覺可以從小加以訓練，幼兒園學生玩泥沙、小學生上美術或勞作課，對其觸覺的發展都有幫助。一些技藝性能力，例如：彈琴、電腦打字、縫紉等，都與觸覺有關，如果能及早加以訓練，未來會有較佳的表現。

父母在養育子女的過程中，常擁抱或觸摸小孩的肌膚，這樣會使小孩有安全感，由肌膚接觸而產生親情。有些人喜歡飼養各種寵物，藉以滿足觸感，年輕人熱衷參加舞會，情人攜手而行或並肩而坐，小孩玩玩具等，這些行為都是以不同方式追求觸覺的感受。人類的觸覺也有適應現象，某一刺激如連續觸及皮膚上的一點，則該處觸覺敏銳度將逐漸降低。

## （二）溫度覺

溫度覺可以分為溫覺（sense of warmth）與冷覺（sense of cold）。溫度覺的感覺接受器可分為兩種：一種專司感受高於皮膚溫度的神經元，稱為**熱接受器**（hot receptor），另一種專司低於皮膚溫度的神經元，稱為**冷接受器**（cold receptor）。這兩種神經元都分布於皮膚下的自由神經末梢，當外界溫度高於皮膚表面溫度（大約32°C）時，熱接受器立即自動感應，此時冷接受器的感應暫時停止。反之，當外界溫度低於皮膚表面溫度時，冷接受器就立即自動感應，熱接受器則呈休息狀態。溫度感覺接受器在感應溫度時，將溫度的訊息經由脊髓傳送到大腦，產生溫度感覺。

人類對溫度的感覺，並不完全受溫度變化所左右。在同樣溫度之下，濕度大、風力強，使人覺得更冷；在陽光充足的地方，使人覺得炎熱。因此溫

度雖然很低，例如：空氣乾燥時，就比較不覺得冷；在大太陽下戴上太陽眼鏡，就覺得不那麼熱。

人類皮膚對溫度的適應頗為常見，例如：初進入冷水游泳池，會覺得很冷，但是經過一段時間之後，就不覺得那麼冷了。長期生長在寒帶地區的人比較不怕冷，長期居住在熱帶地區的人比較不怕熱，就是溫度適應的結果。

現代建築大都有空調設備，主要是為了控制溫度。人類覺得舒適的溫度，大約介於20°C至25°C之間，在這種溫度之下，精神愉快、工作效率高。反之，如果溫度超過28°C時，就會有悶熱的感覺，容易流汗、疲倦、心情煩躁不安。寒冷的感覺，容易使人的活動量減少，食量與睡眠增加。因此，在炎熱的夏季裡，犯罪率、交通意外事故、自殺率等，都比寒冷的冬天較高。

## （三）痛覺

痛覺的接受器大部分集中在皮膚的自由神經末梢，有些散布在內臟器官或肌肉周圍。痛覺的傳送歷程，由痛覺接受器將物理的或化學的刺激所產生的神經衝動，藉兩條通路經過視丘，再通往大腦，因而產生痛的感覺。其中一條通路稱為**快速通路**（fast pathway），它可以將身體某部位的痛覺，經由較粗的神經纖維，瞬間傳導到大腦皮質。例如：手指頭被刀子割破，就立即覺得痛。另一條通路稱為**慢速通路**（slow pathway），它由較細微的神經纖維傳導痛覺，時間比較慢，例如肩膀或背部痠痛。

人類對痛的感覺，受到人格特質、情緒、期望、注意力及其他心理因素的影響。通常在心情不好的時候，痛覺加深；在心情好的時候，則減輕痛的感覺。例如：牙醫師給患者不能減輕痛楚的維他命，不少病人服用之後感覺比較不那麼痛，這種藥物稱為**安慰劑**（placebo），患者痛覺減輕是來自心理的因素。又如：一個人在分心的時候，痛的感覺會短暫消失；火災現場搶救親人或財物者，身體受傷不覺得疼痛，就是這個道理。

雖然痛覺總是使人不舒服，可是輕微的痛覺，有時不但沒有疼痛的感

覺，反而使人產生快感，俗稱痛快。實際上，人對輕微的痛覺與觸覺的感受頗為相似。

有一種痛覺在缺乏任何有形刺激之下產生，這種痛覺俗稱為心痛。一般來說，心痛比其他生理的痛覺更不容易治療。造成心痛的原因很多，例如：喪子、破產、妻離子散、失戀、遭遇天災、重大車禍、心愛的東西不見了等。人們常以「心如刀割」、「痛不欲生」、「心肝俱裂」等來形容心痛的感覺。

人類對痛覺的忍受程度，也有個別差異。有一些醫學研究報告指出，女性生產時的痛，是人類最痛的感覺，婦女生產可以忍受劇痛而不昏倒，可能與其經常適應月經的痛苦有關。痛覺也具有教育的意義，例如：曾被蜜蜂螫過的人，看見蜂巢會自動避開，以免再生意外。大多數的父母都曾打過小孩，也是利用痛覺原理使小孩牢記教訓。不過，就心理學的觀點來看，體罰所產生的負面效果，遠大於其正面效果。

## 四、運動覺

運動覺（kinesthesis）來自肌肉的收縮或伸張產生的壓力，身體各部位肌肉、肌腱和關節的運動，所產生的感覺就是運動覺。簡言之，運動覺是由身體活動所產生的一種感覺。運動覺的感受器包括：肌肉的神經纖維末梢、關節、肌腱等。大部分運動的刺激，沿著觸覺刺激傳導到達大腦中樞，產生運動覺。

人藉著運動覺，可以隨時知道身體各部分相對位置的變動。在身體活動過程中，需要視覺或聽覺的配合。例如：在黑暗處吃東西，手上拿的食物可以準確送入口腔；有時不用眼睛看，就可以上下樓梯。在日常生活中，幾乎所有的動作都與運動覺有密切關聯，舉凡寫字、打球、騎車、游泳等，都需要運動覺才能順利完成。

運動覺與性別、年齡、教育訓練、職業以及情緒等因素，都有密切關

係。一般來說，女性在細膩動作的感覺能力比男性強。但是，男性在粗動作
（例如：打籃球、舉重）的感覺能力，就比女性來得好。以年齡來說，運動
覺隨著身體的成長逐漸成熟，老年人的運動覺則隨著身體老化逐漸退化。就
教育訓練而言，體育對運動覺有很大的幫助。

　　以職業來看，經常運動的人肌肉發達，反應迅速敏捷。例如：馬戲團的
雜耍表演，常有精采的動作；自由車選手放開雙手騎單車等，都是職業訓練
的結果。就情緒與運動覺分析，人在極度憤怒、激動、悲傷、興奮、緊張
時，容易使運動覺失調，甚至造成手足失措的現象。不過，有些運動覺除了
意識的反應之外，尚包括無意識的反射，例如：鋼琴家彈琴時不必看琴鍵，
就可以彈出非常動人悅耳的音樂。

## 五、平衡覺

　　所有哺乳類動物均有**平衡覺**，但是維持平衡的感覺器官則有所不同。有
些動物，例如：猴子、老虎、豹、獅子等，都利用尾巴使其在奔跑或跳躍
時，能夠保持身體的平衡。一般來說，身材細小、重心不穩的動物，例如：
貓、老鼠、兔子等，其平衡覺比較敏銳。反之，身體龐大、重心穩固的動
物，例如：大象、水牛、駱駝等，其平衡覺比較差，所以，有些馬戲團常利
用這些動物來表演平衡能力的節目，以博取觀眾的歡心。

　　人類平衡覺的感受器，在內耳的半規管和前庭。半規管控制頭部的平
衡，前庭則負責身體的平衡。半規管由三個相互垂直、彼此連接的環狀管所
組成，分別調控空間的三向度。管內充滿淋巴液與密布毛狀細胞，當頭部搖
晃時，管內的液體隨之流動，毛狀細胞亦隨之搖擺，因而引起感應及神經衝
動，再由感覺神經纖維傳送到主控平衡的小腦。

　　當身體保持靜態時，前庭有助於知覺身體的方位。因為在介於耳蝸與半
規管之間的前庭內，有碳酸鈣結晶體，稱為**耳石**（otolith）。當身體活動或
姿勢改變時，耳石受到地心引力及慣性作用，乃對毛狀細胞產生壓力，因而

產生神經衝動。由於前庭內的毛狀細胞與神經纖維相連,可將神經衝動傳送到控制平衡的小腦,個體立即感覺到身體是否處於平衡狀態。當一個人身體重心不平衡時,就有不舒適的感覺。尤其是身體長期處於搖晃或旋轉狀態之下,可能產生頭暈、嘔吐、噁心等現象,這是由於耳石不斷衝擊毛狀細胞,造成前庭無法適應所導致。如果讓容易暈船或暈車者平躺下來,或服用某些藥物,將有助於減輕不舒服的症狀。

　　平衡覺與個人的成長有關,大約五歲以前的幼兒,其平衡覺尚未發育完全,這時比較容易跌倒。老年人的平衡覺逐漸退化,其平衡能力也較差。小學生已經能夠活動自如,這時是開始學習平衡動作的時期,例如:學習騎單車、體操、溜冰、跳舞、游泳等。有些行業的從業人員,例如:船員、飛行員、司機等,他們比較不會有**動暈症**(motion sickness)的現象,因為他們對於不平衡狀態,已經能夠做良好適應。

# 本章摘要

1. 個體藉著感覺器官接受環境的各種資訊，這種歷程稱為感覺。人類的感覺包括：視覺、聽覺、嗅覺、味覺、皮膚覺、觸覺、痛覺、平衡覺以及運動覺等。

2. 個體對單一刺激引起感覺經驗時，所需最低的刺激強度稱為絕對閾。

3. 辨別兩個刺激之間的差異時，這兩種刺激強度最低的差異量，稱為差異閾。

4. 韋伯定律可解釋人類各種感覺，其差異閾與用來比較的標準刺激強度，成定比的關係。

5. 韋伯定律中的常數，稱為韋伯分數，人類各種感覺均有一定的韋伯分數。

6. 外在環境刺激強度與感覺之間，成一種對數的關係，稱為費希納定律。

7. 近年來，絕對閾的概念受到訊號偵察理論的挑戰。訊號偵察理論認為，個人是否對某一刺激做反應，除了該刺激強度之外，也包括他本身的動機、情緒、主觀經驗以及干擾訊息等影響。

8. 個體對感覺閾以下的刺激無法覺察其存在，可是該刺激對人類行為仍然有很大的影響。

9. 感覺器官接受刺激較久之後，個體對該刺激感覺敏銳度降低的現象，稱為感覺適應。

10. 人的眼睛最重要部分是網膜。網膜上有桿狀細胞和錐體細胞，前者對微暗燈光相當敏感，後者對亮光與顏色知覺很敏銳。

11. 網膜邊緣的視盤，沒有桿狀細胞和錐體細胞，它是網膜上最不敏感的地方，因而稱該處為「盲點」。

12. 光波是引起視覺經驗的主要刺激，人類肉眼所能看到的光波，其波長介於400nm至700nm之間。

13. 由光波的長短所產生的顏色感覺，稱為色調。

14. 光波的振幅決定顏色的亮度感，振幅愈大，顏色看來愈亮麗、鮮豔；反之，振幅愈小，顏色看來愈暗淡。振幅由光波之強弱而定。

15. 光波的純度決定其飽和度。

16. 視覺刺激具有波長、振幅以及純度等三個物理屬性。

17. 視覺適應分「暗適應」與「亮適應」兩種，這兩種適應過程相反，但都是由錐體與桿狀細胞產生化學變化，以及視覺神經系統的傳導所產生的。

18. 由幾種不同頻率的光相混合之後所得的色覺，稱為「混合色」；兩種顏色的光互相混合之後成為灰色光，則稱為「互補色」。

19. 視覺刺激消失，在視覺上尚暫時留存原刺激的現象，稱為後像。後像有正後像與負後像兩種，前者是視覺刺激消失後，在視覺上所留存的影像與原刺激相似；後者是指視覺刺激消失後，在視覺上所留存的影像與原刺激互為互補色。

20. 兩種不同顏色物體並排或相繼出現時，所產生的色覺與各物體單獨出現之色覺不同，稱為顏色對比。顏色對比可區分為同時對比、亮度對比及連續對比等三種。

21. 凡對紅、藍、綠三種顏色不能明確辨別者，稱為色覺缺陷。色覺缺陷嚴重者稱為色盲。

22. 人耳的構造可分為外耳、中耳、內耳等三部分，中耳與內耳包括許多器官。耳的聽覺功能是將外界聲音刺激轉化為神經衝動，繼而傳導至大腦的聽覺中樞因而產生聽覺。

23. 聽覺刺激有頻率、振幅、純度等三個物理屬性。

24. 聽覺刺激有音調、音強、音色等三個心理屬性。

25. 樂音大都使人精神愉快，噪音則容易使人心神不寧、注意力不集中。

26. 除視覺與聽覺之外，嗅覺、味覺、皮膚覺、觸覺、溫度覺、痛覺、運動覺與平衡覺，都是人體重要的感覺。

# 第 *4* 章

# 知覺歷程

　　當個人藉著各種感覺器官接收外在環境的刺激時，主動去建構或解釋該刺激所代表的涵義，這種現象稱為知覺（perception）。換言之，知覺是指個體接受外界訊息之後，對這些訊息的分析、解釋與認知的心理歷程。知覺雖然以生理為基礎，但它是屬於心理層面。例如：我們看一幅畫，就感覺來說，這一幅畫是各種顏色的組合；當我們知道這幅畫所表達的涵義，就是知覺。知覺受個人的智力、人格、情緒、期望、過去經驗與知識的影響。因此，每個人對同樣刺激所產生的知覺，就有個別差異。

　　知覺受外界刺激以及身心狀態的影響，其中外界刺激變項包括：形狀、明暗度、組織結構、聲音、氣味、對比、動作等因素；身心狀態包括：態度、情緒、動機、興趣、心向（mental set）、記憶、注意力、意識、經驗、飢餓等因素；這兩類因素都會影響知覺。

　　在人類的各種知覺中，最常見的為視知覺，其次為聽知覺。錯覺（illusion）與超感知覺（extrasensory perception）是比較特殊的知覺現象。其他的知覺有：時間知覺、嗅知覺、味知覺、皮膚知覺等，這些知覺的研究與文獻，比較少見。

　　本章將就知覺的特性、知覺的歷程、視知覺的發展、影響知覺的因素，以及超感知覺等部分，分別加以說明。

# 第一節　知覺的特性

## 一、知覺的相對性

　　個人在日常生活中看見一個物體，該物體周圍的其他訊息，同時影響自己的知覺。例如：當有一位巨人站在你身旁的時候，你覺得自己並不高。可是，當你站在小學一年級學生當中，不覺得自己是個矮個子。由此可知，知覺經驗是相對的，而不是絕對的。在知覺的相對性中，以形象（figure）與

背景（ground）、知覺對比（perceptual contrast）較常見。

## （一）形象與背景

　　形象是指視覺所見的物體，背景是指襯托形象的刺激物。例如：攝影時一個人站在房屋前面，此時人物是形象，房屋就是背景。又如一張海報的文字、圖形就是形象，海報紙的顏色為背景。在聽知覺方面，演唱歌曲相當於形象，伴奏則為背景。在味知覺方面，吃的食物相當於形象，餐盤則屬於背景。

　　當形象與背景的關係愈對比鮮明時，愈容易使人對形象產生深刻的知覺經驗，廣告設計常利用這個原理。反之，假如形象與背景之間的界限不清楚時，就不容易確定何者為形象、何者為背景。例如：許多動物外表的顏色與其生活環境的顏色相似，這種保護色使人不易察覺該動物的存在。

　　有些物體的形象與背景可以交替互換，例如：圖4-1為可逆圖形（reversible figure），注視該圖，可將白色或黑色部分視為形象或背景。如果將白色部分視為形象，黑色部分視為背景，就可以看見白色部分往前突出，黑色部分往後退，此時可以看到類似一個高腳酒杯。反之，如果將黑色部分視為形象，白色部分視為背景，則黑色部分往前突出，白色部分往後退，此時可以看到兩個側面相對的臉形。觀察者究竟將該圖形何者視為形象、何者視為背景，這與其心理的主觀意識有密切關係。圖4-2也是一幅可逆圖形，這是木雕藝術家艾雪（M. C. Escher）的作品，觀賞者可以看到白色的天使或黑色的魔鬼。

## （二）知覺對比

　　知覺對比是指兩種刺激同時出現時，由於這兩種刺激相互影響，因此在知覺上產生明顯的差異現象。例如：將黃色與黑色紙張並排展列，在知覺上覺得黃者愈黃，黑者愈黑；萬綠叢中一點紅，使人覺得綠者愈綠，紅者愈紅；巨人與普通人站在一起時，使人覺得巨人變得更高，普通人變得更矮（圖4-3）。

圖4-1 可逆圖形

圖4-2 艾雪可逆圖形

圖4-3 巨人與普通人身高成強烈對比

　　有一些廣告、電影或書名，常以知覺對比原理來加深消費者的印象。例如：《小兵立大功》、《老人與海》、《上帝也瘋狂》、《天才與白痴》、《番茄紅了，醫生的臉就綠了》等，都容易使人產生鮮明的對比知覺。

　　在形象與背景相對的情境下，容易產生視知覺對比現象。在圖4-4中，位於中間的圓形A與圓形B，其直徑完全相等，但是由於周圍刺激不同，使觀察者在心理上產生圓形A大於圓形B的對比作用。

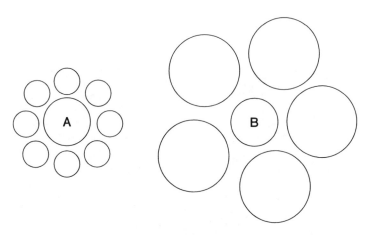

圖4-4　視知覺對比

## 二、知覺的選擇性

　　人類不只被動地接受周圍各種刺激，同時也對所接受的訊息加以篩選，通常只選擇一個或少數刺激做反應，這種現象稱為知覺的選擇性。例如：在參加舞會的場合，雖然聲音很吵雜，但是跳舞者會排除各種無關刺激，聽清楚舞伴的話語。諾曼（Norman, 1976）曾經做一個實驗，讓受試者戴上一對耳機，左右耳同時收聽不同的話語，實驗結束後要求受試者說出聽到什麼內容。實驗結果發現：受試者只聽到自己熟悉的話語，顯然對不熟悉的話語加以排斥。

　　Neisser與Becklen（1975）做了一個實驗，讓受試者同時觀賞兩個錄影帶，實驗之前將受試者分為兩組，第一組要他們特別注意其中一個片子，另一組則要他們認真看這兩個片子。實驗結果發現：第二組受試者敘述影片內容，錯誤的人數比率為第一組的八倍。

　　木雕藝術家艾雪於1938年完成一幅著名作品（圖4-5），主題為「**白晝與黑夜**」（Day and Night）。讀者如果從右邊先看起，容易覺得是一群白鳥歸巢的黃昏景象；如從左邊先看起，就覺得好像一群黑鳥飛向青天。由此可知，觀察者對同一刺激選取的焦點不同，就產生不同的視知覺。

圖4-5　知覺的選擇性

資料來源：採自Lindzey等人（1988）。

## 三、知覺主觀的建構

　　人對各種事物的知覺，不等於接受各部分刺激的總和，而是對這些刺激加以建構出**主觀的輪廓**（subjective contour）。也就是完形心理學家所強調：知覺經驗超越各種刺激單獨引起知覺的總和。換言之，知覺刺激雖然是零散的，但是知覺經驗都是整體性的。圖4-6中的兩個圖形，可以用來說明這個現象。這兩張圖形沒有一張是完整的，可是觀察者會主觀地將它們建構為完

圖4-6　知覺建構的主觀輪廓

整的輪廓。由左圖可看到中間有一個白色的圓形；由右圖可以看到兩個三角形重疊。

　　這種主觀建構的輪廓，常被藝術家應用在美工設計、廣告及繪畫上。有關知覺的主觀建構現象，由圖4-7中所繪的四個圖形，可以進一步說明。讀者只觀察圖形每一部分，雖然都可以獲得明確的知覺經驗，但是，如果將每個圖形從整體來看，就無法獲得整體的知覺經驗，這些圖形稱為**不合理圖形**（impossible figure）。

　　為什麼個人會覺得這些圖形不合理？由圖A的每一邊來看，都有立體感；但是整體來看，整個圖形無法使人產生立體的知覺經驗。再看圖B，左端像是三個圓柱，但是中間圓柱卻找不到立足點。再看圖C，從任何一邊看，都是上升的台階。但是整體來看，上升的台階似乎又回到原點。圖D是薛巴德（Shepard, 1990）的作品，這個圖形與圖B類似，不過看起來令人更為困惑。

## 四、知覺的恆常性

　　在不同的大小、形狀、亮度、顏色、位置、方向等情境之下，知覺經驗仍然維持穩定的心理傾向，稱為**知覺恆常性**（perceptual constancy）。常見的

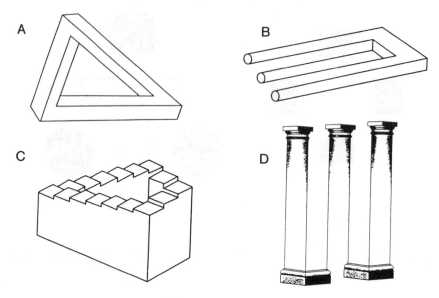

圖4-7　不合理圖形

知覺恆常性如下：

## （一）大小恆常性

　　就視覺原理來說，任何物體在視網膜所構成的影像，與所觀察距離成反比：距離愈近，影像愈大；距離愈遠，影像愈小。但是，個人對任何物體大小的知覺，並不受距離的影響。例如：同時看到天空的民航客機與身邊的轎車時，轎車在視網膜構成的影像，遠大於天空的飛機，但是在知覺上仍然覺得飛機比轎車大得多。像這種對物體大小的知覺經驗，不受觀察物體遠近影響的現象，稱為大小恆常性（size constancy）。

## （二）形狀恆常性

　　當個人在某處觀看一件移動的物體，或從不同角度觀察同一件物體時，這物體在視網膜上的形象雖然有所變化，但是個人對該物體的知覺，仍然保持其原來的形狀特徵，此種現象稱為形狀恆常性（shape constancy）。例如：當你面向一扇門時，如將門扇從全開到全關閉，你會看到不同形狀的門

扇：全開時只看到狹長型的門，半開時看到梯形，全關閉時看到長方形。但是，在你的知覺經驗中，這門扇仍然是長方形的（圖4-8）。

圖4-8　形狀恆常性

## （三）亮度恆常性

**亮度恆常性**（brightness constancy）是指物體在不同照明環境之下，知覺上仍然覺得該物體亮度維持不變的心理傾向。例如：一張白紙與一張黑紙，在陽光下並排陳列時，看起來白紙呈現白色，黑紙呈現黑色；這是由於白色與黑色的明亮度不同，對視網膜構成不同刺激強度的結果。如果將這兩張紙同時擺在陰影之下，此時白紙與黑紙的亮度，比在陽光下亮度都減少，但是觀察者此時對這兩張紙的知覺，仍然保持不變。換句話說，仍然覺得白紙就是白紙，黑紙就是黑紙，不因為陰影而將白紙認為是灰色紙。

## （四）顏色恆常性

任何物體的顏色與其所處的環境有關，在陰暗處物體對光波的反射較少，其原來的顏色也就不明顯。物體在光亮處，對光波的反射比較多，其原來的顏色也較明顯。例如：戴上深藍色太陽眼鏡看四周的物體，就覺得原來

的顏色改變了。又如在普通電燈泡下看一批布料，與在白天陽光下所看到的顏色不同，但是觀察者總是將布料看成原來的顏色。像這種不因物體環境改變，在心理上仍然保持原來顏色的知覺現象，稱為**顏色恆常性**（color constancy）。顏色恆常性與個人過去的經驗和記憶有關，個人如果對某物體毫無過去的經驗和記憶，其顏色恆常性的知覺比較低。

## （五）其他恆常性

知覺恆常性除了上述四種之外，尚有其他類別。例如：某生戴上耳機聽音樂時，校園傳來上課鐘聲，這時所聽到的鐘聲強度比平時小很多，但是該生仍然知覺到：該進入教室上課了。計程車在大街小巷穿梭，但是司機在其知覺上，總是知道自己住家的位置，這種知覺現象稱之為**位置恆常性**（location constancy）。又如：個人的身體不論擺什麼姿勢，不會影響對方位的知覺判斷，這種現象稱為**方向恆常性**（orientation constancy）。此外，尚有**味覺恆常性**（taste constancy），例如：即使在藥水中加一些糖，吃藥時仍覺得藥是苦的。

# 五、知覺的組織性

完形心理學者魏哲邁等人，對人類知覺的組織曾做深入的研究，並且對知覺的心理歷程提出一些法則來解釋。他們經過**實徵性研究**（empirical study）之後，歸納出一些法則，稱為**組織完形法則**（Gestalt laws of organization），以下介紹知覺組織法則。

## （一）接近法則

同一類物體，如果在空間上彼此接近時，觀察者容易將相接近的物體看成同一組。以圖4-9為例，大部分讀者將圖中七條直線，看成三對和另外一條在左邊，這是因為將兩條靠近的直線看成一對的緣故。

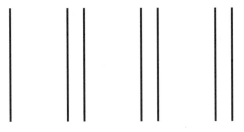

圖4-9　接近法則

## （二）相似法則

　　當有多種刺激物同時出現時，各刺激物在某方面如果具有相同特徵，在知覺上傾向將它們歸屬於同一類，這種現象稱為**相似法則**（law of similarity）。例如：我們容易將藍眼睛、高鼻樑、白皮膚以及褐色頭髮者，認為都是美國人，因為美國人的外表具有這些共同的特徵。以圖4-10為例，在矩陣中圓形與三角形各自相同；從整個圖形來看，圓形組成十字形，以及三角形組成的矩陣。

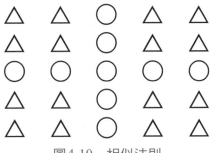

圖4-10　相似法則

## （三）封閉法則

　　個體在接受不太完整或殘缺零散的刺激時，主動地在知覺上將這些刺激補全，使其成為完整的刺激，這種現象稱為**封閉法則**（law of closure）。例如：個人從各處零星地獲得某一候選人的資訊，在心理上將這些不齊全的資

訊，組成一個完整的印象。以圖4-11為例，很多人把左圖看成梯形，把右圖看成菱形，其實這兩個圖形都不完整。

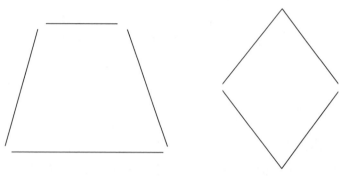

圖4-11　封閉法則

## （四）簡易法則

個體對所接受的各種刺激，在知覺上以簡易方式，將其組成完美的形象，這種知覺組織現象，稱為**簡易法則**（law of simplicity）。例如：一般人常說你像爸爸或像媽媽，事實上，每一個人在某方面比較像父親，但在另一方面比較像母親，不可能完全像父親或母親。以圖4-12為例，觀察者容易將(a)圖，看成是(b)圖中三角形與圓形的組合，而不是看成(c)圖中，⚘ 和 △ 這兩個圖形的組合。

圖4-12　簡易法則

## （五）連續法則

個體連續接受同一刺激，在知覺上主動將這些刺激串連起來，這種知覺

組織現象，稱為**連續法則**（law of continuity）。例如：某教授一學期中在課堂上點名八次，甲生八次都曠課，這名教授在其知覺上認為甲生是個問題學生。以圖4-13為例，觀察者傾向於將這些小圓圈，依箭頭方向看成是一條平滑的途徑，而非突然轉移方向。

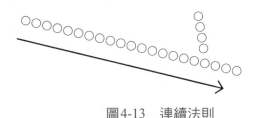

圖4-13　連續法則

# 第二節　知覺的歷程

人類的知覺歷程，包括：空間知覺、時間知覺、移動知覺以及錯覺等類；其中空間知覺包括：視空間知覺與聽空間知覺。

## 一、空間知覺

### （一）視空間知覺

人藉著視覺系統產生視覺，在視覺所及範圍，經由心理歷程產生**空間知覺**（space perception）。視空間知覺是指**深度知覺**（depth perception），也就是立體感。人類眼球內的視網膜是平面的，任何物體在網膜上所形成的影像也是平面的。既然如此，為何人有立體的深度知覺？

有些學者認為人的深度知覺，由兩眼的協調作用產生。但是，何以只用單一隻眼睛看東西，也能正確判斷物體的遠近？對於這兩個問題，知覺心理學家的解釋是：以左或右眼視物時，通常可以利用物體本身的特徵，得到深度知覺的線索，稱為**單眼線索**（monocular cue）；利用雙眼看東西時，由兩

眼彼此協調作用來獲得深度知覺，稱為**雙眼線索**（binocular cue）。以下分別就這兩類線索，說明深度知覺的現象。

### 1. 單眼線索

#### (1)直線透視

**直線透視**（linear perspective）的原理，是將平行線近距離的間隔放大，遠距離的間隔縮小，極遠處兩平行線相交於一點。由圖4-14來看，火車鐵軌向遠處延伸，最後交會於一點，不論用左眼或右眼睛來看，都有相同知覺。事實上，鐵軌是平行的，如果繪製鐵軌平面圖，兩軌之間隔一直相等，看起來就不會有深度的知覺。因此，在畫房屋、街道、電線桿時，都可以採用直線透視原理。

#### (2)紋理梯度

當許多同類物體構成一大片平面景觀時，愈靠近觀察者，這些物體的紋路愈清晰，物體也愈大。反之，愈遠離觀察者，這些物體的紋路愈模糊，物體也愈細小。由上述物體特徵所產生的深度知覺，稱為**紋理梯度**（texture gradient）。圖4-15為乾旱農田畫面，不論用哪一隻眼睛看，都可以產生深度的知覺。

圖4-14　直線透視

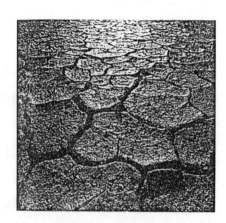

圖4-15　紋理梯度

(3)相對大小

　　當有許多同類物體同時出現時，較大者使人產生近的知覺，較小者就使人產生遠的知覺。由此物體特徵所產生的深度知覺，是利用相對大小的原理。如圖4-16，以單眼來看，覺得大的鴨子比較近，小的鴨子比較遠。

圖4-16　相對大小

(4)重疊

　　當幾種物體出現在同一平面上，如果其中一個物體遮蓋另一個物體的一部分時，就形成重疊現象。在重疊的畫面中，全部顯露出來的物體看起來距離比較近，被遮蓋的物體看起來比較遠，以任何一隻眼睛來看，都可以產生深度知覺。以圖4-17為例，其中左圖之汽車遮住樹木，所以看起來汽車比樹木近。但是在右圖中，兩個長方形因重疊不完全，因此觀察者不容易將它們分出遠近來。

(5)平面高度

　　在同一平面上，置於高處的物體，看起來比較遠；物體置於低處，看起來比較近；這種深度知覺是利用**平面高度**（height in plane）的原理。由圖4-18來看，覺得水牛的頭距離我們最近，太陽最遠。

(6)明暗

　　在平面上物體顏色的明暗程度，也可以構成深度知覺的單眼線索。當兩

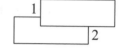

圖4-17　重疊

圖4-18　平面高度

件物體具有相同大小，而且與觀察者之間的距離相等，只有明暗程度不同時，觀察者將比較陰暗的物體看成遠一點，對明亮的物體則看成近一點，這種錯誤的知覺判斷，主要是由於明亮的物體常比較接近我們。

(7)清晰度

在同一個平面上，物體結構的清晰度，也可以構成深度知覺的單眼線索。當不同物體同時出現在平面上時，較遠的物體讓人覺得其結構較為朦朧，較近的物體則覺得比較清晰可見。

(8)移動

以**移動**來產生深度知覺的單眼線索，有兩種方式：第一，外界物體移動，觀察者不動。此時，看到兩物體移動較慢者，就覺得其距離較遠；移動較快者，覺得其距離較近。例如：我們站著抬頭仰望天空，看到飛機移動的速度比太陽或月球快。由此可知，飛機距離我們比較近，太陽或月球距離我們比較遠。第二，觀察者位置移動，外界兩個物體保持不動，此時覺得近距離物體與觀察者往相反方向移動，而遠距離的物體卻與觀察者同方向前進。

(9)距離

眼球中水晶體周圍的毛狀肌，隨著外界光線的強度而收縮，改變水晶體的凸度，可以調節焦距。當物體距離較近時，水晶體變成凸出；當物體較遠時，水晶體變成扁平狀，經由這些歷程使網膜上產生清晰的影像。由此可知，人類眼球對於深度知覺具有**調適作用**（accommodation）。

2. 雙眼線索

(1)輻輳作用

個人在注視近距離的物體時，兩個眼球視線聚焦在物體上而產生深度知覺，這種現象稱為**輻輳作用**（convergence）。在兩眼發生輻輳作用時，兩個眼球向中間聚合的角度，與所注視物體的遠近有關。當距離愈近時，向中間聚合的角度就愈大；當距離愈遠時，向中間聚合的角度就愈小。

(2)雙眼像差

左右兩眼同時注視某一物體時，因兩眼視線的角度略有差別，在網膜上所形成的兩個影像不完全相同，這種現象稱為**雙眼像差**（binocular disparity）或**網膜像差**（retinal disparity）。在視網膜上兩個影像的差異程度，與物體距離有關。當物體距離比較近時，雙眼像差比較大；物體距離比較遠的時候，雙眼像差比較小。

讀者可做簡單的實驗：在書桌上正前方大約20公分處，擺上一個有圖案的花瓶。先閉上右眼，用左眼注視之，記下所看見的圖案；然後閉上左眼，以右眼注視之，再記下圖案。實驗結果你將發現：兩眼所見的圖案不完全相

同。由此可知，兩眼注視同一物體時，視線範圍不同，因此造成網膜上影像的差別。從影像差大小所得到的線索，就可以對物體產生深度知覺。

　　利用雙眼像差的原理，從不同角度拍攝或描繪同一物體，所得到的照片或圖片，放在**實體鏡**（stereoscope）（圖4-19）中觀察時，照片所產生的影像即合而為一，觀察者就可獲得單一的主體物像知覺。一般立體感的電影，就是利用這種原理來製作的。

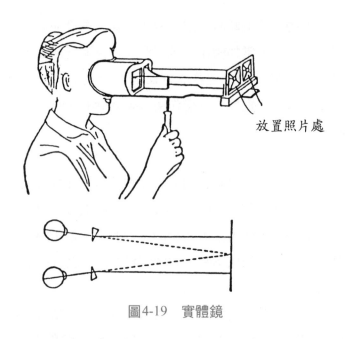

放置照片處

圖4-19　實體鏡

## （二）聽空間知覺

　　人在日常生活中，除了有視空間的知覺之外，尚有聽空間知覺，聲音也在三度空間中產生。人為何有立體的聲音知覺？通常利用以下兩個線索。

### 1. 單耳線索

　　以單一個耳朵就可判斷聲音的距離或方位，就是**單耳線索**（monaural

cue）。因為任何一個耳朵聽到大的聲音時，覺得距離發聲物體較近；聲音小或模糊時，覺得發聲物體比較遠一點，尤其是對熟悉的聲音更為明顯。例如：由上課鐘聲音的強弱，就可以判斷離教室距離的遠近；聲音弱則遠，聲音強則近。

## 2. 雙耳線索

兩個耳朵在接受聲音刺激訊息之後，經由彼此合作而對聲音的方位及強弱作判斷，像這種利用兩耳所得到的聽覺資訊來獲得深度知覺，稱為**雙耳線索**（binaural cue）。雙耳由以下三種形式來獲得聲音的線索：

### (1)時間差

聲音如從正前方或正後方傳過來，幾乎同時到達雙耳。聲音如果來自側方，兩耳收到聲波的時間稍有先後之差別，這短暫的時間差就構成個體判斷聲音源位置與方向的主要線索。聲音假如從正前方或正後方傳過來，由於沒有時間差，因此對於在正前方或正後方聲源方位的判斷，比來自單側較不準確。如果在個體正前方或正後方同時發出相同強度的聲音，由於耳朵向前，收集音波較多，音強比較大，因此個體可能判斷聲音來自正前方。有時，個人不容易判斷聲音源的正確方位，所以需要側耳傾聽，這也是利用時間差線索的原理。

### (2)強度差

同一聲音傳導愈遠，它的強度愈低；傳導愈近，其強度愈高。根據聲音的強弱線索，就可以判斷聲源的遠近。但是，聲音強度低於絕對閾限或聲音極強時，如果個人不藉視覺就不容易分辨聲源的正確方位。

### (3)壓波差

壓波差是指聲波傳導到耳翼，經耳翼阻擋進入聽道，再傳導到鼓膜產生壓力。不同聲波對鼓膜的衝擊力不同，就形成壓力差。同一聲音距離人體愈近，聲波對鼓膜的壓力愈大；距離愈遠，壓力就愈小，這種壓力差可以使人構成聲音的深度知覺。

人類的空間知覺，以視覺和聽覺系統為基礎。由於視覺與聽覺具有互補

作用，因此，盲人對聲音的知覺特別敏銳。很多盲人可以藉著拐杖、腳步聲以及自己講話聲音的回聲，在人行道上避過障礙物，甚至可以在空曠地方騎單車。有一些研究指出，很多盲人只用聲音線索，就可以判斷物體的大小、遠近，甚至物體的種類。

## 二、時間知覺

在不使用任何計時工具、曆書的情況下，個人對時間的快慢、長短以及時、日、月、年等方面的判斷與感受，稱為**時間知覺**（time perception）。時間知覺並沒有特別的感受器，也不是由固定的刺激所引起的。人對時間的知覺，其線索可能包括以下幾方面：

### （一）自然環境變化

古代人沒有時鐘，聽公雞啼叫的次數，就可以判斷幾點鐘，或由夜晚觀看星斗的形狀與位置，就可判斷時間；由月亮的滿、虧、盈，也可以推知時日。此外，由日出、日落、氣溫變化、季節變化、雨水、風力以及動物行為等資訊，也可以獲得時間知覺的線索。

### （二）注意力

一個人假如專心從事某些工作，容易覺得時間過得很快，或覺得時間不夠用。準備參加考試的學生或忙於事業的人，常有「光陰似箭」、「歲月如梭」的感覺。一般人對自己與親人的生日、結婚紀念日特別容易記得，這也是注意力的緣故。

### （三）身心狀況

個人身心愉快時，會覺得時間過得很快，在強大的身心壓力，例如：心情煩悶不安、失去自由、病痛、飢餓等狀況之下，覺得時間過得很慢。例

如：很多剛入伍不久的新兵，在很大的心理壓力之下，往往覺得「度日如年」。換言之，身心狀況也是構成時間知覺的線索。

## （四）生理時鐘

每一個人在長期生活中，久而久之就養成特殊的習慣。何時起床、何時工作、何時用餐、何時睡覺，形成一種生理時鐘，時間一到就去做特定的活動。例如：從前農夫日出而作，日入而息；今日不少大學生晚睡晚起；西洋人喝下午茶等。這些規律生活習慣所形成的生理時鐘，也成為時間知覺的重要線索。

# 三、移動知覺

個人對視野空間的物體，判斷其移動速度、方向以及自身移動的知覺，稱為移動知覺。移動知覺在人類生活適應上極為重要，例如：司機開車上路，必須藉著移動知覺，才能在許多疾駛車陣中，保持安全距離。又如：戰鬥機飛行員執行任務時，假如缺乏移動知覺，就無法攔截或擊落敵機。

每個人在日常生活中，隨時都在運用移動知覺，舉凡開車、坐車、看電視、看電影、打球、賽跑、攝影、打電動玩具等，都與移動知覺有關。以下就常見的移動知覺現象，分別說明之：

## （一）真實移動

**真實移動**（real motion），是指物體本身確實移動，而且可以經由肉眼察覺出來。如果物體本身移動速度相當緩慢，以致用眼睛察覺不出來，就不符合真實移動的條件。例如：時鐘上時針或分針緩慢的移動，以眼睛不容易察覺，所以不能稱為真實移動。又如：小孩身體的成長，也是無法由眼睛來察覺。

## （二）相對移動

　　**相對移動**（relative motion）有三種情況：(1)自己身體並未運動，只因自己看到的物體在移動，反而覺得是自己的身體在移動。例如：坐在靜止的火車內，隔鄰火車往前開動時，會覺得自己的身體向後移動；(2)當自己身體移動，所看到的物體實際並未移動，這時反而覺得物體在移動。例如：乘坐汽車看窗外景物時，就覺得這些景物與汽車反方向移動；(3)自己身體與所看到的物體都在移動，兩者同方向、同速度前進時，看該物體似乎是靜止狀態。反之，假若兩者方向相反，但是同速度前進時，則看到該物體移動更快。

　　在白天以相同車子、相同時速在兩條公路上開車，第一條公路寬敞，路旁無電線桿、樹木、行人；第二條路面相同，但是比較狹窄，路兩旁種滿樹木。駕駛人覺得在第二條公路上的移動較快，這種現象是因為第一條公路缺乏相對參照的物體所致。同理，飛機在晴空萬里的高空快速飛行，除非有白雲經過，否則不覺得快，這也是缺乏相對參照物體所造成的。

　　人類生長在地球上，地球24小時自轉一周，超過四萬公里，其時速以現今各種交通工具的速度，幾乎都無法與它相比。但是，人類為何不覺得地球在移動？因為距離地球最近的月球，與地球相隔平均約38萬公里，距離太陽更遠。因此，在相對移動過程中，相對性不明顯。如果在地球上方幾公里處，有數萬個星球在原地自轉，當地球環繞這些星球運轉時，人類就覺得地球移動非常快速了。由此可知，相對移動是構成移動知覺的重要線索。

## （三）擬似移動

　　當外界物體實際沒有移動，但是觀察者在主觀意識上，卻明顯地察覺它在移動，這種知覺現象稱為**擬似移動**（apparent motion）（圖4-20）。常見的擬似移動有以下三種：

圖4-20　擬似移動

## 1. 自動現象

　　如果在暗室的牆壁上，出現一靜止的微弱小光點，當你注視它片刻之後，就覺得這個光點以不規則方式來回移動。像這種靜止狀態的刺激，觀察者卻產生移動的知覺經驗，稱為**自動現象**（autokinetic phenomenon），又稱為**自動效應**（autokinetic effect）。根據心理學者的實驗發現，自動現象只在沒有判斷刺激特徵的參照線索時發生，如果在暗室中同時出現兩個以上的光點，或提高暗室照明度，讓觀察者可以同時看到其他東西，自動現象就消失。飛機駕駛人員在黑暗中快速飛行時，如果只看航道遠處靜止的燈光，就很容易誤認為燈光在移動，因而造成錯覺。為了避免這種情形發生，駕駛員應看飛機上儀器的訊息來操作，或將飛航道附近的燈光設計成閃爍的燈光，以便正確辨別。

## 2.閃光移動

物體本身並未移動，將其大同小異的影像，以迅速而連續的閃動方式呈現，因而使人產生移動知覺的現象，稱為**閃光移動**（stroboscopic motion）。

電影、卡通、錄影帶等，都是利用閃光移動原理設計的。實際上，電影或動畫影片都是一系列的靜止畫面，將這些彼此些微差異的畫面，以迅速且連續的閃動方式呈現，使這些影像刺激投射在視網膜上，就產生閃光移動現象。

很多廣告招牌也是利用閃光移動原理：將電燈泡或霓虹燈，以相繼明滅的方式呈現，就使人形成移動知覺，進而達到廣告的效果。像這樣物體處於靜止狀態，卻引起觀察者產生迅速閃動的知覺，稱為**飛現象**（phi-phenomenon）。

## 3.誘發移動

當物體處於靜止狀態時，由於受周圍物體移動的影響，因而使觀察者覺得靜物反而在移動的現象，稱為**誘發移動**（induced motion）。例如：坐在靜止的火車廂中，當鄰車開動時，便覺得自己乘坐的車廂在移動。又如：浮雲遮月的天空，當浮雲隨風飄動時，看起來就像月亮在天空中移動，浮雲卻靜止不動。


## 四、錯覺

個體對某事物的知覺，受到周圍事物的影響，造成對原事物產生失真、扭曲或錯誤的知覺經驗，稱為**錯覺**（illusion）。由各種感覺所構成的知覺經驗，都有錯覺現象；在心理學研究的錯覺中，以**視錯覺**（visual illusion）居多。本章前述的形象與背景可互換、視知覺對比、知覺主觀建構、不合理圖形、直線透視、紋理梯度以及大部分的移動知覺等，在性質上都屬於視錯覺。除了上述各種錯覺圖形之外，以下有一些具代表性的視錯覺圖形：

## （一）橫豎錯覺

　　橫與豎兩條等長的直線，將豎線垂直於橫線中心點時，看起來豎線比橫線較長，這種錯覺稱為**橫豎錯覺**（horizontal-vertical illusion）（圖4-21）。根據這個錯覺原理，矮個子穿上直線條衣服或褲子時，別人看他會覺得高一點。反之，如果穿上橫線條的衣褲時，會讓人覺得更矮。房屋天花板如果不高，牆壁貼上垂直線條的壁紙，容易使室內看起來高一些。太陽高掛在頭上天空，面積看起來比接近地平面時小得很多。事實上，太陽的大小並未改變，這種現象稱為**太陽錯覺**（sun illusion）。這種錯覺與橫豎錯覺有關，因為太陽在人體正上方時，就如豎線看起來較遠；當太陽接近地平線時，就如橫線的端點，看起來比較近。我們對同樣大小物體的知覺，遠則小，近則大。不過也有學者認為，這是因為太陽在天空時無參照物體，接近地平面時，有山、樹木、房屋為參照物的緣故。

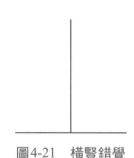

圖4-21　橫豎錯覺

## （二）繆萊利爾錯覺（Müller-Lyer illusion）

　　在圖4-22中，上下兩條等長橫線，各自加上不同方向的尾巴之後，上圖看起來其橫線較短，下圖看起來其橫線較長。根據這個原理，一個身高普通的人，若踩高蹺又戴高帽子，會使人覺得身高增加不少。又如一個人若穿高跟鞋，又站在高處，攝影者蹲低姿勢對其拍照，洗出來的相片，會覺得這個

圖4-22　繆萊利爾錯覺

人看起來比本人普通照片高出許多。該圖使人產生錯覺的大小，與尾巴長短和夾角大小都有關。

（三）龐氏錯覺（Ponzo illusion）

　　在圖4-23中，兩條平行線雖然長度相等，但是看起來上長下短，這種錯覺是受兩側空間大小影響所造成的，透視圖表現法也是利用這種原理。

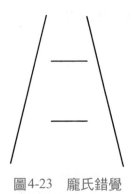

圖4-23　龐氏錯覺

（四）奧氏錯覺（Orbison illusion）

　　由圖4-24來看，左圖同心圓中的正方形看來非正方，右圖內小圓形看來非正圓。

（五）柏氏錯覺（Poggendorff illusion）

　　由圖4-25來看，同一條斜線與兩條平行的線交錯，並且被這兩條線區隔

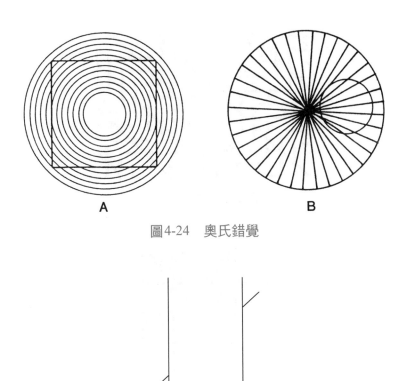

圖4-24　奧氏錯覺

圖4-25　柏氏錯覺

開來，此時被區隔的斜線，看來並非在同一直線上，這種錯覺稱為柏氏錯覺。

（六）左氏錯覺（Zöllner illusion）

　　由圖4-26觀之，幾條平行線被許多平行線截斷時，看起來覺得這些平行線並不平行，這種錯覺稱為左氏錯覺。

（七）尼克爾立方體錯覺（The Necker illusion）

　　由圖4-27來看，灰色部分有時候看成在立方體的前面，但有時候覺得位

圖4-26　左氏錯覺

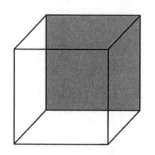

圖4-27　尼克爾立方體錯覺

於立方體的後面，這種錯覺稱為尼克爾立方體錯覺。

（八）**黑林錯覺**（Hering illusion）

　　兩條平行線被由同一點射出的直線分割時，這兩條平行線看起來就不平行了。圖4-28的左圖平行線看起來，中間部分向內彎曲；右圖平行線中段看起來，向外擴張。這種錯覺現象就如一個人，被許多人貶損抹黑，其原本正直的形象就受到扭曲。同理，一個人如果被許多人歌功頌德，其真面目就被誇大或神化了。

（九）**樓梯錯覺**（staircase illusion）

　　以圖4-29為例，讀者注視此一圖形幾秒鐘，有時看似正放的樓梯，有時

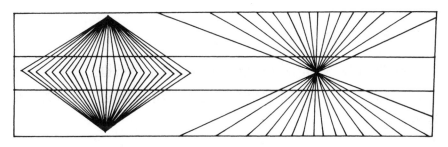

圖4-28 黑林錯覺

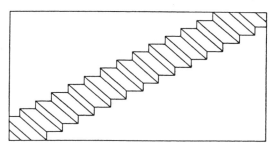

圖4-29 樓梯錯覺

看似倒放的樓梯。

## （十）圈環錯覺（ring illusion）

由圖4-30來看，有時將圈環A部分，看成在B部分之上，有時則反之。

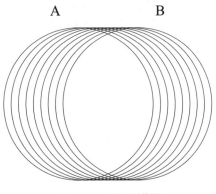

圖4-30 圈環錯覺

## （十一）戴氏錯覺（Delboeuf illusion）

由圖4-31來看，左圖內的小圓形，看起來比右圖的圓形還大。事實上，這兩個圓形大小相等。這種錯覺現象是因為左圖內的小圓，受到外圍較大圓形的影響所致。

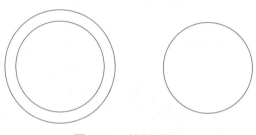

圖4-31　戴氏錯覺

## （十二）語文結構錯覺（verbal context illusion）

在閱讀語文時，上下文的結構有時使人產生錯覺，如圖4-32，讀者容易將它視為THE CAT。這兩個字中均有H，為何將第一個字中間的字母視為H，而將第二個字中間的字母看成A？因為第一個字TE的脈絡，使H成為最有可能的字，而第二個字CT的脈絡，則使A成為最有可能的字母。

# THE CHT

圖4-32　語文結構錯覺

## （十三）盤旋錯覺（twisted cord illusion）

由很多同心圓交錯組成的圖形，觀察者容易視為螺旋狀，看起來失去同心圓的特徵，如圖4-33所示。

圖4-33　盤旋錯覺

　　一般人在日常生活中，隨時經驗到錯覺現象。茲列舉幾個例子說明：
(1)看到一家裝潢很美觀的餐廳，就覺得這家餐廳的菜一定很好吃；(2)看到
著名大學的高材生，就覺得他們樣樣都很好；(3)看到開賓士轎車人士，就
以為他們是有錢人；(4)房間一面牆壁上鑲著一大片鏡子，會讓人覺得房間
變得很寬敞；(5)注視瀑布許久，然後轉頭注視旁邊懸崖時，就覺得懸崖似
乎由下向上移動，這就是**瀑布錯覺**（waterfall illusion）；(6)在夜晚注視某一
個固定光源，有時會覺得這光源彷彿在天空中飄浮。

## 第三節　視知覺的發展

　　人類的空間知覺能力，究竟是天生的或經由後天學習而來的？17世紀就
有哲學家研究這個問題，其中有兩個學派最著名：德國哲學家康德（I. Kant,
1724～1804）提出**先天論**（nativists），主張人類的認知能力來自遺傳；英國
哲學家洛克（John Locke, 1632～1704）提出經驗論，主張人類的空間知覺能
力，是經由後天學習歷程而獲得的。

　　現代認知心理學家大多數採用**互動論**（interactionism），認為嬰兒出生
不久就具有基本知覺能力。但是，對於複雜事物的知覺，就需要經由學習歷

程來獲得。換言之，知覺能力是由先天遺傳與後天學習交互作用所造成的。以下分別就嬰兒視知覺與深度知覺的研究結果，加以說明。

## 一、嬰兒視知覺的研究

由於嬰兒無法接受訪問或問卷調查，其視知覺的研究一直難以突破。一直到1960年代，發展心理學者范慈（Robert L. Fantz, 1961）利用**視物箱**（looking box）（圖4-34）來研究嬰兒的視知覺現象。實驗時讓嬰兒仰臥，大腦後面兩旁用墊子固定，以防頭部轉動。嬰兒臉部距離箱子上方大約75公分，視物箱上方呈現兩張臉形圖片（圖4-35）。嬰兒可以直接看到圖片，實驗者也可以由箱子上方的窺視窗口，觀察嬰兒的視線反應，並且有自動記錄設備。實驗結果如下：

1. 出生四天的嬰兒，偏好注視正常的臉孔。
2. 出生一週的嬰兒，偏好注視完美的臉孔。
3. 出生兩個月大的嬰兒，對曲線的偏好大於直線。

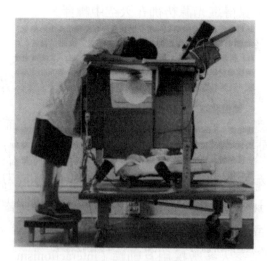

圖4-34　視物箱

資料來源：採自Fantz（1961）。

圖4-35　正常與不正常臉孔

資料來源：採自Fantz（1961）。

4.出生兩個月大的嬰兒，偏好亮麗的顏色。

5.新生兒偏好曾經看過的圖形。

## 二、嬰兒深度知覺的研究

　　人類是否與生俱來就有深度知覺的能力？如果嬰兒沒有深度知覺能力，就很容易從床上滾下去。吉伯森與瓦克（Gibson & Walk, 1960）二人利用**視覺懸崖**（visual cliff）設備（圖4-36）來研究嬰兒的深度知覺。該設備為一個中間中空的平台，最上層覆蓋玻璃，玻璃下方有一塊方格子布，這塊格子布從平台沿著側面延伸至地面，此處就會見到懸崖。實驗進行時，先將嬰兒置於無深度感的玻璃上，由母親在對面哄誘嬰孩往前爬行。實驗結果發現：六個月以上會爬行的嬰兒，大多數在見到懸崖時就自動停下來。由此可知，嬰兒已經具有深度知覺。

　　肯博斯等心理學家（Campos et al., 1970）利用視覺懸崖實驗，觀察記錄嬰兒的心跳速度。他們發現出生五個月大的嬰兒，被放置在視覺懸崖處心跳並沒有明顯加快現象，但是六個月大的嬰兒在見到懸崖時，心跳有顯著加快現象。由此可知，六個月大的嬰兒才對深度具有深度知覺。

圖4-36　視覺懸崖

資料來源：採自Wood與Wood（1996）。

## 第四節　影響知覺的因素

　　人類各種感覺器官接收外界各種訊息，再對這些訊息作主觀的解釋，進而產生知覺經驗。換言之，外在刺激不一定使人產生知覺，心理因素是決定知覺經驗的重要因素，這也就是為什麼有人視而不見、聽而不聞或食而無味的道理。影響個人產生知覺的心理因素很多，比較重要的有：注意、學習與經驗、期望、動機、需求、價值觀等。茲簡述如下：

## 一、注意

　　外界環境常存在很多不同的刺激，個體通常僅選擇其中一部分去反應，這就是**選擇性注意**（selective attention）。舉例來說，在一個吵雜的集會場所，你容易聽到別人叫你，而你的同伴卻沒有聽到。有時，一個人可以同時做兩件事，也就是具有**分散性注意**（divided attention），例如：一邊唸書一

邊聽廣播、一邊打電話一邊寫字。人們在接收許多外在刺激訊息，又同時面
對比較簡單的工作時，由於不需要花太多精力就能從容應付，因此有餘力去
做其他事情，這就是分散注意力的結果。可是，個人在接收許多外界刺激訊
息，又同時要處理複雜的工作時，此時需要將大部分精力專注在複雜工作
上，就很難再有餘力去做別的事情，這就是選擇性注意力的作用。

　　一般來說，在外界環境刺激中，凡是具有動態、顏色鮮明、對比強烈、
重複出現等性質者，比較容易引起個人注意，進而使人產生知覺。很多廣告
設計都利用這些特徵，來刺激消費者的購買慾望。

## 二、學習與經驗

　　在日常生活環境中，很多知覺刺激都具有特殊的涵義。舉凡各種語言、
文字、符號等，都需要靠學習與經驗，才能產生知覺。例如：沒有學過德文
的人，看見德文不知其表達的意義；沒有學過微積分的學生，不明瞭微積分
符號的意思。圖4-37有三張圖形，讀者如果先看左下圖，再看上圖，就容易
將上圖看成少婦，因為左下圖有戴耳環與項鍊。反之，假如先看右下圖，再
看上圖，就容易將上圖看成老嫗，因為右下圖沒有耳環與項鍊。由此可知，
先前的經驗對知覺具有影響力。

## 三、期望

　　期望是指個人在內心中，有預定達成某種目標的意念。個人的期望有時
會影響知覺。從前有一家企業公司，雖然門禁管制很嚴格，但還是經常遺失
東西，於是公司總經理下令：凡是經過公司大門口的人，所攜帶的物品一律
都要經過詳細檢查。有一天，一名工人拉著手推車，車內裝滿各種雜物，經
過大門時接受警衛人員檢查，都沒有發現任何可疑物品。後來公司宣布還是
有物品遺失，就是該名工人所拉的手推車。原來，警衛人員在檢查物品時，

圖4-37　老嫗與少婦

只期望在手推車內所裝的東西中，去尋找可疑的公物，而忽略了這部手推車。由此可知，個人特殊的期望，容易使注意焦點集中在特定事物上，因而在知覺上造成百密一疏的後果。

## 四、動機

動機（motivation）是行為的原動力，不同動機的人對同一個刺激情境所得到的知覺經驗，不盡相同。例如：某火車站被列為古蹟，是否應配合火車地下化而拆除？這個問題對政治家、歷史學家、藝術家、經濟學家、市民等都見仁見智，因為動機不同所以彼此的知覺就有差異。有一個實驗：對飯

後一小時和16小時未進食者，呈現模糊的圖片，結果發現後者把該圖片內容看成食物者，顯著的多於前者（McClelland, 1987）。由此可見，動機確實會影響知覺。

## 五、需求

需求可以分為生理需求和心理需求兩類。例如：一個肚子飢餓的人，對餐廳、小吃店、各種食物比較容易產生知覺，這是生理需求所使然。又如：一名沒有女朋友的大學男生參加迎新活動，比較會去注意女新鮮人的一舉一動，這是受心理需求的影響。

在很多年前，曾有兩名心理學家以家庭貧富不同，但在其他方面都相同的10歲兒童，分兩組進行實驗。在每一名兒童前面相等距離的地方，擺著1分、5分、1角、2.5角、5角、1元等六種美金硬幣，要兒童憑個人主觀知覺，在紙上分別畫出不同錢幣的圖形。實驗結果發現：這兩組兒童所畫的硬幣面積，都大於實體物，但是貧苦家庭的兒童所畫的錢幣面積，顯著地大於富裕家庭的兒童。由這個結果顯示：這是貧苦家庭兒童對金錢的需求比較強烈所造成的（Bruner & Goodman, 1947）。

## 六、價值觀

每一個人都有其獨特的價值信念系統。斯普蘭格（Spranger, 1928）將人的價值觀分為：政治、宗教、科學、經濟、藝術與社會服務等六種類型，不同類型價值觀的人其知覺有所不同。例如：某大學發起愛校募捐基金活動，偏重政治觀的校友，為了競選校友會長，也許會多捐一些錢；偏向宗教觀者，可能認為不如把錢捐給寺廟，求神保平安；偏向科學觀者，也許認為大家多捐一些錢，可以幫助學校添購科學儀器設備；偏向經濟觀者，可能認為捐錢對自己是一種損失；偏向藝術觀者，可能認為學校向校友募捐不是一件

美事；偏重社會服務觀者，可能認為捐款給母校，也是服務社會人群的一件
善事。由此可知，不同價值觀的人，對同一件事的知覺各有不同，對其行為
也產生不同程度的影響。

## 第五節　超感知覺

　　人類藉著五官接受外在世界的各種訊息，再經由主觀的解釋、判斷，對
這些訊息產生知覺。自古以來曾有人自稱，不必經由感覺器官，就可以知悉
外界環境的資訊，獲得知覺經驗。這種特殊的知覺現象，稱為**超感知覺**
（extra sensory perception, ESP），俗稱「第六感」。事實上，超感知覺違反
科學的原理原則，今日心理學的研究是以科學為取向，因此大多數的心理學
家並不相信它的存在。不過，自1940年代起，就有少數的心理學者嘗試以科
學的方法，來探究**超感知覺**或**靈力**（psychokinesis, PK），統稱為**心靈學**
（parapsychology）。茲分別說明如下：

## 一、超感知覺

　　如前面所述，超感知覺乃不必憑藉任何感覺器官，就可以獲得知覺經
驗。人類究竟有無這種能力？是否有科學的工具來測量它？到目前為止，科
學家尚無法答覆這些問題，因為這些能力涉及宗教靈界的範疇，超越科學研
究的領域。古今中外，不分國別、種族及宗教信仰，不乏相信靈異的現象
者。因此，卜卦、求神、相命、通靈、收驚、風水、流年、扶乩、擇日、命
名、印相、星相、酬神、沖煞、祈禱等活動，時有所聞。但是，這些活動普
遍缺乏科學證據。超感知覺可以分為以下三類：

## （一）心電感應

　　心電感應（telepathy）是指兩個人之間，不必藉任何溝通工具或溝通媒介（例如：語言、表情、文字、動作），就能彼此傳達心思意念的過程，因此，又稱為傳心術。例如：有兩個人接受心電感應實驗，實驗時請其中一名受試者進入一個房間，實驗者先將一副全新撲克牌徹底洗牌，然後置於桌面上，請這名受試者從中隨機抽取一張後，將所抽取的牌面圖案，以心思意念傳送到另一個房間的受試者；再由心電接收者選出一張牌，實驗者將這兩人所選的圖案加以比對。如果這兩個人在多次實驗中所選取的撲克牌，兩者相符合的程度超越巧合的機率，而且達到統計上的顯著水準，就可以推論：他們之間確實有心電感應的現象。

## （二）靈視力

　　靈視力（clairvoyance）俗稱千里眼，是一種能看見視線所不能到達的能力。例如：一個人在百貨公司購物時，「看見」親戚到他家拜訪。又如：未開啟信封，就能「看到」信件的內容。

## （三）先知

　　先知（precognition）是指事件未發生之前，就有預先知悉的能力。例如：大地震未發生之前，就能預先知道何時會發生。又如：某一個國家總統未遇刺之前，就預先知道何時會發生這件事。

## 二、靈力

　　靈力是一種身體不接觸物體，只憑意志力就可移動或使物體發生變化的能力。中國功夫中的氣功，大概就是一種靈力。例如：在一定距離內，只憑氣功就可以使紙張起火燃燒。又如：單憑意志力，就可以使雞蛋破裂。

## 三、有關超感知覺的研究

　　根據蘭迪（Randi, 1980）的研究，曾有一名自稱具有超感知覺者，名叫尤里‧蓋勒（Uri Geller）。他確實能每次正確猜中盒內一顆滾動後停止下來的骰子正面出現的數目，因此，宣稱自己的能力是來自其他宇宙。後來學者研究發現，蓋勒的能力只不過是高明的魔術手法；因為放置骰子的盒子，如果由別人搖晃之後，他就猜不準骰子正面出現的點數。不過，有一些超感知覺的學者認為，一個人在完全放鬆或其感覺刺激被剝奪之後，容易產生超感知覺的現象。

　　有一項心電感應的實驗：將一名受試者兩眼各以半個乒乓球及貼布蓋住，讓他平躺在床上；此時，另外一名受試者，由其他房間傳達27張圖片中連續四張的意念，實驗者由單面鏡可以聽見以及記錄躺臥者所說的話語。實驗者以這個方法做了幾對受試者，結果都相當成功。但是，有一些心理學家再根據其方法，以較嚴謹的程序進行實驗，卻都無法得到相同的結果。因此，超感知覺現象在心理學界仍有不少爭論。

　　到目前為止，尚有不少心理學家無法相信人類具有知覺的神奇能力。因為他們認為超感知覺成功的例子，是由於草率的實驗、錯誤的解釋實驗所得資料，以及玩弄魔術手法所造成的結果。由此可知，多數心理學者對超感知覺仍然抱持相當保留的態度。

# 本章摘要

1. 知覺是指個體接受外界訊息之後，對這些訊息的分析、解釋與認知的心理歷程。

2. 外在環境刺激與身心狀態，都會影響個人對事物的知覺。

3. 知覺經驗中有五個心理特徵：(1)知覺的相對性；(2)知覺的選擇性；(3)知覺主觀的建構；(4)知覺的恆常性；(5)知覺的組織性。

4. 知覺的相對性包括：(1)形象與背景；(2)知覺對比。

5. 知覺的恆常性包括幾種情形：(1)大小恆常性；(2)形狀恆常性；(3)亮度恆常性；(4)顏色恆常性；(5)位置恆常性；(6)方向恆常性；(7)味覺恆常性等。

6. 知覺的組織性有五個法則：(1)接近法則；(2)相似法則；(3)封閉法則；(4)簡易法則；(5)連續法則。

7. 知覺歷程包括四類：(1)空間知覺；(2)時間知覺；(3)移動知覺；(4)錯覺。

8. 視空間知覺之產生，可經由單眼線索或雙眼線索；前者由刺激物的特徵判斷，後者由雙眼相互協調而獲得。

9. 物體具有以下特徵，就能成為深度知覺的單眼線索：(1)直線透視；(2)紋理梯度；(3)相對大小；(4)重疊；(5)平面高度；(6)明暗；(7)清晰度；(8)移動；(9)距離。

10. 經由雙眼的輻輳作用與像差所獲致的空間知覺，稱為雙眼線索。

11. 聽空間知覺之獲得，可經由單耳或雙耳線索。單耳線索可判斷聲源的遠近或方位；雙耳由時間差、強度差與壓波差獲得聲音的線索。

12. 個體對時間的判斷與感受稱為時間知覺。個人對時間知覺的線索包括：(1)自然環境變化；(2)注意力；(3)身心狀況；(4)生理時鐘。

13. 個體對視野空間的物體，判斷其移動速度、方向以及自身移動的知覺，稱為移動知覺。移動知覺的產生來自物體真實移動、相對移動以及擬似移動。

14. 擬似移動是指外界物體沒有移動，但是觀察者明顯察覺到它移動的現象。擬似移動現象包括：(1)自動現象；(2)閃光移動；(3)誘發移動。

15. 錯覺是指對事物的知覺，產生失真、扭曲或錯誤的知覺經驗。

16. 嬰兒與生俱來就有深度知覺的能力。大約六個月大的嬰兒才有深度知覺。

17. 心理學家利用視覺懸崖來研究幼兒的深度知覺。

18. 影響知覺的因素，包括：注意、學習與經驗、期望、動機、需求與價值觀等。

19. 心靈學的研究，主要在探討超感知覺與靈力兩方面的奇幻現象，在超感知覺研究中，主要在探討心電感應、靈視力與先知等方面的問題。

20. 有關超感知覺的研究，到目前為止多數心理學者仍持相當保留的態度。

第 $5$ 章

# 意識與意識狀態

**本章大綱**

　　心理學之父馮德，最早以科學方法來研究人類的行為，他把意識列入心理學研究範圍。後來鐵欽納大力提倡結構主義，主張心理學應研究人類的意識結構成分，並且採用內省法以及觀察法，探究人類的思維、感覺、情感、知覺等意識經驗。

　　行為主義學者華森，反對以內省法來研究人類的意識，強調人類行為應以科學方法來驗證。行為主義在美國心理學界風行幾年，一直到1960年代以後，由於行為主義對人類內在心理歷程的研究，進展相當緩慢，因而研究成果日漸式微。後來人本心理學與認知心理學興起，儼然成為現代心理學的顯學。

　　因為人本心理學重視個人自我的潛在能力，認知心理學強調個人認知的重要性，這兩個學派的研究取向，都與意識有密切的關聯。因此，今日還有不少心理學者，又回頭探討人類的意識與意識型態。

　　本章將就意識的本質、睡眠、作夢、催眠、靜坐冥想與超覺靜坐等意識狀態，分別加以說明。

# 第一節　意識的本質

## 一、意識的涵義與意識變化

　　意識是指個人對自己內在的身心狀態，以及外在環境各種刺激的覺察與認識。人類的意識隨著時空、情境、身心狀態，不斷地改變。現代心理學者對意識的研究，除了注重意識的組成元素之外，同時重視意識的改變歷程。

　　精神分析之父佛洛伊德認為：個人不能覺察的願望、壓抑、感情、思考、衝動、需求等潛意識，主宰著人類的行為。換句話說，潛意識雖然不容易使個人覺察，但是它對人類行為卻有很大的影響力。

　　個人的意識由保持高度警戒到完全放鬆，成為一連續的狀態。在警戒狀

態之下，個人為了達成特定目標，必須集中注意力、全神貫注，例如：警察逮捕歹徒、參加考試、演講、演奏、開車、下棋等。在日常生活中，個人的意識有時處於半休息狀態（Baars, 1986），這時比較不需要集中注意力，就可從事各種活動，例如：走路、說話、吃飯等。

當意識處於低度警戒狀態時，個人有時會出現白日夢。這個時候的意識狀態，介於清醒與睡眠之間，有如心靈雲遊四海的幻想現象。每個人都曾有作白日夢的經驗，白日夢可以使人精神放鬆，暫時逃避挫折與現實生活的挑戰。白日夢最容易在接受外科手術前，或即將入睡之前發生（Bennett, 1993）。雖然個體有時接受外界刺激而產生白日夢，不過大多數的白日夢，是由內在身心狀態所引起的。

在睡眠與作夢時，個人的意識通常處於模糊狀態。有些人在睡眠的時候，仍然保持某種程度的醒覺狀態。例如：母親通常可以在雷聲大作、閃電交加的情境下呼呼大睡，可是小孩微小的哭聲就可喚醒她。很顯然地，這種對聲音的選擇性，是一種特殊的心理歷程。

在某些情境之下，人類的意識會產生改變。例如：使用毒品、服用烈酒、迷幻藥物、過度疲勞、被催眠、宗教狂熱的特會、**感覺剝奪**（sensory deprivation）、瑜伽術、靜坐冥想等，都會影響意識。

## 二、意識與大腦活動情形

意識的改變與大腦皮質電位的變化有密切關係，可以使用**腦波儀**（electroencephalography, EEG），將電極置於受試者頭皮的不同部位，就產生微弱電流，這種電流經腦波儀擴大，並且經過特製撞針描繪出來，可以記錄大腦皮質神經細胞的電位波動情形，俗稱腦波圖。

腦波隨著振動幅度（高度）與頻率（即每秒振動次數，cycles per second, CPS），產生不同的型態。人類腦波可以分四種類型，分別以希臘字母表示，即：delta 波（4 CPS 以下）、theta 波（4～7 CPS）、alpha 波（8～12

CPS）與beta波（13～24 CPS）。腦波型態與意識狀態之間的關係，如表5-1
所示。由此表可知，當意識愈清醒時，腦波的頻率愈大。睡眠時，呈現delta
波；放鬆、休息時，呈現alpha波；解決困難問題時，呈現beta波。

表5-1　不同意識狀態之腦波型態

| 腦波型態 | 頻率（CPS） | 意識狀態 |
|---|---|---|
| delta波（Δ波） | 4以下 | 熟睡 |
| theta波（θ波） | 4～7 | 淺睡 |
| alpha波（α波） | 8～12 | 冥想、放鬆 |
| beta波（β波） | 13～24 | 思考、解決問題、清醒 |

資料來源：採自Weiten（1995）。

# 第二節　睡眠與清醒的週期

## 一、研究睡眠的方法

科學家自1950年代起，就開始用以下方法研究睡眠的意識狀態。在一個
安靜舒適的實驗室中，擺著一張彈簧床，讓受試者平躺在床上，室內開著小
燈。同時，使用一些儀器，例如：肌動電流描記器（可記錄肌肉活動與緊張
情形）、腦波儀、眼動紀錄器（electrooculograph, EOG）、心跳紀錄器
（electrocardiograph, EKG），以及測量呼吸、脈搏頻率與體溫等儀器，藉以
蒐集受試者在整個睡眠歷程中，身心活動的情形。此外，研究人員由錄影電
視螢幕上，觀察與記錄受試者的各種行為，通常對同一名受試者，進行一到
兩天的睡眠實驗。

# 二、人類睡眠的基本特徵

## （一）人類的睡眠型態

　　人在一生中，不同年齡的睡眠時間有明顯的差異（圖5-1）。由圖5-1來看，年齡愈大者，睡眠時間有愈少的趨勢。新生兒每天睡六至八次，全部睡眠時間超過16小時；出生三至五個月的嬰兒，減為14小時；二至三歲的兒童減為12小時；三至十二歲的兒童睡眠時間，大約10至12小時；十二至十八歲的青少年，平均睡眠時間每天大約8至9小時；十九至五十歲的成人，平均每天大約睡6至8小時；五十一歲以上者，每天大約睡6小時（Roffwarg, Muzio, & Dement, 1996）。

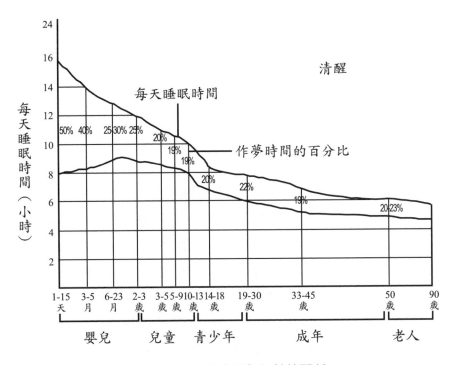

圖5-1　睡眠時間與年齡的關係

## （二）生物時鐘與日夜週期

人類與其他動物都生活在運行極有規律的地球，日復一日、年復一年，永不止息的循環。因此，凡是動物都同樣有生理的自然規律。就人類來說，在一天生活中，生理上的運作，決定一天作息的順序；候鳥每年冬天會往南遷徙。這都明白顯示，有機體生理活動都很規律，在一天週期中彷彿有一座時鐘，告訴身體什麼時候該做什麼事，這種現象稱為**生物時鐘**（biological clock）。

人的生理活動週期，可以分為90分鐘、24小時、28天、一年等類。在90分鐘的週期中，與保持警覺、白日夢以及飢餓有關（Schultz, 1993）。女性生理週期大約28天，這個週期與其情緒變化有密切關係（Reid, 1991）。在一年的週期中，與性行為及某些心理疾病的出現有關（Nelson, Bandura, & Goldman, 1990），例如：憂鬱症患者容易在冬季發作。

人類每天24小時的生理活動，有規律的變化，稱為**日夜週期**（circadian rhythm）。例如：血壓在中午時最高，午夜時最低，睡醒後又逐漸上升。由於受日節律的支配，使人在某一個時段想睡眠。根據威爾許（Welsh, 1993）的研究，個人在缺乏日光、鐘錶等外在線索之下，仍然有睡眠的週期。例如：有些醫護人員在沒有鐘錶或窗戶的房間工作，雖然看不見陽光，不知道夜晚的來臨，但是到了該睡眠、進食、排泄的時候，其順序幾乎與平常一樣；所不同的是，很多受試者以25小時為日週期。

個人在缺乏以日光為線索的生活週期，生理時鐘變得比較不規律，陽光是使人調節生理時鐘的重要因素。因為日光會刺激下視丘中的**上視神經交叉核**（suprachiasmatic nucleus），該部位將日光刺激的訊息，傳導到松果腺分泌一種荷爾蒙，使人形成生理時鐘（Lewy, Sack, & Singer, 1990; Wever, 1989）。如果不理會生理時鐘，在「不對」的時間去睡覺，通常會造成睡眠適應困難的問題，最常見的現象就是：感覺疲勞、精神不振、容易發脾氣，而且會持續好幾天。此種狀況，在搭乘飛機長途飛行時最容易發生，這種現

象稱為**飛行時差**（jet lag）。飛行時差適應困難的程度，與飛機飛行的方向有關。假如從台灣向東飛行去北美洲，形成晨昏顛倒，飛行時差的困擾比較大；向西飛行去歐洲，飛行時差的困擾比較小（Moline, 1993）。至於往南或往北長途飛行，因為沒有跨過時區，所以只會感覺疲倦，而不會有時差的困擾。

　　一般人大約每越過一個時區，需要一天的時間，才能夠調整生理時鐘以及適應時差（Colquhoun, 1984; Moline, 1993）。從事特殊行業者，例如：護理師、警察、值夜班工人、飛行員等，由於該睡的時候不能睡，不該睡的時候反而要去睡，因此，這些人常為工作所苦。不在生理時間去睡眠，對每天需要睡九小時以上的成年人以及中老年人，在適應上比較困難。同時，會使工作效率降低、意外事件增加，影響家人關係與身心健康。

## （三）睡眠與文化背景

　　睡眠的型態與生活方式有密切關係，睡眠時間以及小睡的習慣，常因居住地區而異。例如：中國、日本、韓國等東方民族，小孩通常與父母同房，甚至同床而眠；西方國家如美國、英國、法國等，他們的小孩自出生後，就得單獨睡在一個房間，以便培養小孩自小獨立自主的個性。

　　生活在赤道地區的民族，因天氣相當炎熱，當地人幾乎都有午睡的習慣。該地區的商店為了午休，中午大都不做生意。在高度工業化社會裡，為了爭取時間、增加生產量，大多數員工沒有午睡時間。在印尼有一部落民族，常利用夜晚去捕魚、烹調，晚上大約只睡四至六小時，因此，他們大都有午休的習慣。

## （四）睡眠的生理機制

　　在人的大腦腦幹內部，副皮質結構中的網狀組織，專司清醒與睡眠的週期。如果該組織的神經纖維受到破壞，就出現連續昏睡的現象。腦橋與**快速眼動睡眠**（rapid eye movement sleep, REM sleep）的活動，有非常密切的關

係。此外，脊髓、下視丘、視丘以及邊緣系統等，也都與睡眠、清醒的運作有關。換言之，清醒與睡眠週期是由大腦中心部位來調節的。根據醫學研究報導，正腎上腺素（norepinephrine）與多巴胺等兩種神經傳導物質，都可以控制睡眠與清醒。

# 三、睡眠的心理學研究

## （一）睡眠的理論

### 1. 恢復論

恢復論（restorative theory）認為：個體在清醒的時候，一切活動會逐漸消耗體力，並且造成身心疲勞。如果活動不停止，新陳代謝無法獲得平衡，久而久之將導致身心的耗竭而死亡。睡眠可以使個人恢復體力，消除疲勞。尤其是在沉睡階段，生長荷爾蒙的分泌增加，大腦神經細胞得以充分休息，對生理具有恢復作用。至於在淺睡階段，也有消除心理疲勞的效果。由此可知，睡眠對身心健康具有自動調節的功能。

### 2. 生態論

生態論（ecological theory）認為：各種動物在適應生存環境中，逐漸演化成獨特的睡眠型態。人類在夜間睡眠是因為人缺乏夜視能力，而且夜晚睡眠可以確保自身安全，以免於受到毒蛇或猛獸侵襲。

動物的活動時間與溫度有密切的關係。在沙漠地區白天十分炎熱，有些沙漠裡的動物，為了避免流失過多的水分，因此漸漸變成在白天睡眠的習性。由上述可知，動物的睡眠受生態環境因素的影響很大。

## （二）睡眠週期中各階段的特徵

一般來說，人類的睡眠具有週期性，在整個睡眠週期中，可以細分為五個階段（圖5-2）：第一條腦波曲線為清醒狀態，其頻率高，屬於beta波。

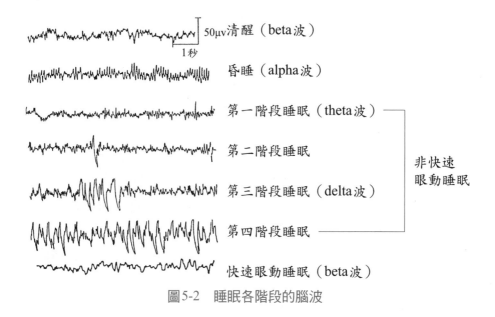

圖5-2　睡眠各階段的腦波

　　第二條腦波曲線為昏昏欲睡狀態，頻率漸緩，睡得很淺，容易醒過來，屬於alpha波。

　　第三條腦波曲線為睡眠的第一階段，大多維持五至十分鐘，呼吸、心跳漸慢，血壓與體溫漸減，此階段屬於theta波。

　　第四條曲線代表睡眠的第二階段，呼吸、心跳、肌肉緊張與體溫持續下降，在曲線中突然出現密集頻率與較大的振幅。

　　第五條曲線代表睡眠進入第三階段，此時為沉睡期，腦波振幅高、頻率低，也就是處於沉睡狀態，腦波屬於delta波。

　　最後一條曲線為快速眼動睡眠，此時為高頻率beta波。快速眼動睡眠屬於深睡階段，通常在午夜之後出現。這時睡眠者不容易被人叫醒，肌肉完全放鬆，呼吸和血壓呈現不規則變化；大約每隔1.5小時出現一次，一夜之間大約出現四至五次，這時屬於高頻率的beta波。新生嬰兒的睡眠，以快速眼動睡眠居多。

　　由圖5-2來看，快速眼動睡眠與清醒狀態的波型相似。根據心理學家的

研究，人在快速眼動睡眠時，最容易作夢。戴曼特（Dement, 1978）曾經蒐集八篇有關睡眠的研究資料，1,500名受試者在快速眼動睡眠時被叫醒，大約有78%的受試者報告說，他們正在作夢。在其他睡眠階段被他人叫醒，只有14%的受試者回答說正在作夢。除了快速眼動睡眠以外，其餘四個階段都屬於非快速眼動睡眠（NON-REM, NREM）。

就年齡來分析，嬰幼兒快速眼動睡眠的時間比成人長。在出生幾個月以內，嬰幼兒在睡眠中，快速眼動睡眠大約占其全部睡眠時間的50%，成人大約占20%。嬰幼兒在接近一歲時，快速眼動睡眠大約降到只有30%，從此以後逐年遞減。但是，成人隨著年齡的增加，快速眼動睡眠漸漸減少，同時，第一階段睡眠的時間增加，這是造成老年人淺睡及容易醒過來的主要原因。

## （三）睡眠剝奪

**睡眠剝奪**（sleep deprivation），是指自願不睡或到了該睡眠時間不准睡。許多學者認為，剝奪睡眠是現代社會忙碌生活的特徵。這種違反自然律的生活方式，會使人工作效率降低、身心不健康，同時容易發生意外事件。睡眠不足會造成疲勞、免疫力下降、易怒、注意力不集中、情緒失控、學習能力降低。有一個實驗研究，讓受試者一段時間不能睡眠，然後測量動作、情緒、思考、作業表現等情形，結果發現：第一個夜晚沒睡精神還好，兩個夜晚沒睡就很難保持清醒，覺得很疲倦；第三個夜晚沒睡情緒變得焦躁不安；到了第四個夜晚沒睡，受試者就產生幻覺、錯覺或妄想（Spinweber, 1993）。

個人如果在一段時間之內，睡眠時間比平時減少，稱為**部分睡眠剝奪**（partial sleep deprivation），這種現象在高度工業化的國家，普遍存在著。有的人為了學業或工作熬夜，有的人為了社交或追求聲色犬馬而犧牲睡眠；忙碌的生活使睡眠減少，已成為現代人生活的特徵。根據一些研究結果顯示，部分睡眠剝奪對於從事沒有興趣的、單調的及困難的工作，可以產生負面的影響。每天只睡四至五小時就覺得有倦怠感，對工作表現的影響很大。

剝奪睡眠時間對從事交通運輸工作者，很容易因注意力不集中而釀成重大的車禍。最近有一些研究報告指出，值大夜班的工人或開夜車的司機，在工作時常有昏昏欲睡的情形。蘇聯車諾比核能電廠意外事件的發生，是由值夜班工人打瞌睡所造成的（Mitler, 1993）。由此可知充足睡眠的重要性。

## 四、睡眠異常

睡眠的品質對人的生活有很大的影響，睡眠專家建議成人每天睡八小時就足夠，可是根據美國睡眠基金會2003年所做的調查發現，美國成年人平均一天睡不到七小時，有三分之一的成年人平均一天睡不到六小時，另外有三分之一的成年人因為睡眠不足而影響白天的工作（National Sleep Foundation, 2006），由此可見，有許多美國成年人屬於睡眠異常（sleep disorder）。

睡眠異常就是一般人所說的失眠（insomnia），它是指個人無法安然入睡，或不能從睡眠中獲得真正的休息；不想睡時偏偏意識不清醒，想睡時卻又無法入睡，甚至需要依賴藥物才能睡眠的現象。通常松果體素分泌減少，就容易導致失眠。以下就有關睡眠異常問題說明如下：

### （一）失眠

#### 1.短暫性失眠

短暫性失眠是由壓力、飛行時差以及其他情境因素所造成的。情境因素有很多種，例如：破產、親人病故、換床睡覺、離婚、失戀、考試失敗、戰爭、失業、失學、觸犯法律等生活上的挫折與壓力，導致心理調適困難。經常或嚴重失眠的成人大約占15%；輕微或偶爾失眠者也占15%（Bootzin et al., 1993）。

#### 2.猝睡症

猝睡症（narcolepsy）是指，一種在日間突然產生昏睡的現象。患者在發作期間，四肢無力突然倒下，稱為猝倒症（cataplexy），伴隨視覺模糊不

清，記憶力喪失，呼吸不規律。男性患者多於女性，有時一日發生數次，每次幾分鐘到一小時不等，但是，這類患者頗為少見。

突發性睡眠，最常在從事單調工作以及暴飲暴食之後發生，也有可能在開車、走路或工作時突然發生。由於患者發作時常產生意外，因此有些人被強迫退休或解僱。這類病患常伴隨憂鬱症以及性無能。根據精神醫學臨床研究，造成突發性睡眠的原因很多，其中又以突然改變睡眠習慣或心理遭受嚴重打擊者較為常見，有些學者認為突發性睡眠與遺傳基因有關（Mahowald & Schenck, 2005），增加體內食慾激素可以減輕突發性睡眠（Kalat, 2008）。發病期以15至25歲者居多數；治療方法通常施以抗憂鬱藥物來改善病情，同時建議患者午睡以及接受心理治療。

3. 睡眠呼吸中止症

睡眠呼吸中止症（sleep apnea），是指一種由呼吸不正常造成睡眠障礙的現象，有時一個晚上會暫時停止呼吸上百次，每一次大約幾秒鐘至兩分鐘，這時就容易醒過來，因而影響睡眠品質。呼吸不正常的原因很多，例如：肺病、氣管或支氣管疾病、高血壓、過度肥胖，以及大腦控制呼吸的中樞神經系統功能失常等，患者常在深夜因頭痛或呼吸困難醒來。這類病人以老年人、肥胖者和男性居多，通常伴隨幾個月或幾年失眠。患者在睡眠中常說夢話，早上醒來感覺身心疲憊，患者如果是兒童，常有尿床的習慣。

患睡眠呼吸中止症的人，比較具有攻擊與易怒的人格，部分病患具憂鬱症或性無能。根據精神醫學研究，治療方面不宜服用鎮定劑或安眠藥，應先找出真正的原因，才能夠對症下藥收到治療的效果。

4. 假性失眠

假性失眠（pseudoinsomnia）是指患者常抱怨自己失眠，但是經過精神科醫師診斷，卻發現他們睡眠正常。換句話說，患者不是真正失眠，只是在主觀上認為自己沒睡足幾個小時就是失眠。例如：某生準備考試，連續熬夜一星期，每天晚上少睡四小時。在考試結束後，該生認為應在一週內，每天比平時多睡四小時才足夠。事實上，這是不正確的想法。又如：有些人認為

每天應睡八小時才夠。實際上，睡眠時間的長短與年齡有密切關係，50歲以上的中老年人，每天大約睡六、七小時就足夠了。

5. 失眠的原因

(1)物理因素，例如：噪音太大、光線太強、溫度太高、濕度太高及通風不良等。

(2)生理因素，例如：氣喘、飢餓、身體疼痛、胃腸潰瘍、腦部病變、內分泌或代謝失常等。

(3)心理或精神因素，例如：工作壓力太大、情緒不穩定、焦慮不安、憂鬱症、躁鬱症、悲觀厭世、過度緊張或狂歡、遭遇重大挫折、思覺失調症等。

(4)藥物因素，例如：服用藥物成癮，沒有使用藥物時無法入睡。

(5)生活習慣因素，例如：睡前劇烈運動、暴飲暴食；喝酒、咖啡、茶等刺激性飲料；生活不規律、作息不正常、平時缺少運動等。

(6)其他因素，例如：飛行時差、輪班工作、長期壓力、枕頭太硬或太高等。

6. 失眠的預防

(1)日常生活規律化，睡覺時間宜定時。

(2)平時適度運動，睡前應避免劇烈運動。

(3)不酗酒、不吸菸、不使用毒品。

(4)睡前飲食不過飽或飢餓；不喝咖啡、酒、茶等刺激性的飲料。

(5)保持舒適的睡眠環境。例如：臥室要安靜、溫度適中、空氣流通，光線不宜太強，保持臥室整潔。

(6)夜晚放鬆心情。例如：聽輕鬆的音樂；睡前洗個溫水澡或喝一杯熱牛奶；不接觸刺激性的視聽媒體訊息。

(7)白天不睡覺或午睡。

(8)不要依賴鎮定劑或安眠藥物。

(9)如果睡不著，可以起床看書、聽音樂或泡個溫水澡，等到有睡意時再上床睡覺。

(10)維生素 $B_2$、$B_6$、$B_{12}$、葉酸及菸鹼酸，可以幫助睡眠。

(11)辛辣的食物會造成消化不良，進而干擾睡眠。

(12)如果有一段時間睡眠品質不好，就應尋求專家協助。

## 7. 失眠的治療

醫師對失眠的治療，最常給患者服用鎮定劑或安眠藥，藉以減少夜晚醒過來的機會，並增加睡眠的時間。但是，病患服用藥物並非長久之計，因為患者會習慣性使用藥物；劑量愈用愈多，到後來必須依賴藥物才能夠睡眠，形成惡性循環。安眠藥服用過多，次日會感覺昏昏沉沉與行動遲緩。精神科醫師開給短暫性失眠者的藥方，通常效果很好；可是，對於長期性失眠患者的治療，除了藉藥物來減輕病情之外，還需要配合睡眠衛生訓練、行為治療及心理治療，多管齊下才能產生良好的效果。

## （二）夢遊與夜驚

### 1. 夢遊

夢遊（sleepwalking）又稱為夢遊症（somnambulism），患者在睡眠中起床，從事各種活動，然後再回到床上繼續睡眠；次日醒來，對昨夜的夢遊渾然不自知，夢遊時處於意識半清醒狀態。成人發生率低於2.5%，6到16歲的兒童或青少年，每個年齡層大約各有5%，曾在一年內有三次以上夢遊的行為。由此可知，罹患夢遊症者以兒童居多數。夢遊與遺傳有關，同卵雙生子患夢遊症者多於異卵雙生。根據研究，許多個案都是由於情緒或環境適應不良所造成，夢遊者大都在幼年就有睡眠障礙。另外，不少病患有偏頭痛的疾病。

有一位精神醫學家曾以**羅夏克墨漬測驗**（Rorschach Inkblot Test），對10歲以上的夢遊者實施測驗，結果發現夢遊的人，具有攻擊和自我壓抑的人格。

　　夢遊的時間，常在非快速眼動睡眠時發生，也就是作夢時不會夢遊。有些兒童隨著年齡增加，夢遊也就不藥而癒了。不過患者過了青春期以後，如果還有夢遊的行為，就需要接受精神科醫師或臨床心理師的診斷與治療。如果遇到夢遊的人，只要引導他回床上繼續睡覺就可以。根據文獻記載，**催眠**（hypnosis）對夢遊有很好的治療效果。

### 2. 夜驚

　　**夜驚**（night terror）是指在睡眠中突然驚醒、發出尖叫聲、極度恐懼不安、心跳加快、呼吸急促、盜汗等現象。夜驚不是從作惡夢中醒來，大都發生在非快速眼動睡眠階段，尤其以第四階段睡眠最常見，也就是在沒有作夢的情況之下發生。因此，夜驚又稱為**睡驚**（sleep terror）。夜驚以學齡兒童和青少年居多，大多數夜驚的兒童都有情緒困擾問題，尤其在父母離婚、分居、搬家或家庭充滿緊張氣氛之下，比較容易產生。

　　卡禮斯等人（Kales et al., 1980）研究北美洲5至12歲兒童，結果發現夜驚者大約占1%至3%，成人夜驚者比較少。這種睡眠失常現象與遺傳因素有關，白天過度疲勞與睡眠時呼吸不順暢，都有可能產生這種症狀。

　　目前有關夜驚的治療，一般民間採收驚法，雖然這不是科學方法，但是有安定患者及其家人情緒的功能。夜驚通常不必藥物治療，採用心理諮商或心理治療比較具有療效。


### （三）說夢話與夢魘

### 1. 說夢話

　　**說夢話**（sleep talking）是指在睡眠中有說話的行為。說夢話在各個年齡層都可能發生，通常女性多於男性。有時在快速眼動睡眠時發生，不過大多數人在非快速眼動睡眠的第一與第二階段時出現。說夢話的語言大部分為喃喃自語，而且以無意義的話語居多，當時現場沒有人說話也可能引發其夢話，說夢話的時候可以與他人對話，說夢話者通常還不必去看精神科醫師或接受心理諮商。

## 2.夢魘

　　**夢魘**（nightmare）是指在睡眠中作惡夢，甚至驚醒過來，醒過來之後對作夢的內容仍然記憶猶新，但是難以再安然入睡。大多數人都有夢魘的經驗，例如：夢見魔鬼壓身、毒蛇蠍猛追、被強盜綁架、遭人暗殺、從懸崖掉落深淵、家人死亡等。夢魘者以兒童較多，如果兒童長期作惡夢，大多數有情緒上的困擾；大人作惡夢與生活壓力大比較有關。

　　有些人服用**抗巴金森**（anti-parkinsonian）藥物，或降高血壓藥物，就會產生夢魘。另外，有些人因日常生活壓力太大，過度焦慮不安或心理上遭遇嚴重創傷，也容易作惡夢。可是，如果一個人長期作惡夢，有可能是心理疾病或精神疾病的警訊。夢魘者大都具有**強迫性人格**（obsessive character）以及固執的個性。如果對患者實施諮商與心理治療，宜偏重在建立正確的自我觀念，有些學者建議患者增加休閒活動，多從事藝文活動來紓解精神緊張與心理壓力，對於改善夢魘現象，有很大的幫助。

　　在台灣民間常有作惡夢的傳說，例如：夢見自己睡在棺木中，會做官；夢見棺材，將發財；夢見被人欺負，大吉。雖然這些傳說毫無科學根據，但是將夢見可怕的事解釋為吉祥、吉利，就具有安撫夢魘者不安情緒的效果。

# 第三節　夢與作夢

## 一、夢的世界

　　古今中外，不論男女老少、不分販夫走卒或達官顯宦，人人都有作夢的經驗。夢是睡眠中的一種心理歷程，由於作夢的內容很難以捉摸，不容易以常理來解釋。因此，自有人類以來，世界各地的人，對於夢的涵義始終是個難解的謎。很多落後地區的人，將夢視為神靈異象或鬼魔作怪；現代西方國家的人們，大都認為夢是沒有特殊意義的。可是，在其他地區，卻有很多人

認為夢會影響個人未來的命運，甚至是自己與祖先或神明溝通的管道。

　　世界各地區的人，由於生活環境、生活經驗、宗教信仰、風俗民情的差異，因此對夢的傳說和解釋各有不同。歷來，台灣有關夢的迷信很多，例如：夢見掉牙，傷父母；夢見殺豬，大吉；夢見棗，生子；夢猴，會有訴訟；孕婦夢花，生女兒。又如：印尼人認為夢見在田裡耕種的牛，老鼠會啃食稻米；夢見裸體，會生病；夢見財物失竊，會得財寶。

　　世界各地的人們，作夢的內容也有些相似之處，例如：夢見從高處摔下來、夢見求愛、夢見被人追捕等。但是對於夢境的記憶，就有很大的差異。例如：在巴西有一個部落民族，大部分的人記得每天作過哪些夢，並且把作夢的內容與別人分享（Kracke, 1992）。

## 二、作夢的理論

### （一）心理動力論的觀點

　　精神分析大師佛洛伊德於1900年出版《夢的解析》（*The Interpretation of Dreams*）一書，是人類自古以來，對夢做最有系統解釋的名著，該著作被視為改變歷史的書。佛洛伊德之所以能對夢提出相當精闢的分析與解釋，主要是累積其多年從事精神醫療工作的心得，由精神病患陳述作夢內容，進而探討夢的內容與各種精神疾病產生的關係。茲就佛洛伊德所提出夢的理論，簡要說明如下：

### 1. 夢是了解個人潛意識的捷徑

　　佛洛伊德認為，人類大部分的行為受潛意識所驅使，潛意識通常來自與性有關的慾望或衝動。這些不為社會規範所接受的慾望、衝動，平時被壓抑形成潛意識，雖然潛意識不容易被個人所察覺，但是在睡眠意識不清醒時，就呈現出來。佛洛伊德在對精神病患的作夢內容進行解析時，經常採用自由聯想法，讓患者就作夢的內容，想到什麼就立刻講出來，再請其就陳述出來

的內容，繼續聯想下去，一直到都聯想不出來為止。然後，從全部聯想出來的內容以及出現頻率的多寡，來分析其潛意識。

　　病患所陳述的作夢內容，可以分為**顯性內容**（manifest content）和**潛性內容**（latent content）。前者指患者尚能記得的作夢內容；後者指患者在醒來之後，不復記憶的夢境。依據佛洛伊德的看法，夢的潛性內容屬於潛意識，通常以偽裝的方式表現出來。因此，想要真正了解個人夢境的真正意義，就必須對這個層面進行分析。

### 2. 夢境內容的變化

　　佛洛伊德認為，個人所能記得的作夢情節，是由潛性內容轉化而來。常見的轉化方式，有以下幾種：

　　(1)濃縮

　　**濃縮**（condensation）是指夢境的顯性內容，由潛性內容簡化而來。例如：患者陳述夢中的一個數字或事件，在夢中就具有多重意義。

　　(2)轉移

　　**轉移**（displacement）是指由作夢的潛性內容，轉化為顯性內容時，作夢的內容可能彼此產生轉移。例如：患者陳述夢見同學父親生病過世，其潛意識可能擔心自己的父親生重病而死亡。

　　(3)象徵

　　**象徵**（symbolization）是指作夢的顯性內容，通常為潛性內容被壓抑的慾望，或衝動的特殊表徵。例如：佛洛伊德認為，患者如果夢見竹竿、樹枝或蛇等，代表潛意識中想看見男性的生殖器官；如夢見杯子、船、碗等，代表潛意識中想看見女性的生殖器官。

　　(4)誇大

　　許多人作夢的內容比真實事件誇大許多。譬如：某位學生有一門課程不及格，他可能夢見自己所修的學科全部不及格，所以被學校退學。

### 3. 作夢的功能

　　佛洛伊德認為，作夢雖然是個人潛意識的表現，但是作夢也具有以下特

殊的功能：

(1)慾望的實現

個人在平時生活中的慾望，不一定能夠得到滿足；在作夢時容易夢見自己的要求、願望得以實現，這種日有所思、夜有所夢的現象，稱為**慾望實現**（wish fulfillment）。因此，作夢可以使個人的心理壓力在睡眠中暫時獲得平衡。不過，美夢如不能成真，久而久之，就可能轉變成惡夢。

(2)警告作用

個人作夢的情節通常比真實的事件誇大，這種現象對當事人具有警告作用，以免再重蹈覆轍。例如：某人騎機車稍微擦撞，僅皮膚一小部位輕傷，作夢時可能夢見自己騎車被卡車撞倒在地。作這個惡夢具有警告當事人，以後騎車要特別小心的作用。

(3)紓解心理衝突與壓力

個人作夢的內容，有時將自己遭遇到的挫折與壓力，在夢境中轉移到其他人身上，或在夢中發洩出來，如此可以使個人的壓力獲得暫時的解除。例如：佛氏認為夢見河流、湖泊、海洋等與水有關的內容，代表當事人潛意識裡將水視為羊水，也就是其遭遇到挫折，希望回到母親子宮內，得到羊水的保護。

綜上所述，佛洛伊德對夢的分析與解釋，確實有其獨到的見解。可是，他以精神分析理論來闡釋作夢的心理現象，並非以正常人為研究對象，純粹由精神病人作夢的內容來剖析。因此，他的作夢理論學說，難以對一般人作夢的心理歷程，作圓滿的解釋。此外，佛洛伊德對作夢內容所隱含的潛意識，總是將它解釋為性慾的挫折與衝動，這種說法未免將夢的內容泛性化，因而使人誤以為作夢都與性的問題有關。

## （二）新佛洛伊德學派（neo-Freudian）的觀點

佛洛伊德對夢的解析持**泛性論**（pansexualism）的觀點，但是其門生弟子中，榮格（C. Jung）、阿德勒（A. Adler）等人，不以性的觀點來解夢，

而是從個人生長環境中的社會文化因素來剖析作夢內容的涵義。

　　榮格認為，每個人都有承受來自祖先遺留下來的**集體潛意識**（collective unconscious），這些集體潛意識普遍存在於同一個社會的族群。例如：西藏人或阿拉伯人，對宗教信仰相當虔誠；西班牙人充滿浪漫與熱情；中國人認為祖先可以保佑後代子孫，這些潛意識常成為人們作夢的共同題材。

　　阿德勒發現，在家中排行老大的，常夢見自己從高處跌下來；排行老二的，作夢的內容則與競賽有關，例如：夢見自己追汽車、參加馬拉松比賽。阿德勒認為，老大在家中原本得天獨厚，沒有弟弟妹妹的競爭，形成養尊處優的心理，可是在弟妹相繼出生之後，其潛在意識裡感受到自己不再是父母所寵愛的唯一對象。因此，老大夢見從高處摔下來，代表其寶座被弟妹奪走。排行老二的，在他出生之後，就發現老大是他的競爭對手。因此，在其潛意識裡就形成要超越老大的心理，這是造成其作夢內容與競賽有關的主要原因。簡言之，阿德勒認為老二具有「自卑與超越」的潛意識，而影響其作夢的內容。

## （三）認知的觀點

　　卡特賴特與蘭伯格（Cartwright & Lamberg, 1992）以認知的觀點來解釋作夢的現象。她們認為作夢是白天無法解決的問題，延至作夢時來解決。因為作夢時受潛意識所左右，而潛意識屬於非理性的思考。因此，有時個人在白天所遭遇到的困難問題，容易在作夢時試圖求得解答。

## （四）生理的觀點

　　賀伯森（Hobson, 1988）主張，夢是由大腦中樞的神經元，週期性地將訊息傳送到大腦皮質職司思考的部位；大腦皮質在接收這些訊息之後乃編織成夢，尤其在快速眼動睡眠時呈現出來。腦幹、**邊緣系統**與**額葉皮質**（frontal cortex）如果受損，患者就不會作夢（Solms, 1997）。

## （五）激發整合理論

**激發整合理論**（activation-synthesis theory）認為，作夢的內容是隨機出現的，在睡眠的快速眼動睡眠階段，這些隨機出現的內容激發大腦神經系統，於是產生各種夢境（Nielsen & Stenstrom, 2005）。

# 第四節　催眠

## 一、催眠的基本性質

### （一）催眠與催眠術

催眠一詞，是由希臘字**睡眠**（hypnos）演變而來。催眠是一種介於清醒與睡眠之間朦朧恍惚的意識狀態。**催眠術**（hypnotism）是由催眠師安排一種特殊的情境，利用催眠**誘導**（induction）與**暗示**（suggestion）原理，使個人由意識清醒，逐漸進入催眠狀態的技術。一般人常誤以為催眠是使人睡眠，其實被催眠者進入催眠狀態的腦波圖，與睡眠時各階段的波型並不一樣，它是比較接近深度放鬆的狀態。

催眠或催眠術，向來被人認為具有詭譎神奇的宗教色彩。有些江湖郎中藉著藥物向人催眠，以達到詐財、騙色的目的。有一些魔術師則以變魔術的手法，來誇大自己具有催眠的能力。例如：將人催眠之後，受催眠者身體平躺在床上，不藉外力即可逐漸騰空而上。事實上，這種現象違反物理的力學原理，是絕對不可能的事。但是，魔術師利用陰暗的燈光、特殊的背景與道具，使人看不清其魔術的手法，來顯示其神秘的功力，其實這完全是一種魔術障眼法。

## （二）催眠狀態下的現象

### 1.暗示接受性提高

　　催眠師最常以暗示的方法，使受催眠者漸漸地進入催眠狀態。暗示通常藉著語言或動作，向受催眠者傳達某種意念，受催眠者在催眠師不斷的暗示下，其接受暗示的程度逐漸提高，因而逐漸進入催眠狀態。此時，催眠師的暗示，可以使受催眠者產生神奇的行為。例如：暗示聽不見其他聲音，受催眠者覺得外界的噪音真的消失了；暗示不覺得痛，不需麻醉就可無痛分娩或拔牙；暗示身體僵硬，全身就會像木頭一樣（圖5-3）。

### 2.遵從催眠師使喚

　　受催眠者進入催眠狀態以後，注意力漸漸集中於催眠師，完全遵從催眠師的指示，對外界環境刺激的感覺與知覺變得極其微弱，甚至於完全消失。

圖5-3　催眠後身體僵硬

資料來源：採自Weiten（1995）。

## 3. 忘記催眠過程中發生的事

催眠師利用暗示，可以使受催眠者在進入深度催眠狀態時，部分或完全忘記催眠中所發生的事，這種現象稱為**催眠後遺忘**（posthypnotic amnesia）。

## 4. 舊記憶還原

受催眠者在平時想不起來的陳年往事，是一些壓抑到潛意識的不愉快事件，在催眠的狀態如被催眠師問及陳年舊事，也能夠回憶出來。

## 5. 表現歇斯底里的行為

受催眠者在進入催眠情境之後，他隨著催眠師的暗示，做出自己意志無法抗拒的行為。

## 6. 幻覺

受催眠者在催眠師的誘導之下，可能產生幻覺（hallucination），幻覺以視幻覺居多。幻覺是指刺激不存在，受催眠者卻覺得它存在，或對某種刺激產生扭曲的知覺。受催眠者產生的幻覺，對於心理治療提供了很重要的訊息，例如：受催眠者在催眠時看見母親，可能表示他與母親有過嚴重的衝突。被催眠者產生的幻覺，可以分為**正幻覺**（positive hallucination）與**負幻覺**（negative hallucination）。前者是指物體不存在，但是受催眠者卻覺得它存在，後者則反之。有時負幻覺的產生，是一種心理性防衛現象。

## 7. 對外界刺激感覺遲鈍

受催眠者進入深度催眠狀態時，身體各感覺器官對各種刺激感覺幾乎消失，例如：以針刺其皮膚，並不覺得痛。也因此，受催眠者能夠表現出超乎尋常的能力，例如：被暗示手臂堅硬如鋼鐵，進入催眠後在其手臂上放置重物，可支撐不下墜。

## 8. 暗示催眠後的行為

催眠師在催眠時，暗示受催眠者醒來之後做何種行為，通常是心理治療的一種方式。有經驗的催眠師，藉此方法使受催眠者在舞台上當眾表演。有時，受催眠者在醒來經過幾年之後，才表現出催眠師暗示的內容。

## （三）每個人都可以被催眠嗎？

　　一個人是否能被催眠，與被催眠者的**催眠感受性**（hypnotic susceptibility）有密切關係。催眠感受性是指受催眠者能接受催眠師暗示的程度，催眠感受性有很大的個別差異，有些人對催眠師的誘導都無動於衷，對催眠感受性很低。反之，有些人完全依照催眠師的誘導做反應，對催眠感受性很高。受催眠者對催眠的反應，可以利用「史丹福催眠感受性量表」（Stanford Hypnotic Susceptibility Scale, SHSS）來測量。該量表有12個題目，得分愈高表示催眠感受性愈強，測量所得分數的分布，如圖5-4所示。

　　根據研究，非常容易與非常不容易被催眠的人各占10%，其餘80%的人都可被催眠，僅有5%至10%的人被催眠時可以產生幻覺。一般來說，平時

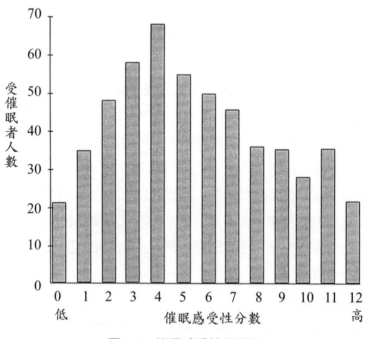

圖5-4　催眠感受性的變化

資料來源：採自Hilgard（1965）。

喜歡沉思、幻想、重感性的人，比較容易接受催眠。個性倔強、教育程度高以及重理性的人，比較不容易被催眠（Lynn & Rhue, 1986）。凡是容易被騙上當者，就比較容易接受他人的暗示，這種人也是容易被催眠的。

受催眠者催眠感受性的個別差異，受到學習、人格特質、個人對催眠期望等因素的影響（Bertrand, 1989）。就年齡來說，小孩接受催眠誘導的感受性大都優於成人，尤其小時候曾被父母嚴厲處罰的小孩，其催眠感受性比較高（Nash, Lynn, & Givens, 1984），近年來有一些研究發現，催眠感受性與基因有關聯。

## 二、影響催眠的因素

催眠之所以能使意識產生神奇的改變，最主要是利用暗示的方法。影響個人接受催眠暗示的因素，至少有以下幾種：

### （一）權威

一般人對自己心目中權威人士的話語，會毫不懷疑地接受。同理，催眠師的暗示要使受催眠者立即欣然接受，首先要在受催眠者心中，建立起權威的地位，例如：先讓受催眠者知道催眠師具有超神奇的催眠功力，當完全信服催眠師時，催眠師的暗示話語，很快就可以使受催眠者進入催眠狀態。

### （二）重複

一個刺激如果經常不斷重複出現，會使人接納它然後變成潛意識。很多廣告就是利用這種方法，使消費者無形中就去購買東西。催眠師對受催眠者的暗示話語，也是利用重複出現的原理，使受催眠者自然而然地接受。例如，催眠師說：「你的手臂愈來愈僵硬……愈僵硬……愈僵硬……愈僵硬……」，受催眠者聽到這些暗示以後，就逐漸覺得手臂僵硬起來了。

## （三）信賴

當受催眠者完全信賴催眠師的能力與人格，相信他所用的催眠技術絕對安全，不會使人靈魂出竅，也不會對受催眠者身心健康造成傷害，他就能主動配合催眠師的指示，催眠暗示自然就能發揮效果。如果接受催眠者對催眠存有任何疑慮，催眠師應給予充分解釋，使其了解催眠術是一種科學方法，而不是一種神秘的法術。

## （四）漸進誘導

催眠師利用**漸進法**（grading）來誘導，可以使受催眠者在催眠師暗示之下，意識由清醒逐漸進入恍惚狀態。例如催眠師說：「你閉上眼睛會感覺很舒服……很舒服……很舒服，漸漸地你的頭覺得愈來愈沉重……愈來愈沉重……愈來愈沉重……，外面的聲音漸漸地離你而去……漸漸地離你而去……。」採用這個方法，由頭部、手、胸部、腹部、腿部逐項暗示，受催眠者的催眠感受性漸漸加深，最後終於進入催眠狀態。

## （五）期望

個人內心裡有一個強烈的期望時，別人說話的內容如果能符合期望，他就容易深信不移。同理，接受催眠者如果內心有一股強烈的期望，在接受催眠時希望催眠師能夠治療自己的疾病或實現自己的願望，這樣就容易接受催眠師的暗示，而進入催眠狀態。

## （六）意願

受催眠者假如主動要求接受催眠，催眠師的暗示就容易被接受。反之，如果他是被強迫來接受催眠的，毫無接受催眠的意願，他對催眠師的暗示容易產生抗拒，如此就很難進入催眠狀態了。

## （七）良好的催眠環境

催眠最好在安靜舒適的室內舉行，室內燈光微弱，盡量減少任何干擾刺激。讓受催眠者坐在舒適的坐椅上，心情完全放輕鬆，全神貫注在催眠師的暗示上。這樣受催眠者能聚精會神，聆聽催眠師的暗示。

# 三、催眠的應用

## （一）臨床上的運用

早期心理分析學派常利用催眠來對患者實施心理治療。佛洛伊德曾經與其學生夏寇（Charcot），使用催眠術治好一名患者。該患者名叫安娜（Anna），她的手臂僵硬不容易舉起來，經過外科醫師詳細檢查，都找不出任何生理上的病因。安娜在進入催眠狀態之後，回憶起幼年時候父親生重病，不久就病逝。心理分析發現安娜的疾病，來自潛意識裡認為父親的死亡，是因為自己的手沒有端好藥水給父親喝所造成的，因此以手臂僵硬來自我處罰。在經過佛洛伊德給予闡釋之後，其手臂僵硬的毛病終於不藥而癒了。催眠具有以下效果：

1. 改善心身症，例如：心悸、偏頭痛、消化性潰瘍、過敏症、氣喘等。
2. 減輕精神官能症，例如：焦慮反應、強迫症（obsessive-compulsive disorder）、恐懼症（phobia）、轉化症（conversion disorder）。
3. 減輕精神疾病，例如：憂鬱症（depression）。
4. 戒除菸癮、酒癮及藥物濫用。
5. 改變飲食異常，例如：厭食症。
6. 提升運動員的表現。
7. 改善負面情緒。
8. 幫助睡眠。
9. 潛能開發。

## （二）降低疼痛

當麻醉藥劑尚未問世之前，很多疾病在治療過程中，病人會產生無法忍受的疼痛。催眠術曾被廣泛使用在拔牙、各種開刀手術、婦女生產分娩等方面，透過催眠師的暗示技巧可以減輕患者的痛楚，不過，催眠降低疼痛的效果仍然不如麻醉藥劑。

## （三）提供檢察官或法官辦案的線索

有些刑事犯罪案件，警察為了尋找重要線索，乃藉由催眠師的協助，使被害人或目擊證人回想刑事犯罪發生當時的記憶，以便逮捕兇手。法官有時也藉催眠師的協助以釐清案情，蒐集更多的證據，進而達到公正辦案毋枉毋縱的境界。不過，受催眠者其回憶內容的正確性並非完全正確，僅能供檢察官或法官辦案的參考。

# 四、催眠的理論

歷年來，有些理論學說對催眠現象提出系統的解釋，在眾多催眠理論中，似乎沒有一個理論可以被科學家完全接受。受試者在進入催眠之後意識恍惚的狀態，表面上看來，意識已經產生明顯改變。可是，根據一些生理心理學者的研究，受試者在催眠狀態下的腦波圖，卻與清醒時相似（Orne & Dinges, 1989）。換言之，催眠之後並沒有使生理產生顯著變化。目前，有以下兩個比較著名的催眠理論。

## （一）角色扮演理論

美國社會心理學家斯潘諾斯（Spanos, 1986）等人，提倡**角色扮演理論**（role playing theory）。他認為催眠時意識狀態與正常心理狀態相似，但是受試者意識恍惚確實存在，這種現象是因為在其內心中，已預先期待催眠的

那種境界，因此在接受催眠時，乃扮演已進入催眠狀態的角色，才出現意識恍惚的現象。

　　有些宗教團體所舉行的「神能醫治」特會，宣稱有趕鬼醫病的能力，能治療各種疑難雜症。治療者大部分來自遠地異鄉的傳教士，在特會中藉著不斷重複唱聖詩、禱告，宣稱可以使虔誠的信徒聖靈充滿，在傳教士的暗示與按手之後，信徒們立即不支倒地，口中唸唸有詞，其中以女性信徒居多。這種現象尚缺乏合理的科學解釋，有可能這些信徒具有較高的催眠感受性或期待疾病得醫治，因此容易接受傳教士的暗示，進入所謂聖靈降臨的恍惚意識狀態。

## （二）解離論

　　有一些學者主張，催眠可以改變受催眠者的意識（Spiegel, Bierre, & Rootenberg, 1989），催眠甚至可代替麻醉劑降低痛的感覺。美國心理學家希爾葛德（Hilgard, 1986）對於催眠產生意識改變，提出系統性解釋。他認為催眠可以使意識**解離**（dissociation），也就是產生兩種意識。第一種意識，由催眠師的催眠暗示所產生的；第二種意識，由受催眠者個人對外在世界真實的感受，希爾葛德稱之為**隱藏觀察者**（hidden observer）。他認為很多人在催眠之下，產生上述兩種**分離的意識**（divided consciousness）。例如：在催眠狀態之下，催眠師以針刺受試者左手臂，暗示受試者說：「不會痛！」又暗示受試者如果覺得痛，則右手按下按鈕，結果發現受試者一方面說不痛，另一方面卻按下按鈕，也就是受試者處於分心的意識狀態。

# 第五節　靜坐冥想與超覺靜坐

## 一、靜坐與冥想的歷史淵源

　　自古以來，在東方世界生活窮困的地區，例如：印度、西藏、不丹物質

非常貧乏，人民的物質慾望得不到滿足，於是轉向追求精神生活。有些宗教家甚至揚棄塵俗，長年獨居深山寺廟，苦行修練身心，藉以達到「無慾則剛」、「四大皆空」、「六根清靜」的無我、忘我、無物境界。例如：道教主張修練丹田內的精氣，在修成之後就可得道成仙。

最近幾十年來，科技日新月異、經濟蓬勃發達，雖然物質生活富足，但是很多人生活非常忙碌，感覺內心空虛，生活失去目標與意義。有些西方高度工業化國家的人，為了充實精神生活，乃對靜坐、冥想熱衷追求，甚至親自參與修練，其中以中國及日本盛行的坐禪（Zen），與印度的瑜伽（Yoga）最受歡迎。印度人以練瑜伽來控制個人的心思意念。瑜伽有三個流派：其一，強調個體完全放鬆；其二，強調勤練苦修；其三，專注身體功能，例如：注意呼吸、狂熱跳舞和祈禱。

冥想（meditation）可以使人拋開心中一切雜念，達到與催眠相似的效果。冥想與催眠最大的差異，在於冥想不必藉著他人的協助就可以進行。受試者要進入冥想狀態，有各種方法，例如：坐禪修練者盤腿而坐，細數自己呼吸的次數，讓心靈逐漸專精於一。

超覺靜坐（transcendental meditation, TM）也是使人進入冥想的方法之一，由印度教教主馬哈瑞西（Maharishi Mahesh Yogi）於1960年代所創立，超覺靜坐為瑜伽最簡單的一種。練習時坐在舒適的位子上，閉上雙眼，盤腿而坐，口中重複唸著咒語（mantra）。咒語是由教師為每一名學徒選擇一個容易唸而且不帶任何意義的話語，例如：阿拉巴巴。受試者於每天早、晚餐之前，各練習一次，每次大約20分鐘，唸咒語時必須不斷重複，語音平淡且帶有韻律感，藉以排除心中一切雜念，進而達到深度放鬆的效果。

## 二、超覺靜坐的步驟

美國哈佛大學醫學院教授賓森（Benson, 1975）提出超覺靜坐的六個步驟如下：

1. 在安靜舒適的房間內，盤腿坐在舒適的椅墊上。

2. 閉上眼睛。

3. 放鬆全身肌肉，先從腳部開始，逐漸由下而上，一直放鬆到臉部。

4. 用鼻子呼吸，慢慢察覺呼氣與吸氣，每次呼氣時，心中默數「一」，自然且輕鬆地呼吸。

5. 持續10到20分鐘，睜開眼睛看看時間到了沒，切勿使用鬧鐘。停止後，安靜坐在原地幾分鐘，先閉上眼睛，再打開眼睛，幾分鐘之內不要站起來。

6. 不必擔心是否能達到深度放鬆，一切順其自然，當有分心思想發生時，不去理它，再繼續細數呼吸數，不斷練習持之以恆，每天練習一至二次。但是，飯後兩小時內不宜練習。

## 三、靜坐冥想與超覺靜坐的效果

　　有些學者研究發現，個人在冥想狀態之下呈現alpha波與theta波。沉思可以降低交感神經系統的活動，並且減緩新陳代謝，心跳與呼吸速度變慢。大約在冥想10分鐘之後，氧氣的消耗量顯著降低，二氧化碳的排出量減少。由這些改變顯示：冥想可以導致生理放鬆及延緩老化。

　　另有一些學者研究發現：冥想可以改善心境、降低血壓、消除疲勞、降低焦慮、改善心臟病。瓦勒士與賓森（Wallace & Benson, 1972）發現，練習超覺靜坐21個月之後，大麻使用量由78%降至20%；經過22個月之後，迷幻藥使用者中，有97%的人停止服用該毒品。也有些學者發現，靜坐冥想可以增進身體健康（Orme-Johnson, 1987）以及心理健康，並且可延長壽命（Alexander et al., 1989）。不過，也有不少心理學家認為：靜坐冥想的效果，可經由系統的放鬆訓練來達成。也有些人懷疑上述這些效果，只不過是一種安慰劑效應（placebo effect）（Shapiro, 1987）或取樣誤差的問題。由此可知，靜坐冥想與超覺靜坐的效果，在心理學界仍有爭論，尚待進一步做實

證研究。

## 第六節　藥物與意識改變

　　近年來隨著工商業發達，人們工作壓力愈來愈大，生活競爭日益激烈，生活也日趨緊張，於是有些人藉著藥物來降低緊張、紓解壓力、消除疲勞，**藥物濫用**（drug abuse）的情形在世界各國相當普遍，藥物對身心的健康、行為與意識的影響，不容輕忽。

　　改變意識的藥物大致可以分為：**心理興奮劑**（psychoactive drug）、**抑制劑**（depressant）及迷幻藥等三類，以下分別加以說明。

## 一、心理興奮劑

　　興奮劑是一種化學物質，使用後會激發中樞神經系統使人產生提神效果，如果使用過量會產生許多副作用，嚴重者可能喪命。興奮劑的種類及其效應如下：

### （一）安非他命

　　**安非他命**（amphetamines）是一種白色結晶的化學合成物質，在醫療上常用來治療氣喘、嗜睡或減肥。安非他命能使正腎上腺素加速釋放出來，使用少量也能夠提神，會出現語多好動、失眠、工作力減退、自我誇大、食慾降低、攻擊暴力等行為，如果使用過量則產生聽幻覺或視幻覺、血壓升高、昏迷、焦慮、盜汗、顫抖、激動或攻擊他人，甚至心律不整而死亡，如果突然停止使用，容易出現易怒、憂鬱、嗜睡甚至自殺。

## （二）古柯鹼

古柯鹼（cocaine）是由古柯（coca）樹皮提煉出來的，呈白色粉末狀，可經由吸食、吞嚥或注射方式攝取，使用古柯鹼可以減緩正腎上腺素的釋出，上癮者常採吸菸或靜脈注射方式。

初期使用古柯鹼可以維持四至六小時精力充沛、自信和滿足感，然後出現頭痛、頭暈和焦慮不安。使用過量時容易產生古柯鹼中毒，常見的現象有：焦慮、妄想、幻覺、胡言亂語等現象，如果與海洛因、酒精混合使用，會導致昏睡，甚至喪命。

## （三）尼古丁

香菸含有尼古丁（nicotine）。每支香菸大約含有尼古丁一毫克，吸菸時尼古丁焦油混合體進入人體肺部，吸入幾秒鐘後尼古丁便直接到達腦部。吸菸大約三至五分鐘後，尼古丁便對中樞與周邊神經系統產生作用。尼古丁對人體的影響包括：血壓升高、心跳加速、呼吸加速、血管收縮，以及刺激中樞神經系統。此外，長期暴露於二手菸的環境，容易增加罹患癌症的機會。

尼古丁是目前已知最易使人上癮的物質，嘗試擺脫菸癮的人經常出現焦慮、沮喪、疲勞、頭痛等退縮症候群，由於戒除菸癮很不容易，因此拒絕吸菸才是最聰明的做法。

# 二、抑制劑

抑制劑（depressant）的藥物，會壓抑或減緩中樞神經系統的活動，使用者會降低罪惡感與自我克制的能力。比較常見的抑制劑有酒精、鴉片與巴比妥鹽。

## （一）酒精

一個人喝下微量酒精時，血中酒精濃度會刺激交感神經系統，使心跳加速、血壓升高。如果喝酒過快，超過肝臟分解的速度，當酒精濃度增加到一定程度時，使人產生酒醉、感覺遲鈍；注意力、知覺與動作協調能力降低，潛意識逐漸浮現出來，個人失去自我約束力。同時，使人產生情緒不穩定、意識不清、失去理性、與人爭吵、攻擊、憤怒等行為。很多殺人、車禍、強暴、性侵害事件的發生，都與喝酒過量有密切關係。此外，飲酒過量容易傷害內臟器官，並且增加導致癌症的機率。當飲酒者血液中酒精濃度超過0.4%時，就可能導致酒精中毒而死亡。

長期飲酒使人產生酒精依賴與上癮，甚至成為酗酒者，酗酒的成癮者容易失業、離婚、缺乏社交或休閒活動、步伐不穩、顏面潮紅、情緒不穩。酗酒者在戒酒初期，有產生顫抖、噁心、失眠、焦慮、沮喪、血壓升高、手抖、盜汗等現象。

## （二）鴉片

鴉片（opium）的衍生物有嗎啡（morphine）與海洛因（heroin）與可待因（codeine）。抽鴉片可以解除身體的疼痛，並且產生飄飄然的感覺。患者如果靜脈注射、吸入或口服過量，會導致精神恍惚、昏睡、嘔吐、便秘以及知覺動作失調等行為。由於嗎啡和海洛因長期使用很容易上癮，在戒除初期，普遍出現焦慮、頭痛、冒汗、呼吸急促、顫抖、嘔吐、腹瀉等痛苦現象。鴉片的衍生物是一種毒品，患者為了取得這類毒品，常不惜以各種犯罪行為來取得。

## （三）巴比妥鹽

巴比妥鹽（barbiturates）俗稱「紅中」，是一種常見的鎮靜劑，少量服用有鎮定、安神的作用，但是服用或注射過量，容易導致昏睡或休克，嚴重

傷害動作與知覺協調能力。如果長期服用容易產生藥物依賴，並且出現情緒不穩定、失眠、沮喪、嘔吐、噁心和憂鬱等現象。

## 三、迷幻藥

### （一）大麻

　　大麻（marijuana）可由其葉片製成麻醉藥或大麻菸，大麻吸入人體會長期影響身體機能，大麻具有使人產生放鬆、飄浮的感覺。如果使用過量會傷害動作協調能力與心理功能，並且出現排尿增加、心跳加速、反應遲鈍、眼睛發紅、情緒不穩定、憂鬱、頭痛、嘔吐、與人爭吵以及影響生育能力。

### （二）LSD

　　麥角酸二乙胺（lysergic acid diethylamide, LSD），這種藥物即使低劑量也能使人產生知覺的改變，例如：所看見的物體會發光，顏色與形狀變化有如萬花筒。麥角酸二乙胺是一種無色、無味、無臭的水溶性藥物，如果服用超過0.1毫克，就使人瞳孔放大、噁心、情緒不穩定、妄想、人格解離，同時對判斷力造成傷害。患者呈現高度焦慮感與幻覺，有些人服用之後產生飄飄然以及不自在的感覺。

## 四、耐藥性與藥物依賴

### （一）耐藥性

　　個人重複使用同一種藥物之後，生理上對此藥物的敏感程度降低。因此，必須使用更大的藥量，才能在心理上產生滿足感，稱為耐藥性（tolerance）。大多數的藥物使人產生耐藥效應，但是其產生的速度，因藥物的種類與人的體質而異。例如：海洛因很快就使人產生耐藥性，酒精以及迷幻藥

則比較緩慢。

　　長期使用興奮劑、抑制劑及迷幻藥的人，為了獲得這些藥物來得到心理上的滿足，或為了避免沒有服藥時產生不舒服，而強迫自己繼續使用藥物，即使明知使用藥物會傷害身心健康、破壞家庭和諧、危害社會大眾，仍然控制不了要使用藥物，這種心理現象稱為上癮（addiction）。

## （二）藥物依賴

　　個體如果長期使用某種藥物，在心理與生理上產生藥物依賴（drug dependence），如果不繼續使用會產生相當不舒服的症狀，例如：身體疼痛、嘔吐、寒冷、發燒、抽筋、腹瀉等現象。但是，患者如果繼續使用它，又容易產生發怒、憂鬱、無方向感、疲勞以及冷漠等偏差行為。因此，患者不得不依賴這些藥物才能安穩過日子，久而久之，就產生惡性循環。

　　個人為解除不舒服必須使用更多或更高濃度藥物，才能滿足心理上與情緒上的需求。古柯鹼、迷幻藥、安非他命等藥物，容易使人產生繼續使用的心理需求；患者為了暫時去除某種身體不適，而繼續使用嗎啡、巴比妥鹽和酒精等興奮劑。有些人長期依賴酒精或毒品，因為受到酗酒或吸毒同夥的慫恿激勵，內心焦慮、恐懼和壓力減低，於是很難戒除（Moeller et al., 2001）。

# 五、藥物與身心健康

　　一般興奮劑容易傷害身體健康。有一個研究以老鼠為對象，在一組老鼠身上注射海洛因，在另一組老鼠身上注射古柯鹼。雖然對這兩組老鼠充分供應水與食物，結果發現：注射海洛因的老鼠，平均體重減少29%，在一個月實驗之後，有90%的老鼠死亡；注射古柯鹼的老鼠，身體健康惡化比較緩慢，不過在一個月實驗結束時，有36%的老鼠死亡（Bozarth & Wise, 1985）。

　　心理興奮劑對身體組織造成直接傷害，例如：使用過量的麻醉劑、鎮定劑與酒精，會產生大腦損傷、昏迷，甚至死亡。而一般興奮劑使用過量，容易使人導致中風、心臟病或大腦疾病。人體如果吸入古柯鹼，會損傷鼻腔黏膜，而且傷害心臟血管的功能，導致心臟病、中風（Gold, 1992）。飲酒過度也會傷害身體，酒精容易導致肝臟疾病、高血壓、中風、胃潰瘍、心臟病、各種癌症以及神經系統疾病（Goodwin, 1992）。

　　服用鎮定劑或飲酒過度，會使人食慾減退、失眠、動作不協調。患者容易發生意外、跌倒或車禍。依據寇耳曼（Coleman, 1993）的研究發現，一半的車禍是由飲酒過度造成的。另外，有些心理學者研究發現，濫用藥物者會形成不良適應的人格特質，使用安非他命可以使人產生幻想、幻覺，以及過度活動（King & Ellinwood, 1992）。

　　由上述可知，一般興奮劑雖然可以使人短暫解除煩惱，暫時獲得快樂，可是這些藥物畢竟會對人的身心健康造成嚴重傷害。因此，如何調適壓力與增進身心健康，是現代人生活的重要課題。

## 本章摘要

1. 意識是指個人對自己內在的身心狀態，以及外在環境各種刺激的覺察與認識。

2. 人的意識狀態會隨著情境及生理狀態而變化。

3. 不同意識狀態之下，呈現不同腦波。心情輕鬆愉快時呈alpha波；思考、焦慮不安時呈beta波；淺睡時呈theta波；熟睡時呈delta波；作夢時為beta波。

4. 年齡與睡眠時間有關，年齡愈大者睡眠時間愈短，新生嬰兒一天睡眠時間超過16小時。

5. 睡眠期間均有作夢，此時眼球快速跳動。

6. 生物時鐘是指支配個體規律活動作息的生理機制。一天中生理活動有規律變化，稱為日夜週期。

7. 在該睡眠的時間不能入睡，而在不該睡眠的時間去睡覺，容易造成身心疲勞，這種現象在搭飛機長途旅行的飛行時差，最容易出現。

8. 睡眠習慣與氣候、生活方式、工作要求及文化背景有關。

9. 個人睡眠不足時，若從事單調或困難的工作，對工作表現會產生負面的影響；有些交通事故是由睡眠不足所造成的。

10. 睡眠異常包括：失眠、猝睡症、睡眠呼吸中止症、夢遊與夜驚、說夢話與夢魘。

11. 作夢的理論包括：(1)心理動力論的觀點；(2)新佛洛伊德學派的觀點；(3)認知的觀點；(4)生理的觀點；(5)激發整合理論。

12. 佛洛伊德對夢的解析，可分兩方面：(1)夢是了解個人潛意識的捷徑；(2)夢境內容有濃縮、轉移、象徵、誇大等現象，這些現象是由潛性內容轉化而來的。

13. 佛洛伊德認為作夢具有慾望實現、警告作用、紓解心理衝突與壓力等功能。

14. 催眠是一種意識朦朧恍惚的狀態。由催眠師以誘導和暗示方法使人進入催眠狀態的技巧，稱為催眠術。

15. 在催眠狀態下，受試者在心理上將出現暗示接受性提高、聽從催眠師使喚、往事重現、身不由己、幻覺、感覺遲鈍以及事後遺忘等特徵。

16. 個人接受催眠師暗示的程度，稱為催眠感受性。

17. 影響個人接受催眠暗示的因素很多，至少有：(1)崇拜催眠師的權威；(2)暗示語重複出現；(3)催眠師得到受試者信賴；(4)漸進誘導；(5)催眠師的話語與受試者的期望相符；(6)受試者願意接受催眠；(7)有良好的催眠環境。

18. 催眠術可以治療心身性疾病，但這類病患仍以接受傳統醫療居多。

19. 催眠主要有兩種理論：一為角色扮演理論，認為受試者在被催眠前，在內心中已預先期待被催眠時的那種情境；另一為解離論，認為被催眠者意識分離與隱藏觀察者的理念。

20. 超覺靜坐與冥想可以產生特殊的意識經驗。

21. 超覺靜坐與冥想可以使人放鬆、血壓降低、心跳速率降低、氧氣消耗量減少、延緩老化、改善心臟病、戒除毒癮、激發潛能等，惟不少心理學者仍持保留的態度。

22. 大麻、迷幻藥、安非他命、嗎啡、海洛因、酒等，都會影響使用者的情緒、認知與行為，長期使用容易上癮，對身心健康造成重大傷害。

23. 抑制劑會壓抑或減緩中樞神經系統的活動，使用者會降低罪惡感與自我克制的能力。比較常見的抑制劑有酒精、鴉片與巴比妥鹽。

24. 迷幻藥會使人產生飄浮感覺，使用過量會產生幻覺，傷害動作協
　　調能力與心理功能，比較常見的迷幻藥有大麻與麥角酸二乙胺。

第 **6** 章

# 學習原理

本章大綱

人類的許多行為是由**學習**（learning）而來。每一個人需要學習的行為
非常多，因此俗語說：「活到老，學到老。」舉凡讀書、寫字、彈琴、開
車、打球、游泳、記憶、推理、抽菸、喝酒、賭博等行為，都是來自學習的
結果。由此可知，學習的範圍相當廣泛，至少包括：各種知識與技能的獲
得，以及日常生活的各種習性、思考、偏好、人格特質、偏差行為等的形
成。

除了人類以外，其他各種高等動物也具有學習的能力。例如：馬戲團中
的動物表演各種精彩的動作；海豚表演優美的節目，都是經由學習而得來
的。事實上，大多數有機體都具有學習能力。

許多心理學家對學習的定義如下：學習是因經驗或練習，使行為或知識
產生較為持久改變的歷程。在這一定義中，還有幾個概念必須加以說明：

## 一、經驗

每一個人在日常生活中，通常由三個途徑得到經驗。第一，個人所遭遇
到的事，例如：看見毒蛇、猛獸產生恐懼感。第二，個人對自己行為表現結
果的感受，例如：吃巧克力糖覺得很好吃，就產生想再吃它的念頭。第三，
個人觀察他人言行而產生的經驗，例如：某生看到同學未戴安全帽而車禍受
重傷，使他學到騎機車一定要戴安全帽。

## 二、練習

有許多行為必須藉著長期反覆練習來獲得，例如：彈琴、打字、開車、
電腦操作等。有一些行為不必經由練習歷程、不必學習，自然就能產生，這
種行為稱為**本能**（instinct），例如：鳥類出生後成長到某個程度，就可以飛
上天空。人類的行為來自練習者居多，來自本能者較少。

## 三、行為

人類的行為，可以分為外在的與內在的。外在的行為是指表現在外，可以明顯觀察到的，例如：走路、說話、打球、寫字、工作等。內在的行為是指行為隱藏在內，無法觀察得到的，例如：思考、判斷、記憶、推理等。

## 四、較為持久的改變

有一些行為只有短暫的改變，這不算是學習。例如：服用某些藥物之後，跑步速度較快或工作效率提高。像這種情形，個體的行為雖然產生改變，但是行為改變只是暫時的，過不久就恢復原狀，這種現象不能稱為學習。

人類從生活經驗中的學習，可以分為四類：(1)古典制約（classical conditioning）學習；(2)操作制約（operant conditioning）學習；(3)觀察學習（observational learning）；(4)認知學習（cognitive learning）。本章將對以上這幾類學習，分別加以說明。

## 第一節　古典制約學習

為什麼聽到打雷的聲音就嚇一跳？為什麼聞到臭的味道就想離開？為什麼嬰孩看見護理師拿起針筒就哭起來？這些行為反應都是由古典制約學習而來的。

## 一、巴夫洛夫的實驗發現

　　俄國生理學家巴夫洛夫（Ivan Pavlov, 1849～1936）（圖6-1）在研究唾液對狗的消化影響時，偶然發現古典制約學習，這項研究讓他榮獲1904年諾貝爾生理醫學獎。巴夫洛夫在實驗歷程中，先測量狗吃食物分泌多少唾液，經過幾次實驗之後，察覺到狗在還沒見到食物之前就分泌唾液，甚至看到他出現或聽到他的腳步聲就分泌唾液，因而引發進一步研究的動機。

　　起初，他認為狗見到食物自然分泌唾液，是一種**心理反射**（psychic reflex）。為了深入研究影響狗分泌唾液的因素，於是他將這隻狗帶到實驗室，用皮帶綁在固定架的中間（圖6-2）。在實驗進行之前，將狗的下顎插入一條細管。實驗時在狗的面前呈現食物，狗從鏡中看到食物，自然分泌唾液經由細管流出來，他利用儀器測量狗流出來的唾液量。

　　實驗時，他先對狗發出鈴聲然後立即出現食物，鈴聲與食物經過很多次配對出現，接著只單獨出現鈴聲，狗也會有分泌唾液的反應。鈴聲本來是中

圖6-1　巴夫洛夫（Ivan Pavlov）　　　　圖6-2　古典制約學習實驗情境

性刺激，不會使狗分泌唾液，可是鈴聲與食物配對出現幾次以後，鈴聲就與食物具有相同的作用。

　　巴夫洛夫認為，在鈴聲與食物配對的條件下，是使這隻狗產生學習的主要原因，因而稱這種學習歷程為**制約或條件化**（conditioning）。由於這種學習歷程最早被發現，而且為了與其他種制約學習有所區別，因此被稱為古典制約，又稱為古典制約作用或古典制約學習。

## 二、古典制約學習的歷程

　　巴夫洛夫發現狗看見食物就分泌唾液，這是不需要經過學習的自然反應。因此，將食物稱為**非制約刺激**（unconditioned stimulus, UCS）；由食物引起的唾液反應，稱為**非制約反應**（unconditioned response, UCR）。

　　狗所聽到的鈴聲雖然是中性刺激，但是鈴聲在與食物接連出現的條件之下，由中性刺激就具有非制約刺激（食物）的作用。這個原屬中性的刺激，稱為**制約刺激**（conditioned stimulus, CS），由該中性刺激所引起的唾液反應，稱為**制約反應**（conditioned response, CR）。整個古典制約學習的歷程，如圖6-3所示。

## 三、古典制約學習的基本原理

　　由古典制約學習，可以進一步衍生出各種學習現象，分別說明如下：

### （一）制約的獲得

　　制約與非制約刺激，相伴出現的時間先後，形成古典制約學習的重要因素，古典制約的**獲得**（acquisition），視這兩件刺激出現時間的先後而定。依兩種刺激出現時間的變化，可以分為以下五類制約（圖6-4）。

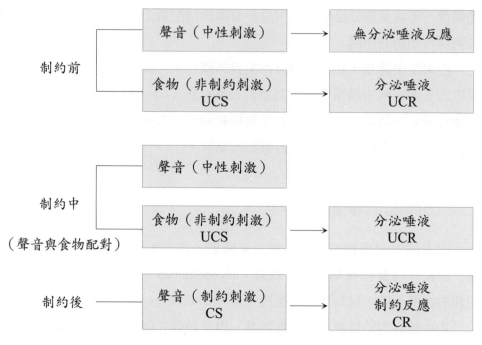

圖6-3　古典制約學習的歷程

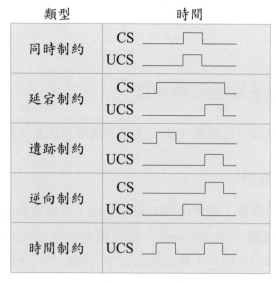

圖6-4　制約與非制約刺激出現的時間

## 1. 同時制約

制約刺激與非制約刺激，同時出現又同時停止，稱為**同時制約**（simultaneous conditioning），這種制約的效果不大。

## 2. 延宕制約

制約刺激出現以後，間隔短暫時間再出現非制約刺激，惟兩者均同時停止，稱為**延宕制約**（delay conditioning），這種制約效果最大。

## 3. 遺跡制約

制約刺激出現稍後就停止再出現非制約刺激，稱為**遺跡制約**（trace conditioning）。制約與非制約刺激出現的時間距離愈長，制約效果愈小。

## 4. 逆向制約

非制約刺激出現以後再出現制約刺激，稱為**逆向制約**（backward conditioning）。大多數研究發現，這種制約毫無效果。

## 5. 時間制約

制約刺激不出現，只有非制約刺激每間隔一段時間出現一次，到後來時間變成條件刺激，稱為**時間制約**（temporal conditioning）。例如：到了中午覺得肚子餓，乃因時間（條件刺激）與午餐產生連結之故。

## （二）消弱

當產生制約之後，制約刺激能單獨產生制約反應，如果制約刺激不再與非制約刺激伴隨出現，由單獨出現的制約刺激所產生的制約反應，其強度將逐漸減弱甚至完全消失，這種現象稱為**消弱**（extinction）。制約反應消弱的快慢，與制約刺激的性質及制約的強度，都有密切關聯。

## （三）自然恢復

在消弱現象出現之後，休息一段時間，然後單獨呈現制約刺激，個體仍然再度引發制約反應，這種現象稱為**自然恢復**（spontaneous recovery）。例如：某人看見閃電（CS）後，立即聽到雷聲巨響（UCS），因而產生恐懼感

（CR），幾個月後他再看見閃電，在未聽見雷聲之前，也可以產生恐懼感。

## （四）刺激類化

在制約後，制約刺激能單獨引發制約反應。此時與制約刺激性質相類似的其他刺激，不必經過制約學習的歷程，也可以引發制約反應，這種現象稱為**刺激類化**（stimulus generalization）。例如：有一名小孩本來不害怕白鼠（UCS），每當這小孩看見白鼠時，有人立即發出令他恐懼的聲音（CS），大約經過10次配對之後，這小孩看見白鼠就產生恐懼（CR）。幾天後，這小孩看見類似白色鼠毛的物品，例如：白狗、白貓、白色衣服等，都產生恐懼心理。新舊刺激之間的相似性愈高，類化就愈大；反之，相似性愈低，類化就愈小。

## （五）刺激辨別

當制約刺激能引起制約反應之後，個體學習到只對原來的制約刺激反應，而不對與制約刺激相類似的制約做反應，這種現象稱為**刺激辨別**（stimulus discrimination），又稱為辨別作用。一般來說，凡是與制約刺激愈不相似的刺激，個體就愈能產生辨別作用。

## （六）高層制約

當制約刺激（CS）可以單獨引起制約反應（CR），這時制約刺激可以當作非制約刺激（UCS）使用，使它與另一個制約刺激配對出現，藉以建立另一個古典制約學習，這種現象稱為**二層次制約**（second-order conditioning）。在二層次制約之後，又可以將制約刺激當做非制約刺激，再與另一個制約刺激相伴出現，進而形成更高一層次的制約學習。這種情形所產生的制約學習，稱為**高層次制約**（higher-order conditioning）。

例如：某人有幾次開車違規紀錄，被交通警察（CS）開罰單（UCS），

因而產生焦慮（UCR）。後來，他看見交通警察，就產生焦慮（CR）。由
於交通警察（由CS→UCS）與警車（另一個CS）幾乎同時出現，因此以後
他見到警車就產生焦慮。

## 四、古典制約學習的應用

在我們日常生活中有很多行為由古典制約學習而來，不良適應或偏差行
為，也可以利用古典制約來矯正治療。茲舉例說明如下：

### （一）恐懼或焦慮的學習

人類對某些事物的恐懼或焦慮，大多數經由古典制約學習而來。例如：
治療牙齒時，大多數人聽到研磨牙齒的尖銳聲音（CS），經常與研磨牙齒
所產生的酸痛感（UCS）連結在一起。因此，每當聽到這種聲音時，就立刻
產生痛覺。

### （二）愉快情緒的學習

人類很多愉快的情緒，也是經由古典制約學習而來。例如：有一名女大
學生初戀時，男朋友經常穿著牛仔褲送鮮花給她。幾年之後，男朋友到外島
服兵役，很少有機會見面，她每次看到穿牛仔褲、長相與男朋友類似的男大
學生，都引發一股興奮的情緒。

### （三）廣告行銷

很多新產品為了達到廣告效果，廣告內容經常與令人產生愉快的刺激
（UCS）同時出現。例如：汽車經銷商為了廣告新車，時常將新車（CS）與
美女（UCS）同時出現在廣告媒體上，以達到廣告的效果。

## （四）生理的反應

亞德與柯恆（Ader & Cohen, 1993）發現，人體某些生理反應，也是由古典制約學習而來。例如：在老鼠身上注射一種壓抑免疫力的化學藥劑（UCS），在注射該藥劑的同時，讓老鼠喝一種飲料。幾天之後，注射的化學藥劑藥效消失，讓有些老鼠再喝那一種飲料，結果發現該飲料（CS）可以降低老鼠的免疫力。

## （五）以古典制約治療適應不良的行為

人類不少適應不良的行為（maladaptive behavior），例如：性變態、酒癮、精神官能症等，可以藉著古典制約來治療。例如：讓有尿床習慣的兒童，睡在一張特殊設備的床上，每當這名兒童尿濕了床，床就立刻出現鈴聲（UCS）將他吵醒。由於在尿床之前，膀胱積尿的不舒服刺激（CS），都在鈴聲之前出現。因此，經過幾次古典制約學習之後，制約刺激（CS）就可以喚醒（CR）小孩起床上廁所，於是小孩尿床的行為就不藥而癒了。

# 第二節　操作制約學習

## 一、桑代克的迷籠實驗

桑代克（Edward L. Thorndike, 1874～1949）在1913年以貓作為實驗對象，研究貓解決問題的能力。他將一隻飢餓的貓放入迷籠（puzzle box）（圖6-5），這個實驗的目的在觀察這隻貓如何學習踩踏板或拉繩索打開籠門，以便出來得到食物。他經過許多次觀察之後，發現貓起初表現出亂抓與急躁不安的行為，經過一陣子混亂的動作之後，牠無意中拉動繩索或踩到踏板，於是順利開啟籠門出來取得食物。

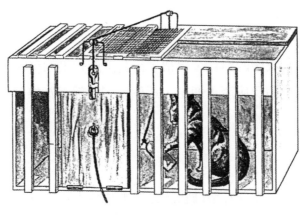

圖6-5    迷籠實驗

　　桑代克在重複若干次實驗之後，發現這隻貓在迷籠中踩踏板的動作逐漸
增多，混亂的動作逐漸減少。最後，這隻貓終於學會——被放入籠裡就立刻
去踩踏板，以便走出籠外吃食物。桑代克根據貓操作迷籠機關，外出得食的
過程提出學習理論。該理論的要義如下：

## （一）嘗試與錯誤學習

　　個體在某個問題情境中，為了解決困難問題，表現出多種嘗試性的行
為，經不斷嘗試與錯誤的過程中，許多混亂的動作都無濟於事，一直到出現
正確行為解決困難問題之後，就能做正確的反應。因此，錯誤的行為逐漸減
少甚至完全消失。這種學習歷程稱為**嘗試與錯誤學習**（trial-and-error learning）。

## （二）效果律

　　個體在嘗試與錯誤學習的過程中，後來能夠對刺激做出正確的反應，是
因為對刺激表現正確反應之後，就能得到預期的結果。例如：這隻貓踩到踏
板或拉動繩索，就可以得到籠外的食物。換言之，個體對刺激做出反應的效
果，使得刺激與反應之間連結起來，桑代克將這種原理稱為**效果律**（law of
effect）。

## （三）練習津

　　個體隨著練習次數的增加，累積了行為反應效果的經驗。因此，練習次數愈多愈能使刺激與反應產生連結，這個學習原理稱為**練習律**（law of exercise）。

## （四）準備津

　　桑代克認為：個體身心準備狀態也是順利解決問題重要的因素。如果個體注意力不集中，或者沒有興趣去獲得酬賞物，則刺激與反應之間就不容易產生連結。

# 二、史金納的操作制約學習

## （一）實驗設備與實驗過程

　　行為學家史金納設計一個實驗箱，用來研究老鼠的學習行為，該箱子被稱為**史金納箱**（Skinner Box）（圖6-6）。該箱子內的牆壁上有擴音器、燈、活動踏板；地面為可以導電的鐵管，箱子外有放置食物的漏斗，由一根管子通入箱內。

　　實驗之前，先控制接受實驗老鼠的飲食，大約一天不給予食物。實驗進行時，將飢餓的老鼠置於箱內，老鼠為了尋找食物，在箱內不停來回穿梭。史金納則在箱子外數公尺處觀察，一旦發現老鼠停止活動，就壓下按鈕，啟動擴音器發出聲音。此時，老鼠對這個聲音好奇，於是頭朝向擴音器方向，這時實驗者立即按下按鈕，擴音器再度發出聲音。老鼠爬上去尋找發聲來源，看看到底是怎麼回事，前腳踩到活動踏板，後來發現活動踏板旁的食物槽，出現一粒圓形食物丸。老鼠聞到香味，肚子又餓，於是就吃了食物丸。

　　老鼠為了繼續找尋食物，又在箱子內走動，等到老鼠停止下來時，史金

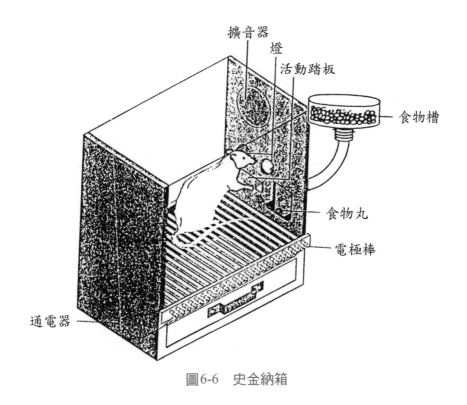

擴音器
燈
活動踏板
食物槽
食物丸
電極棒
通電器

圖6-6　史金納箱

納又重複上述方法，老鼠再踩到踏板，不久又發現食物丸，經過吃了幾次食物丸以後，老鼠恍然大悟，原來要得到食物，必須去踩踏板，每踩一次就掉下一粒食物丸，於是老鼠學會了不斷去踩踏板。

## （二）操作制約的學習原理

### 1. 強化（或稱增強）

　　史金納由動物操作制約學習的歷程中發現：個體表現某一行為之後，如果能立即獲得**酬賞物**（reward），該行為得到**強化**（reinforce）（或稱增強），個體再度表現該行為的機率增加。這個酬賞物又稱為**正增強物**（positive reinforcer），正增強物的種類很多，例如：食物、金錢、讚美、禮物、權利等。由於正增強物的出現，使個體原來的行為表現得到強化，這種現象

稱為**正增強作用**（positive reinforcement）。例如：某人有一次到商店買東西，索取的統一發票中了大獎，這筆獎金就是正增強物，得到獎金對他購物索取統一發票的行為，產生了增強作用。

個體表現某行為之後，立即終止其所厭惡的刺激，則該行為也可以得到強化，個體以後再度表現該行為的機率將隨之增加。這個厭惡的刺激又稱為**負增強物**（negative reinforcer），常被用來當作負增強物的刺激有：電擊、處罰、責罵、勞作、嘲笑及罰款等。由於負增強物的消失，使個體原來的行為得到強化，這種現象稱為**負增強作用**（negative reinforcement）。

負增強的學習歷程，可以分為**逃離學習**（escape learning）與**迴避學習**（avoidance learning）。逃離學習是指個體做出某行為之後，可以減少或終止厭惡的刺激，則個體會學習到以該行為來逃避痛苦。例如：天氣炎熱時立即打開冷氣機，就可以避免流汗之苦。

迴避學習是指個體先做出某些行為，以預防厭惡刺激的發生。史金納在進行老鼠操作制約學習時，當箱內燈光出現幾秒鐘之後，地板的電擊棒就通電，產生電擊之苦。後來，老鼠學習在電擊之前就去踩踏板、關閉電源，以避免電擊的到來。個人在日常生活中，有些行為屬於迴避學習，例如：在溫度升高至不舒適之前，就先打開冷氣，可以預防悶熱的到來。

當個體重複面對厭惡的刺激，同時又無法逃避、改變或避免時，就可能學到無助的行為，這種現象稱為**習得無助感**（learned helplessness）。個人在嘗試做某件事之後，如果屢試屢敗就容易產生習得無助感，根據Seligman（1975）的研究，很多憂鬱症患者都有習得無助感的經驗。

在操作制約學習歷程中，利用直接可以滿足個體生理需求的刺激物，作為**原始增強物**（primary reinforcer），例如：食物、水、性等，皆為人類的原始增強物。藉著原始增強物來強化個體的行為反應，稱為**原始增強作用**（primary reinforcement）。

在操作制約學習中，能間接滿足個體需求的刺激物，稱為**次級增強物**（secondary reinforcer）。適合作為強化人類行為的次級增強物很多種，例

如：金錢、讚美、微笑、地位、關懷及獎品等。很多人努力工作，為了購買名車、手錶、金飾、豪宅，雖然這些物品無法滿足其生理需要，但是可以滿足其心理需求，進而增強其工作的動機。像這種由次級增強物而強化個體的行為，稱為**次級增強作用**（secondary reinforcement）。

讚美對於各種年齡的人都能產生增強效果，有一個研究發現：中小學教師對學生表現良好的行為時就立即給予讚美，學生破壞行為下降75%（Mayer et al., 1993）。相反地，教師對學生破壞行為給予嚴厲指責，可能使學生產生憤怒、抗拒或逃避行為。

在行為改變技術中，使用**代幣制**（token economy）也可以產生次級增強作用，例如：學生答對一題教師就給予一張貼紙，學生集滿10張貼紙就可以兌換一個獎品。代幣制度在治療自閉症兒童以及監獄受刑人管理上，都有相當顯著的效果。

## 2. 強化作用的時程

以增強物來強化個體行為的方式，可以分為**連續增強作用**（continuous reinforcement），又稱為**立即增強**（immediate reinforcement）與**部分或間歇增強作用**（partial or intermittent reinforcement）。前者是當個體每做一個行為反應，就給予正增強物，例如：老鼠在史金納箱內，每踩一次踏板就得到一顆食物丸。後者是當個體每做一個行為反應，不一定給予正增強物，例如：老鼠在史金納箱內，踩五次踏板才得兩顆食物丸。

部分或間歇增強作用的安排方式，可以分為以下四種：

(1)固定比率方式

當個體固定做出幾次的反應之後，就給予正增強物，這種強化作用稱為**固定比率方式**（fixed-ratio schedule, FR）。例如：每買五杯咖啡就送一杯，買得愈多送得愈多。

(2)不固定比率方式

個體不一定要做出幾次的反應，才可以獲得正增強物，這種強化作用稱為**不固定比率方式**（variable-ratio schedule, VR）。例如：在VR-5的方式中，

個體可能做第3次就得到正增強物,也可能做第7次才得到正增強物,但是平均每做5次,才有一次得到增強物。不固定比率的強化方式,使個體無法揣測哪一次可以得到增強物,因此個體為了得到增強物就不斷做反應。例如:吃角子老虎、刮刮樂、樂透彩等,都利用這種增強方式。不少人一生沉迷於賭博,抱著中一次就發大財的心理,就是受到不固定比率增強的控制。

(3)固定時距方式

每當個體對某刺激做出行為反應,必須在固定時間之後,才能獲得正增強物,這種強化作用稱為**固定時距方式**(fixed-interval schedule, FI)。例如:公務員只在每月一號領薪資,薪資就是增強物。這種強化方式使個體表現出相當固定化的行為,通常在獲得正增強物之後,行為反應逐漸降低,一直等到下一次增強物即將來臨之前,再度做出行為反應。準此而言,公務員在每個月一號,工作效率比較高(Kosslynn & Rosenberg, 2006)。

(4)不固定時距方式

當個體對某刺激做反應,在不固定時間內獲得增強物,這種增強作用稱為**不固定時距方式**(variable-interval schedule, VI)。以VI-7的方式來說,在某次酬賞物出現之後,可能18秒鐘,也可能4秒鐘,再給個體增強物,每一次給予增強物的時間都不固定,但是平均7秒鐘就給予一次增強物。

根據心理學家的研究,個體對於增強方式,所表現反應的累積次數,以不固定比率最多,固定比率次之,不固定時距再次之,固定時距最少(Williams, 1988)(圖6-7)。

3.行為塑造

如果要使個體表現比較複雜的行為,需要將現有行為與目標行為之間,分解成幾個步驟,對每個反應步驟施予操作制約學習,在成功學習了一個反應之後,立即給予獎勵,再學習第二個行為,第二個行為學習成功之後立即給予獎勵,如此循序漸進,最後終於能夠表現出精彩的動作,這種連續漸進的學習方式,稱為**行為塑造**(behavior shaping)。例如:一隻海豚原來只能跳出水面一公尺,訓練師的目標是五公尺高。一開始先練習兩公尺能達到目

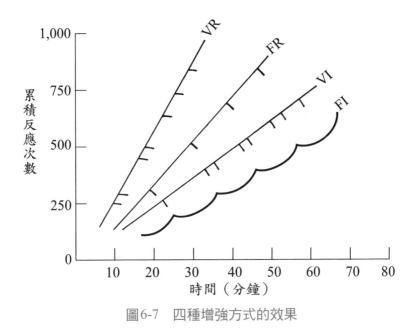

圖6-7 四種增強方式的效果

標，訓練師就賞以食物，依序進行，經過一段時間之後，這隻海豚就能躍出水面達五公尺高了。訓練小狗趴下、坐下、翻滾、握手，也可以使用這個原理。

人類很多技能的獲得，同樣可以藉行為塑造來學習，例如：在教育上使用的**電腦輔助教學**（computer-assisted instruction, CAI）對學生呈現的問題，都由易漸難，學生由答對問題得到立即**回饋**（feedback），因而增強其學習行為。如此，循序漸進的個別化教學，可以產生良好的學習效果。

4. 懲罰

史金納做老鼠操作制約學習實驗時，當老鼠用前腳踩踏板時就給予電擊，後來老鼠減少踩踏板的行為。**懲罰**（punishment）是對個體呈現其感到厭惡的刺激，藉以消弱其行為。有時可以取消酬賞物作為懲罰的手段，例如：開車嚴重違規，就吊銷駕駛執照。懲罰在改變個體行為的效果通常不如正增強，懲罰容易造成以下不良後果：

(1)受懲罰者會找出躲避被懲罰的方法，其不良行為依然持續進行。

(2)受懲罰者會模仿施罰者的行為，例如：父親經常體罰小孩，小孩可能欺負別人。

(3)受懲罰者會報復施罰者，例如：父親經常體罰小孩，小孩可能偷爸爸的貴重物品。

(4)懲罰容易對受處罰者造成身心的傷害。

(5)懲罰容易使受處罰者產生恐懼或焦慮的心理。例如：老師對學業成績差的學生加以懲罰，容易使學生產生考試焦慮，成績反而更差。

5. 消弱作用

　　當個體在操作制約學習歷程中，對某刺激表現的制約行為不再獲得增強物時，則其已建立之制約反應將逐漸減少，甚至完全消失，這種現象稱為消弱作用（extinction）。以老鼠的實驗為例，如果老鼠踩踏板之後，實驗者不再給予增強物，則老鼠踩踏板的次數就會逐漸減少，甚至不再表現該行為。人類的行為也是一樣，例如：有一位學生參加學校工讀，每學期都領到兩萬元工讀費，後來學校經費不足不再發給工讀費，該生願意去工讀的行為就消弱下來。

6. 類化作用

　　個體在操作制約學習時，對相似刺激可引起相同的制約反應，這種現象稱為類化作用（generalization）。例如：訓練鴿子用嘴啄深藍色圓盤時，才出現食物。當訓練成功以後，實驗者對鴿子呈現各種顏色的圓盤，結果發現：圓盤的顏色愈接近深藍色，鴿子愈會去啄食。又如：我們看到白皮膚、高鼻樑、褐色頭髮和藍眼珠的人，常會誤以為他們就是美國人。換句話說，個人對與原始刺激愈相似的刺激，愈會做出反應。

7. 辨別作用

　　個體如果對某個制約刺激引起制約反應，結果可以得到增強物，對另一個制約刺激的制約反應，不能獲得增強物，後來個體學會只對得到增強物的刺激做反應，這種現象稱為辨別作用（discrimination）。例如：大明存入銀行與借給他人的錢一樣多，可是兩年後從銀行領回來的錢比較多，於是大明

就能辨別把錢存在銀行比較好。

## 三、操作制約學習的應用

　　人類有很多不適應的偏差行為，大都經由學習而獲得，這些行為可以運用操作制約的原理來改變，稱為行為治療。行為治療有許多種方式，以下僅介紹其中四種原理。

### （一）飽足原理

　　讓個體重複做其不被人接受的行為，一直做到厭煩、疲倦為止。例如：有一名小朋友在上課教室內，趁著老師在黑板寫字時丟擲飛鏢，老師發現之後就告訴這名小朋友，在教室裡丟擲飛鏢非常危險，老師利用下課時間帶他到操場去丟飛鏢，一直丟到手感到痠痛為止。從此以後，這名小朋友上課時再也不敢丟飛鏢了。這種做法就是採用**飽足原理**（satiate principle）。不過，使用這種原理要非常小心，應以不傷害當事人的身心健康為原則，同時注意重複做某行為可能造成的後果。例如：小孩在房間玩打火機，如果讓他一直玩下去，有可能釀成火災。

### （二）消弱原理

　　個體經由操作制約，成功地學得某一行為之後，如果表現該行為都不再獲得增強物，則該行為出現的次數將逐漸減少，甚至完全消失。利用這種原理來改變不受歡迎的行為，稱為消弱原理。例如：小明上課時喜歡講話，妨礙班上秩序，老師在小明表現不受歡迎行為時，就叫他不要講話，結果沒有辦法改變小明的行為。因為老師叫他的名字時，引來許多同學的注意，對他反而是一種增強作用。於是老師改變策略，告訴同學在小明不守秩序時，大家不去理他，老師也不再喊他的名字，小明的行為乃逐漸消弱下來。最後，上課時不再亂講話了。

## （三）交互抑制原理

　　每當個體表現不受歡迎的行為時，就不給予增強物，其不受歡迎的行為逐漸減弱，新的受歡迎行為逐漸建立起來，這種行為改變的原理稱為**交互抑制**（reciprocal inhibition）。例如：有一名小孩常用手去觸摸客廳的玻璃窗，使得玻璃窗留下許多汙點。有一天，媽媽拿了一瓶清潔劑給他擦洗玻璃，在他擦完玻璃之後，媽媽和家人都稱讚他，又送他所喜歡的玩具。後來，這個小孩變得喜歡擦玻璃，對他人用手觸摸玻璃的行為都會去阻止。

## （四）懲罰原理

　　一般人常使用懲罰來減弱個體不受歡迎的行為。懲罰通常是對個體施予其所厭惡的刺激（例如：打、罵、罰做事等）。可是，當個體表現不受歡迎行為時，取消增強物也是一種處罰。有時，個體表現某些行為而導致不愉快的結果，也會對當事人產生懲罰作用，以後再度表現該行為的機率就減少。例如：你到一家書局買書，事後知道買貴了，以後你將減少或不去這家書局買書，因為那一次經驗對你產生了懲罰作用。

　　雖然，許多人喜歡使用懲罰來改變兒童或青少年的不良行為，但是懲罰容易產生一些負面作用，最常見的就是只能使個體的不良行為暫時收斂。兒童或青少年如果被嚴厲懲罰，容易導致退縮的個性；同時，也容易產生憤怒、焦慮、害怕及敵對等心理，甚至攻擊他人、破壞物品或偷竊施罰者的東西以示報復。因此，今日教育心理學者大多數反對教師體罰學生。

# 第三節　觀察學習

## 一、觀察學習的涵義

　　觀察學習是指，由觀察進而模仿楷模（model）者的行為。美國社會心

理學家班度拉（Bandura, 1973, 1986），首先主張觀察學習是**社會學習**（social learning）的基礎，因此，觀察學習又稱為**替代性學習**（vicarious learning）。

　　人類有一些行為不是由古典制約與操作制約學習而來，例如：學生觀看電視暴力節目，就容易產生攻擊暴力行為。所謂「見賢思齊」、「見習」、「身教」以及「以身作則」等教育方式，都強調觀察學習的重要性。事實上，在日常生活中，觀察學習的例子不勝枚舉。

## 二、觀察學習的實驗

　　班度拉曾做一個實驗，可以說明觀察學習發生的情形。實驗之前，先將幼兒園學生分為三組，每一組男女生各半。實驗時，各組學生分別觀看成人對橡皮人拳打腳踢的錄影帶，第一組學生看到這些成人攻擊橡皮人之後得到糖果、飲料，並且獲得別人的稱讚。第二組學生看到這些成人攻擊橡皮人之後被人責罵、批評。第三組學生看到這些成人的攻擊行為，結果沒有受到任何獎勵或處罰。然後，將每一個小孩單獨留置在有許多玩具的房間，房間內也有一個充氣的橡皮人。結果發現：第一組兒童模仿攻擊者的行為，顯著地多於第二組與第三組（Bandura, 1973）。很多社會心理學者認為，兒童或青少年容易從電視上的暴力鏡頭，學習攻擊與暴力的行為。

## 三、影響觀察學習的因素

### （一）動機

　　觀察者對其觀察的事物，是否產生學習行為，觀察者的動機扮演著重要的角色。例如：一位公司董事長夫人，有一天看到電視上烹飪的節目，因為她家裡有傭人幫忙做菜，所以她沒有學習烹飪技巧的動機。

## （二）注意

　　觀察者如果想學習模範人物的行為，通常需要注意看或聽該人物所說的或所做的。以學習數學為例，學生觀察教師在黑板上演算數學的過程，如果學生心不在焉，則無法學習演算的方法。

## （三）記憶力

　　觀察者想成功模仿楷模人物的行為，需要記得該人物所說、所做的一切行為。例如：有些大學生觀看示範者表演打領帶的分解動作，假如不能記住每一個步驟，就無法學會打好領帶結。

## （四）動作能力

　　一個人在觀看他人行為之後想模仿其行為，因為受到生理的限制而無法模仿成功。例如：腦性麻痺的學生，很難由觀察老師書寫的文字，就學會寫好整齊美觀的作業。

# 第四節　認知學習

　　在古典制約與操作制約學習歷程中，偏重於個體對刺激與反應之間的連結，學習者處於被動的角色。自從1930年代以後，有一些認知心理學家認為：過度強調刺激與反應之間的連結，只能了解學習行為的片段，無法一窺學習的全貌。例如：現在很多學校考試的試題，學生雖然學會對各個刺激做反應，但是可能只學到一些零碎的知識而已。換言之，學生可能無法對全部教材作全盤而且深入的了解。由此可知，刺激與反應連結的學習，只能了解人類學習的一部分。認知學習特別強調個體在學習歷程中，究竟如何學到「知」，以下介紹幾個有關認知學習的實驗。

## 一、領悟學習實驗

德國完形主義心理學家庫勒（Wolfgang Köhler, 1887～1967），對行為主義主張刺激與反應連結的學習歷程，持反對意見。他曾經做了一系列有關領悟的實驗，其中最著名的就是研究黑猩猩如何解決各種問題。例如：將黑猩猩關在籠子內，黑猩猩伸手到籠外拿不到香蕉。沒多久，牠領悟到拿取地面上的木棒去搆取香蕉；如果一根棒子不夠長，牠會將兩根木棒銜接起來，再去搆取香蕉。

庫勒做了另一個實驗：將香蕉吊在天花板，地面上沒有木棒，只有幾個木箱。沒多久，黑猩猩學習到將幾個木箱移到香蕉正下方，將木箱疊高起來，然後爬到箱子上去拿取香蕉。由此可知，黑猩猩領悟學習的過程，這與古典制約、操作制約學習都不相同。

後來，美國動物心理學家哈羅（Harlow, 1950）曾以猴子作為實驗對象。實驗時，他對每一隻猴子呈現兩個不同顏色與形狀的盒子。第一次，食物置於其中一個盒子下方，只允許猴子打開其中一個盒子。第二次，將盒子位置調換，食物仍然放置在第一次有食物的盒子下方。每隻猴子接受六次實驗，每次將盒子的位置隨機出現，結果發現：前幾次猴子選錯盒子。沒多久，猴子終於領悟到，食物只放在同樣顏色與形狀的盒子下方，而與位置無關。

西元前兩百多年，古希臘物理學家阿基米德，曾經長期思考水的浮力原理，可是一直沒有進展。有一天，他進入滿水位的浴缸洗澡時，看到水自浴缸滿溢出來，這時突然領悟、豁然貫通，因而發現水的浮力原理。

**領悟學習**（insight learning）採完形心理學的觀點來解釋，強調個體學習過程不必經由練習或觀察，而是領悟情境中各個刺激之間的關係，就可以學到解決問題的方法。有一些心理學者認為，個體要經由領悟來解決問題，先決條件是：個體必須具備某些基本知識或心智能力。例如：沒有具備微積分基本知識的人，要憑空去解決微積分的難題，就不可能有領悟的現象發生。

## 二、方位學習實驗

美國心理學家托爾曼（Edward C. Tolman, 1886～1959）認為：古典制約與操作制約學習，皆與個體的期望有關。在古典制約學習中，牙痛患者只要聽到研磨牙齒的尖銳聲音，就會產生痛覺，這是因為患者認為研磨牙齒會傷害牙齒。在操作制約學習中，購物者主動索取統一發票，表示購物者知道索取統一發票就有中獎的希望。換句話說，他認為學習是經由認知，而非經由刺激與反應的連結歷程。

托爾曼和同事於1946年進行老鼠跑迷津（maze）尋找食物的學習實驗（圖6-8）。該實驗分兩階段進行：第一個階段，將老鼠置於左圖迷津，老鼠由出發點A往前跑，H處有一盞燈照亮F至G的路徑。第二階段，將跑過左圖迷津的老鼠移到右圖，讓牠自出發點A跑迷津，惟該迷津共計有18條路線。按理，老鼠應選擇與左圖最接近的路徑，由第9、10的路徑去找尋食物，但是實驗結果卻發現：老鼠選擇第6條路徑。換言之，老鼠在歷經左圖

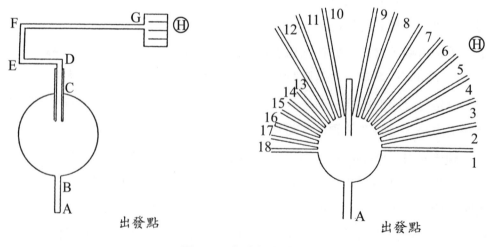

圖6-8　方位學習實驗

的經驗之後，已經在心理上產生**認知地圖**（cognitive map），所以在右圖所選擇的路徑，其終點的物理方位與左圖相同。

　　在我們日常生活中也能學到認知地圖，例如：我們騎車要到車站，到半途發現道路施工必須改道行駛，此時立即會改選到車站次遠的道路。又如：計程車司機全天在都市的大街小巷中穿梭，但是司機總是曉得如何將車子開回家，顯然司機已學到了整個城市的認知地圖。

## 三、認知取向的學習觀點

　　認知取向學者認為，學習是個體對外在事物，經由認識、辨別、理解，去獲得新知識的歷程。學習是個體運用已有的認知基模，去認識以及辨別事物之間的異同，並且理解各個刺激之間的關聯。

　　教師在教導學生學習過程中，要培養學生**後設認知**（metacognition）的能力，也就是不但要知其然，更要知其所以然，這樣才能產生良好的學習效果。例如，美國華裔少年潘暉諾，16歲就進入哈佛大學，他最愛問老師各種問題，他不僅要學會老師所傳授的知識，還要弄清楚這些知識的來龍去脈，所以他有敏銳的思考能力，能充分發揮自己獨特的天賦，成為一位學業成績非常優良的學生。

## 本章摘要

1. 學習是藉由經驗或練習，使行為或知識產生持久改變的歷程。

2. 古典制約學習由巴夫洛夫首創。他由狗的實驗發現，原來對狗不會引起反應的中性刺激與本來對狗會引起反應的非制約刺激多次配對出現之後，該中性刺激也可以使狗產生行為反應，稱為古典制約學習。

3. 在古典制約學習歷程中，中性刺激稱為制約刺激（CS）；原來對狗就可以產生行為反應的刺激稱為非制約刺激（UCS），由制約刺激所產生的行為反應稱為制約反應（CR）；由非制約刺激所產生的行為反應稱為非制約反應（UCR）。

4. 在古典制約學習歷程中，制約刺激出現之後，間隔短暫時間再出現非制約刺激，所產生的制約反應效果最好。

5. 制約學習除了古典制約學習之外，尚有操作制約學習，由美國心理學家史金納首創。古典制約與操作制約均有消弱、類化、辨別等現象。

6. 桑代克最早從事操作制約學習研究，他由貓操作迷籠機關的實驗，提出的學習理論要義有：(1)嘗試與錯誤學習；(2)效果律；(3)練習律；(4)準備律。

7. 史金納以白老鼠從事操作制約學習實驗，發現強化（或增強）作用是產生學習的主因。增強分為正增強與負增強，前者是個體表現正確行為後，給予正增強物，因而對該反應產生強化作用；後者是指個體表現適當行為之後，終止或取消其所厭惡的刺激，因而對該反應產生強化作用。

8. 當個體表現正確或適當行為時，立即給予增強物，則學習表現該行為的機率增加。

9. 行為塑造是依據操作制約的學習原理，將現有行為與達成目標行為之間分解成幾個步驟，個體學會了一個步驟，再學習第二個步驟，最後終於能夠表現目標行為，惟每一步驟的學習均需給予正增強。

10. 凡能直接滿足個體需求的刺激物，稱為原始增強物；藉原始增強物來增強個體的行為反應，稱為原始增強作用。間接使個體滿足的刺激物，稱為次級增強物；由次級增強物來增強個體的行為反應，稱為次級增強作用。

11. 增強之實施方式分為連續增強與部分增強。前者在每做一個正確反應之後就施予增強物，後者只在部分正確反應之後提供。

12. 部分增強有四種方式：(1)固定比率（FR）；(2)不固定比率（VR）；(3)固定時距（FI）；(4)不固定時距（VI）。這四種增強方式所產生的效果以不固定比率最佳。

13. 操作制約學習應用在行為治療上有四種原理：(1)飽足原理；(2)消弱原理；(3)交互抑制原理；(4)懲罰原理。

14. 觀察學習又稱為替代性學習。觀察學習是在社會情境中，經由觀察或模仿楷模者行為而學到的。

15. 影響觀察學習的主要因素有：(1)動機；(2)注意；(3)記憶力；(4)動作能力。

16. 許多社會心理學者認為，個人由大眾傳播媒體容易學習到攻擊與暴力行為。

17. 認知學習特別強調個體在學習歷程中，學習到「知」的方法是經由認知，而非刺激與反應之間的連結。

18. 領悟學習強調個體學習過程，不必經由練習或觀察，只經由領悟情境中各個刺激之間的關係，就可以學到問題解決的方法。

第 **7** 章

# 記憶與遺忘

　　一般人都有記憶能力，記憶是人類學習各種行為的基礎。每一個人藉著記憶，才能夠思考、理解、判斷，以及處理日常生活中的事物。同時，根據過去經驗的記憶，有助於計畫自己的未來。由此可知，記憶是人類的重要行為之一。

　　人們隨時接收許多訊息，有些訊息與個人有密切關係，必須加以記憶，記憶的現象因這些訊息的性質而異。心理學家將記憶分為哪些類別？人類記憶的歷程為何？如何測量記憶？影響記憶的因素有哪些？遺忘的原因為何？如何增進記憶力？以上這幾個問題，將是本章各節討論的重點。

# 第一節　記憶的類別

　　**記憶**（memory）是指個人經由身體感覺器官，接收外界各種訊息之後，保存訊息的心理現象。由於記憶屬於相當複雜的內在歷程，因此有些心理學家以科學方法探索人類如何將蒐集到的訊息加以處理、保存，以及如何將保存的訊息重現出來。

　　個人所接收到的訊息，有些只能短暫記得，有些可以長期牢記在心，甚至終生不忘。訊息在腦海中保存的時間，與訊息的類型、記憶系統等，都有密切的關聯。大多數心理學家根據人類接收到的訊息，在腦海中保存時間的長短，將記憶分為以下三類：

## 一、感官記憶

　　**感官記憶**（sensory memory）是指個體經由身體各種感覺器官，接收到外界刺激時，僅能短暫記得這些刺激。這種記憶稍不留意，瞬間即忘得一乾二淨。例如：開車時看到街道旁許多廣告招牌一一閃過腦際，這些招牌的印象，在記憶中保存的時間非常短暫，如果不特別留意，很快就會忘記。感官

記憶又稱為**感官收錄**（sensory register），由感官收錄的各種訊息，通常保存不久。

　　心理學家史普林（George Sperling, 1960）曾經做兩個實驗，探討視覺器官收錄訊息的保存時間。實驗進行時，讓受試者以極短暫的時間，瞥見三行三列共九個英文大寫字母（圖7-1），這些字母以**瞬間顯示器**（tachistoscope），呈現在螢幕上的時間為0.05秒。實驗結果發現，大多數受試者能正確地說出四到五個字母。可是，這些受試者都說，他們瞥見這些字母時，原來九個字母全都記得，只不過當他們說了四到五個字母時，剩下的字母就全部忘記了。

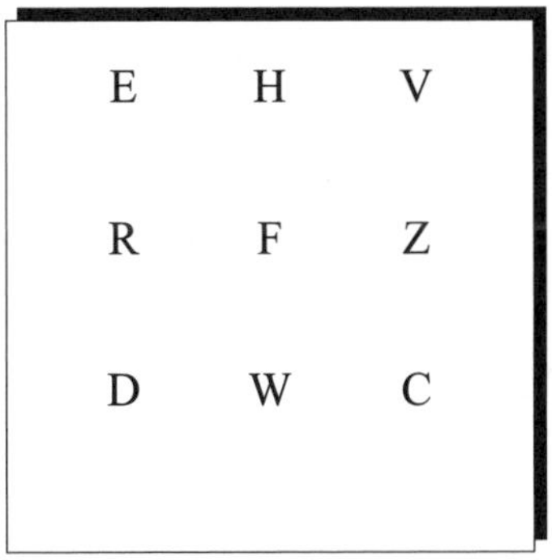

```
E    H    V

R    F    Z

D    W    C
```

圖7-1　感官記憶材料之一

　　史普林為了證明視覺感官能在一瞥記下多少訊息，於是進行一個類似的實驗。在實驗進行時，對受試者呈現三行三列的九個英文字母（圖7-2），在每次呈現一列英文字母之後，一秒鐘以內出現一種頻率的聲音。第一列後出現高頻率聲音，第二列後出現中頻率聲音，第三列後出現低頻率聲音，然後要受試者聽到某頻率聲音，就說出該列的英文字母。

　　實驗結果發現：受試者對各列字母都能正確地說出來。由此可知，感官記憶的數量，是九個字母。實驗者為了進一步證實上述假設，於是將字母增加，每列四個、每行三個，共計12個字母（圖7-3），仍然以不同頻率聲音

L　H　V……高頻率聲音
R　F　Z……中頻率聲音
D　T　C……低頻率聲音

圖7-2　感官記憶材料之二


G　T　F　B……高頻率聲音
Q　Z　C　R……中頻率聲音
K　P　S　N……低頻率聲音

圖7-3　感官記憶材料之三


為訊號，要受試者依訊號說出其中一列字母。結果發現：正確說出英文字母者，大約占四分之三。由此可知，視覺感官一瞥所見，不只記四到五個字母，而是大約九個字母。

　　後來，史普林為了進一步研究，在受試者瞥見英文字母之後，延長回憶時間對記憶廣度（memory span）的影響，於是將不同頻率聲音訊號的出現，分為0.15秒、0.3秒、0.5秒、1秒等情況。實驗結果發現：瞥見英文字母到訊號出現的時間愈短者，正確記住英文字母的百分比愈高。反之，兩者時間間隔愈長者，正確記住英文字母的百分比愈低（圖7-4）。

　　很多記憶實驗結果顯示：由聽覺器官所收錄的訊息，大約可以維持10秒鐘（Cowan, 1988），這種記憶稱為餘音記憶（echoic memory）。由視覺器官所收錄的訊息，大約只能持續0.25秒，這種記憶稱為影像記憶（iconic memory）。至於觸覺或嗅覺器官所收錄的訊息，很少人將它們記憶下來。

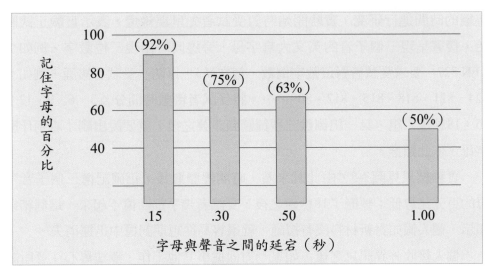

圖7-4　視覺感官記憶持續時間

資料來源：採自Sperling（1960）。

## 二、短期記憶

### （一）短期記憶的現象

　　短期記憶（short-term memory, STM），指感覺器官接收的訊息不需經過複誦（rehearsal）的記憶。短期記憶能記住的事物，大約只能維持20至30秒。例如：第一次看過同學的手機號碼，過了沒多久就想不起來；學過的英文單字，一下子就忘記了；又如在電話簿上查到的號碼，等一會兒撥號時，竟然忘記，或撥出相似的號碼。為什麼這麼快就忘記呢？心理學家認為，這是對記憶內容沒有再複誦的結果。就記憶的時間來說，短期記憶介於感官記憶與長期記憶之間。

### （二）持續時間

　　如果個人所接收的訊息沒有機會複誦，對這些訊息的短期記憶，將隨著時間快速消逝。彼得森與彼得森（Peterson & Peterson, 1959）曾對短期記憶

持續的時間進行研究。實驗開始時對受試者先呈現綠燈，表示實驗正式開始，接著呈現三個子音的英文大寫字母，旁邊同時出現三位數字，例如：RFN 827。要求受試者對這數字倒數，每次減3，以防止受試者複誦，例如：824、821、818、815、812、809……。將受試者倒數時間分為3、6、9、12、15、18秒等六組，第一組倒數三秒鐘聽到訊號之後，就要說出剛才看到什麼字母，依此類推。

　　實驗結果見圖7-5，由此圖來看，時間經歷愈長，正確記憶三個子音字母的百分比愈低；經歷了18秒鐘之後，受試者幾乎都回憶不起來。這個結果顯示，個人假如對新材料沒有複誦，就很容易從短期記憶中迅速消失。

　　個人接收外界訊息之後，如果一方面從事其他工作，無法專心注意所記憶的訊息時，這些訊息就從短期記憶中快速忘記。根據這個道理，每當要記住新的事物，例如：電話號碼、身分證號碼、英文單字或學科教材等，應時常複誦這些資料，才不致忘記。

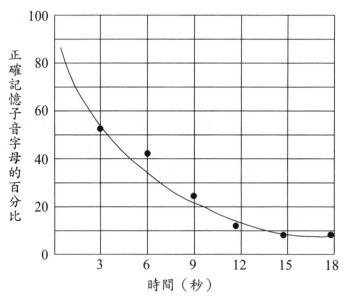

圖7-5　短期記憶的時間

資料來源：採自Weiten（1995）。

## （三）短期記憶的容量

根據心理學者米勒（Miller, 1956）的研究，一般人對於新接觸的事物，每一次大約只能記得五到九件事，也就是平均數七，或七加減二，米勒稱之為「神奇數字七，加減二」，這個記憶容量稱為**記憶廣度**。換句話說，短期記憶平均可以記住七件事，例如：人們常說「出門七件事」，或西洋人說的「lucky seven」，這都是為了方便記憶的關係。由此可知，超過七件事就比較不容易記得。

## （四）運作記憶

個體接收外界訊息之後，不只是暫時保存這些訊息而已，更重要的是在心理上對這些訊息進行運作，經由心理思考活動，從而了解這些訊息的意義。巴德利（Baddeley, 1995）提出**運作記憶**（working memory）的概念，他認為運作記憶包括三種成分：第一，對接受的訊息不斷複誦。第二，對接受的訊息產生視覺心像。第三，將訊息加以思考、推理、判斷。例如：你看見某補習班的廣告宣稱「要上台大，先進台大」，首先將這廣告詞複誦幾次，然後對台灣大學與台大補習班產生心像，再經過思考、判斷，進台大補習班是否真的可以考上台灣大學？最後決定是否要去該補習班補習。換言之，你接收該廣告訊息之後，不只是將這些訊息短暫保存在腦海中而已，而是對這些訊息進一步去思維運作。

## （五）全現心像

有極少數人能將所看見的一切事物，完全正確地記憶下來，這種過目不忘的記憶能力，稱為**全現心像**（eidetic image），又稱為**攝影記憶**（photographic memory）。根據文獻記載，具有這種特殊記憶能力的人，相當少見。在接受全現心像測驗的兒童中，大約只有5%具有這種能力，兒童過了青春期以後，這種能力就會逐漸消失不見了。

　　個人如果具有全現心像的能力，對於創造發明的幫助並不大。台灣地區多年來在劇烈升學競爭之下，產生填鴨式的教育方式，旨在培育學生具有全現心像的能力。這種只重記憶，不重思考、理解、實驗的教育方式，實在很難培養出舉世聞名的諾貝爾得獎人才，這個問題相當值得國人深思。

## 三、長期記憶

　　**長期記憶**（long-term memory, LTM）是指，短期記憶的訊息經過一再複習之後，就能夠保持幾天甚至到幾年，這種訊息儲存在腦海中的時間，可以日、月、年計算，甚至終生不忘。例如：自己的生日、手機號碼等，都屬於長期記憶。

### （一）長期記憶的分類

#### 1.外顯記憶與內隱記憶

　　**外顯記憶**（explicit memory）是對受試者提供一些資訊再請他回憶，例如：「休無薪假是什麼意思？」「台灣高鐵最高時速幾公里？」**內隱記憶**（implicit memory）是指關於技術、過程或「如何做」的記憶。當個人學習過某些知識，在無法回憶或再認時，這些知識的記憶依然存在，只是以一種無意識的方式表現出來。例如：有一個英文字缺兩個字母，讓受試填補成有意義的英文字clin＿＿al，＿＿要填上什麼？這個問題需靠內隱記憶。

#### 2.陳述性記憶與程序性記憶

　　**陳述性記憶**（declarative memory）是指個人對事實資料的記憶，例如：「台灣最高的山是玉山」，它可以分為**情節記憶**（episodic memory）與**語意記憶**（semantic memory）。情節記憶是個人將生活經驗上的記憶儲存在長期記憶中，例如：今年系學會舉辦的迎新活動，包括：人、事、地、物等相關情節，經過一段時間大致還記得。各種語意記憶可以建構出錯綜複雜的**語意網路**（semantic network），如圖7-6所示。以該圖為例，由救護車可以使人

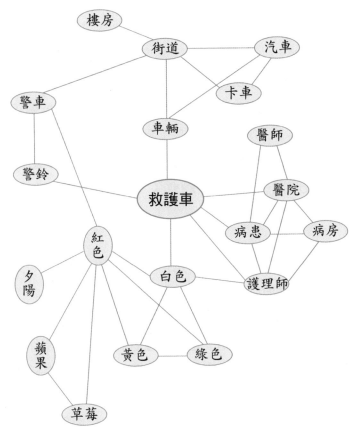

圖7-6　語意網路

聯想到許多相關的事物，利用這種網路對於記憶故事或相關詞彙，有相當大的助益。

程序性記憶（procedural memory）是對有先後順序活動的記憶，包括各種生活習慣與動作技巧的記憶，例如：開車、游泳、樂器演奏、騎腳踏車等活動，都有一定連貫的動作，這些活動在熟能生巧之後，就不必刻意去記住每一個步驟。

## （二）影響長期記憶的因素

### 1. 時間

巴立克等人（Bahrick, Bahrick, & Wittlinger, 1975）曾經調查一群受試者，將幾十年沒有見面的同學相片與名字配對，結果發現能做正確配對的人數百分比如下：畢業14.5年者，占83%；畢業25年者，占82%；畢業34.1年者，占79%；畢業46.5年者占58%。由此可知，儲存在長期記憶中的訊息，能正確地保持很長時間，但是時間過愈久，就忘得愈多（Neisser & Harsch, 1992）。

### 2. 專心複誦

**專心複誦**（elaborative rehearsal）是指將所要記憶的訊息，先仔細思考這些訊息的涵義，再時常加以複誦藉以加深印象。

### 3. 鎂光燈效應

**鎂光燈效應**（flashbulb effect）是指，在看到令人震撼事件的新聞媒體報導之後，在個人內心深處烙下不容易磨滅的印象。例如：英國王妃黛安娜車禍喪生、美國911恐怖攻擊、台灣921大地震、四川汶川大地震、日本311地震及海嘯，相信大家從電視畫面得到的訊息，都還記憶猶新。

### 4. 序列位置效應

**序列位置效應**（serial-position effect）是指，個人在記憶許多個連續項目時，這些項目先後順序影響記憶的效果，最初與末尾的項目回憶率較高，中間項目的回憶率較低。例如：班上有50名同學，一號是最容易記住的，最後一號也容易記得，中間座號同學的姓名就不容易記住。假如將50名新生依座號排序，全班同學各閱讀新生名單三分鐘，將50名同學所記憶的新生姓名，繪成次數分配圖，統計記得各座號者的人數，然後將它連成線就可以得到U字形的曲線，這一曲線稱為序列位置曲線（圖7-7）。在曲線左端與右端高起部分，正確記憶率都比較高。由於左端屬於連續項目的初始位置，而右端最接近回憶的時間，因此前者稱為**初始效應**（primacy effect），後者稱為**新**

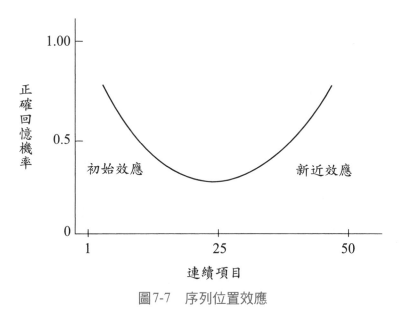

圖7-7　序列位置效應

近效應（recency effect）。

5. 雷斯多夫效應

　　個人對學習材料或所見所聞的資訊，容易記住最特殊的部分，這種現象稱為**雷斯多夫效應**（Von Restorff effect）。例如：有一些參考書將重要的資料，以不同顏色或特殊的字體標示出來，就是利用雷斯多夫效應來加深讀者的印象。

（三）學習材料的組織與記憶

1. 群組

　　將所要記憶的龐雜資料，依照其屬性加以**群組**（clustering），對增進記憶頗有助益。例如：要記住台灣各鄉、鎮的名稱，最好依其隸屬的縣市來記憶。又如：要記住圖7-8中的資料，最好分為植物、地名、動物、中藥等四類，就比較容易記憶。但是，對於要記憶的各種資料，有時可以憑個人主觀經驗，給予有系統的組織歸類，稱為**主觀組織**（subjective organization），這

| | | | |
|---|---|---|---|
| 知母 | 河馬 | 川芎 | 花生 |
| 鴿子 | 白河 | 企鵝 | 朱蕉 |
| 荔枝 | 陳皮 | 楓葉 | 遠志 |
| 蚯蚓 | 獅子 | 天母 | 狐狸 |
| 東引 | 關東 | 麻雀 | 楓港 |
| 玄參 | 杜鵑 | 柴胡 | 桔梗 |
| 天冷 | 白芷 | 後壁 | 孔雀 |
| 袋鼠 | 松樹 | 核桃 | 大蒜 |
| 東石 | 芳苑 | 細辛 | 鴕鳥 |
| 椰子 | 櫻桃 | 黑豆 | 甘草 |

圖7-8　記憶資料

樣也有助於長期記憶。

## 2. 分層次

　　將所要記憶的材料，依其性質、特徵或屬性給予分層組織，將有益於記憶。如圖7-9就是其中一例，讓第一組受試者看過一次圖7-9之後，平均可以記住65%；讓第二組受試者看該圖隨機安排的材料，時間與第一組相同，結果第二組受試者，平均只能記住19%而已（Mandler, 1993）。由此實驗結果可知，有組織層次系統的資料，比較容易記住。

## 3. 先前經驗的圖像

　　一般人在日常生活經驗中，會對某些特定事物產生記憶圖像（schema）。舉例來說，「大學」這個名詞，可能使你產生由教授、原文圖書、穿牛仔褲的學生、舞會、考試前開夜車等所組成的印象。因此，凡是與該印象相同的事物，就容易記得。

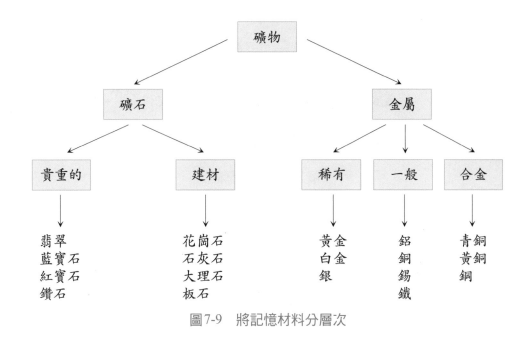

圖7-9　將記憶材料分層次

# 第二節　記憶的歷程

　　每一個人在日常生活中，隨時由感覺器官吸收各種訊息（information），大部分訊息短暫停留在腦海裡稍縱即逝，可是有些訊息卻能牢牢記住，歷久彌新。例如：我們聽一首新歌，有時隔沒多久就記不清楚。但是，有時看一場電影，卻會令人終生難忘。

　　人類吸收、儲存與回憶訊息的歷程為何？這個問題一直為認知心理學者所重視。自1970年代中葉以來，認知心理學者所提出的**訊息處理理論**（information processing theory），已成為人類記憶歷程的重要理論，該理論的模式，如圖7-10所示。

　　由圖7-10可知，五官所接收的訊息經由編碼進入短期記憶，再經由專心複誦進入長期記憶，最後在回憶時，由長期記憶提取所記憶的內容。不過，每一個階段都有可能遺忘。以下就**編碼**（encoding）、**儲存**（storage）與**檢索**（retrieval）等三個現象，分別說明如下：

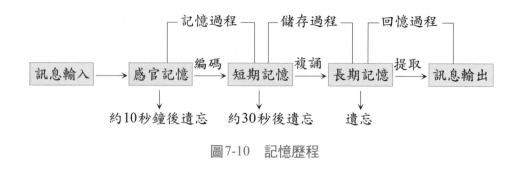

圖7-10　記憶歷程

# 一、編碼

　　**編碼**是指，將外在的刺激（例如：聲音、文字、顏色、符號、形狀、味道等），轉換成抽象形式的**心理表徵**（mental representation）的歷程，這是記憶歷程中的第一個步驟，經由編碼之後才能儲存在記憶中，以備日後回憶時取用。這個過程就如圖書館購買許多新的圖書，必須先將這些圖書加以編碼然後再放上書架典藏，如果沒有編碼就任意擺在書架上，借書者就不容易從書庫中找到所要借的圖書了。

# 二、儲存

　　**儲存**是將訊息編碼之後，保留在記憶中的心理歷程，以供需要時提取使用。有些儲存的訊息成為長期記憶，但是有些訊息可能消逝無蹤，這種現象就好像圖書館的藏書，放置在書架上有時都沒有人借走，可是有些圖書隨時有人借走，要借書的人就不一定能借到書。

# 三、檢索

　　**檢索**是將儲存在記憶中的訊息找出來，提取訊息的心理歷程通常先將訊

息**解碼**（decoding）。這種過程就好像要借書的人，如果直接到圖書館的書架上去找，不容易找到所要借的書。可是，如果利用圖書館自動化系統，使用電腦去檢索就知道要借的書是否被借走；如果被人借走了，什麼時候到期還書，這樣就很容易借到書了。

　　一般人都有舊地重遊的經驗，重回舊地當時的情景，成為喚起回憶往事的**線索**（cue）。不過，個人對往事的回憶常因檢索困難而無法完全正確。許多刑事案件，法官為了公正判決，傳喚目擊者到法庭陳述作證，以便作為證人，目擊者常憑其記憶供詞。有些心理學者研究發現，法官的問話方式，影響目擊證人的陳述，目擊者在記憶中的內容與事實不一定相符，甚至於造成「無中生有」或「有中生無」的**記憶扭曲**（memory distortion）現象。

　　美國地方法院於1977年曾有法官誤判的例子。在圖7-11中，右邊這個人是冤枉的，左邊這個人才是真正的強姦罪犯。因為兩人形貌酷似而且又同姓，被目擊者指證歷歷，法官採信目擊證人的證詞，結果造成右邊這個人坐牢服刑，這個冤獄直到五年後左邊這名歹徒被捕之後，才得以還其清白。

圖7-11　記憶扭曲造成冤獄

資料來源：採自Worchel與Shebilske（1989）。

## 第三節　記憶的測量

心理學家通常使用以下三種方法，來測量個人的記憶能力：

## 一、回憶法

回憶法（recall method）可以用來測量短期記憶或長期記憶。例如：實驗者唸完一串數目字，接著由受試者複誦或書寫出來，學科考試的問答題、申論題、簡答題，都屬於回憶法。

回憶法在實際測驗時，可以分為兩類。其中一類為**依序回憶法**（serial recall method），限制受試者將所要回憶的資料，必須依一定順序回憶出來；另一類為**自由回憶法**（free recall method），受試者對所要回憶的資料，不必依次序回憶出來。例如：要求由北到南的次序，說出台灣鐵路東部幹線各站的站名，就是依序回憶法；如果只要求記得各站的站名，而不必說出由北到南的順序，就是自由回憶法。一般而言，自由回憶法比依序回憶法記得比較多。

## 二、再認法

再認法（recognition method）是對受試者呈現以前學習過的材料與其他無關的材料，供其辨認的一種測量記憶的方法，例如：考試測驗卷中的是非題、選擇題、配對題，在性質上都屬於再認法。由再認法所測得的記憶分數，通常比回憶法高，因為再認法對受試者提供一部分曾經學習過的材料。檢察官在辦理刑事案件，如果要證人出庭作證時，常以再認法對證人呈現許多張不肖歹徒照片，要求證人指認在兇案現場出現過的人物，就是利用再認法。

以再認法測量記憶力，可以使用以下公式計算再認分數。再認分數愈

高，表示記憶力愈強。

$$再認分數 = \frac{答對數 - 答錯數}{總題數} \times 100$$

## 三、節省法

**節省法**（saving method）又稱為**再學習法**（relearning method）。節省法是讓受試者再學習以前學習過的材料，在達到初次學習同樣熟練的程度時，分別計算初次學習和再學習所需練習次數的差，就代表再學習節省的次數；再以節省次數除以初次練習的次數，乘以100，就可以求得節省百分數。節省百分數愈高，表示記得的愈多，忘的愈少。其公式如下：

$$節省百分數 = \frac{初次練習次數 - 再練習次數}{初次練習次數} \times 100$$

例如：某生初次練習唱校歌，練習10次就全部會唱了，三星期後再練習四次就全部會唱了，則節省百分數為60。

# 第四節　遺忘的現象

## 一、遺忘的速度

最早對遺忘做科學性研究者，首推艾賓豪斯（Hermann Ebbinghaus, 1850～1909）。他在1885年發表一系列記憶與遺忘的研究，這些研究都是以他自己作為**實驗對象**。實驗材料為一些**無意義音節**（nonsense-syllable），每一個音節由子音、母音、子音等三個大寫的英文字母組成（例如：NIQ、POZ、HAR、YUD等），這些無意義音節，比較不受個人過去學習經驗影

響。他記憶420組無意義音節，然後回憶這些材料，結果記住無意義音節的
情形如下：20分鐘之後能記得將近60%；60分鐘之後能記住大約45%；9小
時到31天之間，能記住38%至25%，如圖7-12。由該圖的**遺忘曲線**（forget-
ting curve）來看，學習這些材料在一小時之內忘得很快，一小時之後遺忘的
速度就緩慢下來。

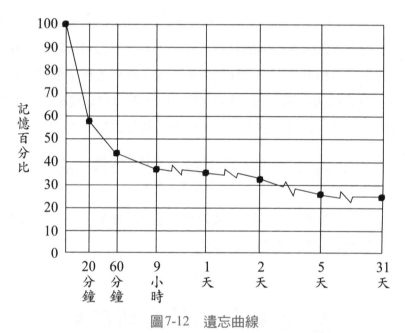

圖7-12　遺忘曲線

資料來源：採自Ebbinghaus（1885/1964）。

　　後來有心理學者發現，如果記憶有意義的材料，例如：詩歌、散文，在
學習結束後一個小時以內，就不會遺忘得那麼快（Postman, 1985）。另外，
有一些心理學家發現，受試者記憶高中同學的自傳資料，其遺忘曲線不像艾
賓豪斯遺忘曲線那麼陡峭。換句話說，有意義的材料比較不容易忘記。

## 二、遺忘的原因

### （一）消逝理論

有一些完形心理學派的學者，提出記憶**衰退理論**（decay theory）。這個理論認為：人類在學習過程中，由於大腦或神經系統的活動，因此所學得的資料，在大腦中留下記憶的痕跡。學習材料性質不同，在大腦中所遺留的痕跡也不同。產生遺忘的原因，是由於在停止練習之後，隨著時間的消逝，大腦新陳代謝的作用，造成記憶痕跡的模糊與衰退，最後全部忘記。

以記憶衰退來解釋遺忘現象，有時未必符合事實。有些學習材料，在很短暫時間就忘記，有些事情在歷經幾十年後，仍然記憶猶新。人們常有試著回憶往事不成功，稍後輕易想起來，以及對某些訊息的記憶，隨著時間的流逝反而增進的經驗；前者稱為**回復記憶**（reminiscence），後者稱為**超常記憶**（hypermnesia）。上述這些現象都無法以這個理論來作合理的解釋。

### （二）干擾理論

干擾理論認為，過去的經驗與新經驗之間互相干擾，抑制了記憶功能的正常運作，這是導致遺忘的主要原因。抑制可以分為**順攝抑制**（proactive inhibition）與**倒攝抑制**（retroactive inhibition），茲簡單說明如下：

#### 1. 順攝抑制

順攝抑制是指舊的學習經驗干擾新學習內容的記憶。順攝抑制可以採以下實驗設計：

實驗組：學習 A 材料→學習 B 材料→回憶 B 材料

控制組：　休　　息　→學習 B 材料→回憶 B 材料

**實驗結果發現：實驗組回憶B材料的分數，明顯低於控制組。這是因為**

實驗組學習A材料對學習B材料造成干擾所造成的。由於產生干擾的材料在先，所以稱為順攝抑制，例如：第一節學習英文單字，第二節學習新的英文單字，第一節記得的英文單字，對第二節新的英文單字就造成干擾。

## 2.倒攝抑制

倒攝抑制是指新的學習經驗干擾舊學習內容的記憶。倒攝抑制可以採用以下實驗設計：

實驗組：學習 A 材料→學習 B 材料→回憶 A 材料
控制組：學習 A 材料→　休　　息　→回憶 A 材料

實驗結果可以發現：實驗組回憶A材料的分數，顯著低於控制組。這是由於實驗組學習B材料對學習A材料造成干擾所致，前後學習材料相似性愈大，干擾也愈大。由於產生干擾的材料在後，所以稱為倒攝抑制，例如：假如你先學物理學再學化學，則由化學對物理學所造成的干擾，就是屬於倒攝抑制。

## （三）編碼不當

在長期記憶裡，大多數的語文學習，編成形碼、聲碼與意碼之後，儲存在腦海中。在編碼過程中如果注意力不集中，就容易造成編碼失誤，以致在回憶時造成遺忘。例如：圖書館編目人員將一本新書錯誤編碼，以後借書者就很難在書庫中找到這一本書。又如：某人將身分證放錯地方，以後就不容易找到。

很多人無法記清楚三歲以前發生的事，這種現象與幼兒當時處理訊息，未能將語文的訊息編成聲碼、形碼、意碼等，輸入長期記憶儲存起來有關。

## （四）檢索困難

很多人在回憶往事時，常遭遇到一種情境，就是：一件事彷彿快要脫口而出，可是一下子又想不起來，這種現象叫做舌尖現象（tip-of-the-tongue phenomenon）。這是由於檢索困難所造成的，例如：某生在回憶黑猩猩的英文字Chimpanzee，想成Chipanzi，其發音很像正確的寫法Chimpanzee，因而造成錯誤的回憶。

## （五）動機性遺忘

佛洛伊德認為，一般人會將不愉快的、尷尬的或痛苦的經驗，壓抑形成潛意識，以致平時對這些經驗想不起來，這種現象稱為**動機性遺忘**（motivated forgetting）。例如：某位大學生不喜歡一名教授的上課方式，以致他常忘記去上這門課，甚至忘了交這門課的報告。又如：某公司有一名員工對主管的為人非常不滿，有一天該主管宣布請全體同事一星期後去聚餐，結果這名員工忘記參加當天的聚餐活動，這不是他的記憶力不好，可能是其動機所造成的。

一個人對自己的陳年往事，愉快的事件不易忘記，不如意的事件容易遺忘。可是在人生旅程中的轉捩點所發生的事情，例如：參加大學入學考試、求職、轉換工作、結婚、親人過世等不容易忘記。另外，在生活中經歷嚴重打擊、天災、人禍、親人死亡、顛沛流離失所，精神上無法承受極大壓力，可能造成**心因性遺忘症**（psychogenic amnesia）。但是，在人生中的一些瑣事就比較容易忘記。

## （六）機體性因素

有些人大腦顳葉、海馬迴、杏仁核與視丘等部位嚴重損傷，經治療後如無法完全復原，就可能導致記憶力衰退或遺忘症。另外，有些人腦部長腫瘤、患有癲癇症、嚴重營養不良、藥物中毒、腦部缺氧、酒精中毒或吸食毒品等，都有可能使其在回憶時，因大腦功能失常而無法迅速提取儲存在長期記憶中的資料，這種遺忘現象是由機體性因素所造成的。

由人體的病變而導致遺忘，又稱為**器質性遺忘症**（organic amnesia），例如：腦部缺氧造成記憶功能減退的**阿茲海默症**（Alzheimer's disease）；有

些患者喪失腦傷前的記憶稱為**逆行性遺忘症**（retrograde amnesia），有些患者喪失腦傷後的記憶，稱為**順行性遺忘症**（anterograde amnesia）（張利中，2004）。此外，罹患早發性癡呆症的人，也有喪失記憶力的現象。

# 第五節　增進記憶的方法

記憶對每一個人來說都很重要，尤其是對於要準備考試的學生來說更為重要，因為每一個學科的學習成績，都與記憶力息息相關。人的記憶力隨著性別、年齡以及身心狀況而有所差異，可是遺忘卻是每一個人共有的自然現象。在知識爆發的現代社會中，人們每天要學習的事物很多，如何有效記憶已成為重要的課題。根據心理學家的研究，增進記憶力至少有以下方法：

## 一、過度學習

**過度學習**（overlearning）是指個人在學習過程中，隨著練習次數的增加，到達完全學會了以後，再繼續加強練習或不斷複誦，進而達到滾瓜爛熟的地步，就能減少遺忘的發生。因為，複誦能夠使要記憶的訊息進入長期記憶，再練習或複誦的次數，最好與初次練習所需要的次數相同。過度學習法也可以將所要記憶的材料錄音下來，連續播放，聽久了自然就記下來。

## 二、善用練習方式

我們將所要記憶的材料時常加以練習，有助於記憶。練習的方式可以分為**分散練習**（distributed practice）與**集中練習**（massed practice）。分散練習是指將所要學習的資料，分成幾部分來練習。當第一部分練習到很精熟以後，再練習第二部分；第二部分練習到很精熟以後，再練習第三部分，以此

類推。凡是龐雜又冗長的資料，利用分散練習比較有助於記憶；可是，當所要記憶的資料簡短時，則以集中練習比較有效。集中練習就是不將學習材料分段落，而是從頭到尾不斷反覆練習，一直到完全精熟為止。

## 三、減少干擾

各種刺激都會干擾記憶，不論學習任何事物，個人應聚精會神，不可分心。讀書環境不宜有太多雜物，務必保持室內整潔、安靜，擺設單純、典雅。在記憶某些材料之後，不要再從事任何活動，最好直接去睡覺或休息，以免再接受新的訊息，干擾原來所記憶的內容。

記憶的材料愈相似，干擾就愈大，也就愈容易忘記。因此，對於所要記憶的材料，應盡量避免性質相近者安排在一起。例如：先記英文單字，再記德文單字，又記法文單字，就很容易產生相互干擾。凡需要背誦的科目，最好在睡前一至二個小時進行，這樣子背誦的內容不再受到干擾，記憶力自然增強。

## 四、充分了解學習材料的涵義

學習者充分了解所要記憶材料的意思，就容易久記不忘。例如：有些學生看到數學問題，雖然知道用哪一條公式來解答，可是當他不了解公式的來龍去脈時，一旦公式忘了，就無法解題了。因此，學習必須知其然，更須知其所以然，這樣才能牢記在心。硬記或**機械式記憶**（rote memory），通常很容易忘記。

## 五、利用檢核表

**檢核表**（check list）是將所要記憶的材料，全部條列在一張清單上。記

憶者要完全記住不忘，可以將清單上已經處理過的項目做上記號（例如：打勾），這樣就可以記得還有哪些事項尚未處理。這種記憶法適用於要記的事物很繁雜、工作忙碌或年齡較大的人。例如：你要上市場購物，如何才能把想要購買的東西全部買回來？利用檢核表，就可以百無一失。購物清單如下：

| | |
|---|---|
| 1.衛生紙 | 8.香蕉 |
| 2.汽水 | 9.饅頭 |
| 3.乾電池 | 10.鐵釘 |
| 4.手套 | 11.口罩 |
| 5.拖鞋 | 12.蘋果 |
| 6.剪刀 | 13.黃魚 |
| 7.葡萄乾 | 14.雞蛋 |

　　你將上述列表隨身攜帶，每當購買了一種，就在該項目前打個勾，再繼續採購尚未做記號的物品，這樣就可以記得買回全部所需要的東西了。這種記憶法適用於準備參加考試，必須攜帶各種證件、文具；又如要寄出很多張賀年卡、請帖等，也可以利用檢核表來幫助記憶。

## 六、聯想

　　將所要記憶的材料與相關的資料聯想在一起，有時對於記憶頗有益處。例如，要背中國大陸以前東北九省的名稱：「黑龍江、松江、合江、遼寧、興安、吉林、安東、嫩江、遼北」，可以聯想成：「黑松喝了，心極安寧了！」又如要記住日本富士山的高度12,365呎，可以聯想成一年12個月365天。

## 七、軌跡記憶法

　　**軌跡法**（method of loci）為**記憶術**（mnemonic）的方法之一，這種方法是利用**心像**來幫助記憶。將所要記憶的內容，與有特定空間順序的事物，逐一聯想在一起。由於個人對這些有特殊空間順序的事物，通常可以牢記在心，因此個人在回憶時，就能逐一想起與這些固定空間順序的相關事物。茲舉例如下：

　　張三由住家到學校，沿途經過花店→文具店→五金行→西藥房→麵包店→水果行→攝影社等商店。有一天媽媽交代他放學回家之前，買回來一個蘋果、一瓶雙氧水、一把鐵鎚、一束玫瑰花、一支毛筆、一條吐司以及領回相片。於是，張三就將這些物品，逐一與相對應的商店聯想在一起，在腦海裡產生以下心像：在放學回家途中，我先經過攝影社，進去領回相片，接著來到水果行買一個蘋果，再走進麵包店買一條吐司，接著走到西藥房買一瓶雙氧水，再走到五金行買一把鐵鎚，繼續往前走，來到了文具店買一支毛筆，最後來到花店買一束玫瑰花。張三將上述心路歷程多次聯想，產生軌跡心像之後，就能夠記得全部要購買的東西了。

## 八、韻語、口訣記憶法

　　將所要記憶的材料，編成有節奏韻律的詩歌或歌曲，對於增進記憶頗有幫助。例如：要兒童記住動植物如何過冬，可以利用下列兒歌來幫助記憶。

　　冬天到，冬天到，北風呼呼叫，
　　葉兒滿天飄，鳥兒蟲兒都跑掉，花兒草兒都睡覺。

　　有很多廣告歌詞都是採用韻語，使消費者容易牢記在心。台灣古代以三字經、千字文、千家詩為啟蒙教材，都是取其有韻易讀的益處。記憶材料能

有節奏的複誦，可以使記憶達到純熟的境界（Wang, 2003）。

## 九、讀書記憶法

　　摩根與狄斯（Morgan & Deese, 1969）曾經提出有效的閱讀技術，包括以下步驟：**綜覽**（survey）、**質疑**（question）、**閱讀**（read）、**複誦**（rehearsal）和**複習**（review）。一般學術性教科書大都包括：序言、目次、主文、註解、參考文獻及索引等部分。在綜覽全書時，宜先看序言，以了解該書的緣起、動機、目的及撰寫經過；然後再看章節目次、主文標題、插圖，以便對整本書有大略的概念。

　　其次，要對書中的內容提出質疑，例如：這一章或這一段的重點是什麼？書中引用的資料是否適當？作者是否採用最新的文獻？作者有無自己的見解？接下來就是依照章節順序，對專門術語、圖表、註解以及有關說明，循序仔細閱讀，在特別重要的地方應做上記號，然後就是認真複誦與複習。而年長者除了複誦之外，宜將重點書寫下來，以加深印象。對所學習過的教材多加複習，複習最好在閱讀之後與考試之前進行，平時最好多涉獵一些相關教材來研讀。

　　一般學生如果上課時只聽老師講解，大約只能記住30%至40%的教材內容，如果聽講之後再用心看教材，大約能記住50%至60%的教材內容，如果能在聽講與用心閱讀教材之外，又將教材多複誦幾遍，則大約能記住70%至80%的教材內容。讀書除了眼到、耳到、口到、心到之外，如果將教材親自動手整理書寫，則大約能記得88%以上的教材內容，所謂「眼過千遍，不如手過一遍」，就是這個道理。如果將教材去教導別人，大約能記得90%以上。

## 十、關鍵字記憶法

　　**關鍵字法**（key-word method）是指利用心像聯想的方式，來協助記憶。

這種記憶法特別適用於外國語文單字的記憶，很多學生學習外國語文時，最感頭疼的就是單字記了又很容易忘記，利用關鍵字法來記憶，相當有效。例如：

| | | |
|---|---|---|
| pair | 配的 | 一雙 |
| title | 抬頭 | 標題 |
| fat | 肥的 | 胖的 |
| wood | 屋的 | 木頭 |
| theater | 戲台 | 戲院 |
| stove | 煮豆腐 | 爐子 |
| ladder | 累的 | 梯子 |
| conclude | 坎坷路 | 決心 |

　　上述中間部分的文字就是關鍵字，由英文單字的語音與關鍵字的連結，就形成關鍵字的心像，進而記住該英文字的中文意思。

## 十一、歸類法

　　將一些繁雜事物依照某一法則歸類，將有助於記憶。例如：圖書館的藏書數以萬計，假如沒有歸類，借書者找半天也找不到所要借閱的書籍。又如一般家庭事務非常繁多，將各種文件資料加以整理，存入分類的資料櫃，例如：電費、自來水費、瓦斯費、保險費、所得稅、汽車燃料稅、房屋稅、地價稅、電話費、汽車牌照稅、有線電視費、高速公路通行費等收據，分別放在不同的抽屜裡，就可以記得放在哪裡了。

## 十二、故事法

　　將所要記憶的教材，編成一個故事，讓教材融入故事中，藉著故事前後連貫性與故事給人留下深刻印象，對記憶頗有幫助。例如：要小朋友記住以下幾個重要的字詞，可以編一個故事如下：

字詞：農夫、貧困、期望、節儉、積蓄、興趣、願望、鬱悶
故事：

　　很久很久以前，有一位老農夫，家境非常貧困，他生了一個兒子，老農夫期望兒子好好用功讀書，將來當醫師賺大錢，於是在兒子唸中學的時候，天天送兒子去補習，老農夫節儉過日子，將全部積蓄提供兒子唸醫學院，可是兒子對當醫師沒有興趣，為了達成父親的願望，天天面對病人，心情非常鬱悶，當了三年醫師，就因憂鬱症而自殺身亡。

## 十三、關聯法

　　將所要記憶的材料，設法找出它們之間的關聯，將有利於記憶。例如：年紀大了，出門容易忘東忘西，在出門前唸一句咒語：「伸手要錢花」。伸代表身分證，手代表手機，要代表鑰匙，錢代表錢包，花代表老花眼鏡，這樣就不會忘了攜帶重要的東西。

## 十四、諧音法

　　諧音法是利用相似的語音來幫助記憶。例如：英文的country與閩南語「牽出去」的語音相似。電話號碼：2361-9595，其中9595與「救我、救我」的音相似。英文的I am sorry與閩南語的「也不鎖著」，兩者語音很相似；車牌號碼：「……168」與「……一路發」，兩者語音很相似。由此可知，利用諧音法，也可以幫助記憶。

## 十五、字首組合法

　　字首組合法是將所要記憶的事件，以第一個字母來代表，再將字母串連

起來。例如：要永遠記住綜覽（survey）、質疑（question）、閱讀（read）、複誦（rehearsal）和複習（review）並不容易，可是用這五個英文字的字首想成SQRRR或SQ3R，這樣就不容易忘記。

## 十六、情境記憶法

如果現在要你回憶國中同學的名字，可能回想不出幾個名字。如果能在心中從國中校園每一個角落想起，你回憶起五位同學一起打籃球，七位同學一同坐公車上下學，六位同學一起用餐，又想起四位同學到體育館一起打桌球，這樣從校園各個角落，與某些同學做連結，這樣運用校園的情境當作回憶的線索，說不定全班同學的姓名就可以全部想起來了。

## 十七、分層系統法

將所要記憶的材料分成幾個層次，再將每一個層次細分為幾類，這樣有助於事後的回憶，減少記憶訊息的混淆。例如：要記住以下寵物，可以歸類如下：

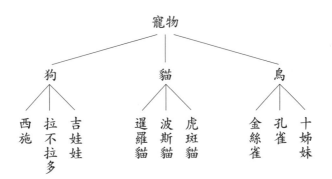

## 十八、記事簿法

將所要記憶的重要資料（例如：家人的生日、結婚紀念日、哪一天有演講）寫在行事曆上，有空就看一下，最好每天至少看一次。又如要記得：(1)哪一天要繳稅；(2)繳交停車費；(3)繳交電話費；(4)繳停車費，利用記事簿來幫助記憶，就可以避免逾期受罰。

## 十九、群組法

個人如果要記住一長串的資料可以利用**群組法**（chunking）。群組法是將一長串資料，分成幾組來記憶。現在舉兩個例子來說明。

例一：請你記住149162536496481100，因為這一串數目字有18位數，已超過一般人的記憶廣度，如何能永遠記住不忘？如果能找出這些數字的邏輯關係，就有辦法永遠記得。事實上，這一長串數字就是由1至10，將每一個數字平方所組成的。

例二：請你記住101000100111001110，這一串數字雖然只是由0與1組成，但是也不容易記憶。如果能將這些數字採用邏輯記憶法，就容易記下來了。例如：先假設000＝A、001＝B、010＝C、011＝D、100＝E、101＝F、110＝G、111＝H，這樣所要記憶的數字就可以轉換成FAEHBG，只要記得這些英文字母，再逐一轉換成其代表的數字，就可以全部牢記不忘了。有些電子工程師利用這種方法，能夠記住相當複雜的電路網（Egan & Schwartz, 1979）。

## 二十、心像法

　　將所要記憶的材料，在腦海裡形成一個心像（mental image）。例如要你記住以下15個語詞：「蛋糕、沙灘、忙碌、牛排、風箏、冰淇淋、電影、生日、超商、小明、週末、餐廳、海邊、陪伴、爸爸」，幾分鐘之後，記得的語詞沒有幾個。但是如果你將上述語詞形成一個心像：「有一位爸爸平時工作忙碌，沒有時間陪伴兒子（小明），於是利用週末帶著小明到海邊的沙灘上放風箏，接著一起到超商吃冰淇淋，中午父子到餐廳吃牛排，傍晚回到家吃蛋糕，慶祝小明十二歲生日，晚上他們一起去看電影，度過一個愉快的週末假期」，這樣你就很容易全部記住了。

# 本 章 摘 要

1. 記憶是人類學習各種行為的基礎。記憶是個人接受外界訊息之後，保存訊息的心理現象。

2. 依訊息處理論，記憶可以分為三類：(1)感官記憶；(2)短期記憶；(3)長期記憶。

3. 感官記憶是指個體接收外在刺激，僅能短暫記得這些刺激。由聽覺器官所收錄的訊息大約可維持10秒，這種記憶稱為餘音記憶；由視覺器官所收錄的訊息約能持續0.25秒，這種記憶稱為影像記憶。

4. 短期記憶是指感官接收訊息不需經過複誦的記憶，惟短期記憶約只能維持20至30秒。

5. 記憶容量是指每一次能記住事物的數量。美國心理學家米勒發現，一般人對於新事物的記憶容量介於五至九件之間，平均數為七件。

6. 運作記憶是指個體接收外界訊息之後，在心理上對這些訊息進行思維運作，從而了解這些訊息的意義。

7. 全現心像是指將所見所聞完全正確記憶下來的記憶能力，但有這種記憶能力者極少數。

8. 長期記憶是指個體能夠長期記住不忘的記憶，但是個人對長久以前所經歷過的事物，不見得能完全正確記憶。

9. 長期記憶可以分為：外顯記憶與內隱記憶；陳述性記憶與程序性記憶。

10. 影響個人長期記憶的因素：(1)時間；(2)專心複誦；(3)鎂光燈效應；(4)序列位置效應；(5)雷斯多夫效應。

11. 學習材料之群組、分層次、先前經驗的圖像等，均會影響長期

記憶。

12. 人類記憶任何資訊，都要經過編碼、儲存與檢索等三個歷程。

13. 測量記憶時，通常使用回憶法、再認法與節省法。

14. 回憶法可以分為兩類：一為依序回憶法；二為自由回憶法。

15. 再認法是指對受試者呈現以前學習過的材料與其他無關的材料，以供其辨認的測量記憶方法。

16. 節省法是讓受試者再學習以前所學過的材料，在達到精熟的程度時，依所節省次數的多寡來計算記憶力，節省次數愈多表示記憶力愈強。由節省次數除以初次練習所需次數乘以100，即得節省百分數。

17. 遺忘曲線是指記憶時間與記憶所構成的曲線。艾賓豪斯發現：學習過的材料在一小時內忘得很快，一小時之後遺忘的速度就緩慢下來。

18. 遺忘的原因包括：(1)消逝理論；(2)干擾理論；(3)編碼不當；(4)檢索困難；(5)動機性遺忘；(6)機體性因素等。

19. 個人對某些訊息的記憶，有時隨著時間的流逝反而記憶猶新，這種現象稱為「超常記憶」。

20. 干擾理論主張過去的經驗與新經驗之間相互干擾，是造成個人遺忘的主要原因。干擾可分為順攝抑制與倒攝抑制，前者是指干擾的資訊在先，對以後所記憶的訊息造成干擾；後者是指干擾的資訊在後，對先前所記憶的訊息造成干擾。

21. 個人在回憶時，一時無法說出來的現象，稱為舌尖現象。

22. 動機性遺忘是指個人不愉快的經驗產生潛意識，以致無法回憶出來的現象。

23. 器質性遺忘症是指個人腦部因外傷、病變、腦部缺氧、藥物中毒，導致記憶力衰退的現象。

24. 有些患者喪失腦傷前的記憶，稱為逆行性遺忘症。

25. 有些患者喪失腦傷後的記憶，稱為順行性遺忘症。

26. 增強記憶力的方法很多，記憶方法應隨所要記憶材料之性質而有所不同。

第 $8$ 章

# 語言與思考

本章大綱

　　語言與思考是人類的重要行為，人類藉著語言思想可以相互溝通，文化得以綿延傳承。每一個人對自己從小使用的語言，都相當有親切感，母語或方言的形成，與社會因素頗有密切關係，這方面屬於**社會語言學**（sociolinguistics）研究的領域。心理學家對語言的研究，偏重於**心理語言學**（psycholinguistics）方面。

　　人類的思考與語言有密切關係，思考又稱為內在語言。人類具有高等的思考能力，這是促成社會進步的原動力，也是人與其他動物最顯著差異的地方。人藉著思考可以懷念過去、掌握現在與計畫未來，同時，藉著思考可以解決各種疑難問題。想像、創造與發明都需要思考，思考通常需要藉著語言與文字或符號來運作。

# 第一節　語言

## 一、語言的本質

　　根據心理語言學的研究，有意義的言語必須具備語音，由語音組合成語法，以及語法組合成語意。構成語音的基本單位稱為**音位**（phoneme），又叫音素。各種語言都有固定數目的音位，華語的注音符號有37個音位，英語則有46個音位。**語音學**（phonetics）專門研究各種語言的語音。

　　**語素**（morpheme）是語言中最小的意義單位，通常是單字。中文單字比較單純明確，在英語中每一個單字如加上字首（例如：dis、un、re……等）、字尾（例如：ed、ing、ly……等）、時態、人稱、冠詞、單複數以及介系詞等，就變成不同的意思。由多個單字依照一定語法排列就構成句子，可以表達完整的意思。每一種語文都有其獨特的**語法**（syntax），學習外國語文時，語法或文法都是相當重要的部分。

　　在一個句子中所表達的意義，稱為**語意**（semantics）。句子的構成除了

需要根據語法規則之外，還需要考慮語意是否明確。例如「The boy kicks the girl.」在語法上不正確，而「Greatness hits the dog.」雖然語法正確，但是卻沒有明確的意義。

在一般語文中，否定語句比肯定語句較難以理解其涵義，尤其是雙重否定或多重否定語句更難了解。例如：「你考不上大學，不會難過，不是嗎？」被動態的句子通常比主動態的句子較難使人理解，例如：「小華坐火車上學」比「火車被小華坐去上學」更容易了解。

## 二、語言發展

### （一）牙牙學語期

新生兒在出生六個月之後發出哭聲或笑聲，作為表達情緒的方式，然後進入**牙牙學語期**（babbling stage）。此時，嬰幼兒向父母或生活環境中周圍的人物，學習語言的基本語音，大約10個月開始了解單字的語意，10到13個月開始使用有關物體的字彙，大約在12到18個月能利用3到50個單字，講出不完整的句子，這時已具有正常人語言的雛形。

### （二）電報語言

嬰幼兒在出生後18到24個月，使用的字彙快速增加。大約到了兩歲，就進入雙字短句期，這個時候會使用**電報語言**（telegraphic speech），所講的話語不完整，只用關鍵字來表達，宛如打電報一樣，例如：「媽媽，香蕉。」到了兩歲半，則進入三個單字的句子期，例如：狗狗吃。進入三歲時，嬰幼兒大約擁有1,000個字彙，能講出完整的簡單句子，他所講的話語，一般人可以聽得懂。大約三歲半，所講的話語大多符合文法結構。大約四歲時，可以說出五個單字所組成的完整句子。到了五歲時，所講的話語幾乎都合乎文法順序的句子。

## （三）語言學習要把握關鍵期

小孩從出生以後就開始學習語言，如果父母、兄姊、保母、教師以及同伴，發音正確口語又清晰流利，就有助於小孩語言的學習。小孩聽收音機或看電視，也可以促進語言的正常發展。幼年就開始學習第二語言的人，以後學習這個語言的腔調就比較流利，長大之後才學外語就會愈困難。

# 三、語言學習理論

人類語言究竟是與生俱來的，或是經由後天的學習而來？自1950年代起在心理學界就引起廣泛討論。行為主義學者史金納，主張環境影響個人語言的學習；另一名心理語言學者強士基（Chomsky, 1959），強調生理因素對語言學習的重要性。此後，有一些學者採取折衷的觀點，認為語言學習過程是來自環境與天賦能力交互作用的結果。茲就語言學習理論，簡述如下：

## （一）行為論

史金納於1957年出版一本《語言行為》（*Verbal Behavior*），該書強調：兒童學習語言與一般行為歷程相同，兒童經由模仿、強化作用或制約作用等方式學習語言。在語言學習歷程中，不常用的語言就逐漸消失，常用的語言經過成人不斷的讚美與修正，兒童由模仿歷程中逐漸發展出正確的語言。例如：當嬰兒發出的聲音與成人的語言相符合時，可能立即獲得成人的讚美，經由這種正增強的原理，嬰兒再發出該語音的機率就隨之增加。反之，如果嬰兒發出的語音與成人的語言不相符合，就不容易獲得成人的讚美或注意，該語音就逐漸消弱或不再出現。

社會學習理論（social learning theory）屬於行為論的一支，其代表人物為美國社會心理學家班度拉。這個理論強調嬰幼兒在語言學習過程中，以父母、親人或其他人為楷模，向他們觀察、模仿與學習。在學習過程中，嬰幼

兒的語言如與楷模人物相同時通常獲得褒獎，於是逐漸成功學習成人所使用的語言。

## （二）天賦論

**天賦論**（nativism）主張：人類與生俱來學習語言的能力，這個理論由當代心理語言學家強士基所倡導。強士基（Chomsky, 1959）主張人類能夠學習說話，而一般動物不具語言學習能力，最主要的差異在於人類有**語言習得的機制**（language acquistion device, LAD），此機制具有自動學習語言的功能。此外，人類的大腦結構與神經系統，具有辨別語音以及學習語法、語意的能力。

強士基認為：不同文化背景的兒童都不必刻意教導，就能夠快速而且輕易地學習母語，不論家庭環境或智力如何，兒童學習語言的步調大都一致。換言之，語言發展受生理成熟的影響，大於來自後天環境的學習經驗。不過，對於兒童學習其他語言比學習母語速度來得緩慢，天賦論尚無法提出合理的解釋。

## （三）交互作用論

交互作用論主張：人類學習語言受先天生理功能與後天學習環境交互作用的影響。交互作用論採認知理論與**社會溝通理論**（social communication theory）的觀點。認知理論認為語言發展屬於認知發展的一部分。因此，語言學習與兒童生理的成長和經驗都有密切關係。社會溝通理論主張：人際溝通對語言發展具有重大的影響（Farrar, 1990）。

交互作用論學者認為：個體與生俱來就擁有良好的生理機能與良好的學習語言環境者，其語言發展效果最佳；有良好生理機能卻沒有良好學習語言環境者，或有良好學習語言環境、卻沒有良好生理機能者，其語言發展次之；生理機能欠佳，又沒有良好學習語言環境者，其語言發展最差。

低家庭社經地位的父母，對小孩講話比較少用新的詞彙，也比較少鼓勵

小孩講話，因此對子女語言與智力發展都有不利的影響（Walker et al., 1994）。

# 第二節　思考的性質與類型

## 一、思考的性質

　　思考（thinking）是指個人面對問題時，以過去的經驗和心智能力，進行認知、歸納、推理、辨別、綜合、判斷與作決策的心理歷程。雖然人類的思考有時是無特定目的或方向的，但是大多數人面對問題時的思考，通常集中注意力在問題上面，所以這時的思考是有目的、意義與方向的。

　　思考不但是一種心智活動的歷程，同時也是人類學習過程的基本要素。古聖先賢所謂「審問、慎思、明辨、篤行」以及「學而不思則罔，思而不學則殆」，都是強調在學習過程中，思考的重要性。歷年來，心理學家對思考有兩種看法：其一，思考是心智活動的歷程；其次，思考是一種心智能力。茲分別說明如下：

### （一）思考是心智活動的歷程

　　美國著名教育家、心理家與哲學家杜威（Dewey, 1859～1952）認為思考是一種心智活動的歷程，也是個人應付環境的工具。當個人面對疑難問題或困惑的情境時，無法以既有的習慣、經驗或知識來解決問題。這時需要請教他人或自己蒐集資料，分析探索問題的真相試圖解決困惑，一直到疑難問題獲得解決為止，思考的心理活動才停止下來。

　　杜威在其名著《我們如何思考》（*How We Think*）一書中，提出思考的步驟如下：

1.遭遇到疑難或困惑問題。

2.尋找問題的關鍵所在。

3.蒐集問題的相關資料，並且提出解決問題的假設。

4.從各種可能的解答中逐一檢驗，找出最適當的解決方法。

5.依照所選定的解答方法，採取行動解決問題，遇有不當之處隨時作修正。

英國哲學家羅素（B. Russell, 1712～1778）認為，思考是**概念形成**（concept formation）的過程。當個人遇到問題之後，便開始思索解決問題的方法，一直到問題得到解答為止。兒童認知發展心理學家皮亞傑主張，思考是連續變化的動態過程。他認為在個人認知發展的過程中，隨時需要以自我為中心的思考，逐漸轉變成客觀的思考。

## （二）思考是一種心智能力

歷年來，有一些心理學家主張思考是一種心智能力，茲簡述如下：

1.桑代克（Thorndike, 1916）認為，心智能力包含社會性、具體性以及抽象性智力。個人在處理人際關係、處理事物，以及運用語文、數學、圖形、符號等能力，都有賴於思考來完成。

2.佘斯統（Thurstone, 1938）主張，人類有語文理解、語文流暢、數字運算、空間關係、聯想記憶、知覺速度以及一般推理等七種心智能力，這些能力都與思考有密切關係。

3.吉爾福特（Guilford, 1959）主張，人類至少有120種不同的心智能力，這些心智能力包含思考運作、思考內容與思考結果等三個層面。其中思考運作又分為：評價、聚斂性思考（convergent thinking）、擴散性思考（divergent thinking）、短期記憶、長期記憶、認知等六個因素，這些因素都有思考的成分。

4.卡泰爾（Cattell, 1963），以因素分析法將智力分為**流體智力**（fluid intelligence）與**晶體智力**（crystallized intelligence）。前者是來自於先

天遺傳的心智能力，包含推理與訊息處理能力；後者為依據過去生活經驗或現有知識與技能，來解決各種問題的能力，上述這兩種能力都需要藉助於思考。

# 二、思考的種類

人類的思考受個人身心成熟、經驗、性別、年齡、教育程度、情緒狀態、宗教信仰、文化背景與意識型態等因素的影響，人類的思考相當複雜。茲將思考分為以下幾類：

## （一）垂直思考與水平思考

**垂直思考**（vertical thinking）是指個人面對一個問題時，朝著固定的方向去思考，這是一種鑽牛角尖的思考方式。例如：某人參加建築師考試連續10次都落榜，他仍然不放棄再參加建築師考試，這種按部就班的思考方式，不容易達成目標。

**水平思考**（horizontal thinking）是指當個人面對一個問題無法解決時，可嘗試其他方法；如果還是不能解決，就再嘗試其他方法。由於水平思考比較靈活，所以比較能夠順利解決問題。

## （二）正向思考與負向思考

**正向思考**（positive thinking）是指個人朝積極、樂觀、正面的方向去思考。例如：感謝攻擊我的人，使我以後會謹言慎行。**負向思考**（negative thinking）是指個人朝消極、悲觀、退縮或放棄的方向去思考。例如：認為自己考不上高等考試只有死路一條。

## （三）聯想思考與導向思考

**聯想思考**（associative thinking）是一種沒有固定方向、漫無目標的思

考。例如：作白日夢、幻想皆屬之。**導向思考**（directive thinking）是有固定方向與特定目標的思考方式。例如：擬定工作計畫、解答數學計算題，就是導向思考。

## （四）聚斂性思考與擴散性思考

**聚斂性思考**（convergent thinking）是指，個人面對有標準答案的問題時，以自己的知識或經驗為基礎，依邏輯法則來思考解決之道。中小學課業上的問題，大多要以聚斂性思考來解決。**擴散性思考**（divergent thinking），是指個人面對沒有標準答案的問題時，需要突破個人現有的知識和經驗，不依固定方法來解決問題。

## （五）定程式思考與捷徑式思考

**定程式思考**（algorithmic thinking）是一種按部就班的思考方式。例如：拼圖、組裝機械、建築房屋、算術四則運算等，都是按照邏輯的步驟來進行。換言之，個人只要依照一定程序來思考，就可以順利解決問題。雖然定程式思考比較花時間，但是犯錯的機率比較小。

至於**捷徑式思考**（heuristic thinking）是以抄捷徑的方式，不按照固定的步驟來思考。例如：數學心算、下棋均屬之。雖然捷徑式思考比較節省時間，但是犯錯的機率比較大。

## （六）因果關係思考與非因果關係思考

**因果關係思考**（cause-effect thinking），是指對一個問題的思考，認為有何種結果一定是由何種原因所造成的。例如：「善有善報，惡有惡報」，則善為因，善報為果。一般人常有因果關係的思考，例如：「大難不死，必有後福」、「人無遠慮，必有近憂」、「有其父必有其子」、「強將手下無弱兵」、「仁者無敵」、「萬丈高樓平地起」、「無風不起浪」。

一般人對某些事物，常依幾次相同的經驗，就認為這些事物之間，一定

有因果關係存在。例如：某人在一家便利超商購物，曾經中五次統一發票獎金，他就深信只有到這家超商購物才能中獎。事實上，到該家商店購物中獎只不過是一種巧合。由此可知，因果關係的思考不一定正確。

非因果關係思考是指，個人對一個問題的思考，不認為有因果關係，這種思考方式比較具有彈性，思考結果的正確性比較高。例如：上述例子如改成：「大難不死，未必有後福」、「人無遠慮，未必有近憂」、「有其父，未必有其子」、「強將手下少弱兵」、「仁者少敵」、「萬丈高樓地下起」、「地震也會起浪」，這樣思考就比較正確。

## （七）二分法思考與多面向思考

二分法的思考方式，是將一件事截然劃分，非此即彼，同時也是一種零合（zero sum）的思考模式。例如：認為甲不是好人就是壞人、乙不是好學生就是壞學生、丁不是朋友就是敵人、漢賊不兩立等。這種思考方式比較武斷、僵化。事實上，大多數狀況介於兩個極端之間。反之，多面向思考就是思考時，能夠面面俱到、思維周延、顧全大局，這種思考方式比較有彈性。例如：大學招生困難，也可以到香港、澳門、印尼、馬來西亞、印度、韓國等國家去招生。

## （八）順向思考與逆向思考

順向思考是利用現有的資源，依人們的習慣性去思考；逆向思考是從相反的方向思考。例如，在大馬路邊有一大片土地因低於路面三公尺，地主要出售可是沒有人願意購買。後來有一位商人看到這塊土地要出售的廣告招牌，他馬上就想到可以買下來蓋別墅，因為不必開挖泥土就可以當地下室，後來這位商人因逆向思考省下一大筆建築費用，於是就發了大財。

## 第三節　思考的心理歷程

### 一、概念

概念（concept）又稱為觀念，也就是對各種人、事、物等概括性的意念。人類辨識事物與分類事物的思考，都以概念為基礎。人如果對事物缺乏適當的概念，就難以將個別刺激與相關刺激產生連結，也不容易進行思考。廣義來說，概念指個人將不同事物，依照某些共同**屬性**（attribute），給予歸納或分類的心理現象。任何事物都具有其特殊的屬性，舉凡色、形、香、味、量、長、數等特質，都成為概念的屬性。例如：我們看到吉普車、小客車、戰車、卡車、貨運車、機車等車輛，就能夠產生「車子」的概念。就狹義來說，以名稱或文字、符號等代表某一類事物時，就是一種概念，例如：「鳥」代表能夠飛翔的動物。

概念有時可以分為具體概念與抽象概念，人們通常由實際的物體產生具體概念，例如：樹木、房屋、原子筆、書本、狗等均屬之；抽象概念是由一些事物抽離出來共同的屬性，形成概括性的意念，例如：由皮球、橘子、太陽、輪胎、西瓜等物體，可以獲得「圓形」的概念，因為這些物體都具有圓形的屬性。

### 二、概念形成

人對任何事物經過學習歷程可以形成概念，因此**概念形成**（concept formation）也稱為概念學習。例如：做以下實驗，可以了解概念形成的歷程。

在實驗之前，實驗者先選定一種水果（例如：龍眼），暫時不告訴受試者，由實驗者逐次提供訊息，再由受試者推測實驗者所選定的水果。受試者概念形成的學習過程，如表8-1所示。

表8-1　概念形成過程之學習步驟

| 練習 | 實驗者出示的訊息 | 受試者推測回答 | 實驗者對受試者的回饋 |
|---|---|---|---|
| 1 | 水果 | 香蕉 | 答錯了 |
| 2 | 圓形 | 蘋果 | 答錯了 |
| 3 | 有子 | 西瓜 | 答錯了 |
| 4 | 少汁 | 芭樂 | 答錯了 |
| 5 | 味甜 | 柳橙 | 答錯了 |
| 6 | 有殼 | 龍眼 | 答對了 |

　　由表8-1可知，受試者經由實驗者所提供的回饋訊息，逐漸修正其錯誤的概念，終於了解實驗者心中的概念。像這種概念的獲得，是由**假設檢驗**（hypothesis testing）或辨別學習得來的。在日常生活中，個人從小就被父母、老師或他人教導，具有何種形狀與內容的東西，稱為什麼。這樣經由重複、類化歷程所獲得的概念，屬於制約作用的結果。

　　一般人概念的形成，先由具體概念再發展到抽象概念。換言之，抽象概念比較不容易形成。因此對兒童的教育，教材內容不宜太過抽象，因為兒童對抽象的內容不容易形成概念。有些概念涉及邏輯法則，稱為**邏輯概念**（logical concept），通常可以細分為如下四類：

## （一）連言概念

　　**連言概念**（conjunctive concept）是指概念中至少要同時具備兩個特性。例如：小姐是指未婚的年輕女性；帥哥是指年輕而且英俊的男子。

## （二）選言概念

　　**選言概念**（disjunctive concept）是指概念中同時具有兩個特性，或只有其中一個特性。例如：老人是指65歲以上的人，或65歲以上的男人或女人。

## （三） 條件概念

條件概念（conditional concept）是指概念中必須有先後順序的條件。例如：教授必先取得副教授資格。

## （四） 雙條件概念

雙條件概念（biconditional concept）是指概念中的屬性，合於「若A則B，若B則A」的形式者。例如：開車不喝酒，喝酒不開車。

海布雷德（Heidbreder, 1947）曾經做過概念形成的實驗。他呈現如圖8-1的材料，要受試者先對左邊第一縱行的圖形，依順序找出每一格子內圖形與英文字的關係。第一縱行看完之後，再看第二與第三縱行。然後，請受試者

圖8-1　概念形成實驗

由前面三個縱行圖形與英文字的關係，想出第四縱行每個方格子內應填上哪些英文字。

　　事實上，這些圖形與英文字，都有如下規則配對：臉孔配RELK、圓圈配FARD、建築物配LETH、樹木配MULP、兩個配LING、五個配DILT。實驗結果發現：受試者對同類圖形學會相同語文概念的速度，與圖形的特徵有密切的關係。有具體特徵的圖形比抽象圖形，更容易讓受試者學會正確的命名。換言之，受試者對具體特徵的圖形比較容易形成概念，對抽象圖形則不容易形成概念。受試者對這些圖形形成概念，由易到難的順序為：建築物→臉孔→樹木→圓形→兩個→五個。

# 第四節　思考與推理

## 一、思考心理學的歷史背景

　　在19世紀末葉，有一些心理學家以實驗法來探討人類的思考現象，從此以後思考心理學就從哲學領域獨立出來。在此之前，對於人類思考性質的描述，大都來自哲學。早期對人類心理歷程的主要哲學思想為**聯結論**（associationism），該理論認為：心理或意識是由許多觀念所組成的。

　　希臘哲學家亞里斯多德，曾提出以下三個思考原理：

1. **接近原理**（principle of contiguity），指兩個觀念如果在時空上經常很接近，則其中一個觀念出現時，自然使人聯想到另一個觀念。
2. **類似原理**（principle of similarity），指兩個觀念如果相類似，則容易使人自其中一個觀念，聯想到另一個觀念。
3. **對比原理**（principle of contrast），指兩個對比的觀念，容易使人從一個觀念，聯想到另一個相對的觀念。

　　德國心理學者馮德認為：思考屬於高等心理歷程，不能以科學方法進行實驗。1900年，德國伍茲堡（Würzburg）地區的一群心理學家反對馮德的想法，於是在實驗室中以內省法研究人類認知的過程。他們從受試者的內省報告中發現，人們在聯想過程中，腦海裡並沒有察覺到任何意象，他們稱這種思考過程為**無心像的思考**（imageless thought）。

　　1913年，薛爾慈（D. Selz）首創非聯結的思考理論，他主張思考歷程不必藉助於心像，思考是將意念有組織運作的歷程。1920年，德國完形心理學派興起，該學派許多學者熱衷於薛爾慈的思考理論。到了1930年代，行為主義學派在美國心理學界相當盛行，強調思考歷程無法觀察，所以不能進行科學研究，這種思想對於思考的心理研究，產生極大的抑制作用。

　　一直到布魯納等人（Bruner, Goodnow, & Austin, 1956）出版《思考的研究》（*A Study of Thinking*）一書的前幾年，心理學界才又恢復對人類思考心理歷程的研究。晚近，認知心理學已經做了許多研究，甚至有些心理學者，例如弗拉威爾（Flavell, 1985），對後設認知進行深入研究，成果頗為豐碩。這對於人類思考、推理、判斷等複雜心理歷程的了解，實在有很大的貢獻。後設認知是指認知的認知，認知是「知其然」；後設認知就是「知其所以然」，也就是比認知更高層次的認知。

## 二、推理

　　**推理**（reasoning）屬於邏輯思考活動的歷程。推理是指由事情的原因來尋求其結果，或由結果追溯其原因。推理也是由已知假設推求問題的答案，或由已知答案反求其理由的思考活動。簡言之，推理就是找出前提與結論之間的關係。推理的方式可以分為**歸納推理**（inductive reasoning）、**演繹推理**（deductive reasoning）、**類比推理**（analogy reasoning）等三類，茲分別說明如下：

## （一）歸納推理

　　歸納推理是觀察同類事項，找出共同特徵的思考過程。這種推理無法保證前提為真時，結論也一定是真的。例如：有一名犯罪學者為了探討犯罪者的面貌有何特徵，他到一所監獄觀察2,000名受刑人，將每一位受刑人的面貌特徵記錄下來，如果經過統計之後發現，大部分受刑人具有皮膚黝黑、下巴向前突出、額頭狹窄等特徵。他就下結論說：「皮膚黝黑、下巴向前突出、額頭狹窄等特徵的人就容易犯罪。」

　　在上述例子中，很多正常人也具有那些特徵，可是從來都沒有犯罪行為，可見這種推理不完全正確。以血型、出生所屬星座或姓名筆畫數來判斷個人人格或命運，都屬於歸納推理，這種推理比較容易犯錯。簡言之，歸納推理所得到的結論不一定真實。

## （二）演繹推理

　　演繹推理是根據邏輯法則來推斷真相的思考過程，這種推理是由大前提、小前提，來推理而獲得一個結論。例如：你知道狗的身上有毛，西施犬是一種小狗，所以你可以由演繹推理知道西施犬身上有毛。演繹推理的能力，通常隨著年齡增長而增加。

　　茲舉一個演繹推理的**三段論**（syllogism）如下：

　　　　　　大前提：所有黑人皮膚是黑的
　　　　　　小前提：犯罪者有黑皮膚的特徵
　　　　　　結　論：所有犯罪者都是黑人

　　由上述演繹推理所得到的結論是錯誤的。為什麼？因為皮膚黑的人不一定是犯罪者。

　　演繹推理常採用三段論法，三段論法由大前提（普遍的原理、原則或定律）、小前提（某特定事例）與結論等三個命題所構成的論證。當大前提與

小前提都正確時，所得到的結論才正確，也就是**有效論證**（valid argument），否則就是**無效論證**（invalid argument）。有效論證推理的基本形式如下：

大前提：所有 A 是 B
小前提：C 是 A
結　論：所以 C 是 B
例如：
大前提：所有的人（A）會生病（B）
小前提：孔子（C）是人（A）
結　論：所以孔子（C）會生病（B）

　　一般人在作演繹推理時，時常犯無效論證的謬誤。無效論證是指推理過程不合乎邏輯，所以推理的結果是不正確的，這種推理的基本形式如下：

大前提：所有 A 是 B
小前提：C 是 B
結　論：所以 C 是 A
例如：
大前提：所有的狗（A）是動物（B）
小前提：貓（C）是動物（B）
結　論：所以貓（C）是狗（A）

　　一般人常以過去的經驗，對有待解決的問題作**捷徑推理**（heuristic reasoning），而不是採用邏輯法則來推理，因此常有錯誤的現象發生。

## （三）類比推理

　　一般人遇到相類似的情境，常採用類比推理來思考或解決問題。茲舉三個類比推理的問題如下：

$$3：6 = 4：\underline{\quad\quad}$$

汽車：公路＝火車：___

大：小＝長：___

由上述問題可知，類比推理是依據已知的幾個元素之間的關係，由長期記憶中找出最適合的答案。以上面第二題來說，汽車在公路上奔馳，就好像火車在鐵路上行駛，所以答案是：鐵路。個人對這類問題推理時，由左邊的兩個元素之間的關係，來找出右邊第一個元素相對應之元素。

# 第五節　問題解決

每一個人在日常生活中難免遭遇到一些難題，要想解決這些問題，大都需要有縝密的思考，如果思考正確就容易解決各種疑難問題。大體來說，學校教育旨在培養學生解決問題的能力。以下將就問題的類型、解決問題的步驟、解決問題的方法，以及影響問題解決的心理因素，分別說明之。

## 一、問題的類型

在個人日常生活中，經常遭遇到一些有待解決的問題。這些問題大致可以分為幾類：

### （一）推理問題

一個問題需要受試者推理出合理的答案。例如：3，7，16，35，<u>?</u>；1，2，8，3，4，6，5，6，<u>?</u>；2，10，30，68，<u>?</u>。

### （二）重組的問題

拼圖遊戲屬於重組問題。字謎（anagram）也是屬於重組問題，它是將

英文字母重組成有意義的英文字。例如：gnaeor可以重組成orange。

## （三）曲折問題

　　曲折問題是指問題必須經過複雜的歷程，才能解決。例如：圖8-2中，有三名穿橫線條衣服的歹徒與三名好人站在河邊，他們都希望乘船橫渡到對

圖8-2　曲折問題

資料來源：修改自Matlin（1989）。

岸。這一艘船每次最多只能乘載兩人，而且好人的人數不得少於歹徒，否則歹徒會殺了他們，如何解決這個問題？解答方法請參見該圖。

## （四）明確或不明確的問題

### 1. 明確的問題

明確定義問題（well-defined problems）又稱良好結構問題（well-structured problems），這種問題有固定解決的步驟以及標準答案，只要依循一定思維方式，就可以求得問題的答案。中小學教科書習作的問題，大都是明確的問題（例如：$3x + 2 = 17，x = ？$）。

### 2. 不明確的問題

不明確的問題又稱無結構問題（ill-structured problems）或不良定義問題（ill-defined problems），這種問題即使依循一定的思維方式，也不見得能夠求得問題的答案。因為問題的情境因素不明朗，所以不容易找出解決問題的方法。例如：如何考上研究所？如何活到120歲？如何理財致富？如何贏得選舉的勝利？大多數社會科學類的問題都屬於不明確問題。不明確問題沒有解決問題的規則，也沒有標準答案。例如：景觀如何設計、室內如何裝潢、如何找到理想的結婚對象等問題。

心理學者亞當斯（Adams, 1980），曾經對一群大學生提出九點謎題（nine-dot problem）（圖8-3）。要求學生手持鉛筆不離紙面，以連續的四條直線將九點串連起來。因為這個問題沒有說直線可否畫出九點之外，屬於不明確的問題，所以許多學生都無法順利解決這個問題。

### 3. 爭論性問題

爭論性問題大都屬於見仁見智帶有情緒性的問題。這類問題缺乏明確的結構，容易使人陷入情緒化。例如：教師是否可以懲罰學生？學校職員、工友是否有參與選舉校長的權利？幼兒園是否納入正式的教育學制？政府發放消費券是否會債留子孫？

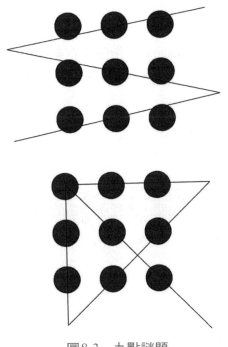

圖8-3　九點謎題

# 二、解決問題的步驟

一般人解決問題,大致可以分成下列四個步驟(Goleman et al., 1992):

## (一)準備期

**準備期**(preparational stage)是指個人在發現問題之後到解決問題之前,先蒐集相關資料或請教有經驗的人,從閱讀資料與前人的經驗來獲得解決問題的靈感。

## (二)醞釀期

**醞釀期**(incubational stage)是指個人在創造發明的過程中,經過一段時間的準備、策劃,無法立即產生創新的觀念,以致陷入百思不解的困境。

## （三）豁朗期

**豁朗期**（illuminational stage）是指個人在經過思考醞釀之後，終於有所**領悟**（insight）、靈光一現、豁然貫通，有如「山窮水盡疑無路，柳暗花明又一村」！

## （四）驗證期

**驗證期**（verification）是指，創造者必須將新的構想或靈感，加以多次驗證之後，發現確實有創新發明，才能將創造的成果公諸於世。

# 三、問題解決的方法

## （一）嘗試與錯誤

**嘗試與錯誤**（trial-and-error），就是面對問題時以各種可能的解決方法逐一嘗試，錯誤了再嘗試新的方法，一直到問題獲得解決為止。例如：失業的人可以看人力銀行徵人求才訊息、請親友介紹、至國民就業輔導中心登記、請教育部青年發展署推薦、至職業訓練中心接受職業訓練等，在嘗試各種方法之後就可能找到工作。

## （二）固定程序

以固定程序法來解決問題時，只要依照一定的程序或規則，按部就班就能夠解決問題。例如：拼圖、模型組合、修理汽車，只要按圖索驥，就能夠解決問題。又如：在家裡遺失身分證，只要將所有房間作地毯式搜索，就可以找到失物。不過，以這種方法來解決問題，相當花時間。

## （三）抄捷徑法

以**抄捷徑法**來解決問題，不必依循一定的法則來處理，通常依個人成功

的經驗來思考。這種方法比較節省時間、有效率,可是解決困難的問題時不一定適用。例如:$76 \times 25 = ?$ 這個問題以抄捷徑法心算時,可以想成:$76 \times 25 = 76 \div 4 \times 100 = 1900$ 或 $76 \times 25 = 19 \times 4 \times 25 = 1900$。但是,$23876 \times 75 = ?$ 以抄捷徑法反而不容易解決。

### (四) 假設檢驗

**假設檢驗**(hypothesis testing)是指,對所要解決的問題提出各種可能的假設,然後對這些假設逐一去檢驗。例如:醫師要治療一種新的疾病,通常先提出一些治療的方案,然後針對各種治療方案逐一去嘗試或檢驗,最後終於找出治療新疾病的方法。

## 四、影響問題解決的心理因素

個人面對疑難問題是否能夠順利解決,除了問題的複雜性、個人的思考、人格特質以及知識以外,尚有以下幾個影響的因素:

### (一) 迷思概念

**迷思概念**(misconception)是指個人似是而非的概念,因而影響問題的解決。例如:數學真分數與真分數相加的計算,如果有一位學生想成分子加分子,除以分母加分母,就是迷思概念。又如:很久不下雨就認為上天懲罰人類,這也是迷思概念。

### (二) 偏見

一般人對不同宗教信仰、政黨、族群的人,常持有負面的態度,甚至產生**偏見**(prejudice)。偏見使人在面對問題時,不以理性的方法來解決問題,而以自己所隸屬的宗教、政黨、族群的利益,來作為思考的方向,這樣無助於問題的解決。

## （三）功能固著

　　一般人對各種物體存有固定功能的概念，當個人面對困難問題時，無法將這些物體的功能加以變通，因而阻礙問題的解決，這種現象稱為**功能固著**（functional fixedness）。例如：在美國電視影集《馬蓋先》（*MacGyver*）的劇情中，主角馬蓋先經常能在面對困難問題時，利用周圍環境的事物產生新的功能，最後終於能夠克服難關化險為夷，順利解決困難問題。這種解決問題的方法就是突破功能固著，打破僵化思考最好的例子。

## （四）心向

　　**心向**（mental set）是指個人對一件事的做法，假如經常採用相同的方法都能夠順利解決，後來遇到相類似情境時，就以舊方法去解決問題的習慣傾向。這種解決問題的經驗，反而成為解決目前問題的障礙，也就是**負遷移**（negative transference）。

　　美國心理學者盧欽斯伉儷（Luchins & Luchins, 1950），曾經以實驗來證明心向作用對解決問題的影響。實驗時，他們對受試者呈現A、B、C三類不同容量的水桶，請其求出第一題到第五題要求的水量（圖8-4）。

　　實驗結果發現：受試者解決第一題到第五題，都採用要求水量＝B－A－2C；接著再請受試者解決第六題，結果發現受試者仍然採用同樣的方法，而不採用更快速的方法，即：要求水量＝A＋C（即22＝18＋4）。因為，受試者在解決這類問題時，已經在心中產生刻板化的心向作用了。

## （五）認知形式

　　**認知形式**（cognitive style），是指個人面對問題情境時，所採取解決問題的認知方式。認知形式又稱為**認知風格**或**認知類型**。魏特金（Herman A. Witkin, 1916～1979）提出**場地獨立**（field independent）與**場地依賴**（field dependent）這兩個名詞。場地獨立的人，不受場地刺激變化的影響，在面對問

水桶容量

| 題號 | 要求的水量 | A | B | C |
|------|-----------|---|---|---|
| 1 | 100 | 21 | 127 | 3 |
| 2 | 99 | 14 | 163 | 25 |
| 3 | 5 | 18 | 43 | 10 |
| 4 | 21 | 9 | 42 | 6 |
| 5 | 25 | 28 | 59 | 3 |
| 6 | 22 | 18 | 48 | 4 |

圖8-4　水桶問題

題時能從渾沌的情境中釐清問題的癥結，進而找出解決問題之道。反之，場地依賴的人，比較容易受到場地刺激的影響，因此在面對問題時，不容易分析問題的真相，所以問題不容易順利解決。

　　個人認知形式可以使用**藏圖測驗**（embedded figures test）來測量。以圖8-5為例，先讓受試者看上面一個圖形，然後要他分別從下方A、B、C、D四個圖形中，找出隱藏在上面圖形之中的圖形，受試者能正確辨認，就是屬於場地獨立型的人。反之，不能正確辨認者，就是屬於場地依賴的人。

　　認知形式除了上述兩種類型之外，尚有**衝動型**（impulsive style）與慎思

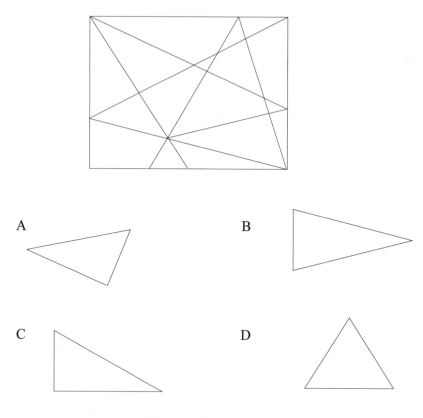

圖8-5　藏圖測驗例題

型（reflective style）。衝動型是指解決問題時反應快速欠缺周密思考，所以犯錯的機會比較大。反之，慎思型是指解決問題時，雖然反應緩慢但是審慎思考，所以犯錯的機會比較小。

　　在學校教育環境中，慎思型學生的學業表現較衝動型的學生為優。但是，在一切講求競爭快速的社會裡，慎思型的人工作效率難免比較差，衝動型學生做答時速度快，但是錯誤比較多。因此，教師教導學生作答時，應先講求正確再逐漸加快速度，同時要學生了解工作的難易度，簡單的工作不一定要深思熟慮，但是困難的工作則必須審慎行事。

# 本章摘要

1. 語言是人類思想溝通的工具，心理學家的研究偏重在語言心理學。語言心理學的內容包括三個層面：(1)語音學；(2)語意學；(3)語法學。

2. 人類有天生的語言學習機制，幫助人們學習語言。

3. 新生兒出生六個月之後，逐漸進入牙牙學語期。

4. 兩歲左右的兒童講不完整的話，宛如打電報一樣，稱為電報語言。

5. 解釋人類語言學習，有三種重要理論：(1)行為論；(2)天賦論；(3)交互作用論。

6. 正向思考是指朝積極、樂觀、進取的方向思考；負向思考是指朝消極、悲觀、退縮的方向去思考；垂直思考是指對一個問題不斷只朝一個方向去思考；水平思考是指對一個問題朝一個方向思考不得其解時，就朝其他方向去思考。

7. 依思考的運作方式可分為聚斂性思考與擴散性思考。聚斂性思考是指一個問題透過認真思考就可以得到正確答案；擴散性思考是指一個問題有許多可能的答案，但其中會有比較好的答案。擴散性思考是創造力的基礎。

8. 概念就廣義而言，是指個體將不同事物，依照共同屬性給予歸納或歸類的心理現象。狹義來說，以名稱、文字或符號代表某一類事物，就是一種概念。

9. 概念由學習而獲得，人類概念的形成先由具體概念再發展抽象概念。

10. 概念的類別可分為：連言概念、選言概念、條件概念、雙條件概念等四類。

11. 推理是由已知之事物，推求未知結果的心理歷程。有效的推理過程為邏輯推理，這種推理可分為歸納推理、類比推理與演繹推理。

12. 歸納推理是由觀察許多事項，從中找出共同或相似的特點，進而歸結出一概括性的通則。演繹推理是根據某一原則、定理或定律，據以推演某特定的事象，從而得到一具體結論。

13. 在日常生活上會遇到一些有待解決的問題，個人在問題情境中思索解決的心理歷程，稱為問題解決。

14. 一般人常採用解決問題的方法有：(1)嘗試與錯誤；(2)固定程序；(3)抄捷徑法；(4)假設檢驗。

15. 影響個人解決問題的心理因素至少有：(1)迷思概念；(2)偏見；(3)功能固著；(4)心向；(5)認知形式。

第 *9* 章

# 能力與創造力

　　本章所謂的能力（ability），是指心理能力（mental ability），這種能力包括智力、性向（aptitude）以及創造力等三類。個人的心理能力受遺傳與環境交互作用的影響，因而產生個別差異（individual difference）。測量能力的工具，稱為能力測驗（ability test）。能力測驗的用途相當廣泛，醫院、學校、企業機構、就業輔導機構、監獄、軍事單位、司法機構、交通事業機構及金融機構等，都需要實施這類測驗。

　　各機構實施能力測驗的目的在了解個別差異，在教育上可以分辨學生心智能力，以便因材施教或實施學習輔導。在企業與政府機構，實施心理測驗可以使人盡其才、才盡其用、職得其人。在醫療機構，實施心理測驗可以診斷患者身心健康情形，以作為心理輔導或心理治療的參考依據。以下分別說明之。

# 第一節　心理能力

## 一、心理能力的涵義

　　心理能力是指以心理測量技術所測得的能力，這種能力可以分為兩種：第一，個人在某方面經由學習之後，所表現的實際能力，又稱為成就（achievement）；第二，個人將來如有機會學習某些事物，所具有的潛在能力（potentiality），又稱為性向。其中，性向又可以分為普通性向（general aptitude）與特殊性向（special aptitude）。前者又稱為普通能力（general ability），或稱為智力，也就是個人的潛在能力。凡具有普通性向者，如果有機會接受教育訓練，就可能成為普通人才。後者又稱為特殊能力（special ability），也就是具有某方面特殊的潛在能力；這種人如果有機會接受教育訓練，可能造就成為專業人才，例如：音樂家、美術家、作家、醫師、律師、會計師、教師、建築師及科學家等。

　　俗話說：「小時了了，大未必佳。」如果能因材施教，大亦必佳。反之，不能因材施教，天生奇才也會變平庸。父母和教師要了解孩子的性向以及興趣，給予適當的教育，及早發現孩子的潛能，則成功在望。

## 二、能力測驗的類別

### (一) 性向測驗

1. **學術性向測驗**（scholastic aptitude test）：測量學生學術的潛在能力，以預測其將來適合從事何種學術研究工作。
2. **職業性向測驗**（vocational aptitude test）：測量個人具備職業的潛力，以預測其將來適合從事何種職業。
3. **普通性向測驗**（general aptitude test）：適用於測驗一般潛在能力。
4. **特殊性向測驗**（special aptitude test）：適用於測量某方面的潛在能力。

### (二) 成就測驗

1. **普通成就測驗**（general achievement test）：適用於測量一般學科的學習成就。
2. **分科成就測驗**（specific achievement test）：適用於測量某些學科的學習成就（例如：英文、數學、化學等）。
3. **學業成就測驗**（academic achievement test）：適用於學生修習學科成績的評量與診斷。
4. **職業成就測驗**（vocational achievement test）：適用於各行各業從業人員，工作績效的評量與鑑定。

## 三、心理能力測驗應具備的條件

　　心理能力測驗常以科學方法來進行測量。為了使測驗結果可信、可靠與方便使用，任何能力測驗都應具備以下條件，才能成為優良的能力測驗，這些條件也是所有心理測驗必須具備的條件。

### （一）標準化

　　**標準化**（standardization）是指，編製測驗時必須遵循的標準程序，測驗標準化需包括以下條件：

#### 1. 測驗內容標準化

　　測驗內容必須與該測驗的目標相符合，同時，需針對受試者的年齡、教育程度來命題。如果某一測驗的目的在測量受試者的能力程度，則測驗題目應從教材範圍編製具有代表性的題目。例如：以高中生為對象的數學測驗，則測驗題目的難度，不應超越高中生的數學知識範圍。

#### 2. 選定代表性樣本進行測試

　　以將來施測的對象為母群體，依抽樣原理從母群體中選定具有代表性的**標準化樣本**（standardization sample），根據樣本接受測驗題本初稿的測驗結果，修訂成為正式的測驗題目。

#### 3. 施測程序標準化

　　在正式實施測驗之前，主試者與襄試人員必須詳閱測驗指導手冊，充分了解有關規定，仔細清點核對測驗題本、答案卷以及受試者編號是否相符。測驗的場地條件、測驗時間的限制、作答方式以及測驗情境，對各個受試者都應力求一致。

#### 4. 計分方法標準化

　　在實施測驗之後，對受試者的作答應有客觀的評分標準。為了使評分客觀、正確及快速，各題應有標準答案，題本與答案卷分開，並且以電腦閱卷

計分。如果試題沒有標準答案，應由多名專家共同評分，以便建立評分的公信力。

## （二）建立常模

### 1. 常模的意義

常模（norm）是解釋測驗結果的參照依據，受試者的測驗分數對照常模加以比較，就可以顯示其在團體中的相對地位，進而了解一群受試者之間的個別差異情形。但是，在解釋測驗分數時，應選取最新建立的常模，以免產生偏差。

### 2. 求得常模的方法

在對標準化樣本實施測驗以後，將全體受試者的答案卷，計分求得平均數就是常模。有時為了便於解釋與應用，將測驗所得到的**原始分數**（raw score），**轉換成衍生分數**（derived score）（例如：百分位數、標準分數）的對照表；個別受試者的測驗得分，經查核對照表，就可以知道在團體中所占的相對地位。

### 3. 常模的種類

(1)假如要與各發展階段中的一般個體相互比較，必須建立**發展性常模**，包含**年齡常模**和**年級常模**。

(2)假如要與個人所屬團體中的成員相互比較，必須建立**團體內常模**（within group norm），包括**百分位數常模**（percentile norm）和**標準分數常模**（standard score norm）。

(3)假如要與某地區一般個體相互比較，必須建立**全國常模**和**地區常模**。

(4)假如要與特殊對象的成員（例如：肢體障礙者）相互比較，必須建立**特殊團體常模**。

## （三）信度

信度（reliability）是指可信程度或可靠程度，又指測驗結果的一致性或穩定性。一個測驗內部各個試題，如果都能符合測量目標，重複測驗的結果保持不變，則該測驗就具有高的信度。一份信度高的能力測驗，測驗結果才具有公信力，也才能夠用它來比較**受試者之間**（between subjects）能力的差異。估計測驗信度常用以下四種方法：

### 1. 重測法

**重測法**（test-retest method）又稱為**再測法**，是以同一份測驗對相同受試者施測兩次，前後兩次測驗的時間，以間隔兩週至半年較佳。將這兩次測驗的分數計算其積差相關係數，就可以得到**重測信度**（test-retest reliability），相關係數愈高，信度就愈高。

### 2. 複本法

**複本法**（alternative-form method），是對一群受試者實施兩種複本測驗，計算兩種複本測驗得分的相關係數，就可以得到複本信度。複本是指在題型、題數、內容、難度及鑑別度等方面都一致，可以交替使用的測驗題本。複本同時實施，所得到的的複本信度稱為**等值係數**（coefficient of equivalence）。複本間隔一段時間分兩次實施，所得到的複本信度，稱為**穩定與等值係數**（coefficient of stability and equivalence）。

### 3. 折半法

**折半法**（split-half method）是將受試者接受測驗的結果，按題目的單雙號分成兩半計分，再將所有受試者在這兩半測驗上的分數，計算其相關係數，就可得以到折半信度。不過，此相關係數只是半個測驗（因為分成兩半）的信度，因此必須以**史布公式**（Spearman-Brown formula）加以校正，才能得到該測驗的真正信度。

### 4. 評分者法

**評分者法**（scorer method）是指一些沒有標準答案的測驗，由兩名或多

位學者專家各自主觀評分。根據他們對每份測驗者評分的結果，經統計分析其評分一致性，就得到評分者信度（scorer reliability）。

## （四）效度

效度（validity）就是測驗分數的正確性，是指一個測驗能測量其所欲測量心理特質的程度。效度是測驗最重要的條件，一個測驗如果缺乏效度，就無法發揮其功能，也無法達到預期的目的。因此，自行編製測驗或選用測驗，首先必須注重其效度。由於測驗的目的、性質與範圍不同，考驗效度有很多方法。美國心理學會於1974年，將測驗效度分為以下三類：

### 1. 內容效度

內容效度（content validity）是指測驗內容的可靠程度。一般而言，教育測驗或成就測驗需有良好的內容效度，才能測出受試者的學習成就。例如：一個數學科測驗，其試題包含生物、政治、歷史等方面的問題，則該測驗的內容無法測量受試者的數學程度。

一個教育測驗試題的設計與編製，通常自學科範圍內選取具有代表性的試題，以邏輯分析方法判斷每一個題目，是否符合教學目標和教材內容。如果測驗題目與課程目標相符合，而且是教材範圍內具有代表性的試題，則該測驗就具有高的內容效度。

就教育測驗來說，在編製學科試題之前，應檢視教科書和相關的課程內容，並且諮詢課程專家的意見，廣泛蒐集有關教材範圍的資料，才能夠編製出具有高內容效度的試題。

### 2. 效標關聯效度

效標關聯效度（criterion-related validity）是指，測驗分數和效度標準（validity criterion）之間的相關程度。效度標準又稱效標，它是檢定效度的外在指標。例如：有500名大學生，其大學入學考試的分數與大學學業總成績（效標）之間，具有很高的相關，這就顯示大學入學考試的試題具有很高的效度。

效標關聯效度，可以分為**同時效度**（concurrent validity）和**預測效度**（predictive validity）。例如：某高中教師自行編製一份數學測驗，為了考驗該份測驗的效度，將該測驗施測一群學生，並且蒐集這些學生在校的數學成績作為效標，然後計算這群學生測驗分數與在校數學成績之間的相關，就得到同時效度。預測效度是指測驗分數與將來效標之間的相關，例如：某學者編製一份職業性向測驗，為了考驗該測驗的效度，將該測驗施測一群新進員工，再計算這群員工工作績效與該測驗分數之間的相關，就得到該職業性向測驗的預測效度。

## 3. 建構效度

**建構效度**（construct validity）是指，一個測驗能測量心理學理論的概念程度。所謂建構，就是心理學理論的假設性抽象概念，例如：焦慮、性向、自卑感、領導、成就動機等。有些測驗學者根據心理學的理論，設計和編製測驗題目，然後分析這些試題與心理學理論假設性建構的符合程度，就是該測驗的建構效度。

# 第二節　智力測驗的演進

目前世界各先進國家，使用智力測驗頗為頻繁。它的發展僅有百餘年的歷史，以下簡要說明智力測驗的發展。

## 一、高爾登的研究

19世紀末葉，英國生物學家高爾登（F. Galton, 1883）研究達爾文家族，發現資賦優異者具有家族性與遺傳性。達爾文家族屬於中上階層，普遍接受過高等教育，社會地位都很崇高。因此，他在1869年撰寫《遺傳的天才》（*Hereditary Genius*）一書，該書強調遺傳對智力的影響很大。

　　高爾登主張智力優秀者彼此通婚，可以提升人類優良的基因。同時反對低智力者通婚，以免禍延子孫。可是，他的理念一直無法實現。不過，高爾登的觀點對於智力測驗的研究，頗具有啟示作用。

　　高爾登認為人類的心智是由感覺所組成的。換言之，智力高的人反應比較敏銳，智力低的人反應比較遲鈍。因此，由測量個人的感覺反應，就可衡量其心智能力。高爾登於是設置一座人類感覺實驗室，測量受試者的聽覺、視覺、肌肉力量以及反應速度等。他經過研究之後發現，感覺反應的靈敏程度，與個人的智力並沒有必然的關係。雖然他的研究沒有得到預期的結果，可是他將測驗所得到的分數，以統計分析方法加以數量化，這對於心理測驗的發展具有很大的貢獻。

## 二、比奈的貢獻

　　法國學者比奈（Alfred Binet, 1857～1911）（圖9-1）探討人類頭顱大小、手相、字跡與智力的關係，他認為智力包括理解、記憶、想像、審美、解決問題以及判斷等能力。1904年，法國教育局為了了解低學業成就兒童是否由於智能不足所造成的，於是委託比奈和他的助理西蒙（H. A. Simon）進

圖9-1　比奈
（Alfred Binet, 1857～1911）

行研究。他們在1905年研發出一套「**比西智力量表**」（Binet-Simon Scale），這個智力量表被公認為全世界第一個標準化智力測驗。比奈認為：智力是個人對各種情境的判斷、推理以及適應能力的總和。

　　比西智力量表總共有30個題目，這些題目由易漸難依序組成，可以測量三歲以上的人在理解、推理以及判斷等方面的能力。到了1908年，比奈將原來測驗題目做局部修訂，試題增為59題，這個智力測驗所測量的分數，可以用**心理層次**（mental level）來表示。因此，由測驗分數能計算受試者的**心理年齡**（mental age, MA）。到了1911年，比奈又再次修正其智力量表，但是因為身體不適，不幸辭世，功敗垂成。後來，有不少心理測驗學者繼續完成比奈未竟的志業，其中以美國心理測驗學家特曼（Lewis Madison Terman, 1877～1956）（圖9-2）與魏克斯勒（David Wechsler, 1896～1981）（圖9-3）最著名。

## 三、個別智力測驗編製

### （一）比奈智力測驗

#### 1. 比奈智力測驗在美國五次修訂

　　比西智力量表流傳到美國之後，特曼和他的同事在史丹福大學（Stanford University）展開修訂工作，為了紀念比奈取名為「**史比智力量表**」（Stanford-Binet Intelligence Scale），第一次修訂於1916年出版，並由德國心理學者史頓（Stern, 1914）提出**智力商數**（intelligence quotient, IQ）的計算公式：即心理年齡（MA）除以實足年齡（chronological age, CA）後乘上100。該公式如下：

$$IQ = \frac{MA}{CA} \times 100$$

　　由此公式所求得的智商，就是**心理年齡**與**實足年齡**的比值，因此稱為比**率智商**（ratio IQ）。當個人心理年齡大於實足年齡時，表示其智力高於一般

圖9-2　特曼（Lewis Madison Terman, 1877～1956）

圖9-3　魏克斯勒（David Wechsler, 1896～1981）

人；反之，當個人心理年齡低於實足年齡時，表示其智力低於一般人。茲舉一例說明IQ的計算方法：

　　假設小明的實足年齡為10歲4個月，其實足年齡以月數表示就是124個月（CA＝124）。他接受史比智力量表測驗後，答對10歲組的全部題目，其基本心理年齡等於120個月，答對11歲組五個題目，答對12歲組三個題目，13歲組以上的題目全部答錯，每答對一題以兩個月心理年齡計算，總計小明心理年齡為136個月（MA＝136）。

$$小明的智商：IQ = \frac{136}{124} \times 100 = 110$$

史比智力量表分別經過1937年、1960年、1972年、1986年與2003年，共五次修訂。2003年第五版的史比智力量表採用**離差智商**（deviation IQ, DIQ），平均數100、標準差16的計分系統，可以計算出語文、作業、全量表智商。該測驗適用於2歲到成人。隨後，世界各先進國家相繼以史比智力量表作為藍本，進行智力測驗編製與修訂，一直到目前為止，史比智力量表為世界上最著名的個別智力測驗之一（Murphy & Davidshofer, 2005）。

## 2. 史比智力量表在台灣的修訂

史比智力量表（又稱為比西智力量表），在台灣於1976年第四次修訂全量表共有140題，測驗對象2到18歲。測驗內容分為：語言、記憶、概念思考、推理、數字推理、視覺動作以及社會智慧等類。

## （二）魏氏智力量表

魏克斯勒（David Wechsler）所編製的智力測驗包含：魏氏成人智力量表、魏氏兒童智力量表、魏氏幼兒智力量表，分別用於測量不同年齡層受試者。茲簡述如下：

## 1. 魏氏成人智力量表

魏氏成人智力量表（Wechsler Adult Intelligence Scale, WAIS）最早於1939年出版，經過四次修訂，成為目前的魏氏成人智力量表第四版（WAIS-IV），適用對象為16歲0個月至90歲11個月的成人。該量表包含一項全量表智商（FSIQ）和四項組合分數（語文理解、知覺推理、工作記憶、處理速度），以及四項選擇性指數分數（一般能力、認知效能、視覺空間、流體推理），共包含十五個分測驗，其中五項屬於交替分測驗。

台灣學者陳心怡、陳榮華、花茂棽於2015年修訂為第四版中文版，是目前使用相當廣泛的成人個別智力測驗。修訂後的主要內容，如表9-1所示。

魏氏成人智力量表的主要用途如下（陳心怡等人，2015）：

(1)可用於鑑定資優、智障等特殊成人的認知強弱項衡鑑工具。其結果可作為研擬臨床治療計畫及決定教育安置和養護方案之指南。

表9-1 WAIS-IV分測驗之名稱

| 語文理解 | 知覺推理 | 工作記憶 | 處理速度 |
|---|---|---|---|
| 類同 | 圖形設計 | 記憶廣度 | 符號尋找 |
| 詞彙 | 矩陣推理 | 數－字序列 | 符號替代 |
| 常識 | 視覺拼圖 | ※算術 | ※刪除圖形 |
| ※理解 | ※圖形等重 | | |
| | ※圖畫補充 | | |

註：※者屬交替測驗。
資料來源：採自陳心怡等人（2015）。

(2)可與適應行為評量系統（ABAS-II）中文版併用，以評量受試者認知功能與適應技能間的關係。

(3)可用來協助評估學習困難或學習障礙之可能原因。

(4)可用於阿茲海默症、輕度認知障礙、創傷性腦傷、自閉症和亞斯伯格症等患者的神經心理學評估。

(5)可確立患者基本認知功能的受損是否為主要或次要性質，以利銜接特定基本認知功能神經認知復健計畫的發展與進行。

2. 魏氏兒童智力量表

　　魏氏兒童智力量表（Wechsler Intelligence Scale for Children, WISC）於1974年出版修訂版，經過1991年、2003年、2014年的修訂，目前為魏氏兒童智力量表第五版（WISC-V），適用對象為6歲0個月至16歲11個月的兒童。該量表包含一項全量表智商（FSIQ）和五項主要指數分數（語文理解、視覺空間、流體推理、工作記憶、處理速度），以及五項選擇性指數分數（數量推理、聽覺工作記憶、非語文、一般能力、認知效能），共包含十六個分測驗。很多測驗題目的內容和魏氏成人智力量表相似，只不過題目比較簡單。

　　陳榮華、陳心怡於2018年修訂為第五版中文版，是目前使用相當廣泛的兒童個別智力測驗。修訂後的主要內容，如表9-2所示。

表9-2　WISC-V分測驗之名稱

| 分測驗 | 全量表智商 | 語文理解 | 視覺空間 | 流體推理 | 工作記憶 | 處理速度 |
|---|---|---|---|---|---|---|
| 1.圖型設計 | ✓ | | ✓ | | | |
| 2.類同 | ✓ | ✓ | | | | |
| 3.矩陣推理 | ✓ | | | ✓ | | |
| 4.記憶廣度 | ✓ | | | | ✓ | |
| 5.符號替代 | ✓ | | | | | ✓ |
| 6.詞彙 | ✓ | ✓ | | | | |
| 7.圖形等重 | ✓ | | | ✓ | | |
| 8.視覺拼圖 | | | ✓ | | | |
| 9.圖畫廣度 | | | | | ✓ | |
| 10.符號尋找 | | | | | | ✓ |
| 11.常識 | | | | | | |
| 12.圖畫概念 | | | | | | |
| 13.數一字序列 | | | | | | |
| 14.刪除動物 | | | | | | |
| 15.理解 | | | | | | |
| 16.算術 | | | | | | |

資料來源：採自陳榮華、陳心怡（2018）。

魏氏兒童智力量表的主要用途如下（陳榮華、陳心怡，2018）：

(1)用於鑑定智能資優、智能障礙、學習障礙等特殊兒童的認知能力。

(2)可與適應行為評量系統第二版（ABAS-II）併用，以評量受試者認知功能與適應技能間的關係。

(3)可用來評估兒童學習潛力、預測學業成就，並協助評估學習困難或學習障礙之可能原因。

(4)測驗結果可作為決定教育安置和養護方案及研擬臨床治療計畫之指南，亦可提供神經心理學的評估及研究目的之臨床資訊。

## 3. 魏氏幼兒智力量表

　　魏氏幼兒智力量表（Wechsler Preschool and Primary Scale of Intelligence, WPPSI）於1967年出版，經過1989年、2002年、2012年的修訂，目前為魏氏幼兒智力量表第四版（WPPSI-IV），適用對象為2歲6個月至7歲11個月的幼兒。該量表分兩個年段施測，不同年段需施測不同分測驗組合。其中2歲6個月至3歲11個月組可得一項全量表智商、三項主要指數分數和三項選擇性指數分數；4歲0個月至7歲11個月組可得一項全量表智商、五項主要指數分數和四項選擇性指數分數。

　　陳心怡、陳榮華於2013年修訂為第四版中文版，是目前使用相當廣泛的幼兒個別智力測驗。修訂後的主要內容，如表9-3所示。

表9-3　WPPSI-IV分測驗之名稱

| 2歲6個月至3歲11個月組 | | | 4歲0個月至7歲11個月組 | | |
|---|---|---|---|---|---|
| 1.聽詞指圖 | ▲ | * | 1.圖形設計 | ▲ | * |
| 2.圖形設計 | ▲ | * | 2.常識 | ▲ | * |
| 3.圖畫記憶 | ▲ | * | 3.矩陣推理 | ▲ | * |
| 4.常識 | ▲ | * | 4.昆蟲尋找 | ▲ | * |
| 5.矩陣推理 | ▲ | | 5.圖畫記憶 | ▲ | * |
| 6.物型配置 | | * | 6.類同 | ▲ | * |
| 7.動物園 | | * | 7.圖畫概念 | | * |
| 8.看圖命名 | | | 8.刪除衣物 | | * |
| | | | 9.動物園 | | * |
| | | | 10.物型配置 | | * |
| | | | 11.詞彙 | | |
| | | | 12.動物替代 | | |
| | | | 13.理解 | | |
| | | | 14.聽詞指圖 | | |
| | | | 15.看圖命名 | | |

註：▲者屬組成FSIQ的核心分測驗。

　　*者屬組成主要指數分數的核心分測驗。

資料來源：採自陳心怡、陳榮華（2013）。

魏氏幼兒智力量表的主要用途如下：

(1)可用於鑑定資優、智障、認知發展遲緩等特殊兒童的認知能力。其結果可作為研擬臨床治療計畫及決定教育安置和養護方案之指南。

(2)可與適應行為評量系統第二版中文版併用，以評量受試者認知功能與適應技能間的關係。

(3)可用來評估兒童學習潛力、預測學業成就，並協助評估學習困難或學習障礙的可能原因。

(4)提供神經心理學的評估及使用於學術研究上。

## 4. 魏氏智力量表的特點

(1)測驗對象涵蓋各年齡層，包括：幼兒、兒童與成人。

(2)受試者的測驗分數呈常態分配，平均數100，標準差15。由個別受試者測驗分數與平均數相減所得的數字，除以標準差就得到離差智商，離差智商可以用來解釋受試者智力的高低。例如：某生在魏氏成人智力量表上得到115分，其智商高於平均數（100）一個標準差，即（115 − 100）÷ 15 ＝ 1。再查對統計學常態分配圖就可發現該生的智力在團體中所占的地位。

# 四、團體智力測驗

　　團體智力測驗一次可以測量很多人，實施方便、計分簡單，而且節省時間經費，因此在學校、政府機關、企業機構所實施的智力測驗，大都採用團體智力測驗。團體智力測驗的種類繁多，例如：台灣的大學入學考試、高中學科能力測驗，接受測驗者都數以萬計。美國在第一次世界大戰期間，招募志願軍投入戰場，實施陸軍A式（Army Alpha），與陸軍B式（Army Beta）團體智力測驗，前者適用於有英文讀寫能力的新兵，後者適用於不會說英文的新移民與文盲。根據測驗結果來篩選志願軍的智力，以作為分派任務的依據，接受測驗人數高達170萬人。團體智力測驗目前在企業組織、各級學

校、軍事機構，已經逐漸被廣泛接受。

## 第三節　智力與智力測驗

## 一、智力測驗的目的

### （一）篩選與診斷

很多機構以智力測驗來篩選新進人員，不少學校以智力測驗作為診斷學生能力的工具。例如：以前台灣國中實施能力分班之前，以智力測驗來篩選學生能力，依據智力測驗分數，將學生分為前段班或後段班；有些中小學藉智力測驗，診斷學生學習適應的情形。

### （二）甄選與安置

有些機構常藉智力測驗來甄選人才，或作為安排職務的參考。例如：台灣預備軍官的考試，實施智力測驗多年；有些學校以智力測驗的分數，作為甄選資優生或智能不足學生的依據。

### （三）評量與研究

智力測驗有時被用來當作評量學生能力的工具，由評量結果來決定應採取何種教育措施。有些機構由智力測驗分數來作為職務訓練或職務安排的參考。此外，有不少學術性研究將智力測驗的分數當做一個重要的變項，再分析此變項與其他因素之間的相關，例如：智力與人格、性別、創造力等變項之間的相關。有些臨床心理學家以個別智力測驗的結果，來判斷受試者是否有心理異常或大腦受傷的現象。

## 二、智力的穩定性

　　根據不少研究資料顯示，同一個人的智力在一生中穩定性很高。但是，年齡愈低者接受智力測驗所得到的智商愈不可靠。反之，年齡愈高者，智商愈穩定。幼兒園或小學低年級學童的智商，不見得能正確預測其長大成人以後的智商，國中以後智力測驗所得到的智商就比較穩定。

　　個人的生活環境、健康情形及父母教養子女方式，都與智力有關。一般來說，生長在文化刺激貧乏的環境、患有嚴重身心疾病或慢性病、父母教養子女方式不當或營養不良的兒童，其智力普遍較低。反之，家庭社會經濟地位（social economic status, SES）愈高、父母使用民主的教養方式、身心健康良好的兒童，其智力都比較高。

## 三、智力測驗分數的涵義

　　各種版本的智力測驗，其最高分不一致；有的智力測驗極限分數為180，有的為140，有的則高達200，因此智力測驗所得的分數，應從統計的觀點來解釋。目前，大多數智力測驗的平均數100，標準差15。在常態分配的智商分數中，將個人分數與平均數相減，再除以標準差，就可得知個人分數高於或低於平均數幾個標準差。再查核統計圖表的相關資料，就可知道個人智力在團體中所占的相對位置。

## 四、智力測驗分數與個人未來成就的關係

　　一般來說，個人在智力測驗上得到高分，其未來所從事職業的職位比較高（Ree & Earles, 1992），因為智商高的人接受教育的年限較長，所取得的學位也比較高。但是，個人未來事業的成就，並非完全決定於智商。個人的

家庭背景、學經歷、工作動機與態度、情緒穩定性、人群關係以及機運等因素，也都會影響個人事業的成就。愛迪生曾說：「一分天才，加上九十九分努力。」就是這個道理。

## 五、智力優異

智商在140以上俗稱天才，通常稱為**智力優異者**（intellectually gifted）。根據美國心理學者特曼研究1,500名智商在150以上的少年，結果發現他們在身高、體重、身體健康情形、情緒適應、社會成熟度以及體力等方面，都優於同年齡的一般少年。這些少年的創造力與成就動機也比較高，他們長大以後大都成為社會上傑出的人才。很多被列入《美國名人錄》（*Who's Who in America*）或社會各界菁英人士，仍然以智力優異者居多。可是有一部分高智商的人，婚姻或事業失敗，後來淪為智慧型犯罪者。

世界許多先進國家對於智力優異者，大致採取兩類教育措施。其一為充實與加深課程內容，使資優生學習得更深、更廣。另一為提供跳級的就學機會，例如：小學只讀四年、中學四年、大學兩年、大學畢業後直接攻讀博士學位。

## 六、智能不足

智能不足又稱為**智能障礙**（intellectual disability），根據**美國智能發展障礙學會**（American Association on Intellectual and Developmental Disabilities）的定義，智能障礙是指在18歲以前，心智能力低於正常人，缺乏自我照顧、人際溝通、社交、社區活動參與等方面的基本能力。

智能不足是指智商在70以下，這種人缺乏一般人生活的能力。由於語文、數字運算能力的缺陷，因此無法正常學習，學業成就相當差，需要接受特殊教育。不過，有些智能障礙者卻擁有藝術或超強記憶的特殊稟賦。

根據美國精神醫學會（American Psychiatric Association, 2000）的分類，智能障礙可以分為輕度、中度、重度、極重度等四個等級，各等級人數的百分比和教育方式，如表9-4所示。

表9-4　智能障礙的類別與教育方式

| 程度 | IQ | 百分比 | 教育方式 |
|------|------|--------|----------|
| 輕度 | 55～70 | 85% | 教導職業技能以便自力更生 |
| 中度 | 35～55 | 10% | 教導溝通技巧與半技術性工作 |
| 重度 | 20～40 | 3%～4% | 教導自我照顧與一些簡單工作 |
| 極重度 | 20以下 | 1%～2% | 缺乏自我照顧與溝通技巧，需他人照料 |

資料來源：American Psychiatric Association（2000）。

## 七、影響智力的因素

早期心理學家大都認為：智力是經由遺傳而來的。後來，歷經許多心理學者的研究發現，智力受遺傳與環境的交互影響比較大，個人的健康情形以及生長環境等因素，也都會影響智力。茲簡述如下：

### （一）遺傳的影響

俗語說：「龍生龍，鳳生鳳，老鼠生的兒子會打洞。」這句話說明遺傳的重要性。特曼於1925年曾追蹤（follow-up）研究1,528名智商140以上的父母，結果發現其子女平均智商為127.7，子女智商在150以上的機率為正常人的二至八倍，這個結果證明遺傳對智商扮演重要的角色。

有關遺傳對智力的影響，心理學者研究孿生（同卵雙胞胎）子女以及領養的子女，探討其智力的差異情形，孿生子女遺傳因子的相似性大於領養的子女。根據馬可固等人（McGue et al., 1993）的研究，從小住在一起的孿生子女，其智商的相關係數高達 .86；不住在一起的孿生子女，其智商的相關

係數為 .60；而住在一起的兄弟姊妹，其智商的相關係數為 .48。這個結果顯示：血緣愈相近者，其智商愈相似；也就是說，遺傳對智力有很大的影響。他們同時研究一些被收養的子女，在被收養一段時間之後，接受智力測驗，這些養子女的生活環境相同、遺傳因子不同，但是他們智商的相關係數接近 .32。由這個結果顯示：遺傳對智力的影響大於環境。

根據仁森（Jensen, 1980）的研究發現：智力80%來自遺傳，20%來自生長環境的影響。可是，大部分心理學者的研究發現，智力受遺傳的影響介於50%至70%（Bouchard et al., 1990）。另外，有一些學者主張：遺傳影響智力占60%。有些研究結果顯示，智力的遺傳性隨著年齡而增加，也就是年齡愈大的人，遺傳對其智力的影響也愈大（Scarr, 1997）。

## （二）家庭環境的影響

兄弟姊妹住在一起者，智商的相關係數為 .47；不住在一起者，其智商的相關係數為 .24。由此顯示，環境愈相似者，智商愈相近。在不良生活環境中長大的小孩，其智商比較低；反之，如果給予良好的生長環境，其智商就比較高（Schiff & Lewontin, 1986）。

生長在父母有愛心、感情和睦的家庭，而且父母參與小孩的各種學習活動，提供合適且足夠的益智玩具或學習環境；父母也勤於追求新知，同時父母鼓勵孩子用功讀書，當小孩成績進步時，就給予適當的獎勵；父母關心子女的飲食、健康以及交友狀況等，上述因素都有助於小孩智商的提升。

## （三）遺傳與家庭環境交互作用

遺傳決定個人智商的上限與下限，環境也是影響個人智商的重要因素。大體來說，有良好的智商遺傳基因，又有良好的生長環境者，其智商最高；有良好的智商遺傳基因，但是生長在不良的環境者，其智商屬於中上；不良的智商遺傳基因，但是有良好的生長與學習環境者，其智商屬於中下；不良的智商遺傳基因，又生長在不良的環境者，其智商最低。

## （四）健康情形

母親懷孕時感染梅毒、德國麻疹、腮腺炎、日本腦炎、營養不良、接受過量輻射線、酗酒、抽菸、情緒極端不穩定、高齡生產、亂服用成藥或大腦外傷等，都容易對小孩的智商造成不利的影響。

在生產過程中如果不順利，胎兒停留在產道的時間過長，因而導致腦部缺氧，對智力的傷害很大。此外，嬰幼兒若罹患苯酮尿症、侏儒症、腦炎或腦膜炎、新生兒黃疸或大腦受傷、鉛中毒等，都可能影響其智力。

## （五）教育訓練

幼兒如果缺乏五官的感覺刺激，照顧幼兒者又缺乏愛心與善意的溝通，都不利於幼兒智力的發展。曾有啞巴父母的小孩，到了上小學年齡還不會講話，對小孩思考能力不免造成極大的傷害。有一些學者主張零歲教育或胎教，宣稱可以提高小孩的智力，但是這些說法到目前為止尚無科學根據。

美國在1965年實施的**啟蒙方案**（Head Start Program），提供低收入家庭、弱勢族群或文化不利地區兒童及早接受幼兒教育，該補償教育方案重視語言學習、閱讀技巧、數學學習和學習態度的培養，實施效果獲得相當大的肯定。這種補償教育方案強調早期教育的重要性，也就是讓這些孩子提早受到良好的教育啟蒙，以降低太晚接受教育的代價，並打破貧窮家庭處於低社會階層世代傳遞的惡性循環。台灣在1990年代大力推動的「特殊教育」和「教育優先區計畫」，實施結果也頗受好評。

## （六）社會文化背景

有些人認為某個民族比較優秀，其智商比較高。例如：在美國，白人的平均智商分數高於黑人，就有人認為白人比黑人聰明，這種觀點就是強調遺傳的重要性。可是，後來有一些學者認為，智力測驗的題目與白人的生活經驗比較接近，因為智力測驗題目大都由白人所設計。此外，白人的生長環境

大多優於黑人。除非將一群不同種族的人，其子女出生之後就養育在相同的環境中，然後每隔一段時間實施智力測驗，再據以比較其智商分數，否則很難斷定哪一個種族的人，具有比較高的智商。

日本、韓國、中國等東方人移民到美國，他們子女的學業成就普遍優於美國白人，這個現象也不能說明東方人比美國人聰明，因為東方民族比較重視子女的學業成就，強調讀書的重要性，對兒女的學習表現有很高的期望；而且東方人比較尊師重道，同時將讀書視為個人未來成功的重要途徑。在美國的亞裔學生雖然學業成就高，可是他們在娛樂、政治、體育等方面的成就，遠不如美國學生。由此可知，智力也受到社會文化的影響。

## （七）其他因素

除了上述因素之外，同儕之間的競爭、教師對學生的啟發、父母對子女的教養方式、出生序、人際關係、人格特質以及長期暴露在含鉛量過高的環境等，也都會影響個人的智力。

# 第四節　智力的理論

歷來，有不少心理學者提出各種智力的理論，以下僅就比較重要者，依各理論的核心理念作簡要說明。

## 一、雙因素理論

英國心理學者史彼爾曼（Charles Spearman, 1863～1945），在1904年將智力測驗的分數做因素分析，結果發現人類的智能可以分為兩個因素，稱為**雙因素理論**（two-factor theory）。該理論主張每一個人具有共同的智能因素，稱為**普通因素**（general factor，簡稱G因素）；另一個為每個人各自獨立

擁有的特殊能力，稱為**特殊因素**（specific factor，簡稱S因素）。特殊因素不只一個，包括記憶、抽象推理、數字運算等。

## 二、多因素理論

美國心理學者桑代克（Thorndike, 1916）主張，智力是由多種因素所組成。他將智力分為社會性智力、具體性智力以及抽象性智力。其中社會性智力就是人際關係的能力，具體性智力是指個人處理事物有關的能力，抽象性智力則是指與語文、數學、圖形及符號運作等有關的能力。

## 三、 群因素理論

美國心理學者佘斯統（Thurstone, 1938），分析許多受試者在50個智力測驗上的得分，提出七種基本心智能力：

1. **語文理解**（verbal comprehension），屬於理解語文涵義的能力。
2. **語文流暢**（word fluency），屬於語文通順的能力。
3. **數字運算**（number），屬於正確與迅速計算數字的能力。
4. **空間關係**（space），屬於辨識方位與判斷空間關係的能力。
5. **聯想記憶**（associative memory），屬於機械式記憶兩件事關聯的能力。
6. **知覺速度**（perceptual speed），屬於迅速辨別事物異同的能力。
7. **一般推理**（general reasoning），屬於歸納推理的能力。

佘斯統伉儷共同設計的基本心理能力測驗，可以測量上述智能，測驗結果可以利用**側面圖**（profile），來顯現受試者在這七種智能上的高低情形。

## 四、智力結構理論

　　吉爾福特（Guilford, 1959）提出**智力結構論**（structure-of-intellect the-ory）（圖9-4），將智力分為思考**運作**（operation）、思考**內容**（content）以及思考**結果**（product）等三個層面。他在1967年主張智力涵蓋120種不同的能力，到了1988年更將智力細分為180（6×5×6）種不同的能力，這些能力是由上述三個層面組合而成的。各層面包括以下因素：

　　1.思考運作層面：評價、聚斂性思考、擴散性思考、短期記憶、長期
　　　記憶與認知等六個因素。

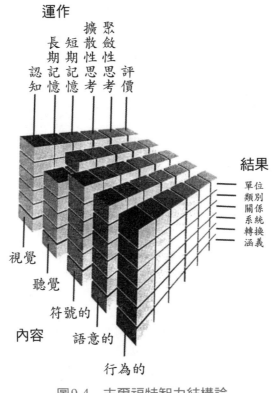

圖9-4　吉爾福特智力結構論

2. 思考內容層面：視覺、聽覺、符號的、語意的、行為的等五個因素。

3. 思考結果層面：單位、類別、關係、系統、轉換、涵義等六個因素。

## 五、智力階層理論

卡泰爾（Cattell, 1971）和洪恩（Horn, 1994）二氏，根據因素分析結果，將智力分為**流體智力**（fluid intelligence）與**晶體智力**（crystallized intelligence）。流體智力包含推理能力、記憶容量以及處理訊息的速度，晶體智力包含應用既有知識與技能來解決各種問題。卡泰爾認為流體智力來自遺傳，一個人的流體智力大約30歲就到達高峰，以後逐年下降。晶體智力則受教育與生活經驗的影響，隨著年齡之增加而增加。近年來，有些學者根據階層理論修訂史比智力量表，內容包含晶體能力、流體分析能力和短期記憶能力，再由這些能力細分成14種分測驗（圖9-5），藉以測量特殊的心理能力（Thorndike, Hagen, & Sattler, 1986）。

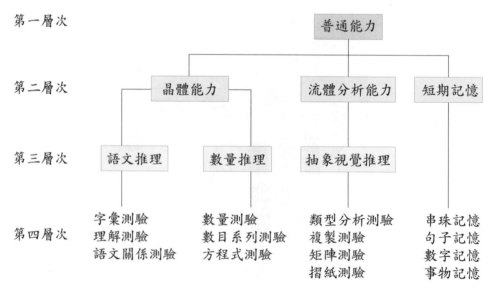

圖9-5　史比智力量表的主要內容

## 六、多元智能理論

美國哈佛大學教授葛納（Gardner, 1983）主張人類的智能是多元的，他在《心智解構》（*Frames of Mind*）一書中，將人的智能分為七種能力，1998年以後，他又將智能增加兩個，其多元的智能如下：

1. **語文的智能**：運用語言、文字以及口語表達的能力。
2. **邏輯—數學的智能**：運用邏輯推理和數字的能力。
3. **空間的智能**：運用空間關係及藝術造形的能力。
4. **身體—動覺的智能**：靈巧運用身體及雙手表演的能力。
5. **音樂的智能**：創作與欣賞音樂的能力。
6. **人際的智能**：能善解人意並達成圓融人際關係的能力。
7. **內省的智能**：能正確認識自己、省察自己以及管理自己的能力。
8. **自然的智能**：探索大自然與社會的關係。
9. **存在的智能**：能了解生命的意義，並且在有生之年對人類社會貢獻自己的能力。

葛納認為以上各種智能彼此互相獨立，例如：語文能力很強的人，可能空間關係或音樂能力很低。具備上述各種智能的專業領域，如表9-5所示。

## 七、智力三元理論

美國耶魯大學史騰柏格教授（Sternberg, 1988a），採用認知心理學訊息處理的觀點，提倡**智力三元論**（triarchic theory of intelligence），主張人類的智力包含以下三個部分：

1. **實用性智力**（contextual intelligence）：指個人在日常生活中，處理各種事務的能力。
2. **經驗性智力**（experiential intelligence）：指個人根據過去生活經驗，處理新問題或學習新事物的能力。

表9-5 葛納提出的多元智能之專業領域

| 智能的類別 | 具備此智能的專業領域 |
|---|---|
| 語文的智能 | 律師、作家、新聞媒體人 |
| 邏輯—數學的智能 | 數學、科學家、工程師、程式設計師 |
| 空間的智能 | 建築師、室內設計師、藝術家、航海家 |
| 身體—動覺的智能 | 舞蹈家、體育選手、戲劇表演者 |
| 音樂的智能 | 作曲家、演奏家、指揮家 |
| 人際的智能 | 政治家、社會工作師、教師 |
| 內省的智能 | 哲學家、心理師 |
| 自然的智能 | 園藝、環保、生物學家 |
| 存在的智能 | 哲學家、宗教家、禮儀師 |

3.**組合性智力**（componential intelligence）：指個人在生活情境中，運用思考、推理、判斷以達到問題解決的能力。

史騰柏格認為，人面對各種問題時所展現的智力有所差異。例如：有些學生善於解決課業上的問題，可是他們在面對生活中的各種問題，卻不知道如何處理。由於傳統智力測驗的題目，太偏重從前所學習的知識，不重視獲取知識的技巧，智力測驗不容易測量個人問題解決的能力。因此，他主張根據上述三種成分來設計智力測驗，比較符合實際。

# 第五節　創造力

## 一、創造力的意涵

### （一）創造力的定義

根據韋氏大字典的解釋，創造力（creativity）有創新與無中生有之意

思。創造力不只是研發新的產品，尚包括各種新的觀念、新的做法，例如：想出新的法規、方案、策略、辦法、章程、制度等，也都屬於創造。在競爭劇烈的今日社會，各行各業都必須不斷創新或發明，才能立於不敗之地。

吉爾福特（J. P. Guilford）認為，創造力是人類對問題敏感度、觀念流暢性、觀念新奇性、思考獨特性、觀念結構的複雜度、綜合分析能力，以及評鑑等能力。

## （二）創造力的研究範圍

曾經有創造心理學者綜合許多專家的看法，主張創造力的研究範圍分為四類型（也就是4P）：

1. 個人特質（person）：創造者的心智能力與人格特質。
2. 創造環境（place）：創造者的生長環境或社會文化。
3. 創造歷程（process）：創造者在創造過程中的心路歷程。
4. 創造產品（product）：創造者的作品成果。

## （三）創造是一種思考歷程

由思考到產生創造的成果，大致需要經過幾個階段。瓦拉斯（Wallas, 1926）提出創造性思考有以下四個階段：

### 1. 準備期（preparational stage）

準備期是指個人在發現問題之後，到探究問題的階段。在這個時期先蒐集相關資料，請教有經驗的人，從閱讀資料與前人的經驗來獲得靈感。許多著名的科學家、音樂家、文學家、藝術家，都經過很多年的準備，最後才能有創造的成果。由此可知，充分準備是創造的基石。

### 2. 醞釀期（incubational stage）

個人在創造發明的過程中，經過一段時間的準備、鑽研，無法立即有創新的觀念，以致陷入百思不解的困境。此時個人可能從事相關問題的活動，等到醞釀成熟時，新的構想就能脫穎而出。

## 3.豁朗期（illumination stage）

豁朗期是指個人在經過醞釀之後，終於有所**領悟**（insight）、豁然貫通，有如「山窮水盡疑無路，柳暗花明又一村」。例如：阿基米德有一天在浴缸洗澡時，突然領悟到身體將水排出水缸的量，與身體體積成正比，突然靈光一現、茅塞頓開，發現了浮力原理。

## 4.驗證期（verification stage）

由上述豁朗期所得到新的構想或靈感，尚無法確認就是創造。因此，創造者必須將此新的構想或靈感加以多次驗證之後，發現確實有創新發明，才能將創造的成果公諸於世。

# 二、擴散性思考

## （一）擴散性思考的意義

創造是思考的結果，創造力與思考不同，思考不一定產生創造，但是創造一定是由思考所產生的，所以思考是創造的必要條件，而非充分條件。一般人以為藝術家、作家、音樂家及科學家比較有創造力。事實上，有不少認知心理學者主張，創造力來自理性的思維和問題解決的能力，這種能力可以經由訓練來加強（Ford & Harris, 1992）。

根據吉爾福特（Guilford, 1985）的智力結構理論，思考包含**聚斂性思考**與**擴散性思考**。聚斂性思考是指問題有標準答案，只要依循邏輯規則去思考就能解決。反之，擴散性思考是指問題沒有標準答案，需要想出各種可能方法才能夠解決。一個人的思考方式如果鑽牛角尖，時常採取聚斂性思考，以為任何問題只有一個標準答案，其思考固執、僵化，這種人的創造力比較低。例如一般人常說：「沒有國哪有家」，其實這種說法不見得正確，因為沒有家哪有國也是對的。

## （二）擴散性思考包含的因素

### 1. 流暢性

　　**流暢性**（fluency）是指心思靈活暢通，能在短時間之內產生許多不同的概念。例如：報紙有哪些用途？受試者在短時間之內，能夠列舉愈多答案者，其流暢性愈佳。又如：能在愈短的時間之內寫出20個木字旁的中文字，或寫出20個英文字字尾 ey（如：key、monkey、honey、donkey等）的人，其流暢性就愈好。

### 2. 變通性

　　**變通性**（flexibility）是指思考變化多端，能隨機應變，不墨守成規，能舉一反三，觸類旁通。俗語說：「山不轉，路轉；路不轉，人轉；人不轉，心轉。」這就是指思考具有變通性。例如：沒有圓規如何畫一個圓？沒有筷子如何吃飯？如何以100元新台幣環島旅行？沒有刀子如何削柳丁皮？凡是能夠想出解決方法的人，其變通性比較高，創造力也比較強。

### 3. 獨創性

　　**獨創性**（originality）是指思想獨特、超越凡人，對問題能想出獨特的解決方法。例如：石頭有哪些用途？凡是想出石頭用途是一般人沒有想到的人，其獨創性比較高。如果回答石頭可以造橋、蓋房子、築牆，則比較缺乏獨創性。如果學生回答石頭可以墊高物體、在斜坡地方擋住車子輪胎以免車子下滑、雕刻成藝術品，則其獨創性比較高。

### 4. 精密性

　　**精密性**（elaboration）是指個人對問題能夠分析深入、深思熟慮、面面俱到、精益求精、力求臻於周延完美的地步。例如：求職面談能獲得資方賞識者，其言談精密性較佳。

## 三、創造力的測量

創造力的測量方法，通常對受試者提供一些題目，讓他們在規定的時間之內，盡量想出各種可能性。創造力測驗的題目包括：

1. 想出某一物品的各種可能用途，例如：報紙可以做哪些用途？
2. 思想流暢性，例如：有哪些液體可以做燃料？
3. 字彙流暢性，例如：寫出20個火字旁的單字。
4. 想像一些假設性問題，例如：假設人類不會死，世界會變成怎樣？
5. 組合簡單圖形成為有意義的東西，例如：以○、□、△、▭ 等四個圖形，組合成一棵樹、一個檯燈或一張臉等。
6. 想出將來可能從事的工作，例如：心理學系畢業之後，可以從事哪些行業？
7. **遙遠聯想**（remote association），例如：想出一個與太陽、射擊、黑暗都有關的東西。
8. **廢物利用**，例如：舊衣服、迴紋針、舊紙箱可以做哪些用途？

## 四、影響創造力的因素

### （一）智力

創造力高的人，其智商大都高於同年齡者的平均智商，但是有一些高智商的人，其創造力不見得高，這種現象在填鴨式教育之下最常見。高智商的學生，如果完全接受教師或教材的觀念，但是不能對那些見解加以批判、獨立思考，其創造力就難以表現出來。

雖然有些高創造力的人，其智力高過平常人，但是智力商數與創造力之間呈中度的相關（Simonton, 2000）。智力商數高於120以上的人，其智力與

創造力之間則無顯著的相關。心理學家特曼（Terman）曾經研究許多資優兒童，這些人長大成人之後，並沒有一個人有驚人的創造表現，也沒有人得到諾貝爾獎或**普立茲獎**（Pulitzer Prize）。由此可見，智力並非影響創造力的重要因素。簡言之，智力是創造的必要條件，而非充分條件。

## （二）人格特質

有些人認為，創造力高的人個性古怪，有豐富的想像力，跟瘋子的妄想症只是一線之隔。事實上，創造力高的人並非精神病人，只是比一般人更具有獨特的性格。創造力高的人其思考不受拘束，喜歡天馬行空，任意馳騁在自己幻想的世界。創造力高的人具有以下的人格特質（Amabile, 1996）：

1. 對新事物充滿好奇心。
2. 不墨守成規，能求新求變。
3. 幽默風趣。
4. 勇於突破傳統。
5. 能獨立思考。
6. 做事有耐心。
7. 有自信心。
8. 不盲目跟從別人。

綜上所述，創造力高的人通常有中上的智力，同時需要對新事物充滿好奇心；做事細心、專心、耐心、恆心、自信心、失敗不灰心，勇於突破傳統克服萬難，這樣才能求新求變，達成創造的目標。

## （三）傳統社會文化

華人人口數居世界之冠，為何獲得諾貝爾獎的人那麼少？影響華人創造力的因素至少有以下幾個因素：

### 1. 傳統思想

華人自古以來崇尚儒家思想，強調尊師重道、尊老敬賢、服從長上、遵

守團體規範，使人產生不敢挑戰傳統權威，唯命是從的心理。傳統思想對個人品德陶冶雖有正面的影響，但是不利於個人創造力的發展。在華人傳統社會裡，特別重視人倫的關係，比較不重視人與物的關係，認為科學創造發明屬於雕蟲小技，對於標新立異並不鼓勵，無形中阻礙人們創造發明的能力。

## 2. 社會文化

華人一般民間宗教信仰強調忍耐、逆來順受、六根清淨、無欲則剛、四大皆空，例如：天氣炎熱要修練到「心靜自然涼」，這樣自然就沒有發明冷氣機的意念了。此外，東方人比較相信命運掌控自己的未來，不少人為了升官、發財、求平安到處求神問卜，甚至掌握權位的大官們也不例外，這種不講求科學證據的思維與行為，對一般人產生不良示範，無形中阻礙了創造力的發展。

## 3. 風俗習慣

風俗習慣會使人習以為常，以為違反風俗習慣者就是異端，所以人們只好遵從，很少人敢表達自己新的想法。例如：禁止以鏡子、雨傘、扇子、粽子、剪刀、時鐘送人；不喜歡4或13的數字。又如：相信男女相差三或六歲不宜結婚、只有黃道吉日才可以辦喜事、農曆七月（俗稱鬼月）不可以結婚，這種思維容易使人不敢悖逆。

## （四）教育方式

### 1. 學校教育

科學家愛因斯坦曾說：「創造力比知識更重要。」台灣一般學校教出來的學生創造力偏低，其主要原因如下（陳龍安，1998）：

(1)教師重視教科書知識的傳授，而忽略教導學生主動建構知識。

(2)學生缺乏創造的體驗歷程。

(3)學校重視紙筆測驗及記憶背誦。

(4)學校重視學科本位，忽略課程整合。

(5)學校強調競爭表現、單打獨鬥，不重視團隊合作與知識分享。

(6)學校強調要努力用功，學生無法樂在其中。

(7)學校重視言教要求，忽略對學生潛移默化。

## 2. 家庭教育

創造力高的人，其父母大都教育程度比較高，比較重視子女的教育，提供有利的學習環境與文化刺激，多與孩子互動，激勵孩子求知的慾望，同時以民主的方式來管教子女，對孩子的學習成就有較高的期望，能夠針對子女的潛能優勢加以開導。反之，父母不重視子女教育、無法提供有利的學習環境、很少與孩子互動，同時以嚴厲的方式來管教子女，這樣對孩子創造力的發展都會有不良的影響。

在華人傳統的家庭強調：「天下無不是的父母」、「小孩只能聽，不能說」。這種家庭教育方式，無形中阻礙了孩子的思考與創造力。

## 3. 社會教育

每一個人每天在社會生活中的所見所聞，直接影響個人的思維。例如：電視或報紙的報導集中在政治、社會、體育、娛樂等方面的新聞，很少報導有關創新發明的資訊，無形中壓抑人們的創造力。

## 本章摘要

1. 心理能力包括智力、性向與創造力等三類。心理能力受遺傳與環境交互作用的影響，因而產生個別能力之差異。

2. 心理能力是指以心理測量技術所測得的能力。心理能力可分為兩類：一為成就；二為潛在能力。前者是個人學習之後所表現的實際能力；後者為潛在能力，又稱性向。性向又分為普通性向與特殊性向。

3. 能力測驗分為性向測驗與成就測驗兩大類。性向測驗分為學術性向測驗與職業性向測驗；性向測驗也可分為普通性向測驗與特殊性向測驗。成就測驗分為普通成就測驗與分科成就測驗；成就測驗又可分為學業成就測驗與職業成就測驗。

4. 任何能力測驗均須具備以下條件：(1)標準化；(2)建立常模；(3)信度；(4)效度。

5. 在編製測驗時必須遵循以下標準程序：(1)測驗內容標準化；(2)選定代表性樣本進行測試；(3)實施程序依測驗指導手冊的規定進行；(4)計分方法有客觀標準。

6. 常模是解釋測驗結果的參照依據，受試者的測驗分數對照常模，就可以顯示其在團體中的相對地位。

7. 常模可分為：(1)發展性常模；(2)團體內常模；(3)全國或地區常模；(4)特殊團體常模。

8. 信度是指測驗結果的一致性或穩定性。建立信度的主要方法有：(1)重測法；(2)複本法；(3)折半法；(4)評分者法。

9. 效度是指測驗分數的正確性；亦即一個測驗能測量其所欲測量心理特質的程度。

10. 測驗的效度可分為三類：(1)內容效度；(2)效標關聯效度；(3)建構

效度。效標關聯效度又可分為同時效度與預測效度。

11. 智力測驗的觀念源於英國高爾登，其編製始自法國比奈和西蒙所研發的「比西智力量表」，後來在美國發揚光大。

12. 智力商數（IQ）是指心理年齡與實足年齡的比值乘上100，這種智商稱為比率智商。

13. 離差智商（DIQ）是指，個別受試者測驗分數與平均數相減所得之分數，除以標準差即得。離差智商可參照統計常態分配圖，解釋受試者智力的高低。

14. 智力測驗至少具有三個目的：(1)篩選與診斷；(2)甄選與安置；(3)評量與研究。

15. 個人的智力具有相當高的穩定性，惟個人生長環境、健康情形、父母管教方式、文化刺激、家庭社會經濟地位等因素，都會影響個人智力的穩定性。

16. 智力至少有七個理論：(1)雙因素理論；(2)多因素理論；(3)群因素理論；(4)智力結構理論；(5)智力階層理論；(6)多元智能理論；(7)智力三元理論。

17. 智力雙因素論將智力分為普通因素與特殊因素。前者是指每個人具有的共同智能，後者指每個人獨自擁有的特殊能力。

18. 智力多因素論指智力可分為：社會性智力、具體性智力、抽象性智力等因素。

19. 智力群因素論將智力分為：(1)語文理解；(2)語文流暢；(3)數字運算；(4)空間關係；(5)聯想記憶；(6)知覺速度；(7)一般推理等因素。

20. 智力結構論將智力分為：思考運作、思考內容以及思考結果三個層面。

21. 智力階層論將智力分為流體智力與晶體智力。流體智力是指推

理、記憶以及訊息處理等能力；晶體智力是指應用既有知識和技能來解決問題的能力。

22. 多元智能論將智能分為：(1)語文的；(2)邏輯—數學的；(3)空間的；(4)身體—動覺的；(5)音樂的；(6)人際的；(7)內省的；(8)自然的；(9)存在的。

23. 智力三元論主張智力包含：實用性、經驗性、組合性等三部分。

24. 擴散性思考涵蓋：流暢性、變通性、獨創性和精密性等因素。

25. 創造力與智力、人格特質、傳統社會文化、教育方式均有關係。

# 第 *10* 章

# 動機與情緒

　　人為萬物之靈，人是有思想、有感情的動物。但是，人類的行為相當複雜，有時讓人難以常理來理解。例如：為什麼有很多成功的大企業家，富甲天下，年過八十還不退休？為什麼有很多學生平時不用功，一定要等到考試才讀書？為什麼有些青少年喜歡飆車？為什麼有些人寧願過著單身貴族的生活，而不想結婚？很顯然的，這些人有一股內在力量左右他的行為。簡言之，**動機**（motivation）就是促使人們產生思想、行為的原動力。

　　每一個人都有憤怒、喜樂、悲傷、恐懼、愛、厭惡、驚訝等**情緒**（emotion），情緒與個人身心健康、家庭生活、事業發展、婚姻以及人際交往都有密切的關係。情緒如果失去控制，很容易導致各種心理失常、精神疾病以及犯罪行為。

　　本章將分別就動機的性質、動機理論、生理性動機、心理性動機以及情緒等方面，加以說明。

# 第一節　動機的性質

## 一、動機的涵義

　　動機是引發並且維持個體活動，以及促使該活動朝向某目標進行的原動力。動機是看不見的，只能由個人的行為表現來推估其動機。動機具有以下特質：

### （一）動機並非影響個人行為的唯一因素

　　一個人在決定做任何行為時，常受個人的動機、價值觀、情緒、環境因素以及個人相關知識的影響。因此有相同動機的人，其行為表現不一定相同。反之，有不同動機的人，也可能表現相同的行為。

## （二）動機是動態的

一個人的動機受到情境、人格特質、身心健康情形的影響，其動機可以增強或減弱。換句話說，動機不是固定不變的。例如：參加考試時本來有作弊的動機，可是監考者非常嚴格，於是降低了作弊的動機。

## （三）動機要靠自我調節來維持

個人的動機如果要維持長久，需要**自我調節**（self-regulation）。例如：某生有一股強烈動機就是每天要背五個英文單字，可是到了第10天，他就逐漸失去背英文單字的動機，如果該生能每天自我管理、自我監控或自我督促，這樣就能長期維持該動機。

# 二、內在動機與外在動機

如果個人做某件事是為了得到他人的獎賞、讚美或報酬，其動機稱為**外在動機**（extrinsic motivation）。反之，如果個人做某件事是出自於自己的興趣或好奇心，並無外在的誘因，這種動機稱為**內在動機**（intrinsic motivation）。通常個人內在動機比外在動機較能持久，因為當誘導個人從事某行為的外在因素不存在時，外在動機就隨之消失，而內在動機是來自個人的興趣或好奇心，所以是自動自發的。

# 三、探討動機有助於了解行為

動機可用來解釋人類複雜的行為。例如：為什麼學生要蹺課？為什麼有些高智商的學生，學業成就偏低？為什麼有醫學博士不行醫，卻改行去當傳教士？為什麼很多人知道抽菸會傷害身體健康，但是還繼續抽菸？為何有人不愛惜生命要自殺？

　　動機的產生，來自個體內在與外在兩個層面，個人內在的心理需要或外在刺激，都會促使他產生動機朝向某個目標前進。例如：飢餓時找尋食物來吃、炎熱時找尋水喝，這是來自內在生理的需要。個人看到商品廣告，因而引發購買的行為；看到心愛東西產生占有的慾望，這些行為是由外界環境刺激所引發的。一般心理學者認為，探討動機有助於了解行為的原因，同時可以解釋人類的各種行為，這樣對行為的輔導、訓練與治療等，都有很大的幫助。

## 第二節　動機理論

　　歷來，心理學家對人類行為的動機持有不同的看法，常見的動機理論有以下幾種：

## 一、本能理論

　　19世紀有一些心理學者主張，動物的行為是由與生俱來的**本能**所控制的，例如：候鳥冬季往南方遷徙、哺乳動物出生以後就主動吸母乳、母親疼惜自己的兒女、動物弱肉強食等。本能理論認為動物先天的生理機能促使其表現某些行為。到了1908年，馬可多格（William McDougall）提出本能論，強調動物的行為是：(1)經由學習；(2)行為表現方式完全一致；(3)同一類動物的行為有共通性。例如：鳥類出生後成長到一定程度，自然就會飛翔；其他動物例如：蜘蛛結網、老鼠挖地洞、青蛙冬眠等。他從研究動物行為所發現的特性來建構本能論，同時相信人類的行為如：同情心、嫉妒、隱私、交友、趨樂避苦等，都可以利用這個理論來解釋。

　　後來有一些心理學者認為：本能理論的概念模糊不清，無法解釋人類所有的行為。人類雖然很多行為有共同的地方，但是也有若干不同之處，例

如：愛整潔、幫助他人、自私自利等行為，都受到個人生活經驗的影響，造成很大的個別差異。

　　近年來，有一些心理學家認為，人類普遍具有的性與攻擊暴力行為，主要是受生理因素所掌控的。威爾遜（Edward Wilson）於1975年提出社會生物學（sociobiology）的觀點，他認為競爭、攻擊、性與支配等社會性的動機，來自生存競爭之後基因產生改變的結果，使得新的基因遺傳到下一代。不過，以這種觀念來解釋人類行為還有一些爭議，因為人類行為除了受遺傳影響之外，個人的生活經驗、家庭教育、社會文化、學校教育、宗教信仰等，也都扮演很重要的角色。

## 二、驅力減降理論

　　有一些心理學者認為，動機是身體內在的一股力量，稱之為**驅力**（drive）。霍爾（Hull, 1943）主張：當個體內在生理需要不平衡時就形成驅力，這股力量持續達到生理**平衡**時，才恢復平靜狀態。例如：天氣炎熱、排汗過多，口渴時就覺得很不舒服，這時身體內部就產生補充水分的需求，在喝完水之後身體就產生舒適感，原來要喝水解渴的驅力就逐漸消失。驅力理論稱這種現象為**驅力減降**（drive reduction）。驅力理論無法解釋人類所有的行為，例如：為什麼有人喜歡從事危險性的活動？為什麼有人參加絕食靜坐？為什麼有些大富豪富可敵國，卻不願意捐款救濟窮人？

## 三、誘因理論

　　**誘因理論**（incentive theory）認為：人們所接觸的外在事物，如果對自己具有吸引力，就會激發個人產生動機。例如：歹徒看見大批昂貴的金銀財寶，就容易產生偷竊的念頭；高薪的公司吸引很多人應徵；美女使很多男士產生追求的意念。惟個人在外界事物的誘導之下，是否產生動機，尚需視個

人對該事物的價值觀,以及獲得該事物的機率而定。例如:台大醫學系對於許多參加大學入學考試的學生頗有吸引力,但是對於學業成績不佳,或對當醫師沒有興趣的人來說,就不具有吸引力。雖然誘因理論可以解釋許多人類行為,但是對於一些喜歡從事危險行為的人,無法作合理的解釋,例如:鬥牛、飆車、酗酒、吸毒、自殺等。

## 四、激發理論

**激發理論**(arousal theory)是指個人有維持在某一警覺狀態的動機。當個人獨處的時候,自然想尋求各種刺激,例如:滑手機、看電視、聽收音機、打電腦或看書報等行為。又如:很久沒吃某類食物,當看見這一類食物時,就產生想去食用的動機。

人類在動機適度激發之下,心情最好,工作效率也最佳。反之,動機激發程度很低的情況之下,一般人容易感到懶散、無聊,缺乏工作的動力;在動機激發程度很高的情況之下,人們容易感到心情緊繃,這兩種情形工作效率不佳,但是動機適度激發程度也有個別差異。

## 五、需求層次理論

人本心理學者馬斯洛(Maslow, 1970)提出**需求層次**(hierarchy of needs)的動機理論,他將人類的需要分為五個層次(圖10-1),這些層次構成金字塔型。最底層是生理的需求,例如:食物、水、睡眠、空氣、溫度等基本的生理需求。當這個層次的需求獲得滿足之後,個人會追求安全的需求,例如,人身安全、生活穩定、有自己的財產、身體健康以及免受威脅等,只有在生理和安全需求滿足後,愛與歸屬的需求始能相繼產生。當這些需要獲得滿足之後,個人進一步追求**尊重的需求**(esteem need),也就是關心自己的成就、地位以及受他人肯定。第五個層次為**自我實現**(self-

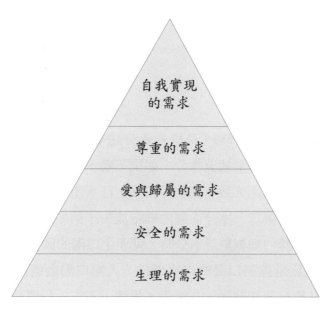

圖10-1　需求層次理論

資料來源：採自Maslow（1970）。

actualization）的需求，就是追求真善美至高人生境界的需求。以上各需求層次是循序漸進，拾級而上的，當某一個階層的需求得到滿足之後，就產生下一個需求。但是，大多數人都很難到達最高層。

　　因為人類行為極為複雜，而且個別差異很大。例如：動機與年齡有密切關係，兒童期追求被人關愛；青少年期追求知識、異性與職業技能；成年期注重生兒育女、事業發展與社會地位；老年期追求健康與永生。此外，動機與個人過去生活經驗有關，自小家庭生活貧困的人，一生可能以追求財富為生活的重心；幼年失去母愛的人，可能想早婚以期得到異性的愛；父母婚姻不美滿者，容易影響子女對結婚的動機；求學受挫的學生，可能對社會或政府產生不滿的態度。由上述可知，人類行為很難以單一理論來解釋。

第三節　生理性動機

## 一、口渴動機

　　人身體的水分大約占75%，身體的水分隨著排汗、小便與排泄逐漸消失。因此，每個人需要時常補充水分，如果不喝水或喝其他液體，一般人無法生存10天。口渴的原因大致有兩種：第一，汗水隨著工作、運動、排泄等情況，從身上流失；第二，水分從體內細胞流失，例如：吃得太鹹，體內細胞釋放出水分，當體內細胞缺乏水分時，就產生口渴的動機。

　　大腦的下視丘是控制口渴的主要部位，人類口渴動機除了生理因素之外，也與心理狀態有密切關聯。在緊張、焦慮、不安、恐懼及憤怒等情況之下，容易感覺口乾舌燥。有些人常以喝酒來解渴，然而根據醫學研究報導，酒精使體內的水分揮發，所以喝酒反而更覺得口渴。

　　當個人產生口渴動機之後，解渴的方式有個別差異。有人喜歡喝果汁，有人喜歡喝茶，有人偏好冰開水，也有人選擇牛奶或水果，這些偏好大都由個人生活經驗中學習而來的。但是，解渴最好喝白開水、蒸餾水或礦泉水。

## 二、飢餓動機

　　每一個人都曾經有肚子餓的經驗，飢餓動機使人尋求食物來吃。進食可以滿足或降低飢餓動機，可是，為什麼有人吃得過度肥胖？有些人為了苗條身材節食而骨瘦如柴？為什麼人飢不擇食或對食物有特殊偏好？這些問題不僅與生理有關，更牽涉到心理層面的問題，以下將分別討論這些問題。

## （一）生理因素

在哺乳動物大腦下視丘有兩個部位，具有產生飢餓動機與調節飲食行為的功能（Steffens et al., 1988）。其中一個為**下視丘側面**（lateral hypothalamus, LH），它是激發動物產生飲食慾望的區域，又稱為**進食中樞**（feeding center）；如果這個區域遭受破壞，動物會失去進食的動機。另外一個為**中室下視丘**（ventromedial hypothalamus, VMH），它是抑制動物進食的部位，又稱為**飽食中樞**（satiety center）；如以電流刺激這個區域，動物就停止進食。如果以外科手術去除這個區域，動物會大量進食造成過度肥胖，體重增加到原來的六倍，以老鼠為對象的實驗可以得到證明（圖10-2）。這種現象是因為飽食中樞喪失調節新陳代謝的功能所致。

一般來說，胃愈飽就愈不覺得飢餓，可是因胃癌切除胃部的人，仍然有飢餓感。換言之，飢餓感不是完全來自胃部。有些學者研究發現：食物經消化轉化成葡萄糖，經小腸吸收之後傳送至肝臟，再抵達大腦下視丘就會產生飢餓的感覺。

圖10-2　去除飽食中樞，體重顯著增加

　　另外，有一些學者認為，由胰臟分泌的**胰島素**使人產生飢餓感（Rodin et al., 1985）。胰島素分泌過量產生強烈飢餓感使人大量進食，造成過度肥胖症。食物在消化過程中，胃腸蠕動分泌膽汁滲入血液中，也會使人產生飢餓感（Flood et al., 1990）。

## （二）外在環境的刺激因素

　　不少人看到可口佳餚或聞到香味，就產生飢餓感，這種動機與外在環境所提供的刺激有密切關係。錫哈特與葛洛斯（Schachter & Gross, 1968）曾經做一個實驗來研究這類問題。他們請一群受試者一天不戴手錶，無法隨時知道正確的時間，受試者只能從實驗室內牆上的掛鐘，得到時間的線索。

　　第一天實驗人員將室內時鐘撥快一小時，第二天則撥慢一小時。實驗進行時將受試者帶到實驗室，室內桌上擺滿各式美味可口的點心，當時真正的時間是中午12點，叫受試人員可以隨意自行取用。實驗結果發現：受試者第一天看到掛鐘指著下午1點，第二天看到的時間是上午11點，事實上兩天都是同一時間，肥胖者第一天的食量幾乎是第二天的兩倍。從這個實驗結果可知，受試者飢餓感受到外在時間線索的影響很大。

## （三）情緒因素

　　一般人在不如意的情境之下，容易產生焦慮不安、食慾降低、食量減少的現象。可是，也有人以吃許多食物來排除煩悶，女性比男性較為明顯，肥胖者更是如此（Grunberg & Straub, 1992）。不少球員在進行比賽時，常以嚼口香糖來消除緊張。一般人心情愉快的時候，食慾大增；反之，心情不好時，食不知味，食慾減退。例如：憂鬱者在陷入情緒低潮時，不思茶飯，食而無味。

## （四）飲食與體重

　　飲食過量容易導致肥胖，世界衛生組織（WHO）於1966年將肥胖列為

一種慢性病，體重超重者容易造成心臟病、高血壓、動脈硬化、中風、腰痠背痛及糖尿病。**肥胖**（obesity）是指體重超過理想重量的15%至20%；男性的理想體重為身高減80乘以0.7，女性的理想體重為身高減70乘以0.6。肥胖者比較容易受各種美食的吸引，看到他人吃食物就產生想吃的慾望。肥胖的原因與遺傳、飲食習慣、新陳代謝、脂肪細胞以及飲食節制等，都有密切關係。

### 1. 遺傳因素

同一父母所生的小孩，從小被領養在不同家庭，長大之後體重很相似；同卵雙生子從小養育在不同家庭，長大以後的體重也很相近。由此可知，基因在體重上扮演很重要的角色（Stunkard et al., 1990）。在10歲以前就已經肥胖的人，通常與遺傳基因有密切關聯（Price et al., 1990）。

### 2. 飲食習慣

肥胖的人往往喜歡攝取高熱量食物，例如：炸雞、乳酪、薯條、起司、牛排、漢堡、冰淇淋以及各種甜點等。他們雖然三餐的食量不比一般人多，可是零食吃得比較多，又喜歡吃速食，常一邊做事、一邊吃東西，吃飽了還不自覺。同時，又有吃宵夜以及一日多餐的習慣。

### 3. 新陳代謝

每一個人從事各種活動，身體所消耗的**卡路里**（calorie），需要由食物來補充。經由飲食所產生的能量，大約三分之一就足夠個人基本作息活動所需，其餘三分之二儲存在體內。如果個人缺乏運動來消耗這些多餘的能量，體內新陳代謝減緩，脂肪累積增加，久而久之就使體重增加。

### 4. 脂肪細胞

有一些生理學者發現：正常人體內大約有300億至400億個脂肪細胞，這些細胞的數量受基因與飲食習慣的影響而產生變化。脂肪細胞可以儲存液化脂肪，食量大的人其脂肪細胞大量增加。反之，食慾減退，脂肪細胞數就減少。當脂肪細胞超過一定的界限時，個體就可能變成肥胖。

### 5. 飲食節制

許多肥胖者到醫院或健身中心接受減重訓練，每天吃少量而且低熱量的

食物，同時又配合運動訓練以及睡眠時間的限制，經過一段時間之後體重下降很多，甚至接近理想體重。可是，很多肥胖的人在減肥成功回家之後，由於無法自我節制飲食又不喜歡運動，睡眠時間又長，其體重甚至比去減肥之前還要重。

青春少女想要保持身材苗條，容易認為自己太胖於是過度減少飲食，嚴重者成為**厭食症**（anorexia nervosa）患者，其人數百分比大約為同年齡男性的10倍。與厭食症相反的**暴食症**（bulimia nervosa），患者常大吃大喝，然後以瀉藥或催吐方式把吃進去的食物吐出來，這種個案以年輕女性居多。

# 三、性動機

人類藉著性來繁衍下一代，**性動機**（sexual motivation）無法獲得滿足，不會危及個人生命。人類的性行為除了受生物因素的影響之外，還帶有社會文化的色彩。以下將討論與性動機有關的問題。

## （一）荷爾蒙的功能

男性的睪丸與女性的卵巢可以分泌性荷爾蒙，影響性動機。男性荷爾蒙含有**雄性激素**（androgen），女性荷爾蒙含有**雌性激素**（estrogen）；下視丘與腦下垂體，都有調節這些荷爾蒙分泌的功能。動物的性慾完全受荷爾蒙的影響，雌性動物只有在春情發動期，才接受雄性的性行為。同時，荷爾蒙影響雄性動物的性慾，例如：公猴的睪丸被閹割之後，因為缺乏雄性激素，所以對雌猴缺乏性趣；公猴如接受注射**睪丸素酮**（testosterone）以後，就恢復性趣，其他動物的實驗，也得到相同的結果。

就人類來說，睪丸被割除（例如：古代宦官）不再分泌雄性激素，但是仍然有性趣，甚至可以照常與異性發生關係。女性在進入更年期，其卵巢不再分泌雌性激素，停經之後不需擔心懷孕，對性的興趣不減反增。由此可見，人類性行為比一般動物更為複雜，這種現象不純粹是來自生理的因素。

（二）擇偶動機

　　有些動物會以華麗的外貌或聲音來吸引異性，人類除了外觀長相之外，學經歷、人格特質、才能、社會地位與經濟能力等，也是吸引異性的重要因素。男女兩性在選擇對象的動機方面有一些不同。很多研究顯示，男性在追求異性時比較重視女性的年齡與相貌，他們喜歡年輕貌美的窈窕淑女；女性則喜歡甜言蜜語、體貼入微，能打動她芳心的男士。換言之，女性欣賞懂得表達愛情與忠心耿耿的男性。

　　就心理分析的觀點，個人由戀愛到結婚，男女雙方能夠彼此鍾情最後以身相許，其擇偶動機大都受到個人潛意識的影響。例如：幼年失去母愛的男性，可能喜歡母親型的女性，這種女性有的年齡比他大，有的具有照顧、關愛人的人格；幼年家庭生活窮困的男生，比較喜歡富有人家的女子，或喜歡能跟他一起打拚賺錢的女性。反之亦然，例如：第三世界與社會主義國家的女性，因為家境清寒、生活困苦，因此喜歡有名望、有事業心與經濟條件良好的男士（Buss, 1994）。

　　有些人在尋求異性時，傾向於找尋對方所長可以彌補自己所短的對象。例如：個子矮的女性，可能喜歡個子高的男性；喜歡音樂但自己無音樂專長的男士，可能找個會彈琴的女性。家庭生活經驗對個人追求異性動機，也頗具有影響力，例如：父母婚姻生活不美滿者，可能使子女產生避免與異性交往的心理。兒子對媽媽滿意者，他可能喜歡與母親同類型的女子。反之，父親讓女兒滿意者，她則可能喜歡與父親同類型的男性。老年喪偶者，是否有再結婚的意念，頗受其與原配偶感情的影響；也有一些人，因為同情對方不幸的遭遇，而萌生愛意。

　　根據布士（Buss, 1994）的研究，在37個國家中調查10,000人對擇偶的看法，結果發現：中國人最重視對方是否是處男（女）；大多數國家的受試者，都很重視伴侶做家事的能力，以及宗教信仰是否相同。

## （三）同性戀

同性戀（homosexuality）是指同性之間相互愛慕、擁抱、接吻，甚至性交之行為。同性戀由來已久，有些歷史上著名的人物，例如：亞歷山大大帝、柏拉圖、亞里斯多德等人，相傳都是同性戀者。目前在許多國家，大多數人極力反對同性戀，認為同性戀是性慾顛倒或心理病態。許多基督教或天主教教會人士，更將同性戀視為禁忌（taboo）。自從20世紀以後人權運動興起，在美國有一些州的法律承認同性戀者結婚是合法的，他們在就業方面也受到法律保障。根據金賽與其同事（Kinsey et al., 1953）的研究報告，由異性戀到同性戀之間，可以分為幾個等級，同性戀則是最極端的情形。其發生率大約占總人口的4%至17%，其中男性多於女性（引自周勵志，1993；Gonsiorek & Weinrich, 1991）。

同性戀的原因眾說紛紜，心理分析論與行為主義學者，大多數認為是由環境所造成的。作者歸納相關研究與文獻，同性戀產生的原因有以下幾種：

1. 對異性不滿或失望，轉而以同性作為愛慕的對象。
2. 曾經受過異性虐待，產生怨恨異性的心理。
3. 母親個性剛強，父親懦弱，母親成為兒子認同的對象。
4. 生活環境中很少有機會接觸異性，例如：監獄、軍隊及單一性別學生的學校。
5. 社會大眾過度關注，大眾傳播媒體大肆報導，使人對同性戀產生社會學習。
6. 崇拜同性的偶像人物，以彌補自己的缺點。

近年來，有一些學者研究發現，同性戀與下列生理因素有關：

1. 同性戀者52%為同卵雙生子，22%為異卵雙生子（Bailey & Pillard, 1991）。
2. 男同性戀者X染色體上有特殊的遺傳因子（Hamer et al., 1993）。
3. 大腦下視丘前葉與第三間隙核比正常人小（Levay, 1991）。

4.胎兒期男性荷爾蒙分泌失常。

5.母親懷孕時，服用過多的黃體激素藥物。

6.母親懷孕期間，遭受過大的壓力。

以上學者的研究，顯示同性戀受遺傳因素的影響。但是，同性戀也可能受環境的影響。不過，同性戀的真正原因，尚有待進一步探討。

過去，同性戀一直被認為是違法的行為，在西方文化復興之後，更被列為禁忌，凡觸犯者會受到嚴刑峻法。一直到1960年代之後，在美國由於同性戀者人數眾多，同性戀運動興起，於是受到美國政府與一般人民的重視。加上美國精神醫學會在1980年，已將同性戀自心理疾病種類中除名。不過，近年來醫學研究證實，同性戀與**愛滋病**（acquired immune deficiency syndrome, AIDS）的確有密切關係。

## （四）母性動機

**母性動機**（maternal motive）是指，母親表現愛護子女行為的內在動力。母性動機是天生的或遺傳的？大多數動物心理學家認為：雌性動物在生產之後，授乳期間腦垂腺分泌一種泌乳激素，此激素經由神經傳導到大腦某一特定部位，使雌性動物表現母愛行為。由泌乳激素所產生的母愛驅力，遠大於雌性荷爾蒙的影響力。另外，雌性動物生產下一代過程極為痛苦的經驗，可能也是促成母性動機的原因之一。

由於母性動機的存在，動物得以生生不息，綿延不絕。人類母愛的驅力非常強烈，曾有不少母親願意將自己身體的內臟器官割下，以挽回子女的生命。難怪每年的母親節，已經成為普世共同慶祝的節日，而父親節則少人慶祝。母性動機是否與母親幼年時代，獲得母愛的多寡有關？母親對每一個子女的愛心有無個別差異？尤其對身心障礙子女或資賦優異子女，是否有特別關愛的動機？這些問題都值得再進一步探討。

## 第四節　心理性動機

人類的動機除了以生理為基礎的動機之外，還有心理性動機及**社會性動機**（social motive），心理學家則常探討心理性動機。這種動機比較多，大致可以分為成就動機、親和動機與權力動機，以下分別簡要說明之。

## 一、成就動機

**成就動機**（achievement motivation）是指個人追求卓越成就的內在驅力。換句話說，成就動機是勇於接受嚴酷考驗、挑戰，在與他人競爭的過程中，超越他人以及達成卓越表現的內在力量。這種動機屬於馬斯洛需求理論的第四與第五個層次，也就是追求尊重和自我實現的需求。

個人的成就動機，成為追求各種成就的原動力。成就動機的高低，頗受生活經驗的影響，例如：幼年生活貧困的人，長大成人以後，比較有一股奮發向上的力量，追求成功擺脫貧苦的生活。同時，個人成就動機也受到社會文化的影響，生長在劇烈競爭的社會裡，無形中激發個人追求更高成就的意志。這種現象在現代化的大都市裡頗為常見，很多人為了達到目標不擇手段。相反的，在一些落後的國家，當地人民過著日出而作、日入而息的生活，他們追求成就的動機就比較低。

成就動機造成經濟成長、科學進步、生活富裕，這對人類文明的進展有很大的貢獻。世界上不少賢達人士，其個人的卓越成就大都來自高度的成就動機。以下將分別就有關成就動機的問題，作簡要說明。

### （一）成就動機因人而異

有很多具有高度成就動機的人，在其人生旅程中勇於接受挑戰，勤奮不懈，凡事全力以赴，不達到目標絕不罷休。這種人屬於**內在控制**（internal control）者，他們認為個人的命運，完全掌握在自己的手中。另外，有一些

人的成就動機很低，他們凡事順其自然、逆來順受、與世無爭，這類人相信
命運控制自己的前程，他們屬於**外在控制**（external control）者。

　　一般來說，高成就動機的人對自己的未來充滿樂觀與希望，為了達成最
終目標凡事積極進取，因此他們成功的機率比較大。父母在養育子女時，如
果特別強調要與人競爭才能出人頭地，對子女的成功加以讚美，有助於提高
子女的成就動機。相反的，低成就動機的人，大都生長在優裕的環境，習慣
享樂生活，缺乏奮鬥及莊敬自強的精神，其成功的機率比較低。他們父母教
養子女的態度，與高成就動機者相反。但是，有一些學者研究發現，高成就
動機的人，喜歡選擇中等難度的工作（McClelland, 1987）。

## （二）成就動機受情境的影響

　　亞特金森（Atkinson, 1992）認為，影響個人的成就動機有以下三個情境
因素：

　　1. 個人追求成功動機的強度。

　　2. 個人估計自己努力工作以後，成功的機率有多大。

　　3. 個人成功以後有何意義。

　　他的研究發現：個人認為奮鬥之後成功的機率大，而且成功對自己有正
面的意義，則成就動機比較強。例如：某生認為選修高等微積分，只要努力
用功就可以拿高分，這一科成績優異對自己升學深造有很大幫助。因此，該
生就產生強烈的動機去修習這門課程。

　　亞特金森認為：高成就動機者喜歡選擇中等難度的工作，因為中等難度
的工作成功的機會比較大。如果工作難度低，雖然成功的機率大，但是所獲
得的成就感都很低；高難度工作雖然成功的果實很豐碩，但是成功的機會相
對不高。

## （三）成就動機與恐懼失敗有關

　　成功雖然是每一個人夢寐以求的事，但是為何並非人人都有高成就動機？亞特金森（Atkinson, 1981）認為：這是因為每個人都存有恐懼失敗的動機。個人在追求成功的歷程中，失敗在所難免，因此恐懼失敗的力量，有時超過追求高成就。由於個人存有恐懼失敗的動機，於是產生奮發圖強的動力以及冒險的精神，因而可能獲致高成就。可是，也有一些人恐懼失敗，其行為僅止於追求不失敗而已，這種人傾向選擇容易的工作，於是不容易有高度的成就。

## （四）成就動機有性別差異

　　在傳統社會裡，大都受重男輕女文化的影響，因此培養了男性追求希望成功、女性恐懼成功的價值觀。換句話說，不能接受有高成就的女性。俗話說「女子無才便是德」，由此就可得到印證。女強人可能使追求她的男人產生卻步；女性有高的成就，會減少吸引男性的魅力。巴爾金（Balkin, 1987）研究發現：男朋友上大學的女大學生，大約有10%害怕自己成功；男朋友沒有上大學的女大學生，則有42%害怕自己成功。

## （五）成就動機有社會文化的差異

　　雖然在不同的社會文化之下，父母都希望小孩將來能有很高的成就，可是在不同的社會文化，對小孩成就的要求與期望則有很大的差異。例如：在華人社會的父母，大都期待小孩學業有傑出的表現，將來能狀元及第，光宗耀祖，出人頭地。但是在美國的父母，大都期待小孩學習自我獨立。

　　近年來有一些研究發現，由於兩性平權的觀念逐漸被社會大眾接受，因此使得兩性成就動機的差異日益縮小，女性恐懼成功的現象逐漸消失。這個現象由各種高收入的行業（例如：醫師、律師、會計師以及建築師等），都有不少女性可以得到證明。

## 二、親和動機

　　**親和動機**（affiliation motivation）是指個體在生活中，希望與他人建立或維持**親密關係的需求**（need of intimacy）。這種需求包括：得到他人的關心、支持、友誼、認可及支持等，這些需求也屬於社會互動的層面。

　　親和動機也有個別差異，以主題統覺測驗（TAT）可以測量個人親和需求的程度。女性的親和需求高於男性（McAdams et al., 1988），親和需求較強的人，對別人比較有同情心、關心與愛心，這種人熱衷於各種社交活動，喜歡主動與人接觸。反之，親和需求較低的人，比較自我中心、我行我素、獨來獨往。親和動機較高的人，通常人際關係比較好，因此，他們成為團體領袖的機會比較大。

　　個人在與他人建立親密關係之前，彼此經過長期頻繁互動，從中共同分享相處的樂趣。當親密關係建立之後，彼此相互依賴與相互影響。由親和動機所產生的和諧人際關係，可以產生愉快的與喜悅的情緒。反之，當個人親和動機受到挫折時，可能產生憤怒、失望、冷漠以及憂傷的情緒。

## 三、權力動機

### （一）權力動機的涵義

　　**權力動機**（power motive）是指，個人具有支配他人或影響他人的慾望。具有強烈權力動機的人，不但希望自己的行為能影響他人，而且對社會事務具有濃厚興趣。

### （二）權力動機的種類

　　權力動機可以分為**個人化權力動機**（personalized motive）與**社會化權力動機**（socialized motive）兩類。

## 1. 個人化權力動機

個人化權力動機可分為以下三類：

(1)喜歡參與社會活動，找機會表現自己，塑造良好的社會形象，對才華超越自己的人就想盡辦法擊敗他。

(2)熱衷政治活動，追求個人名位，利用各種手段來達成目的，運用各種手段鞏固自己的地位，或聯合同夥打擊異己。

(3)追求物質享受，控制或掠取經濟資源，竭盡所能累積財富，藉以炫耀自己的社會地位。

## 2. 社會化權力動機

社會化權力動機可分為以下三類：

(1)關懷社會，以自己的專業知識或作品，企圖影響他人，例如：畫家、音樂家、學者、傳播媒體主持人。

(2)關心社會事務，以自己的能力服務社會人群，例如：牧師、醫師、律師、社工師、民意代表。

(3)關心社會大眾福祉，企圖以個人的才能領導群眾從事改革，以自我實現為目標，例如：中國的孫中山、印度的甘地。

權力動機究竟來自天生的或後天的學習？這個問題到目前為止尚無定論。一般社會心理學者大都認為，權力動機是由社會學習而來。心理分析學者認為，個人權力動機來自幼年時代父母嚴厲的管教，個人沒有得到充分自由的結果。

## 第五節　情緒

情緒（emotion）是指個人在受到某種刺激之後，產生喜、怒、哀、樂等的心理狀態。每一個人都有情緒的經驗，例如：有喜事心情舒爽，參加舞會覺得興奮，參加喪禮覺得悲傷，貴重的東西遺失或被歹徒詐騙會覺得懊

惱，身體不舒服心情不好等。情緒與心理健康有密切關係，長期陷入焦慮、
憂鬱情緒的人，需要接受心理診斷與治療。

　　情緒影響個人的日常生活，它與動機相互影響。一般人常以情緒向他人
表達自己的感受。近年來，心理學者對情緒的研究頗多，以下將就情緒有關
的問題，加以討論。

## 一、情緒的性質

　　情緒是由某些特定原因所引發的，這些特定原因可能來自內在因素（例
如：身體疼痛），也可能來自外在因素（例如：彩券中了大獎），情緒通常
涵蓋以下三個層面。

### （一）生理方面

　　個人在情緒激動時，生理方面常有以下反應：
　1.呼吸急促。
　2.血壓升高。
　3.心跳加速。
　4.眼睛瞳孔放大。
　5.胃腸蠕動減少。
　6.血糖濃度增加。
　7.肌肉緊張，起雞皮疙瘩。
　8.毛髮豎立。

華人祖先早就以生理變化來判斷嫌疑犯有無說謊。測謊時，法曹令嫌犯
含一口乾燥的白米，然後詢問與案情有關的問題，嫌犯以點頭或搖頭表達
「是」或「不是」。隨後令嫌犯將口中所含白米吞入或吐出，凡吞吐順暢
者，就判為誠實或無罪；反之，假如吞吐困難、臉色鐵青或吞吐零零落落
的，就判為說謊或有罪。因為法官認為犯罪者對案情會緊張，使得唾液分泌

減少，造成口乾舌燥，當口中所含白米吸收少許唾液之後，口腔更加乾燥，吞吐就困難了。不過，這種測謊方法尚缺乏科學的證據。

現代的**測謊器**（lie detector），就是根據個人在情緒狀態之下，生理變化而設計的**多線記錄器**（polygraph）（圖10-3）。在正式進行測謊之前，將縛帶繫於受試者的胸前，可以測量呼吸的速度；縛帶繫於手臂，可以測量心跳；縛帶繫於手指上，可以測量皮膚電流反應。各種生理反應，均自動記錄在紙帶上。測謊者根據受試者在回答問話時，紙帶上所呈現各條曲線的疏密情形，作為研判其是否說謊的依據。

在實際進行測謊時，研究人員先對受試者詢問一些與犯罪案情毫不相干的問題，受試者只許回答「是」或「不是」，受試者回答這些中性問題時，所產生的生理反應，即視為**基線**（base line）。接著再詢問一些與案情有關的問題，例如：「兇殺案發生後，你為什麼不到案說明？」研究者在不同時間內，分別詢問與案情無關或有關的問題，再由多線記錄器的生理反應曲線分析是否有說謊或隱瞞案情。

圖10-3　測謊器

資料來源：採自Atkinson等人（1987）。

　　測謊器可以作為研判犯罪案情的工具，但是到目前為止，測謊結果仍然不可以作為偵察犯罪的唯一證據。因為，很多累犯習慣說謊，不會產生焦慮不安，無罪的善良百姓如接受測謊，反而產生害怕與恐懼。由測謊器偵測結果，大約有25%的正確性（Bashore & Rapp, 1993）。

## （二）認知方面

　　個人處於刺激情境之下，引起的喜、怒、哀、樂、憂、懼等情緒，自己可以主觀經驗得到。如果只觀察個人的外在行為表現，也不容易判斷其情緒。例如：當你看見一個人臉上的笑容，很難揣摩他是否高興，因為笑有喜笑、苦笑、傻笑、奸笑等不同類別。

　　一個人對事物的認知或評價，也影響其情緒。例如：某生考上大學，如果他認為只要唸大學前途就光明，可能表現愉快的情緒。反之，如果該生認為自己考上的冷門學系，畢業後沒什麼前途，就可能產生不愉快的情緒。

## （三）行為方面

　　個人在某種情緒狀態之下，有時經由肢體的動作代替語文來表達其情緒，這種表達情緒的方式，稱為**肢體語言**（body language）。臉部是表達情緒最主要的部位，例如：高興、生氣、悲傷、驚訝、討厭與恐懼等情緒，由臉部表露無遺（圖10-4）。

　　根據肢體語言學家的研究：偏好坐在椅子前端的人，情緒比較緊張或焦慮；坐姿背部靠椅背穩如泰山者，情緒較為穩定。常以鞋子敲打地面者，表示容易緊張；坐著時雙手常抱在胸前者，比較內向、膽怯，於是以雙手來保衛自己；站立時常將一隻手放入褲袋者，顯示神情緊張不安。握手時，握力大的人表示情緒穩定，為人熱忱；握力輕微的人，不易與人親近，也許擔心對方的手不乾淨。走路或講話速度快、吃飯或工作動作快的人，個性比較急躁。講話聲音大，雙眼注視群眾的人，比較具有自信心；講話聲音微弱，眼睛時常看天花板或地面者，具有膽怯的情緒。身上佩戴很多金銀、珠寶、首

圖10-4　臉部表情

飾，帽子上鑲滿各種假勳章者，顯示有自卑感的情緒。

　　在人與人相處的情境中，彼此熟悉者容易靠近一點，反之，與不相識的人容易保持距離，這種**人際距離**（interpersonal distance）可以顯現情感親疏的情緒。人類學家發現，親密的人彼此間可以接近到50公分，要好的朋友彼此間可以接近到50至125公分，一般人溝通時彼此間的距離約三公尺以上。個人企圖擁有一定的空間，防衛外人侵入而產生不舒服的壓迫感，這種**個人空間**（personal space）的大小，無形中也會影響個人的情緒。例如：搭乘電梯、擠公車或搭乘捷運的通勤族，大都有不愉快情緒的經驗。

## 二、情緒的類別

### (一) 情緒分為二至八類

1. 艾克曼（Ekman, 1982）將情緒分為：快樂、生氣、嫌惡、驚訝、害怕、悲傷等六類。
2. 湯姆金斯（Tomkins, 1962）將情緒分為：驚訝、愉快、憤怒、害怕、有趣、嫌惡、羞愧、痛苦等八類。
3. 卡喬波等人（Cacioppo et al., 2000）將情緒分為：**正向情緒**（positive emotion）與**負向情緒**（negative emotion）。正向情緒包括：快樂、有趣、愉快；負向情緒包括：生氣、嫌惡、悲傷、害怕。

### (二) 情緒分為四個象限

波士納等人（Posner et al., 1997），將情緒分為四個象限，如圖10-5所示：

圖10-5　情緒的四個象限

# 三、情緒的理論

　　人為何有情緒反應與情緒行為，以下這些理論可以做系統性解釋。

## （一）詹朗二氏情緒論

　　詹朗二氏James（1890）和Lange（1887）提出的情緒理論，如圖10-6所示。

圖10-6　詹朗二氏情緒理論圖解

## （二）肯農情緒論

　　肯農（Cannon, 1932）提出的情緒理論，如圖10-7所示。

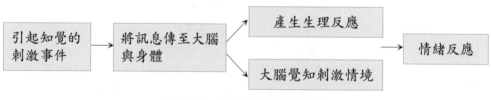

圖10-7　肯農情緒理論圖解

## （三）斯辛二氏情緒論

　　斯辛二氏（Schachter & Singer, 1962）提出的情緒理論，如圖10-8所示。

圖10-8　斯辛二氏情緒理論圖解

## 四、情緒與文化背景的關係

　　根據很多心理學家的研究，不同文化背景的人，表現情緒各有異同之處。世界各地的人們，其生氣、討厭、恐懼、快樂、悲傷與驚訝的臉部表情，大致相同。但是也有少數不同的地方，例如：在日本的社會裡，一般人在他人面前不會表現負面的情緒，包括生氣、悲傷、憤怒等，即使心裡不高興也會假裝很愉快的樣子。在東非的馬賽部落民族，年輕男子的臉部表情，通常極為嚴肅。

　　在西方世界的文化中，相當期望女性不論是否高興，都要時常露出笑容。有一個研究以美國、波蘭和匈牙利人為對象，結果發現：波蘭人和匈牙利人，比美國人較少在別人面前表現負面的情緒；美國黑人比亞洲人或西班牙人，較容易表現出憤怒的情緒（Matsumoto, 1994）。

## 五、情緒與學習

　　有一些學習心理學者主張：人類的情緒可以經由學習歷程來獲得。行為主義學者華森（John B. Watson, 1978）曾經做一個情緒學習的實驗，他以一名11個月大的小男孩為對象，這名嬰孩本來很喜歡撫摸一隻溫馴的小白鼠。實驗進行時，只要這名小男孩用手觸摸這隻小白鼠時，他立即發出巨大的聲音來嚇他；這樣經過幾次之後，小男孩一見到小白鼠就產生恐懼的情緒。

　　為人父母或師長者，尤其應隨時管控自己的情緒，在管教子女或學生時應保持溫和的情緒，不要因一件小事就大發脾氣，這樣小孩或學生就容易學習暴怒甚至攻擊他人。一個人在強烈的情緒狀態之下，容易變成很主觀、思考不周延、喪失理性，甚至表現兇殘的行為。歷年來，有很多自殺、殺人、虐待兒童、謀殺案件、縱火、虐待配偶或子女、性暴力等案件，大都與當事人情緒失去控制有密切的關係。因此，長輩應以身作則，做好情緒紓解與管理，作為後輩學習的典範，這樣有助於晚輩情緒穩定，處世圓融。個人如有正向情緒能夠延長壽命，建立良好人際關係以及提升創造力。

## 六、情緒商數

　　**情緒商數**（emotional quotient, EQ），首先由美國哈佛大學高曼（Goleman, 1995）教授提出。他認為許多學生雖然在校成績優異，可是這些人畢業後的成就卻很平凡。很顯然，在競爭劇烈的社會中，個人的IQ不是成功的唯一條件。很多事業上有傑出表現的人，他們的IQ不怎麼高，但是EQ都很高。華人父母普遍相當重視子女在學校的學業表現，可是對於子女的教養方式，比較忽略EQ的重要性，以致子女日後的事業成就很平凡。

　　情緒商數又稱為情緒智力，是指個人情緒成熟的程度。EQ高的人通常具有以下特徵：

1. 理性與感性並重。
2. 具有健全的自我概念。
3. 情緒表達與控制得當。
4. 人際關係良好，人脈很廣，廣結善緣。
5. 能自信、自重與自愛。
6. 樂觀、進取、積極。
7. 能與人競爭與合作。
8. 善於與人溝通，尊重他人。

9.具有堅強毅力，以及鍥而不捨的精神。

10.對新奇事物努力去探索。

EQ低的人，很容易產生沮喪、退縮、焦慮不安、煩躁、悲觀、易怒、猜疑、憂鬱、自暴自棄、喪失人性等特質，最後可能導致失業、犯罪、酒癮、毒癮、自殺、離婚、精神疾病等嚴重的後果。

EQ的培養應從家庭教育做起，讓每個人有愉快的童年，父母婚姻幸福美滿，對小孩恩威並重，教養子女對人有情、有義，建立良好的人群關係，養成高度的挫折容忍力。學校與社會教育方面，應重視培養學生學習克制慾望與衝動，以及紓解憤怒的方法，使個人維護自己的權益又不必訴諸暴力，成為一個受歡迎的人。

高曼教授所倡導的EQ，對現代教育頗具有啟示作用。可是，情緒所涵蓋的層面相當廣泛，同時情緒屬於相當主觀的經驗，因此到目前為止，EQ尚很難像IQ可以用客觀的方法來衡量。

## 七、影響情緒的因素

人的情緒隨時都會有變化，影響人的情緒至少有以下幾個因素：

### （一）陽光

在北歐的丹麥、瑞典、挪威等三島國，雖然空氣清新，人口稀少，社會福利制度良好，長期以來又沒有發生戰爭，可是由於冬天長期陽光不足，導致大腦神經物質（正腎上腺素）的分泌不足，容易導致憂鬱症，所以這三個國家人民自殺率，大約是赤道國家的兩倍。

台灣每年中秋節之後，逐漸夜長晝短，一般人正腎上腺素的分泌相對減少，所以在秋冬季節，容易產生憂愁的情緒，憂鬱症患者比較容易復發。「愁」這個字有秋天的心之涵義。反之，春分之後，逐漸夜短晝長，身體內分泌正腎上腺素愈來愈多，人的情緒也跟著春風滿面、喜氣洋洋了起來。

## （二）噪音

噪音在40分貝以上就會干擾人的睡眠，55分貝以上的吵雜聲音，講話就聽不清楚。在超過65分貝以上的環境裡，人們就會感到心煩氣躁，容易生氣、動怒。反之，聽古典音樂可以緩和人的情緒。

## （三）氧氣

在密不通風的環境下，氧氣稀少，如果溫度又偏高，這時腦細胞在氧氣不足的情況之下，容易使人不耐煩、易怒、脾氣暴躁、跟人吵架。夏天人們火氣大，如果吃冰淇淋可以降低體溫，減少氧氣的需要，這樣可以舒緩人的情緒。

## （四）血糖

人在飢餓的時候，血糖自然降低，同時腎上腺素與正腎上腺素隨之升高，造成情緒不穩定，容易發怒。所以一般人應盡量避免在接近中午時刻去洽公、看病或向師長請假，以免碰釘子。

台灣風俗在過年過節、結婚、訂婚、生日時，請人吃年糕、蛋糕、糖果、湯圓等甜食，人們吃了這些食物之後可以增加血糖，心情變好，充滿喜樂的氣氛。

## （五）身體疾病

人若車禍、跌傷、腦中風、腦炎、腦瘤等，造成腦細胞不正常放電，干擾腦內的邊緣系統，就容易產生大怒、激動、哭喊的情緒反應。憂鬱症患者常因缺乏一種腦神經傳導物質——血清素（serotonin），使腎上腺皮質激素分泌增加，容易造成憂鬱、自卑、早醒、失眠、哭泣以及自殺意念等消極的情緒表現。

## 本章摘要

1. 動機是使個人長久維持身心活動的原動力。動機是內在的，可由個人行為推測其動機。

2. 常見的動機理論有：本能理論、驅力減降理論、誘因理論、激發理論、需求層次理論等。

3. 馬斯洛主張人類的動機可分為：生理的需求、安全的需求、愛與歸屬的需求、尊重的需求、自我實現的需求等五種需求層次。

4. 口渴與飢餓是主要的生理性動機。

5. 下視丘是控制口渴的主要部位。口渴與情緒緊張、焦慮不安也有關。

6. 下視丘負責監控葡萄糖的濃度，當下視丘受傷時，會對動物進食行為產生影響。

7. 有些學者發現胰島素分泌的變化，以及膽汁滲入血液中，都會使人產生飢餓感。

8. 飲食偏好與文化背景、學習經驗、居住環境、氣候、宗教信仰等因素有密切關係。

9. 外在環境的線索會影響個人飢餓感。

10. 個人體重與遺傳、飲食習慣、新陳代謝、脂肪細胞以及飲食節制等均有密切關係。

11. 人類的性動機除了受生物因素的影響之外，與個人的社會文化背景也有關。

12. 同性戀是指同性之間相互愛慕，產生愛情。其形成的心理原因有：(1)對異性不滿；(2)曾受異性虐待；(3)父慈母嚴；(4)生活環境少有異性；(5)大眾傳播的影響；(6)對特定同性人物的崇拜與認同。

13. 母性動物在授乳期間分泌泌乳激素，經由神經傳導至大腦，促使雌性動物產生母愛行為。

14. 心理性動機可分為成就動機、親和動機與權力動機。成就動機是指個人追求卓越成就的內在驅力；親和動機是指個人在生活中維持與他人親近或親密的需要；權力動機是指個人支配或影響他人的內在力量。

15. 高成就動機的人屬於內在控制者，凡事積極進取，成功的機率比較大；低成就動機者則反之。

16. 影響個人成就動機的因素有：(1)個人追求成功動機的強度；(2)個人估計自己努力工作後，成功機率的大小；(3)個人認為成功有何意義。

17. 成就動機與個人恐懼失敗、性別因素有密切關聯。

18. 情緒是指個人受到某種刺激之後，所產生的心理狀態。

19. 情緒包含生理、認知以及行為等三個層面。

20. 測謊器是測量個人有無說謊或隱瞞案情的工具，它是一種根據個人在情緒狀態之下，產生生理變化而設計的多線記錄器。

21. 測謊器所測量的結果，僅供犯罪偵察的參考，不可以作為辦案量刑的唯一證據。

22. 身體語言是指個人在情緒狀態下，身體各部位的動作代替語文來表達其情緒。

23. 情緒與學習經驗、文化背景、思維等方面均有密切關係。

24. 情緒商數是指個人情緒成熟的程度。情緒商數簡稱EQ，EQ的高低與個人事業成就有密不可分的關係。

25. EQ低的人容易導致心理疾病、精神異常，甚至觸犯法律。

26. EQ高的人至少具備以下特徵：(1)情緒表達與控制得當；(2)情緒控制良好，善於與人溝通，尊重他人；(3)人群關係佳；(4)具有健

全的自我概念；(5)具有樂觀、積極、進取精神；(6)能與人競爭與合作。

27. 影響人情緒的因素有：(1)陽光；(2)噪音；(3)氧氣；(4)血糖；(5)身體疾病等。

# 第 *11* 章

# 個人生涯的身心發展

本章大綱

　　生涯發展（career development）是指個人由受孕經出生到死亡，在人生全程中身心各方面的成長與改變。個人一生身心發展，是發展心理學研究的主題。本章旨在說明有關個人身心發展的特徵，經由探究人類行為發展的過程，將有助於分析人類行為與心理歷程的變化情形。同時，了解個人身心與年齡變化的關係，以及了解個人身心與年齡及環境變化的情形，進而建立發展心理學的基本學理，作為訂定人生各時期發展的準則。每一個人的發展特徵與這些準則相互比較，就可以明瞭個人的發展是否正常。因此，對於個體身心發展的研究，所得到的資訊可以提供專業人員，對個人身心發展作適當的輔導，使個人人生全程有良好的發展。

　　本章分為以下五大部分：(1)身心發展的基本概念；(2)嬰幼兒期的身心發展；(3)兒童期的身心發展；(4)青少年期的身心發展；(5)成年期的身心發展。

## 第一節　身心發展的基本概念

### 一、身心發展受遺傳與環境影響

　　一個人一生的發展，都受到**遺傳**（heredity）與**環境**（environment）的影響。自古以來，哲學家與心理學家對於遺傳與環境對人發展影響孰重的問題，一直爭論不休。結構主義學者重視先天的影響，行為主義學者則重視環境的影響。不過，大多數發展心理學家認為，個人身心發展受遺傳與環境交互作用的影響。出生前的發展主要受遺傳影響，嬰幼兒期的身體發展，受遺傳的影響大於環境，青少年期之後發展環境的影響大於遺傳。大體來說，一個人如果有先天良好的遺傳與後天環境，其一生發展有最好的條件。

## 二、發展各階段各有其特徵

　　一個人從懷孕、出生到死亡，人生全程概略可以區分為九個階段，每一個階段各有其發展的重點，如表11-1所示。

表11-1　人生全程各個階段的發展重點

| 階段 | 期名 | 年齡 | 發展重點 |
|------|------|------|----------|
| 1 | 產前期 | 從懷孕到出生 | 生理發展 |
| 2 | 嬰兒期 | 0至2歲 | 語言與動作技能學習 |
| 3 | 兒童前期 | 3至5歲 | 語言學習與團體遊戲 |
| 4 | 兒童後期 | 6至12歲 | 認知、動作與社會技能學習 |
| 5 | 青年期 | 13至22歲 | 認知發展、學習獨立自主、兩性關係建立 |
| 6 | 壯年期 | 23至44歲 | 婚姻、家庭與職業發展 |
| 7 | 中年期 | 45至64歲 | 事業發展、社會角色扮演 |
| 8 | 老年期 | 65歲以上 | 退休生活、含飴弄孫 |
| 9 | 死亡 | | 面對人生的結束 |

## 三、身體發展有明顯模式

　　個體發展通常遵循以下三個模式：

1. **頭部到尾端的發展**（cephalocaudal development）：先發展頭部，再發展下肢。
2. **軀幹到四肢的發展**（proximodistal development）：先發展軀幹再發展四肢。
3. **整體到特殊的發展**（mass-specific development）：先發展全身大肌肉，再發展身體局部的特殊部位。

## 四、研究人類發展的方法

許多發展心理學家常採用以下方法，來研究人類行為的發展，以及探討影響行為發展的因素。

### （一）縱貫研究法

**縱貫研究**（longitudinal research），是研究同一個人或一群人，在經歷一段時間之後其身心發展變化的情形。例如：研究100名兒童，在經過10年、20年之後，認知能力的差異情形。美國心理學者特曼（Terman, 1925），研究1,500名智商130以上的兒童長達數十年之久。結果發現：智商高的兒童長大成人之後，在教育程度、社會地位以及身心健康情形等方面，都普遍優於一般人。

縱貫研究法具有以下優點：(1)相同研究對象長期重複接受觀察或測驗，研究者可以了解個體在發展歷程中，身心變化的情形；(2)可以由長期所蒐集的資料，找出影響個體行為的原因。不過，這個方法具有以下缺點：(1)研究對象容易流失，因為研究時間很長，研究對象聯繫困難；(2)接受研究的樣本與流失樣本，在身心特質方面可能不同，研究結果的可靠性頗受質疑；(3)研究對象長期接受重複測驗或觀察，容易產生練習效果，影響研究結果的效度；(4)研究時間很長，耗費人力、物力相當可觀。

### （二）橫斷研究法

**橫斷研究**（cross-sectional research），是研究者在同一時間內，從不同年齡組的人，抽取具有代表性的樣本，加以觀察或測量其行為，然後比較不同年齡組發展的差異情形。例如：研究6歲、8歲、10歲、12歲兒童的身高時，研究者從上述四個年齡的兒童中，各隨機抽取100名為樣本，同時測量各組的身高，求出各組平均數並加以比較，這樣就可以了解6至12歲兒童身

高的發展情形。

　　橫斷研究的優點是可以節省研究時間與經費，其缺點是不能了解同一年齡組的人個別差異情形，同時研究結果不能作為因果關係的推論。

## （三）橫斷後續研究法

　　**橫斷後續研究**（cross-sequential research）是同時對數組受試者，從事相當時間的研究。例如：要研究6至10歲兒童智力發展情形，則可隨機抽取6歲、7歲、8歲兒童各一班，每一年對各班實施智力測驗一次，持續三年，第一年為6至8歲，第二年這些兒童的年齡為7至9歲，第三年為8至10歲。研究者不但可以比較不同年齡層兒童的智力，同時可以分析這三個班的兒童在三年之內智力的變化情形。由此可知，橫斷後續研究法，具有縱貫與橫斷研究法的優點。

## （四）回溯性研究法

　　**回溯性研究法**（retrospective study），是根據研究樣本的現況，蒐集以往生活歷史的各種資料，據以分析研判造成目前行為的原因。在研究中、老年人人格特質，與其幼年時期生活背景的關係，常採用這種研究法。例如：嚴重犯罪行為、精神疾病、智能不足及其他偏差行為的個案研究，常訪問案主或其親屬、朋友、師長等人，將所得的資料作深入分析，就可以發現其行為失常的根本原因。

　　回溯研究法最大的優點，就是可以對個體發展過程作深入追查和分析，不過，資料蒐集不容易完整或不確定，是它的主要缺點。

# 第二節　嬰幼兒期的身心發展

　　個人的發展自母親懷孕時開始，懷孕是來自父親的精子與母親的卵子結

合成為受精卵，再由受精卵發展成一個人。在人體每一個細胞核中，有遺傳自父母特質的染色體，每一個染色體內有許多基因。所有正常人的細胞都有46個染色體，其中23個染色體遺傳自父親，23個染色體遺傳自母親。基因可以分為顯性與隱性，顯性基因始終在個人發展上表現出來，例如：黑頭髮就是顯性基因；隱性基因則在個人發展上潛藏不露。

# 一、出生前的身體發展

出生前的發展可分為：(1)胚芽期（germinal stage），零至二週；(2)胚胎期（embryonic stage），兩週到兩個月；(3)胎兒期（fetal stage），兩個月到出生等三個階段。這些階段的發展及其影響因素如下：

## （一）胚芽期

受精卵在36小時以內，細胞極快速分裂，由單一細胞分裂成許多細胞，這些細胞經由輸卵管游移到子宮，大約第七天著床在子宮壁上形成胎盤。孕婦由飲食所得到的養分與氧氣，經由胎盤供應胎兒成長，胎兒的排泄物也經由胎盤排出體外。在胚芽期孕婦通常不覺得自己已經懷孕了（Wilcox et al., 1988）。

## （二）胚胎期

胚胎期是指，自受精第二週起至第八週止。這個時期身體各部位器官的雛型逐漸形成，肌肉與骨骼開始成長，心臟、脊椎、大腦等部位逐漸成型。胚胎雖然很小，可是已經初具人樣，由胚胎可以明顯分辨手臂、手指頭、眼睛、腿、胎盤、臍帶以及耳朵。這個時期如果胚胎受到任何傷害，就可能導致流產或造成出生以後身體的缺陷。

## （三）　胎兒期

　　胎兒期是指懷孕兩個月起到出生，這個時期身體各部位器官持續成長，懷孕前兩個月骨骼與肌肉快速發展，第三個月成長性器官、手指頭、腳趾頭以及眼簾等。此後，大腦細胞快速成長，消化系統與呼吸系統日漸成熟，這個時期胎兒逐漸成為獨立的個人。在胎兒出生前三個月，身體各部位持續快速發展。

# 二、出生後的身體發展

　　**嬰兒**（infant）是指，出生至滿兩週歲的幼兒。初生嬰兒身高大約50公分，體重大約三公斤（3,000公克），頭部的長度大約占身長的四分之一，在出生至六個月身體各部分的比率沒有明顯變化，可是在第五個月體重大約為出生時的一倍，到了一週歲時再增加一倍，大約滿兩週歲身高又增加一倍。由此可見，嬰兒期身體的增長相當快速。到了三歲以後，身高與體重的成長逐漸緩慢，到了七週歲時，就能以身高來預測其未來成人的身高。

　　初生嬰兒每天睡眠大約15至20小時，這個時期睡覺與醒過來的時間不一定，因為中樞神經系統發展尚未成熟，大約到五個月以後，睡眠與清醒的時間才逐漸規律化。但是，也有一些學者的研究發現，父母育兒方式也會影響嬰兒睡眠的韻律。

# 三、影響胎兒身體發展的因素

## （一）　孕婦使用藥物不當

　　孕婦如果吸菸、喝酒以及服用各種藥物，都會傳至胎盤，胎兒吸收之後就會產生不良的影響。1961年世界上有很多孕婦服用沙利竇邁（thalidomide）鎮靜劑，後來生下的嬰兒大都四肢殘缺不全。另外，安非他命、速賜康、嗎啡、海洛因、麻醉藥、性荷爾蒙、阿斯匹靈、安眠藥等藥物，如果使用過量，都會傷害胎兒的發展，嚴重者甚至造成胎兒身體殘缺或死亡。有一項研究發現：孕婦如果每天喝三杯酒，胎兒出生以後會智力不足、顏面畸形、動作技巧或學習障礙。胎兒的父親如果吸菸、酗酒，容易傷害精子細胞，造成太太不孕或傷害胎兒的身體發展。

## （二）孕婦營養不良

孕婦必須負擔胎兒所需的養分，才能使胎兒健康成長，因此孕婦必須營養豐富而且均衡，如果營養不良容易造成胎兒神經系統的發育不全，甚至導致難產。有一些研究報告指出，懷孕期間營養不良，會降低胎兒出生之後的免疫力。因此，幼兒容易感染各種疾病，同時造成冷漠、過敏、易怒等現象。孕婦如有吸菸習慣，容易造成早產、流產、難產或導致胎兒出生後身心發展遲緩。在戰爭期間由於物質極端匱乏，造成孕婦營養不良，所以這個時期生下來的小孩，身高、體重大都不正常，其他各方面的發展也比較差。

## （三）孕婦生病

孕婦在懷孕期間感染德國麻疹、日本腦炎、梅毒、霍亂、天花、腮腺炎、疱疹、百日咳等疾病，都會傷害胎兒的發展，其中感染德國麻疹或疱疹，容易導致胎兒耳聾或心臟功能缺陷。如果孕婦懷孕期間罹患愛滋病（AIDS），胎兒的死亡率很高。

孕婦如果常涉足公共場所、接受過量的輻射線、有毒的化學物質（例如：多氯聯苯、甲苯）、長期照射X光、劇烈運動、睡眠不足、情緒過度緊張等，對胎兒的發展都有不良影響。

孕婦定期接受婦產科醫師健康檢查和指導，同時接受良好的醫療，有助於降低早產與嬰兒的死亡率。目前全世界嬰兒死亡率較低的國家為澳洲、日本、新加坡、芬蘭；死亡率較高的國家，大部分集中在非洲一些貧窮落後、

環境衛生欠佳以及醫療品質不良的地區。

　　在懷孕期間如果罹患任何疾病，即使是一般感冒都不可以隨意服用成藥，必須接受合格的專科醫師診斷與治療，以免傷害胎兒的發展，這樣才有益胎兒順利的發展。

### （四）高危險群的父母

　　父母有血緣關係、染色體異常、高齡懷孕，或父母之中有親戚基因異常，都對胎兒身體發展有不利的影響。

## 四、情緒發展

　　嬰兒自出生以後，必須受人照料和養育才能長大，在嬰幼兒時期由身體的接觸產生親情。嬰兒與父母親近而產生安全與滿足感，這種現象稱為**依附**（attachment）。一週歲的嬰兒有對母親依附的需求，兒童在成長過程中先依附母親，再逐漸擴展到他人。世界上各地人民的育兒方式，大多數由母親來照料小孩，這也是造成世界普遍強調母愛偉大的原因。可是，當母親必須外出工作或長期離開小孩，就容易使兒童產生**分離焦慮**（separation anxiety）和不安的情緒，長大以後可能對人產生冷漠、疏遠、拒絕或攻擊行為。

　　美國動物心理學家哈羅伉儷（Harlow & Harlow, 1962），曾經以小猴子進行依附的實驗。實驗室有兩隻人造母猴，其中一隻用鐵線圍繞而成，另一隻在鐵線外還包上一層絨布（圖11-1）。將小猴子放置其中，輪流在這兩隻人造母猴的胸部餵奶。實驗結果發現：這隻小猴子除了吸奶的時間以外，整天抱住用絨布包裹的那隻母猴，而不抱住另一隻鐵線母猴。很顯然的，這隻小猴子可以從絨布母猴身上，得到安全感與溫暖。

圖11-1　小猴子依附絨布母猴

## 五、動作發展

### （一）嬰幼兒自主動作發展

　　嬰兒在發展過程中，其動作發展有一定的順序，由表11-2可知，嬰兒動作發展先由翻身，繼而坐立、爬行、站立，最後能獨自行走。

表11-2　嬰幼兒自主動作發展常模

| 動作 | 年齡 |
|------|------|
| 翻身 | 3.2個月 |
| 坐立 | 5.9個月 |
| 扶手站立 | 7.2個月 |
| 爬行 | 8.6個月 |
| 獨自站立 | 11.5個月 |
| 獨自行走 | 12.3個月 |
| 上樓梯 | 16.8個月 |

資料來源：採自Feldman（2008）。

## （二）學齡前兒童動作與技能的發展

　　學齡前兒童身體發展的重點，在於細微動作以及全身的動作技能。例如：走路、跑步、爬樓梯、跳躍等。如果以年齡來區分，三歲兒童就能夠沿著一直線跑步、塗鴉、堆積木，以一隻手拿東西；四歲兒童能單腳跳躍、畫出簡單的圖形，以積木建構小房屋、用手抓住球；五歲兒童能夠單腳站立、跳繩、扣鈕扣、學習騎單車、用剪刀將紙張剪成一直線。大約每大一歲的兒童，就能夠走快一點、跳高一點、球投擲遠一點。

　　本時期兒童整體動作發展，比精細動作較好。整體動作是指身體四肢的活動，例如：跑、跳、站、推、擲等活動，精細動作是指手掌、手指等小肌肉的活動，例如：寫字、綁鞋帶、扣鈕扣、掛東西、刷牙、排積木等。

　　學前兒童活潑好動所以不能久坐，他們時常一直活動到疲倦為止。針對以上身體發展特徵，父母在家裡提供的環境，必須遵循兒童動作技能發展的順序，同時配合兒童的興趣。學校應提供足夠的、舒適的、安全的遊戲活動場所，不宜讓他們長期從事細微的動作，譬如寫字、穿針等活動。

　　由於學前兒童相當好動，所以在其活動場所應特別注意安全措施，以免兒童發生意外。例如：各種家具盡量不要有銳角，地板、樓梯、牆壁要鋪上軟墊，危險的物品（例如：洗廁所的鹽酸、刀片、針、藥品等），要放在兒童拿不到的地方，電器插座要有蓋子，以免兒童觸電。此外，不要讓兒童有接觸熱水的機會，以免兒童燙傷。

## 第三節　兒童期的身心發展

　　兒童是個人一生發展歷程中的基石。俗語說：「三歲看大，七歲看老」、「三歲決定一生」、「兒童是國家未來的主人翁」。由此可見，兒童期是個人一生發展的**關鍵時期**（critical period）。兒童期各種發展的特徵如下：

# 一、認知發展

## （一）皮亞傑的認知發展理論

　　認知是指思考、推理、記憶與解決問題的能力。歷年來對兒童認知發展研究最著名的學者，首推瑞士學者皮亞傑（Jean Piaget, 1896～1980），他自1920年代起研究兒童認知發展長達六十餘年。皮亞傑曾以智力測驗測量許多兒童，他對兒童答錯的問題進行深入分析，並且對自己的親生兒女在嬰幼兒期的認知發展情形做長期的觀察研究。皮亞傑終其一生對兒童認知發展研究的貢獻，舉世聞名。他將兒童的認知發展，分為以下四個階段：

### 1. 感覺動作期

　　從出生到兩歲屬於**感覺動作期**（sensorimotor period），嬰兒在這個時期發展出感覺和動作協調的能力。幼兒的行為從本能反射發展到能夠使用心理運作能力，也就是具有**物體恆存概念**（object permanence concept）。

　　物體恆存概念，是指幼兒在看不見物體的情境之下，知道該物體仍然存在。例如：先給幼兒看洋娃娃，再將洋娃娃以毛巾覆蓋著，四至八個月大的幼兒知道該玩具還存在著，於是會主動去掀開毛巾；但是，三個月以下的兒童則以為該玩具不存在了，所以不會主動去拿開毛巾。由此可知，八個月大的嬰兒，大都已經發展出物體保留概念。換句話說，這時嬰幼兒已經具有心智運作的能力，以後逐漸發展出更精密的思考能力。

### 2. 前運思期

　　幼兒大約由兩歲到七歲，認知能力就進入了**前運思期**（preoperational period）。例如：給幼兒看兩杯等量的水，然後將其中一杯倒入細長型的杯子，再問這名幼兒：「這兩杯水一樣多嗎？」結果發現，大多數幼兒回答說：「不一樣多。」（圖11-2）由此可知，這個階段的兒童尚未發展出**體積保留概念**（concept of conservation），也就是說，幼兒尚未具有邏輯推理的

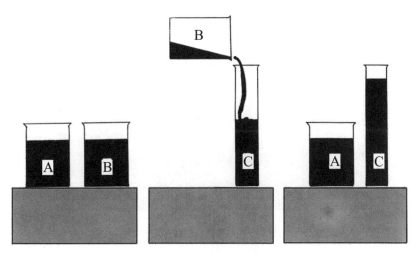

圖11-2　體積保留概念

思考能力。皮亞傑認為前運思期的幼兒，具有**自我中心主義**（egocentrism）、**不可逆性**（irreversibility）以及專心注意等特徵。茲分別簡述如下：

(1)自我中心主義

自我中心主義是指幼兒很主觀無法接受他人的觀點。例如：大人給幼兒一個蘋果，再向他要回來，這時幼兒認為「蘋果已經是我的」，於是不肯歸還他人。此外，這個時期的幼兒認為，任何東西都具有生命，也就是**萬物有靈主義**（animism）。換句話說，這時幼兒還沒有具體的思考能力。

皮亞傑認為前運思期的幼兒只能主觀看世界，不懂得站在別人的立場來思考問題，也就是不能客觀分析問題，這個時期的幼兒具有自我中心主義思維傾向。皮亞傑曾經做一個**三山實驗**（three-mountain experiment）來證明（圖11-3）。

該實驗的設計是：在幼兒面前放置三座模型山，實驗時先讓幼兒坐一邊（如圖11-3右邊），然後，將一個洋娃娃放置在對面（如圖11-3左邊）。這個時候問幼兒兩個問題：第一個問題是：「你看到三座山是什麼樣子？」

圖11-3　三山實驗情境

　　第二個問題是：「洋娃娃看到這三座山是什麼樣子？」實驗結果發現，幼兒對這兩個問題的答案，都只會從自己所坐的角度來回答，不會從洋娃娃的角度來回答問題。皮亞傑以4至12歲兒童為實驗對象，結果發現7歲以下兒童所看到的三座山，都有以自我為中心的現象。

　　(2)不可逆性

　　前運思期的幼兒具有不可逆性的思維現象，也就是思考問題的時候，只從一個方向去思考，不能倒過來思考。可逆性（reversibility）的概念則相反，可逆性是指思考問題時，能從正面去思考，也能從反面去思考。例如：

$$已知\qquad 5+15=20$$
$$就可推知\quad 20-5=15$$
$$已知\qquad 3\times 15=45$$
$$就可推知\quad 15\times 3=45$$

　　前運思期的幼兒，尚未具有可逆性的思考能力，大約要到上小學之後才具有可逆性的思考能力。也就是說：小學生的認知能力比幼兒較佳。

(3)專心注意

專心注意指具有聚精會神的態度。例如：幼兒只注意水在杯中的高度，而忽略杯子的寬度。

## 3. 具體運思期

兒童大約自7至11歲，心智能力已進入**具體運思期**（或**具體運算階段**）（concrete operational stage）。所謂具體運思是指，兒童能夠憑具體事物來思考，例如：知道由兩個正方形可以組成長方形；一個正方形可以對折成為兩個三角形。皮亞傑將這種能力稱為**可逆性**與**分散性**（decentration）。這個時期的兒童自我中心主義逐漸減弱，同時逐漸發展出解決問題的能力。

由皮亞傑的實驗結果發現：進入具體運思期的兒童，已經具有大小、重量、數目、體積、長度、面積、液體等保留概念，其中以數目保留概念最早發展完成。這個時期的兒童逐漸了解事物的邏輯關係，例如：「甲比乙高，乙比丙高，這三人誰最矮？」這個時期的兒童，大多數都能夠正確解答這類問題。

## 4. 形式運思期

在11歲以後的認知就進入**形式運思期**（或**形式運算階段**）（formal operational stage），這個時期的青少年已經具有抽象概念。形式運思是指能夠利用各種符號、文字、圖形或數字，來做抽象思考和推理，進而解決疑難的問題。在進入形式運思期之後，就能夠經由假設來解答困難的問題。這時，他們的認知能力已相當接近成人的水準。

皮亞傑的認知發展理論，對研究人類心智發展歷程具有卓越的貢獻。但是，該理論無法解釋兒童認知個別差異的現象。有一些學者的研究發現：兒童物體保留概念比皮亞傑的研究發現還早；前運思期的兒童，其自我中心或任何東西都有生命的概念，不如皮亞傑的研究發現那麼明顯（Newcombe & Huttenlocher, 1992）。此外，皮亞傑對於有些兒童同時具有上述四個時期的認知能力，也無法提出合理的解釋。作者個人認為，皮亞傑的認知發展理論偏重於兒童階段，對於一般成人的認知發展情形如能做進一步研究，該理論

對人類認知發展的貢獻更大。

## （二）維高斯基的認知發展理論

　　蘇聯心理學者維高斯基（Lev S. Vygotsky, 1896～1934），不贊同皮亞傑的認知發展論，他強調兒童的認知發展受到社會文化與生活環境的影響。他認為嬰兒的認知、記憶能力，自兩歲起便由生活經驗自然形成。兒童對各種事物的心智活動，經由與他人的語言溝通歷程來獲得。兒童的自言自語，是影響其認知發展的關鍵。他還認為兒童的認知發展與語言、社會生活經驗，都有密切關係。兒童向老師、父母或同伴的學習，其認知能力就逐漸提升。

　　維高斯基的認知發展理論，近年來頗受心理學界的重視。他認為影響兒童認知發展有以下三個因素：

### 1. 社會文化

　　依照維高斯基的看法，一個人從出生開始，在成長過程中受到風俗習慣、社會制度、宗教信仰、道德規範等社會文化的影響，兒童的認知發展與其生長的社會文化有密切的關係。簡言之，社會文化對兒童的認知發展具有重大的影響。

### 2. 自我中心語言

　　維高斯基在其觀察兒童行為中發現，兒童遭遇到問題時有自言自語的現象，他認為兒童藉**自我中心語言**（egocentric speech）來幫助其思考，因此自我中心語言有助於兒童的認知發展。

### 3. 鷹架作用

　　按維高斯基的認知發展理論，兒童目前認知的水平，在別人的協助下可以使其認知發展達到**近側發展區**（zone of proximal development），他人的協助又稱為**鷹架作用**（scaffolding）（Vygotsky, 1986）。換句話說，兒童在父母、教師、兄姊、朋友等人的協助之下，對其認知發展提供支持的鷹架，這樣就有助於他們提升思考與解決問題的能力。

## 二、動作發展

　　動作發展受到生理成熟與學習的影響，嬰幼兒動作技能的發展有一定的時程。大致來說，兩個月會抬頭，兩個半月會翻身，三個月可以靠著坐，六個月可以坐立，八個月會爬行，十個月可以短暫站立，十一個月能獨自站起來，十二個月能獨自步行，十七個月會爬樓梯。如果嬰幼兒營養不良或缺乏學習機會，就無法達到上述標準。

　　雖然兒童期動作的發展，深受生理或成熟的影響，但是文化背景與生長環境，也扮演相當重要的角色。例如：非洲肯亞與烏干達的土著民族，從小孩出生以後，就訓練小孩坐立、站起來和步行。因此，當地兒童在這些方面的發展，普遍優於美國的兒童（Super, 1976）。牙買加人對兒童動作技能的訓練非常重視。在赤道附近雨林地區的人民，常常擔心兒童從事戶外活動遇到危險，對兒童動作訓練比較晚。

## 三、語言發展

　　大約在兩歲的時候，幼兒就開始學習講話，到了三歲就能說出通順與完整的話語，這一個階段屬於皮亞傑認知發展理論的前運思期。學齡前的幼兒能夠簡單思考，以語言表達自己的心思意念。到了上幼兒園之後，幼兒大都已經具備簡單的語言能力，而且能夠了解一些簡單文字的意思，甚至能夠造出合乎文法的句子，在進入小學就讀之前，大多數兒童已經具有基本語言溝通的能力了。

　　在學前教育階段，家長或教師提供小孩各種讀物，鼓勵兒童閱讀字母、單字，有助於語文能力的發展。教導兒童使用電腦，也可以增進語言發展、閱讀、書寫的能力，因為電腦可以協助學齡前兒童分辨與認識字母，聽到字母、單字的讀音，甚至造句。有些電腦程式可以呈現故事動態的畫面，兒童

從電腦聽了故事之後，有助於其閱讀能力。此外，教師可以利用各種視聽媒體來教學。例如：以電視、投影片、收錄音機等來呈現教材，這樣可以提高兒童的注意力，進而促進其語文能力的發展。

學齡前兒童學習雙語（bilingual）有何利弊？如果要對兒童實施雙語教學，在什麼時候比較適當？這兩個問題是幼兒教育的重要課題。華裔與韓裔美國人的子女，在三至七歲之間學習美語，小孩長大之後說美語流利的程度，和美國人的子女一樣，十歲以後比六歲以前開始學習美語的效果較差。多數教育學者認為，個人學習語言的環境與學習動機，才是語言學習能否成功的關鍵因素。

有一些語言學家認為，學齡前兒童學習雙語並不會影響其母語的學習，母語說得愈流利的小孩，學習第二種語言的速度愈快。大多數兒童在初學走路的時候，可以同時學習第二種語言，在二至三歲之間的幼兒學習語言的速度並不快，因為幼兒並不能真正理解語言的意思。學習第二種語言的兒童，一開始容易將兩種語言的詞彙或文法混雜在一起，大約到了五歲以後兒童就能夠講兩種簡單的語言（Berk, 1994）。如果到了青少年以後再學習第二種語言，則困難度程度比較高。學習第二種語言最好的時機，是在幼兒園至小學畢業這一個階段。

目前在台灣有許多幼兒園，自稱為幼兒雙語教學學校，雖然這一類學校的學費比較昂貴，可是仍然有不少家長將小孩送到雙語幼兒園，這種學前教育學校的雙語教學，以中文和美語為主。幼兒除了在學校之外，在家裡與很少有學習美語的環境，幼兒學習美語的成效究竟如何？難免令人質疑。因此，幼兒園的兒童是否需要學習第二種語言，目前教育學者的看法仍然相當分歧，莫衷一是。不過有一些雙語教育專家認為，雙語教育是否有效，教師的教學方式最重要。

學前兒童學習語言，最重要的是要有良好的學習環境，幼兒學習語言的對象，例如：幼兒園老師、媽媽或保母，都需要口齒清晰、發音正確、語言流利，同時善於鼓勵兒童說話，如果兒童說話正確則給予讚美，這樣就有利

於兒童語言的發展。

## 四、社會與情緒發展

### （一）社會發展

　　兒童從小學習成為社會成員，這種過程稱為社會化（socialization）。父母、家人、同伴、學校以及大眾傳播媒體，都會影響兒童的社會化。艾瑞克森（Erikson, 1963）將出生到兒童期的心理社會發展，分為四個階段：

1. 第一階段

　　由出生到滿一週歲，如果嬰兒能從父母得到食物、安全感和舒適的身體接觸，嬰兒就會感受到父母的關愛，進而由依附父母的心理，發展出對他人的信任，成為以後發展的基礎。反之，假如嬰孩得不到充分的愛，長大以後就可能發展出對人不信任感，與人溝通互動時，產生恐懼、焦慮不安，進而不利於下一階段的發展。

2. 第二階段

　　由一到三歲的幼兒，開始學習語言、走路，探索的範圍逐漸擴大，心智能力逐漸成長，於是能夠表現出個人的自主感與自制的信心。如果父母適度的給予鼓勵，就可以養成其獨立自主的精神，如果父母對孩子限制過多，對大小便訓練過早或過於嚴格，則小孩長大之後，容易表現出羞恥與懷疑他人的人格。

3. 第三階段

　　在四到六歲之間，學齡前的兒童具有語言、思考及想像力，幻想自己可以成為什麼樣子，如果幼童的一切作為受到他人的肯定，長大之後表現出主動積極進取的人格，否則容易表現出罪惡感與退縮的人格特質。

4. 第四階段

　　從六歲到青春期，這時兒童已經進入小學就學，如果學習行為受到父

母、師長的鼓勵與讚美，就會發展出勤勉與奮發向上的精神。反之，如果兒童失敗的經驗過多，就容易表現出自卑感、缺乏自我價值感與自信心。

　　兒童在社會化的過程中，父母扮演極為重要的角色。假如父母對小孩有充分的愛心、耐心，同時有適當的教養方式，則兒童長大以後人際關係較佳，善於面對各種困境與挑戰，處世圓融，婚姻與事業容易成功。

　　兒童所接觸的大眾傳播媒體，對其社會行為的發展有很大的影響。電影、電視或報紙的內容與情節，會成為兒童模仿與學習的對象。近年來，世界各地暴力事件或犯罪時有所聞，實在與大眾傳播媒體所報導的內容，有密切的關聯。

## （二）情緒發展

　　兒童大約在六至八個月，就會產生與母親分離焦慮的情緒，14至18個月達到最高峰（Grossman & Grossman, 1990）。但是，不同文化背景的人民，教養子女的方式不一致：美國人重視子女的獨立自主；東方人對子女照料無微不至，小孩自出生到唸小學大都與母親同床睡覺，因此東方人比較少產生與父母分離的焦慮。

## （三）兒童性別角色發展

### 1. 性別認同與性別保留概念

　　**性別認同**（gender identity）就是兒童知道自己屬於哪一種性別，並且接受自己的性別，同時知道自己的性別永遠無法改變。大約兩歲的幼兒就知道自己是男生或女生，可是幼兒對性別還沒有明確觀念。有些幼兒以為只要將一個人的外觀改變，他的性別就跟著改變。因為幼兒會以一個人的外在特徵來判斷性別，例如：幼兒認為穿褲子的就是男生，穿裙子的就是女生；留短頭髮的就是男生，留長頭髮的就是女生。

## 2. 性別角色刻板印象

性別角色刻板印象（gender-role stereotype），就是認為男女兩性一定有何種心理特徵。例如：有一個研究發現，小學四、五年級學生認為，男生是有攻擊性的、不遵守規矩、想支配別人、冷酷無情的；女生是溫柔的、有愛心的、溫和的。隨著年齡的增加，兒童性別角色刻板印象，逐漸由一個人的外表轉變為內在心理特質。大約到了中學階段，學生的性別角色刻板印象，就比小學生較不明顯。例如：小學二年級的學生認為女生當飛機駕駛員，或男生當護理師是一件不可思議的事，可是八年級學生大都能接受這種看法。

## 3. 性別配合行為

性別配合行為（gender typed behaviors）就是兒童逐漸習得與自己性別角色相配合的行為。同時選擇與自己相同性別的兒童一起遊玩。例如：男孩喜歡玩玩具手槍、挖土機、戰車；女孩喜歡玩洋娃娃。女孩與男孩一起遊玩時，發現男孩常有粗魯、凶暴的舉動，因此女生討厭與男生一起遊玩。

# 五、道德發展

**道德發展**（moral development）是指個人在社會化歷程中，學習明辨是非善惡以及實踐道德行為的過程。柯柏格（Kohlberg, 1984）為研究道德發展的著名學者，他所提出的道德發展理論，深受皮亞傑的啟示。皮亞傑的道德發展理論，主張兒童的道德發展，歷經**無律期**（anomous stage）、**他律期**（heteronomous stage）與**自律期**（autonomous stage）。無律期的兒童尚不知是非善惡，容易為所欲為，不能自我約束；他律期的兒童需要他人約束，才表現合宜的行為；自律期的兒童已可以約束自己的行為。

柯柏格將一個人的道德發展分為三個層次，每一個層次又分為兩個階段，各個階段道德推理的特徵以及道德觀，如表11-3所示。

根據柯柏格道德發展理論，一般兒童的道德推理發展，只有在第一個層次：道德成規前期。柯柏格為了解一個人的發展到什麼層次，於是編造兩難

表11-3　柯柏格道德發展理論

| 道德發展層次 | 道德推理的特徵 | 道德觀 |
| --- | --- | --- |
| 層次一：道德成規前期<br>（preconventional level） | | |
| 階段一 | 避罰服從取向的道德觀 | 個人的行為只要不受他人懲罰就是好的 |
| 階段二 | 相對功利取向的道德觀 | 個人的行為需要受他人讚美、獎勵才是對的 |
| 層次二：道德成規期<br>（conventional level） | | |
| 階段三 | 尋求認可取向的道德觀 | 個人為了討人喜歡才表現良好的行為 |
| 階段四 | 順從權威取向的道德觀 | 個人依社會的法律規範來行事 |
| 層次三：道德成規後期<br>（postconventional level） | | |
| 階段五 | 法制觀念取向的道德觀 | 法律是為了保護個人與社會的安全 |
| 階段六 | 價值觀念取向的道德觀 | 關懷人類的福祉是普世價值 |

問題的故事，讓受試者判斷自己的看法，以下就是柯柏格使用過的一個故事（Kohlberg, 1963）。

　　有一位太太罹患一種特殊的癌症，生命垂危，經醫師診斷，只有一種含有鐳成分的藥可治好，而該藥是鎮上一位藥師最近研發的，藥師提高藥價，索費2,000美元，她先生為了治好太太的病，到處向親友借錢，只能湊到半數。他要求藥師算便宜一點或以後再還清餘款，但藥師不為所動，於是這位先生在第二天夜晚潛入藥房取藥，及時挽救了愛妻一命，你認為這位先生的做法對不對？為什麼？

　　美國心理學家季麗感（Gilligan, 1982）發現柯柏格的道德發展理論，只以男性為研究對象，而且男女兩性在社會生活經驗上不同。她認為男性重理

性，女性講求人道，所以男女兩性在道德判斷上，觀點本來就有所差異。因此，在解釋人類道德發展時，還需要考慮性別因素。

　　柯柏格的道德發展理論，認為個人的道德發展與認知發展相輔相成，認知能力愈強的人，愈能明辨是非，因此容易表現道德行為。他同時強調年齡愈大的人，對道德愈具有思考判斷的能力。換句話說，道德發展與個人的年齡有密切的關係。

　　柯柏格主張人類的道德發展循序漸進，而非跳躍式的。根據史納利（Snarey, 1985）研究27個國家人民的道德發展情形，結果大致與柯柏格的理論相吻合。不過，道德的認知與道德行為不一定同步發展，有的人道德認知能力強，卻沒有表現道德行為，也就是知易行難。台灣國民教育目標首重德育，德育不僅注重道德的認知，更注重道德行為。道德行為應由平時多加考查、記錄，例如：教師對學生行為的觀察、學生之間相互觀察與評量。為了提升社會的善良風氣，如何落實道德教育，達到心靈改革的目標，是相當重要的課題。

# 第四節　青少年期的身心發展

　　青少年期（adolescence）是指介於兒童期與成人期之間，這一個時期是人生中最不穩定的過渡時期。人們常說的「狂飆期」、「青春期」、「風暴期」、「叛逆期」等，就是指青少年期。世界各地大都有對青少年舉行特殊儀式的習俗，表示青少年已經長大成年了。但是青少年常常會感到徬徨、矛盾與迷失，就像歌德（Goethe）的名著《少年維特的煩惱》，描寫青少年心裡的不安空虛與多愁善感的心境。就年齡來說，青少年期大約介於13到22歲之間（Schlegel & Barry, 1991）。本文所謂青少年期，事實上就是少年期與青年期的統稱。

　　近年來，由於醫藥衛生發達、社會急劇變遷與家庭結構的改變，加上大眾傳播與資訊快速交流，對於青少年身心方面的發展，產生很大的衝擊。青

少年期的身心發展，至少可以歸納以下幾個特徵：

## 一、身體快速發展

青少年期身體發育快速，性生理逐漸趨於成熟。在性特徵成熟之初，稱為**青春期**（puberty），這個時期大約只有二至三年。男性大約介於9到16歲之間，平均年齡大約12歲；女性大約介於7到14歲之間，平均年齡大約10歲。也就是說，女性比男性的青春期較早來臨，同時也比較早到達性生理成熟。青少年期的身體發展，具有以下特點：

### （一）主要性徵與次要性徵的出現

當青春期來臨時荷爾蒙大量分泌，生殖器官產生明顯的變化，稱為**主要性徵**（primary sex characteristics）。男性身體明顯增高，初具大人身材，睪丸能生產精子，開始有夢遺現象；女性開始有**月經**（menstruation），第一次出現的月經稱為**初經**（menarche），卵巢開始生產卵細胞，在西方國家女生平均大約12.5歲，這時已經具有懷孕的能力，如果父母或老師沒有提早實施性教育，難免心理惶恐不知所措。青少年期除了性器官明顯變化之外，伴隨的各種生理變化，稱為**次要性徵**（secondary sex characteristics）。男性的次要性徵包括：嗓音變粗、鬍鬚、腋毛、陰毛以及體毛的出現；女性的次要性徵包括：乳房隆起、臀部變大、皮下脂肪增加、嗓音變細、身材婀娜多姿等。

由於青少年已經具有生育的能力，因此必須克制性衝動、性幻想以及性探索，以免發生婚前性行為。有不少青少年為了得到性滿足，於是以**手淫**（masturbation）來排除性衝動。但是，有一些男生手淫之後產生罪惡感，或擔心會腎虧、陽萎，因此聽信廣告購買成藥來服用。現代人性觀念愈來愈開放，所以不少中學生已經有過性經驗，如果他們沒有正確的性知識，就容易造成懷孕、墮胎、性病、中途輟學等問題。

## （二）生長陡增

　　青少年身體成長以性成熟、身高、體重較明顯，女孩大約在11歲，男孩大約在13歲時，就已經進入青春期。青春期身體快速成長，稱為**生長陡增**（growth spurt）。男性的身高大約從12到15歲開始變化，到了20歲時達到巔峰。女性大約從11到13歲開始快速長高，17歲時到達高峰。除了身高明顯變化之外，體重也明顯增加，這個時期常有食量大增、睡眠時間加長，身體各部位的發育不均衡，最明顯的是手臂、大小腿變長了。男性喜好運動，肌肉發達，不過身段並不勻稱。

　　青少年從事各種跳躍活動，例如：打籃球、跳繩、跑步，對身高的成長最有幫助。在青春期以前男生與女生的體力差不多，但是到了青春期以後，男生的骨骼、肌肉明顯比女生發達，男生的力氣大於女生，這是因為男生的肺活量與心臟都大於女生。

　　由於青少年身體成長速度快，體力相當充沛，所以他們需要發洩多餘的精力，教師最好引導他們從事各種體育活動，例如：打籃球、賽跑、踢足球。或是鼓勵他們參與音樂、美術等藝文活動，使其精神得到昇華。否則，青少年如果去從事一些違法的事，例如：飆車、械鬥、參加幫派，這樣對於青少年個人、社會與國家都將有不良的後果。

　　青少年前期大都結交同性別的朋友，在友伴交往過程中，有時可以得到他人的讚許、肯定或批評，進而發展出社交的技巧。他們的個性、外貌、身材、體能、穿著等，都是成為社交能力的重要條件。此外，青少年由於性衝動，容易造成婚前性行為。

## （三）早晚熟對兩性的影響

### 1. 早熟與晚熟的男性

　　早熟的男性在同儕中顯得人高馬大、身材魁梧，不僅在體育表現上占優勢，同時對異性具有吸引力。早熟的男性青少年比較具有自信，人際關係良

好。反之,晚熟的男性青少年,由於身材矮小,在同年齡群中容易被譏笑為長不大的孩子,因而容易產生自卑、害羞以及生活適應困擾。有一些晚熟的男孩外表比較不吸引人,所以會藉著好動、扮小丑等行為來引人注目。如果他們在學業成績方面有優越表現,也許可以彌補生理不成熟的困擾。

### 2.早熟與晚熟的女性

　　早熟的女孩在同儕中身高較高,由於有些女生身高比男性還高,所以在團體中比較不自在。早熟的女性青少年對異性有濃厚興趣,喜歡與男性約會。不過,同年齡的男性尚未發育成熟,不容易與她們約會,使得她們喜歡與年紀較大的男孩約會或交談。相反的,晚熟的女孩,其發育情形與一般男孩相似,她們對自己比其他同年齡女孩遲來的初經感到憂心。但是,這類女性青少年最後可能反而長得比較高。


## 二、認知發展

　　根據皮亞傑的認知發展理論,青少年具有抽象思考能力,其認知發展已進入**形式運思期**。青少年在邏輯推理、提出假設與檢驗假設方面的能力,幾乎與成人相等並且發展出可以自我監控的**後設認知**(metacognition)能力。青少年在生理和心理方面都產生很大變化,他們特別注重自己的外在形象,譬如:衣著、髮型,認為外在美觀會成為別人注目的焦點。所以會在腦海裡虛構一群注視他們的「觀眾」,這種現象稱為**想像觀眾**(imaginary audience)。

　　青少年常以自我為中心,相信自己比別人更厲害,相信自己是個英雄,把自己想像成超人,這種心理稱為**個人神話**(personal fable)。青少年的個人神話容易使其不顧自身安危,尤其在朋友的教唆之下,容易從事各種冒險活動,例如:飆車、吸菸、酗酒、無照駕駛、藥物濫用等,因為他們認為災禍不會臨到自己身上。由於青少年人涉世未深,尚不知人間疾苦,所以少年不識愁滋味。

綜合皮亞傑以及許多心理學家的研究，青少年認知能力具有以下幾個特徵：

1.能夠了解抽象概念。
2.能夠以抽象概念來推理。
3.對問題具有思考與辯論的能力。
4.能夠自行對問題設計可行的計畫。
5.具有批判、獨立思考的能力。
6.具有解決複雜問題的能力。

青少年常對自己的前途滿懷**完美主義**（perfectionism）與**理想主義**（idealism），以致忽略現實環境的限制。他們與父母之間存有**代溝**（generation gap），對社會制度不滿，時常認為父母、老師都不了解自己，因此容易怨天尤人，甚至憤世嫉俗，以致容易叛逆父母與反抗權威，如果為非作歹沒有給予適當輔導，就很容易誤入歧途，甚至毀了一生的前途。

在現代社會中，父母最好培養孩子具備以下十大核心能力，使他們能在劇烈競爭的世界，立於不敗之地：(1)自我管理的能力；(2)明辨是非善惡的能力；(3)解決問題的能力；(4)人際溝通的能力；(5)語文表達的能力；(6)忍受挫折的能力；(7)藝術美學的能力；(8)創意思考的能力；(9)國際化的能力；(10)終身學習的能力。

## 三、道德發展

根據柯柏格的道德發展理論與實證研究，有60%青少年的道德發展，已經到達道德成規期，此時青少年會參照成人所訂的行為規範來行事。道德發展到達道德成規前期者，大約占25%。由此顯示，青少年的道德發展尚未達到最高層次。可是，青少年期的道德發展有性別差異，一般來說，女性青少年比較富有同情心，以及關懷他人的道德情操（Gilligan, 1982）。另外，青少年的道德發展也受文化背景的影響，例如：美國青少年比印度青少年較注

重正義、遵守社會法律規範（Miller & Bersoff, 1992）。

　　青少年的認知已經具有抽象思考能力，不再依賴權威人物的看法或成人所提供的道德觀念來作為判斷的依據。青少年所遭遇到的道德問題，例如：開車、性、抽菸、喝酒、賭博等誘惑日漸增加，他們常為這些問題與父母或師長發生衝突。有些青少年為了追求獨立自主，故意採取與父母或師長不同的道德觀念。此外，青少年在道德的知行方面有時並不一致，在同儕壓力下，可能棄守自己的道德觀念，假如父母或師長沒有給予適當的輔導，可能使青少年的行為墮落，甚至造成犯罪行為。

　　綜言之，青少年的道德發展，受父母、教師、同儕、大眾傳播媒體、性別角色、居住社區環境與文化背景、宗教信仰的影響頗大。生長在良好親子關係家庭的青少年，其道德發展較佳（Eccles et al., 1993）。父母管教子女**威信型**（authoritative），其子女的道德發展最好；**寬容型**（permissive），其子女容易自我放任；**專制型**（authoritarian），其子女容易表現反抗與暴力行為。

## 四、社會發展

　　美國心理學者艾瑞克森（Erikson, 1963）對人類一生的社會發展，提出一套**心理社會理論**（psychosocial theory），該理論將人生分為八個階段（表11-4）。他認為前一個階段的社會發展，有助於後一個階段的發展；每一個階段的社會發展都有其困難或問題，發展順利，危機就可以解除，發展不順利，就會出現危機。因此，每一個階段的發展，都可以視為危機或轉機，青少年的社會發展已進入第四與第五階段。

　　青少年由於生活範圍逐漸擴大，於是想脫離父母的約束而獨立自主，在日常生活中難免會叛逆，父母應以開明、容忍、接納的態度與子女溝通，適時給予輔導與親職教育，使青少年順利社會化。在青少年期社會化的過程中，有以下兩個特徵：

表11-4　艾瑞克森心理社會理論

| 階段 | 年齡 | 心理危機 | 心理轉機 | 發展順利 | 發展不順利 |
|---|---|---|---|---|---|
| 1 | 出生至1歲 | 對人不信任 | 對人信任 | 對人信任，有安全感 | 對人疑慮不安 |
| 2 | 2至3歲 | 懷疑羞愧 | 積極進取 | 能自我約束，自我管理 | 懷疑自己的能力 |
| 3 | 4至5歲 | 退縮內疚 | 勤勉向上 | 能獨立自主，奮發向上 | 退縮、故步自封 |
| 4 | 6歲至青春期 | 自卑自貶 | 勤奮用功 | 具有成就感，具備生活基本能力 | 充滿挫敗感，喪失生活基本能力 |
| 5 | 青年期 | 角色混淆 | 自我統整 | 具有健全的自我觀念及生活目標 | 自我迷失，生活失去目標 |
| 6 | 成年期 | 孤獨疏離 | 與人親密 | 人際關係良好，感情與事業順利 | 孤獨疏離，離群索居 |
| 7 | 中年期 | 頹廢停滯 | 貢獻人群 | 事業發達，造福人群 | 自暴自棄，成為社會的敗類 |
| 8 | 老年期 | 消極絕望 | 完美圓融 | 安享晚年，樂在其中 | 悔恨交加，百般無奈 |

## （一）自我認同

　　自我認同（ego identity）又稱為自我統合，是指青少年在探索自我與覺察自我之後，認識自己的能力、家庭背景、生長環境與個人未來的發展方向。由於青少年期身心快速成長，因此容易思考「我是誰？」、「我有什麼能力？」、「我將來要做什麼？」、「人為什麼要信仰宗教？」、「選擇何種政黨？」青少年如果對未來感到困惑，就容易產生自我統合危機（ego identity crisis），青少年愈能充分了解自我，對其社會人際關係的發展就愈有利。

　　青少年對自己的看法，難免受到別人對他看法的影響，他們對自己的看法總是偏重在以下幾個層面：

　　1.自己的長相、外表。

2. 父母或老師對自己的看法。

3. 自己的能力如何。

4. 現實環境對自己的限制。

5. 自己以往成敗的經驗。

6. 自己未來的發展。

7. 自己的愛情魅力。

8. 自己的學業表現。

如果他們能夠釐清以上問題，就能夠達到自我統合的境界。否則就容易產生自我統合危機。如果自我統合危機不能夠順利解決，將阻礙個人以後的發展。

## （二）角色混淆

青少年在探索自我的過程中，需要充分了解自我，假如父母與教師沒有給予適當輔導，青少年容易產生**角色混淆**（role confusion），角色混淆是指個人人生方向迷失，所作所為不符合自己應有的角色，最後可能導致退縮、自甘墮落、自暴自棄、精神疾病或犯罪的後果。

# 第五節　成年期的身心發展

近年來，由於醫藥進步、環境衛生改善，人類壽命普遍延長。個人從青年期到死亡，這段**成年期**（adulthood）長達五十餘年，占人生全程的大部分。一般人都在成年期完成學業、從事職業活動、結婚養育子女，可說是人生旅程中的豐收期。可是，到了老年退休以後，子女相繼各奔前程，老年人進入空巢期，這時老伴、老本、老友對老年人就非常重要。台灣人口已呈現老化現象，老人福利成為社會大眾關心的問題。因此，對於老年期身心發展的研究，逐漸成為發展心理學者研究的焦點。本節將就成年期的生理、認知、社會發展等方面，分別討論如下：

## 一、生理發展

　　人類的體能大約在30歲就到達巔峰，40歲以後開始明顯退化，頭髮變白、眼睛老花、體力衰弱、疾病纏身等現象逐漸浮現。女性到了中年，由於荷爾蒙分泌減少，導致**停經**（menopause），這種生理上顯著的變化，美國大多數女性在45歲到55歲發生，俗稱**更年期**。台灣婦女平均停經的年齡，約48至50歲。中年女性停經以後，女性荷爾蒙分泌減少，停止排卵，肌肉鬆弛，骨骼疏鬆，感覺不舒服，最常見的有：焦慮不安、失眠、易怒、沮喪、憂鬱等停經症候群，這種中年危機的程度，與個人心理適應有密切關係。中年男性進入更年期的年齡不明確，除了精力大不如前，也有情緒不穩定、失眠、性功能障礙的現象，但是仍具有生育能力。

　　兩性在步入老年之後，以灰髮和皺紋、耳朵失聰、動作遲緩、齒牙動搖、感覺遲鈍、記憶力衰退、慢性病等最常見。因為新陳代謝速度緩慢，身體容易堆積脂肪，造成脂肪肝或產生高血壓、高血脂、糖尿病。因此，70歲以後意外事故發生率明顯增加。老年人的心臟、肺、腎臟、腸胃、皮膚等器官，功能日漸退化；骨骼疏鬆導致骨折或跌倒、風濕症、關節炎、頻尿、疱疹等疾病比較常見。罹患**阿茲海默症**（Alzheimer's disease）或**老年癡呆症**（senile dementia）的老人，記憶力漸漸喪失，並且出現以下特徵：(1)出門經常忘了攜帶鑰匙；(2)有時忘記回家的路；(3)忘記自己的親人；(4)注意力無法集中；(5)語言障礙；(6)情緒不穩定（Elias, Elias, & Elias, 1990）。

　　根據佛雷德曼等人（Friedman et al., 1995）的研究，個人在童年及青少年期具有健康的人格者，其老年期的健康情形比較好。同時，養成良好的運動習慣，例如：快步走、慢跑、游泳、體操、打太極拳等，都有助於個人延年益壽、延遲老化的功效。

## 二、認知發展

　　一般人的記憶與思考能力，大約在20歲時就達到頂峰，因此，有人誤以為在人的一生中，青少年期是智力最高的階段。事實上，隨著年紀的增加及生活經驗的累積，成年人在推理能力、字彙、解決問題和為人處世等方面的能力，普遍優於青年人。許艾（Schaie, 1994）曾對5,000名受試者做了35年縱貫研究，結果發現，大多數人在一生中，其語文能力、空間知覺、歸納推理、數字與文字流暢等能力，在40歲左右達到最高峰，一直持續到60歲以後才逐漸下降，甚至有些人可以持續到80歲。就性別來說，在數目與空間知覺方面的能力，男性高於女性；在語文和記憶方面的能力，女性則普遍優於男性。

　　丹尼斯（Dennis, 1968）曾研究738名79歲以上的老人，這些人有的是著名學者，有的是科學家或藝術家，結果發現：幾乎每一個人在40歲以後，創作的能力逐漸降低。可是，歷史學家、哲學家、文學家在40歲以後，還有很高的創作能力；其中科學家的創造力，在40到60歲之間最高，70歲以後才顯著下降；藝術家的創作能力在70歲以後，就明顯降低。

　　老年人的智能隨時間漸漸衰退，健康情形比較好的，衰退的速度比較緩慢。大體來說，老年人在字彙、理解、解決日常生活所遭遇問題的能力，大都優於年輕人。教育程度高、有積蓄以及高智慧的老人，其認知能力比較強（Schaie, 1990）。健康情形不良或精神狀況欠佳的老人，其心智能力退化的速度比較快，如果腦神經細胞退化或腦血管梗塞，就容易產生記憶力與抽象思考能力減退，進而造成老年癡呆症。

# 三、社會發展

## （一）婚姻

　　根據艾瑞克森的心理社會理論，成年期要面對的危機為親密或孤獨，成年人要有親密的關係避免成為孤家寡人，必須經由結婚雙方承諾永結同心、同甘共苦相互扶持，在婚姻的選擇與決定之前需要與異性交往，最好多認識幾個異性朋友，在交往過程中選擇與自己家庭背景、學歷、年齡、宗教信仰、價值觀、興趣、嗜好、身高、體重、種族等方面相似者，作為將來結婚的對象，以後比較會有美滿的婚姻生活。此外，在結婚之前最好請教長輩，同時必須把握以下幾個原則：

　　1. 不要和不是真正愛你的人結婚。
　　2. 不要和生活習慣不良的人結婚。
　　3. 不要與交往不深的人結婚。
　　4. 不要與反對你宗教信仰的人結婚。
　　5. 不要與要求和你婚前性行為的人結婚。
　　6. 不要與個性不合的人結婚。
　　7. 不要與未成年的人結婚。
　　8. 不要與身體不健康的人結婚。
　　9. 不要與家世不清白的人結婚。
　　10. 不要與家庭債務纏身的人結婚。

　　根據美國蓋洛普（Gallup）民意調查機構在1989年的研究報告，離婚者以人格不同、不忠於對方、酗酒或濫用藥物者居多。

## （二）事業

　　成年人是社會的中堅、國家的棟樑，也是個人一生中心智最成熟、處事最圓融的時期。大多數中年人有固定的收入與崇高的社會地位，政府官員、

企業老闆與社會各界的領袖，大都是成年人的天下，這時候他們也有更多的時間從事娛樂、休閒及旅遊活動，可說是人生的全盛時期。但是，成年人如果不善於投資理財，出手闊綽存款揮霍殆盡，就會造成生活困頓，在面對工作與家庭的雙重壓力之下，如果適應不良可能導致失業、離婚、作奸犯科，成為社會的敗類；道德的敗壞、人際間的惡鬥，也以成年人居多。成年人的人格大致定型，除非經歷重大的打擊，否則其個性不容易改變。

## （三）中年危機

中年人在子女長大離家之後，大部分女性從事部分時間的工作，或再度投入職業市場；這時沒有兒女的牽絆，步入空巢期的中老年人，反而覺得更愉快（Wink & Helson, 1993）。

中年是艾瑞克森心理社會發展的**生產創造對停滯**（generativity versus stagnation）階段，在這個階段重要的人生發展目標是：養育小孩，引導下一代，創造及利他。

在社會快速變遷的社會，中年人常有情緒上的困擾，例如：認為以後人生只走下坡，不會再更好。年輕時曾經有過的夢想，中年之後想要東山再起，常有力不從心的感慨。如果在中年之後事業無成，家庭生計與子女的教育經費負擔沉重，子女各自獨立離家造成空巢期。父母親逐漸衰老，甚至需要專人照料，以及要面對長輩、親人死亡的悲痛，更增加心理上的負荷。假如中年人無法調適，想要轉換就業跑道倍感艱辛，將可能導致失業、離婚、嚴重疾病，難以面對未來的生涯，對自己存在的意義有所質疑，於是產生**中年危機**（midlife crisis）。

## （四）退休

健康的成年人有更多的時間和金錢來追求人生的目標，退休以後生活的滿意度和幸福感，有時不亞於年輕人。尤其是有知心的朋友、常從事社會工作者，其心情更為愉快。男性老年人生活的滿意度，與事業成就及婚姻幸福

美滿，都有密切關係。不少老年人婚姻生活的滿意度，高於中年期。但是，經濟拮据、子女不孝順、孤獨及慢性病的老人，如果沒有完善的社會福利制度，將產生度日如年，有生不如死的感慨。

退休以後的老年人，通常健康情形每況愈下，老友舊識一一凋謝；如果老伴過世又沒有他人的關心和支持，老人家很容易陷入情緒低潮，甚至產生憂鬱，久病不癒容易造成老年人厭世而自殺。在失去老伴的老年人中，以女性感受到的心理壓力比較大。老年人在失去老伴以後，孤寂無依健康可能日趨惡化，其中又以鰥夫在無人協助料理家事之下，比較容易產生情緒困擾。寡婦在失去老公之後，還有娘家親屬的關懷，其適應餘生的能力比較強。老伴如果不幸過世，如果再婚有老伴通常可以延長壽命，子女宜多給予鼓勵支持。但是，有些子女為了爭財產，或因將來需多辦一場喪事而反對。

一般來說，老年人習慣住在自己的家，不願出遠門。世界各地區對老年人的尊敬、扶持與協助的程度不一。美國黑人、亞洲人、西班牙人比白人較喜歡與年邁的父母同住，並且給予生活上的各種協助。可是，在現代競爭劇烈、生活忙碌的社會裡，有不少老年人只好住進養生村、安養院或銀髮公寓。

## （五）面對死亡

老年人一生勞碌奮鬥，最後終究必須面對老邁與死亡。一般人都恐懼死亡，老年人也不例外。追求青春永駐、長生不老或返老還童是老年人的共同願望。老年人回顧自己的一生，如果對自己過去的成就感到滿足，就會覺得自己是有價值的，有死而無憾的感覺，可以坦然接受生命即將結束的事實，而達到自我統整（integrity）的境界。反之，如果個人回想自己過去人生的坎坷，一生窮苦潦倒，無奈年事已高，不能東山再起，面對自己的人生即將結束，難免怨天尤人，感到遺憾或自責，甚至產生絕望。

個人在面對死亡過程中，一般人會經歷否認、憤怒、與老天討價還價、憂鬱與接受等階段。不過，有虔誠宗教信仰的老人，對來世有永生的盼望，這種精神寄託使他們比較不恐懼死亡。

　　總之，個人一生的身心發展是連貫的，各階段有良好的發展，才能夠使
人生全程發展順利。一個人在退休之後，生活要有目標，否則死亡會成為唯
一的目標，這樣會加速老化並提早結束生命。老年人想要過著輕鬆愉快的生
活以及健康長壽，最好具備以下幾個條件，這樣才能夠老來幸福：

1. 有足夠的老本。
2. 有健康的身心。
3. 有健康的老伴。
4. 有子女或親人的關懷。
5. 有知心的朋友。
6. 有社會的支持。
7. 有正當的娛樂嗜好。
8. 有樂觀的心態，知足常樂。
9. 有正當的宗教信仰。
10. 活到老，學到老，退而不休。
11. 少吃多動日行萬步，多吃穀物蔬菜、海鮮、堅果、優酪乳或魚類，
　　少吃紅肉或加工的肉類。
12. 飲食節制，不酗酒，不吸菸。
13. 生活規律，不熬夜。
14. 定期健康檢查。
15. 多從事公益活動，熱心助人。
16. 預防跌倒，不騎機車或自行車。
17. 避免三高（高血糖、高血脂、高血壓）的風險。
18. 多從事心智活動，例如下棋、學習第二外語、做手工藝品等。
19. 有病要看醫師，不要隨意買成藥吃。
20. 無憂無慮，看淡生死。

上述這些條件，有賴於老年期到來之前的努力與經營。

## 本章摘要

1. 研究人類發展有四種方法：(1)縱貫研究法；(2)橫斷研究法；(3)橫斷後續研究法；(4)回溯性研究法。

2. 縱貫研究是研究同一人或同一群人，在經歷一段時間之後其身心發展變化的情形。

3. 橫斷研究是研究同一時間內、不同年齡組群發展差異的情形。

4. 橫斷後續研究，是綜合縱貫研究法與橫斷研究法，在幾年之內對不同年齡組群進行連續性研究。

5. 回溯性研究法是依研究對象之現況，蒐集以往生活史資料，據以分析探討造成目前行為的原因。

6. 個體出生前的發展可分為：(1)胚芽期；(2)胚胎期；(3)胎兒期等三個階段。

7. 孕婦使用藥物不當、營養不良、疾病等因素，均對產前胎兒有不利的影響。

8. 皮亞傑主張兒童期的認知發展可分為四個階段：(1)感覺動作期；(2)前運思期；(3)具體運思期；(4)形式運思期。

9. 兒童期的動作發展受到生理成熟、學習、文化背景與生長環境的影響。

10. 兒童期母親長期離開小孩，容易使孩子產生分離焦慮。

11. 嬰幼兒學講話只能說出不完整句子的現象，稱為電報語言。

12. 兒童在社會化過程中，受父母管教態度、大眾傳播媒體的影響很大。

13. 皮亞傑認為兒童的道德發展，歷經無律期、他律期與自律期。

14. 依柯柏格的道德發展理論，兒童期的道德屬於道德成規前期。

15. 青少年期身體快速發展，主要與次要性徵出現，早熟或晚熟對其

心理皆有很大的影響。

16. 青少年期的認知發展進入形式運思期，這時具有與成人相當之邏輯推理及思考能力。

17. 青少年的道德發展已到達道德成規期，惟其道德觀念受父母、教師、同儕、大眾傳播、性別角色、文化背景、居住地區以及宗教信仰的影響頗大。

18. 心理社會發展良好的青少年，能夠積極進取、自我統合；發展不順利者則容易產生自卑或角色混亂。

19. 成年女性在停經之後進入更年期，常有焦慮不安、易怒、沮喪、憂鬱等症候群。

20. 老年期養成運動習慣以及有健康人格者，其老化速度將減緩。

21. 成年人在推理能力、字彙和為人處世方面的能力，普遍優於青年人。

22. 成年人的創作能力與年齡高低有關。

23. 成年人是社會的中堅，也是個人一生中心智最成熟、處事最圓融的年歲。

24. 成年人的人格大致定型，除非歷經重大打擊，否則其個性不容易改變。

25. 老年人要安享天年至少要具備以下條件：(1)有足夠的老本；(2)有健康的身心；(3)有健康的老伴；(4)有子女或親人的關懷；(5)有知心的朋友；(6)有社會的支持；(7)有正當的娛樂嗜好；(8)有樂觀的心態，知足常樂；(9)有正當的宗教信仰；(10)活到老，學到老，退而不休。

# 第 *12* 章

# 人格與人格測驗

本章大綱

# 第一節　人格的涵義

## 一、人格的涵義

人格（personality）又稱為性格、品格或個性。俗語說：「改運改命，不如改個性。」品格會決定個人的未來，由此可見，人格對一個人的重要性。人格是指個人在生活情境中，對一切人、事、物所表現持續的獨特**人格特質**（personality trait）。一般人所說的人格大都指道德水準的高低，或強調個人為人處世的格調，例如：「人格高尚」、「人格掃地」、「人格破產」。心理學家所謂的人格，是屬於一個中性的字眼，它的涵義與中國俗語：「人心各如其面」中的「心」相同。

「人格」一詞，在心理學上有兩種意涵：第一，人格是指個人在各種不同場合，表現出相當一致性的行為特質；第二，人格是指個人有自己獨特的人格特質。個人即使在相同情境下的行為表現，也有個別差異。

## 二、人格的形成

每一個人出生以後，從幼年時代就已經具有不同的個性，有些兒童溫文儒雅，有些怕陌生人，有些則好動。在成長過程中，來自父母的生理遺傳、父母的教養方式、家人關係、同儕團體、師生關係、學校教育、宗教信仰、生長環境以及社會文化背景等因素，在長期交互作用之下，逐漸塑造出一個人的人格特質。

## 三、人格具有個別差異

人格特質是指個人在各種生活情境中，所表現的性情（disposition），

例如：友善的、焦慮的、誠實的、興奮的、依賴的、懷疑的、仁慈的、謙卑的、虛心的、蠻橫的。因為人格具有**獨特性**（unique），很難找到人格完全一樣的人。所以俗諺說：「江山易改，本性難移」、「一種米養百種人」，這些都是強調人格具有持續性與**個別差異**（individual difference）。

## 四、人格具有文化的差異性

生長在相同社會文化的人大都具有共同的性格，以下僅就華人與世界先進國家人民的人格特徵，加以說明：

### （一）華人共同的人格特徵

世界各國的人民，都有其共同的人格特徵。華人有超過五千年的文化，儒家與道家思想對華人的性格有相當深遠的影響。就華人共同的人格特徵來說，至少有下述幾項（黃光國，1988；楊國樞、黃光國、楊中芳，2005）：

1. 顧面子

華人喜歡將自己的成就與「光宗耀祖」、「光耀門楣」、「衣錦還鄉」、「報答父母」等加以連結，如果自己無法達成家人的願望，就覺得羞愧。

2. 講求緣分

華人普遍重視緣分，俗語說：「因緣天注定，有緣一線牽」、「惜緣、惜福」。

3. 重視交情

在華人社會普遍重視人情，講究輩分。例如：過年過節喜歡送禮、喜歡請客、拉關係、相忍為大局。

4. 相信命運

一般華人都安分守己，樂天知命，相信三分天注定，同時祭拜祖先，相信祖先保佑後代子孫。

## （二）世界先進國家人民的人格特徵

西方世界的人與亞洲人相比，較具有內在控制信念。工業化國家的人民比開發中國家的人民，更相信自己的前途掌握在自己手中（Berry et al., 1992）。美國人與澳洲人在自我警覺性方面，高於韓國、日本和台灣的人（Funder, 2001）。

美國人比較崇尚自由、民主，重視獨立自主和隱私，對自己比較具有自信心，父母鼓勵子女與他人競爭，期望子女出人頭地。日本人重視團隊精神與團體榮譽，一般人遵守紀律、講禮貌、重謙卑、服從長上的命令，父母不鼓勵子女出風頭。日本人傳統和室的房間，只以活動的紙門隔間，一門兩邊都可以輕易開啟，全家人會一起共浴。由此可知，日本人比較不重視個人的隱私（Markus & Kitayama, 1991）。

# 第二節　心理動力學派的人格理論

## 一、心理分析學派

佛洛伊德是一位精神科醫師，在其診所長期觀察患者疾病時發現：不少患者生理上的疾病都是由情緒困擾所引起，比較明顯的疾病有**歇斯底里症**（hysteria）、耳鳴與顫抖等。從此，他以心理分析法探討生理疾病的根本原因，再針對病因來施予心理治療。後來轉向研究人類心智與人格的關係，因而發展出舉世聞名的心理分析理論。

佛洛伊德首創心理分析學派（psychoanalytic approach），他認為人格是一種內在能量，使人去思考、感覺與行動。這些能量在運作過程中難免發生衝突。人類的行為由性的本能、攻擊本能、死之本能等**生物驅力**（biological drives）所掌控。

　　佛洛伊德在臨床心理診療工作上，發現患者人格、動機以及心理異常，起源於幼年時代不愉快的生活經驗，尤其是戀父或戀母方面的情結，被壓抑形成**潛意識**（unconscious），雖然潛在意識個人不容易察覺它的存在，可是對個人一生的發展卻有深遠的影響。因此他認為在人格發展過程中，性的驅力扮演很重要的角色。他曾將人類的心靈比喻為一座冰山，浮出水面上的一小部分代表意識，大部分冰山沉入水平面以下，代表潛意識，個人的性衝動、攻擊動機就是屬於潛意識。佛洛伊德利用自由聯想法，讓患者針對某個刺激（例如：作夢的主題），毫不拘束地說出來，進而探討聯想內容的潛在意識。以下就佛洛伊德的理論，作進一步剖析：

## （一）人格結構

　　依據佛洛伊德的心理分析理論，人格包括本我、自我以及超我等三部分。人格各部分都各有其功能，這三部分彼此相互影響，成為支配個人行為的內在力量。

### 1. 本我（id）

　　是人格結構中最基層的本能部分，人類的飢、渴、性、睡眠等基本生理需求，都屬於本我。佛洛伊德將本我的基本生理需求，稱為**生之本能**（life instinct），這種本能是激發個體求生存的內在力量，他將這股力量稱為**慾力**（libido）。在本我中，除了求生的本能之外，還有**死之本能**（death instinct），這種本能包括攻擊、報復以及自殺等衝動。

　　當本我需求產生時，個人為了得到立即滿足，就以自我為中心，依循**快樂原則**（pleasure principle）與**初級的思維過程**（primary-process thinking），來滿足本能的衝動，進而降低內在的緊張與衝突。例如：嬰兒飢餓時就哭，為了自己得到滿足，不管媽媽有沒有時間來餵奶，只要有奶喝就好，所以嬰兒的思考屬於初級的思維，這種思考是非理性，同時受潛意識所左右，一般人作夢的內容或說溜了嘴都是個人潛意識的表現。

## 2. 自我（ego）

是由本我分化而來的，如果本我的各種需求在現實環境中不能立即獲得滿足，個人只好將本我的衝動壓制，遷就現實社會環境的規範，因此自我遵循現實原則（reality principle）。這個時候個人的行為，依循社會的規範、禮儀、習俗、法律等，對各種問題作理性思考。佛洛伊德將這種思考模式，稱為次級的思維過程（secondary-process thinking），自我具有協調本我與超我的功能。

## 3. 超我（superego）

是人格結構中最外圍的部分。個人在生活中接受父母教養、學校教育以及社會文化道德規範，學習是非善惡，逐漸內化形成超我，超我的出現比本我或自我較晚，超我扮演內在自我管理的角色，主動提醒自己什麼事可以做，什麼事不可以做。

超我包括良心（conscience）與自我理想（ego ideal）兩部分，前者是指個人學習到有時不能只依現實來行事，而需要憑善心來為人處世；後者是指個人要求自己，達成理想的目標。當個人所作所為違反自己的良心，就會感到愧疚、罪惡；不能實踐自己的理想與目標，就會產生自卑、沮喪。由此可知，超我是人格結構中的道德與自我理想部分，超我是遵循完美原則（perfection principle）。

## （二）意識的層次

佛洛伊德將人格結構中本我、自我與超我三部分，細分為意識、前意識（preconscious）、潛意識。意識是指個人對客觀世界的覺察或醒悟，例如：上課時知道老師講課的內容；中午肚子餓了知道要去用餐。前意識是指接近意識的部分，只要加以思索就可以知曉，例如：在路上遇到一位幾十年沒見過面的同學，一時叫不出他的姓名，經過一番思索就想起來了。潛意識是指潛藏在意識之下的思想，例如：童年時代心靈的創傷、對父母的不滿、性的壓抑等，平時無法察覺它的存在，可是它對個人心理的影響力很大。這

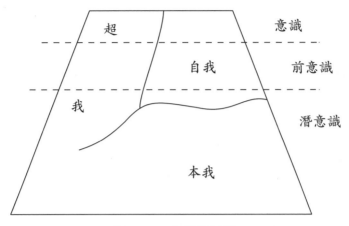

圖12-1　意識的結構

資料來源：採自Wood與Wood（1996）。

三個意識層次在人格結構中的位置，如圖12-1。由該圖可知，本我全部屬
於潛意識；自我包含意識、前意識與小部分潛意識；超我則涵蓋這三個意
識層次。

　　個人的本我，為了獲得立即滿足的慾望，促使自我與超我之間產生衝
突。本我、自我與超我三者之間，如果能和諧調節與運作，個人的人格就能
夠正常發展。如果本我太強，容易產生竊取他人財物、攻擊或性暴力等行
為。如果自我太強，容易產生重視現實，處處講求利害關係。如果超我太強
容易產生罪惡感，這樣也不利人格的健全發展。

（三）焦慮與心理防衛機制

　　在個體潛意識中，性與攻擊的衝動造成內在衝突和緊張，這些衝動在潛
意識中產生焦慮，個體為了要消除焦慮，於是產生**防衛機制**（defense mech-
anism）。常見的防衛機制，有以下幾類：

1. 壓抑作用

　　壓抑作用（repression）是指，將不容於意識的慾念、感情和衝動，壓入
潛意識中，使自己不察覺以保持心靈的平靜。例如：某生討厭某位教授，於

是常常忘記去上他的課。

## 2. 投射作用

**投射作用**（projection）是指將自己不為社會接納的慾念加諸他人，藉以減輕自己缺點所生的焦慮。例如：兩名學生打架，甲生先出手打人，老師問：「誰先打人？」甲生說：「他先打我。」當時甲生的表現就是投射作用。

## 3. 否認作用

**否認作用**（denial）是指將已發生過不愉快的事情加以否定，認為它沒有發生，藉以逃避心理上的痛苦。例如：「眼不見為淨」或「掩耳盜鈴」。

## 4. 轉移作用

**轉移作用**（displacement）是指需求無法直接獲得滿足，或憤怒無法向對象直接發洩時，轉移對象以獲得滿足或發洩憤怒。例如：有一名教師買股票賠許多錢，就拿學生當出氣筒。又如：小孩吸母乳，長大後改為咬筆尖或嚼口香糖。

## 5. 反向作用

**反向作用**（reaction formation）是指，行為表現與內心潛藏的慾念完全相反；以最友善的態度對待自己最討厭的人。例如：有一個媳婦對婆婆特別好，可是內心希望婆婆早點死去。

## 6. 退化作用

**退化作用**（regression）是指個體遇到挫折時，放棄已經學得的成人理性行為，改以比較幼稚的方式去應付，藉以解除焦慮。例如：太太被丈夫責罵，就哭著回娘家。

## 7. 合理化作用

**合理化作用**（rationalization）是指個體在行為發生之後，找一個社會認可的好理由，取代行為真正的原因，藉以減少心中的焦慮。例如：某生考不上研究所，辯稱老師教學不力。又如小明把一片巧克力吃光，媽媽問他為什麼不留一些給弟弟吃，小明說：「我怕弟弟吃巧克力會蛀牙。」一般人說

謊，大都屬於合理化作用。

### 8. 認同作用

認同作用（identification）是指個人模仿或學習偶像人物的行為，藉以提升自己的能力或地位，以減少內心的焦慮。例如：「東施效顰」、「狐假虎威」；學習電視或電影明星的動作或語言。

### 9. 隔離作用

隔離作用（isolation）是指將部分真實事情，從意識中區隔開來，讓自己不察覺到該事情的存在，以免引起不愉快或痛苦。例如：要上廁所改口說：「上一號」、「上洗手間」、「上化妝室」以避免有嫌惡或髒汙之感。

### 10. 抵消作用

抵消作用（undoing）是指不愉快事情發生之後，個人以象徵性的行為加以抵消，藉以彌補心中的不快。例如：小孩在新年春節不小心打破碗，爸爸就說：「歲歲平安。」又如有人捐款行善以抵消自己過去的罪行。

### 11. 幻想作用

幻想作用（fantasy）是指個體無法面對現實問題，改以幻想來得到內心的滿足。例如：常受委曲或被人欺負的青少年，想像自己是孫悟空，有七十二變的能力，或想像自己有征服宇宙的能力。

### 12. 補償作用

補償作用（compensation）是指個人身心缺陷或能力不足時，企圖以某種方法來彌補，以達成自己內心的慾求。例如：有一位父親當年考不上醫學系，所以寄望兒子當醫師以償宿願。

### 13. 昇華作用

昇華作用（sublimation）是指不為社會認可的動機慾望，以符合社會規範的行為來表現，藉以達成自己的願望。例如：有一名女子交友不慎，遇上花心的負心人，於是她專門寫小說，把這名男子（以假名）罵得一文不值，藉以發洩心中的怨氣；這種行為既不犯法，小說暢銷又可賺大錢。個人遇到挫折，以唱歌、藝術欣賞、宗教崇拜等行為，來解除心中的不愉快，就是昇

華作用，大體來說，昇華作用是比較好的心理防衛機制。

## （四）人格的發展

　　佛洛伊德認為五歲以前是個人人格發展的關鍵期。他主張個人在幼年時代，本我尋求快樂的衝動，集中在身體某些部位。他將人格發展分為五個時期，其中前三個時期以身體的部位來命名，包括：口腔、肛門及性器官，這三個時期性慾力的滿足，對以後人格發展有很大的影響。如果不能獲得適度滿足，人格發展就停滯在某一個時期，他稱這種現象為**固著作用**（fix-ation）。由於佛洛伊德特別強調**性心理階段**（psychosexual stage）在人格發展上的重要性，因此他所提倡的心理分析論，又被稱為**泛性論**（pansexual-ism）。性心理發展各時期的基本要義如下：

1. 口腔期（oral stage，出生至一歲）

　　嬰幼兒的原始慾望，主要靠口腔部位的吸吮、咀嚼、吞嚥等活動，來獲得滿足。此時期口腔活動假如不能得到充分滿足，會產生固著現象。可能長大成人以後，仍然追求口腔的快感，例如：吸吮手指、吸菸、酗酒、貪食、嚼口香糖、嚼檳榔、咬東西、罵人等。這種**口腔人格**（oral character），是因口腔期發展不順利所造成的。

2. 肛門期（anal stage，二至三歲）

　　嬰幼兒由排泄大小便時所得到的快感，獲得原始慾力的滿足。這個時期衛生與如廁訓練，如果太早或過分嚴格，容易產生**肛門人格**（anal charac-ter），對其未來人格發展將有不良的影響。肛門人格者，具有吝嗇、頑固、倔強、強迫性潔癖、剛愎、冷酷、易怒、暴躁、喜歡收藏東西等特徵。

3. 性器期（phallic stage，四至六歲）

　　幼兒原始慾力靠性器官的部位來獲得滿足，此時，幼兒喜歡觸摸自己的性器官來得到快感。同時，男童以母親為愛戀對象，因為母親是父親的另一半，於是男童以父親作為競爭的對手，在其潛意識裡產生弒父娶母，但另一方面又害怕被父親報復的錯綜情緒，這種現象稱為**戀母情結**（Oedipus complex）。同理，女童愛戀父親，於是以母親為競爭對手，但另一方面又害怕被母親報復的錯綜情緒，這種現象稱為**戀父情結**（Electra complex）。

　　依據佛洛伊德的說法，男童在戀母情結期間，常表現出叛逆父親的行為，於是有些父親大發脾氣，恐嚇要割掉男童的性器官，因此兒子產生**閹割恐懼**（fear of castration）。當兒子存有這種恐懼感，長大以後可能造成性變態，例如：暴露症患者，喜歡在異性面前暴露自己的性器官，其潛意識中想向異性證明，自己的性器官沒有被父親閹割掉。

　　佛洛伊德認為男童的戀母情結，原來以母親作為愛戀的對象，後來逐漸變成以父親為學習的楷模，最後向父親**認同**（identification），這樣其性心理才能夠健全發展，否則，將來可能產生性困擾或同性戀男童的戀母情結。反之，女童原來以父親作為愛戀的對象，後來逐漸變成以母親為學習的楷模，最後向母親認同。

### 4. 潛伏期（latency stage，六至十二歲）

　　這個時期的兒童正在學校求學，接觸的對象由家人擴展到學校的師生，其快樂來源不侷限於自己的身體或父母，轉向生活中周圍的事物，例如：學校、同性朋友、運動及嗜好。這時兒童性的慾力藏在潛意識裡，只是暫時潛伏不表現出來。

### 5. 兩性期（genital stage，青春期以後）

　　大約13歲進入青春期以後，男女兩性的性器官逐漸成熟，身心特徵差異日趨明顯。從此以後，原始慾力轉向追求異性，這個時期是交異性朋友、談戀愛以及婚前準備的階段。依佛洛伊德的說法，前面四個階段發展順利者，有助於本期順利發展。

## 二、新心理分析學派

　　佛洛伊德的門生榮格、阿德勒、霍妮等人，不贊成潛意識對人格發展的重要性，而是認為社會文化對人格發展有重大的影響。以下是這三位學者的

理論：

## （一）榮格的人格理論

榮格（Carl Jung, 1875～1961）（圖12-2）是瑞士精神科醫師，與佛洛伊德私交甚篤。可是，他無法完全接受佛氏對性的觀點，於是兩人在1913年分道揚鑣，各立門戶。榮格的人格理論，其基本要義如下：

### 1. 人格結構

#### (1)自我

自我包含個人的思考、記憶、感情和知覺等意識，自我是由個人在幼年生活經驗中，逐漸發展出來的。自我具有獨特性、連續性和統合性。他所指的自我，不像佛洛伊德認為自我是由本我分化出來的。榮格認為自我發展正常，才能成為人格健全的人。

#### (2)個人潛意識

榮格所主張的**個人潛意識**（personal unconscious），與佛洛伊德所指的潛意識雷同；凡不愉快或創傷的經驗，從意識中被壓抑下去而不復回憶者，就成為個人潛意識。個人潛意識存有若干情結，對個人的行為有深遠的影響。

圖12-2　榮格
（Carl Jung, 1875～1961）

(3)集體潛意識

個人從祖先累積傳承下來的經驗，產生**集體潛意識**（collective uncon-scious），相同族群的人就有相同的集體潛意識，例如：華人過年時大家都說：「恭喜發財！」這代表華人社會一般百姓，希望脫離貧窮邁向富足的集體潛意識。世界上多數地區的人認為火代表光明、蛇代表邪惡，這也是一種集體潛意識。榮格將構成集體潛意識的基本元素稱為**原型**（archetype），原型對自我發展有重大的影響。原型有以下四類：

①**假面人格**（persona），就是對什麼人說什麼話，將真正的自我隱藏起來，這個成分假如太強，將戕害人格正常的發展。

②**阿尼瑪**（anima），是指男人人格中隱藏一些女人的人格，例如：溫柔、同情、關懷。

③**阿尼慕斯**（animus），是指女人人格中隱藏一些男人的人格，例如：理性、勇敢、堅強。榮格認為男女兩性自古以來生活在一起，男人逐漸傾向女性化，女人則傾向男性化。

④**陰影**（shadow），是指黑暗或妖魔鬼怪。任何民族對死亡都存有恐懼感，害怕幽靈鬼魂，這種集體潛意識可以由原始藝術和神話中找到證據。榮格認為陰影代表負面的人格，一個人憎恨他人、欺負他人、邪惡念頭，都是陰影在作祟。

2. 自我取向

榮格特別重視兩種極端的人格，即**內向**（introversion）與**外向**（extroversion）。內向的人，在人格上表現內斂、含蓄、保守、退縮，較多關心自己的事物，對外在事物、人際關係缺乏興趣。外向的人，在人格上表現活潑、好動、擅於領導他人、能言善道，關心自己以外的一切事務，喜歡參與社會活動。他認為這兩種極端人格是來自生活經驗，通常到了中年才能夠整合這兩股力量，他特別強調人格發展在中年的重要性。

3. 象徵

榮格研究許多民族的文學、藝術與宗教信仰，發現每一個民族文化都有

自己共同的**圖騰**（totem），作為崇拜的對象與精神的象徵，相信它們有一種超自然能力，會保護自己和族群及部落。例如：中國人崇拜龍，自稱為龍的傳人；印度人把牛視為神聖的動物；阿拉伯人將清真寺當作聖地；西藏人信奉活佛；基督教與天主教教徒尊崇十字架，將十字縱的代表人與神的關係，橫的代表人與人的關係；佛教徒把木刻的偶像當作神來祭拜。

榮格所主張的集體潛意識，雖然不是心理分析的主流，但是對人類學、哲學、藝術與宗教等領域，都有很大的貢獻。

## （二）阿德勒的人格理論

阿德勒（Alfred Adler, 1870～1937）（圖12-3）是佛洛伊德的門生，也是維也納心理分析學會的核心人物；後來因為反對佛氏的泛性論，於是與佛洛伊德分道揚鑣。其對人格的研究獨樹一格，被後人稱為**個體心理學**（individual psychology）。阿德勒的個體心理學，強調個人行為是由家庭與社會所塑造出來的。其重要概念分述如下：

### 1. 自卑感

阿德勒認為**自卑感**（inferiority feeling）是個人無法達成目標時，對自己產生無助感與無力感的心態。他將自卑感分為器官自卑感、心理及社會自卑感等。器官自卑感，是指身體某一器官比較脆弱容易生病，這種自卑感來自遺傳。心理自卑感來自生活中不如意的經驗，比如排行老二者，與老大競爭總是屈居下風，所以老二比較容易有自卑感。個人在家庭生活或學校生活中，如果常有挫敗感，容易造成心理上的自卑感。個人在社會生活中與他人競爭，可能因為能力不足、身體缺陷以及童年經驗等因素，產生心理或社會的自卑感。

自卑感有時可以成為個人努力奮發向上的一股動力。可是，如果個人一直存有自卑情結，時常怨天尤人，則可能導致一生潦倒，自慚形穢無法自拔。阿德勒認為每個人都有某方面的弱點，都有個人的自卑感。自卑感不見得不好，因為有自卑感的存在，反而成為個人發揮潛能、超越他人的一股力

圖12-3　阿德勒
（Alfred Adler, 1870～1937）

量。但是如果因為自卑感的存在，自己不敢面對現實或怨天尤人，終於形成沮喪、退縮、自暴自棄，將傷害身心健康影響個人的發展。

## 2. 補償作用

當個人產生自卑感以後，為了恢復內心的平衡，會設法彌補自己的缺點，阿德勒稱這種現象為補償作用。例如：一名口吃的學生，勤於練習語言表達，終於成為著名的演說家；一位智商中下的學生，勤奮向上終於考上名校。有些大富翁雖然超過退休年齡，仍然想盡辦法賺錢，就是過度彌補自卑感的心理。

## 3. 追求卓越

阿德勒認為**追求卓越**（striving for superiority）是人類最重要的動機。按他的說法，追求卓越不單指在社會上有崇高的聲望或地位，而且是鍛鍊自己戰勝任何挑戰。兒童與青年或成人相比，自己往往覺得軟弱、無助，這種內在自卑感，激發他們學習各種新的技能。他說：追求卓越是生活的主要目標，也是使人力爭上游、獲得勝利的主要力量。這股驅力是天生的，因為個人人格特質的差異，而各自有達成卓越的計畫與步驟，阿德勒相信排行老大的比較有追求卓越成就的動機。

　　個人在追求卓越時，如何克服自卑感，也是影響生活型態的重要因素。俗語說：「一枝草，一點露」，個人有其獨特求生存的本領。在追求卓越的過程中，中途退縮或失敗者居多，成功者寥寥可數。個人成功與否，與個人人格特質及人際關係有著密切的關聯。

## 4. 生活型態

　　阿德勒認為每個人都有追求舒適生活、超越他人的理想，可是在生活經驗中，家庭與學校教育逐漸塑造出個人追求卓越的生活方式，他稱為**生活型態**（style of life）。依照他的說法，一般人的生活型態在五歲就已經成形，個人生活型態一旦形成，除非有特殊的因素影響，否則終生不容易改變，對以後為人處世是否成功，會有重大的影響。例如：有些人過慣遊手好閒的生活，無法面對社會的競爭與挑戰，最後可能導致被淘汰的結果。

## 5. 社會關係

　　阿德勒也強調社會人際關係的重要性，一個人事業的成功，很難完全靠單打獨鬥，必須藉著他人的協助方能成事。個人人際關係的好壞，大都來自家庭與學校生活經驗；父母如果外向、交友廣闊、作風民主，有利於子女建立良好的人際關係。按阿德勒的解釋，人際關係不良的人，對社會事物缺乏參與興趣，這種人容易產生偏差行為，例如：酗酒、吸菸、吸毒、性變態、犯罪、自殺、精神疾病等。

## 6. 人格發展

　　阿德勒認為被過度保護、被人拒絕以及出生序等因素，對人格發展都有很大的影響。他的觀點如下：

　　(1)過度保護

　　小孩如從小生長在嬌生慣養的家庭，凡事只要求別人幫忙，容易喪失抵抗挫折的毅力；遇到問題就容易退縮、逃避，沒有解決問題的勇氣與能力，無法與他人合作，一切以自我為中心，容易產生不良適應行為。

　　(2)被人拒絕

　　有些小孩因為長相不雅、智能偏低、身體障礙、出生時家人生重病、出

生時父親事業失敗、家庭計畫以外出生的、性別與父母期望不同等因素，以致父母無法接納他們，這些被人拒絕的小孩長大以後，可能具有冷漠、內向、自卑、人際關係不良等人格特徵。

(3)出生序

①老大的性格

在許多社會中，長子是繼承祖先產業的代表人，長女是母親的幫手，所以父母對長子（女）的要求與期望比較高，父母不在家時，老大通常扮演父母的角色，因此老大比較具有負責任、重視權力及領導力的人格。由於在弟妹出生之後，父母對老大的關愛逐漸減少，為了引起父母的關愛，老大可能表現尿床、咬手指頭、不聽話或欺負弟弟妹妹的行為。

②老二的性格

老二與老大競爭中常屈居下風，老二因而容易產生自卑感，為了彌補自卑感，老二可能表現出倔強、不服輸的個性。老二經常夢見自己參加競賽獲得冠軍，其潛意識表示要擊敗老大。在家裡排行中間的小孩，一方面要聽從兄姊的話，另一方面有權管教弟弟妹妹，在這種情境之下，容易養成圓滑玲瓏的個性。

③老么或獨生子的性格

老么或獨生子女普遍具有友善的以及期望他人幫助的人格。由於他們得到父母或兄姊的幫助較多，因而容易養成依賴、缺乏鬥志的人格。不過，老么獲得父母的關懷與兄姊的幫助最多，有時候他們要和兄弟競爭，於是奮發圖強，力爭上游，最後有卓越的表現。

## （三）霍妮的人格理論

霍妮（Karen Horney, 1885～1952）認為，男女兩性人格的差異，主要是文化因素而非生理性因素。例如：大多數的社會強調「男主外，女主內」，於是男性就產生為事業打拚的人格。此外，霍妮認為父母如果不能對孩子適度關懷，孩子無法感受到溫暖與被尊重，就容易產生**基本焦慮**（basic anxiety）。在現代社會中生活競爭劇烈，很多人產生敵意、孤立與無助感，就容易罹患精神疾病。個人為了減輕基本焦慮，有的人選擇順從他人，有的人選擇遠離人群，有的人追求權力、財富或名望來對抗別人。

霍妮反對佛洛伊德**陽具欽羨**（penis envy）的說法，因為佛洛伊德認為女性缺少了男性的生殖器，因此有自卑的心理。霍妮認為女性自卑的心理，來自社會對女性的偏見態度，不是單純生理上的差異。此外，霍妮提出**子宮欽羨**（womb envy）的觀點，她認為一般社會強調男性要努力工作才有社會地位，這是來自男性缺少子宮無法生孩子所造成的自卑感（Horney, 1967）。

# 第三節　人本主義學派的人格理論

**人本主義**（humanism），這個名詞是由羅馬字「humanitas」一字演變而來，它是指一種重視以人為中心的思想，強調人性尊嚴與人文價值，重視人倫關係以及人生責任的理念，其終極目標在追求人性的圓融、人格的高尚以及人生的幸福美滿。這種哲學思想起源於存在主義，其中以羅吉斯和馬斯洛兩人的理論最著名。他們可說是人本心理學的主要代表人物。以下就人本主義的基本要義，做簡要說明：

**人本論**（humanistic theory）崛起於1950年代，該理論的興起，乃來自有些心理學者無法接受心理分析論與行為主義。因為，心理分析論以心理或精神異常者為研究對象，然後將研究結果推論到正常人的行為；行為主義則以動物為實驗對象，研究結果再推論到人類的行為，這兩個學派都不是以正常人作為研究對象。

人本論強調每個人有獨立自主的人格，尤其是個人心靈的自由與潛能，是人格成長的基礎。人本論的學者採**現象學取向**（phenomenological approach），也就是要了解一個人，必須深入了解他的內心世界。

# 一、羅吉斯的人格理論

羅吉斯篤信基督教，宗教信仰對他的理論頗具有啟發作用。他的人格理論以個人的自我為核心，又稱為**自我理論**（self-theory）。該理論的要點如下：

## （一）自我觀念

羅吉斯認為個人對自己的了解、認識與感受，統稱為自我觀念，這種觀念是由個人在生活領域中所經驗到的一切逐漸形成的，他將個人生活經驗的領域稱為**現象場**（phenomenon field）。個人在生活中如果受他人讚美，獲得他人好評，就容易產生正面的自我觀念；這種人對自己充滿自信、自尊與自愛，潛能可以充分發揮，於是對他人具有愛心，敬愛他人。反之，個人在生活經驗中，如果常受到他人責罵、批評、欺負、冷嘲熱諷、輕視等，就容易產生負面的自我觀念；這種人對自己缺乏信心，容易產生自暴自棄心理，對他人具有反抗、報復、虐待的人格。

## （二）正向關懷

羅吉斯認為父母對子女**無條件正向關懷**（unconditional positive regard），總是以勉勵代替處罰，以關懷代替責罵，以尊重代替批評，對孩子不苛求、不施加壓力，子女在有安全感的環境中成長，其情緒穩定，人格健全發展。而有些父母對子女採取**有條件正向關懷**（conditional positive regard），對子女的愛是有條件的，例如：要求小孩每次月考達到90分以上，才允許看電視。在這種情境之下，子女的行為必須符合父母的期望，如果無法達成父母的期望，就感受不到父母的關愛，在心理上總是有焦慮、不安與衝突，對自己的能力產生懷疑，自信心減低，不容易走上自我實現的道路。

## （三） 自我一致性

按羅吉斯的說法，在一個人的自我觀念中，**自我和諧**（self concordance）的心理現象，稱為**自我一致性**（self congruence）。自我一致的人，人格才能夠發展順利。當**真實自我**（real self）與**理想自我**（ideal self）之間不一致時，個人的人格發展將受到阻礙。真實自我是指個人認為自己是什麼樣的人；理想自我是指自己希望成為何種人。例如：一位學業成績不好的學生，想成為名醫師，該名學生感到自我不一致。羅吉斯認為小孩在成長過程中，受到父母或老師正面或負面的評價，逐漸產生自我概念，為了使子女有健全的自我概念，父母對小孩應有無條件的愛。

羅吉斯所提出的自我理論，特別重視個人主觀的自我觀念，所以他所提倡的理論，又稱為**當事人中心論**（person-centered theory）。他主張個人接受**敏感訓練**（sensitive training）、**會心團體**（encounter group）和**自我肯定訓練**（self-assertive training），都有利於人格順利成長，進而達到自我實現的境界。

# 二、馬斯洛的自我實現論

馬斯洛是人本論的代表人物之一，他的人格理論要義如下：

## （一） 自我實現的需要

馬斯洛的動機理論，認為人類的需要可以分為五個層次，在這些層次中，低層次的需要獲得滿足之後，才能晉升到高一個層次。他認為自我實現的人是潛能充分發揮，也是最完美的人格表現。歷史上許多自我實現的偉人，他們大都有自我實現的人格特徵，例如：孫中山革命很多次才成功，代表他有堅忍不拔的精神和毅力；前美國總統羅斯福患有小兒麻痺症，卻憑著其堅強的意志力，終於克服身體上的障礙，成為美國歷史上的偉人。

## （二） 自我實現者的特澂

　　馬斯洛認為：自我實現者人格非常健全，而且個人不斷學習與成長，如果父母或老師時常對小孩正面或負面的評價，就能增進小孩將來自我實現的能力。他列舉近代史上38位世界名人，包括林肯、富蘭克林、羅斯福、史懷哲、愛因斯坦、貝多芬等人，歸納出這些自我實現者至少具有以下人格特質：

　　1. 與他人保持和諧的關係。

　　2. 充滿自信，樂於接受各種挑戰。

　　3. 能參酌別人的意見，做明智的決定。

　　4. 不放棄任何學習成長的機會。

　　5. 凡事獨立自主，不受外在環境干擾。

　　6. 把握現在，不沉緬於過去的榮辱。

　　7. 真心誠意對待他人。

　　8. 熱愛人類，尊重生命。

　　9. 在順境中感恩，在逆境中依舊心存喜樂。

　　馬斯洛強調，心若改變，你的態度跟著改變；態度改變，你的習慣跟著改變；習慣改變，你的性格跟著改變；性格改變，你的人生就跟著改變。

　　綜上所述，人本論相當重視個人的主觀經驗及自我觀念，在人格發展上的重要性，對於人格的研究開闢了另一條途徑。但是，人本論的理念無法做科學的檢驗，個人成長和自我實現，都不容易界定與衡量。人本論對於人性的看法以及健康人格的觀念，不一定符合實際。此外，人本論的觀點大都來自臨床觀察，很少有實驗性研究來支持。不過，人本論對人性始終抱持樂觀的看法，認為只要給予個人良好的教導，個人就能朝自我實現的方向去發展。

## 第四節　認知—行為論對人格的觀點

認知—行為理論的焦點，主要在探討人的思考如何影響行為，進而形成個人的人格。以下介紹幾位認知—行為論學者的人格理論：

## 一、史金納行為主義的取向

史金納被公認為近代行為主義大師，他任教於美國哈佛大學期間，曾經以老鼠、鴿子等動物為對象進行操作制約實驗研究，他從實驗結果發現，人類行為學習過程與動物頗為類似。史金納認為個人在生活經驗中所接觸的各種刺激，經由操作制約歷程，形成各種行為反應傾向，人格就是由這些行為反應傾向匯聚而成的。他認為人類在學習歷程中，如果某行為能獲得獎勵或正增強，則以後在同樣情境之下再表現該行為的機率就比較大。反之，如果個人受到懲罰，則所學習的行為逐漸消弱，以後在相同情境下，表現相似行為的機率較小。例如：一名學生考試作弊被學校記大過，以後可能學到誠實的人格。

史金納反對人本理論對人格的看法與解釋，他認為潛意識、本能、自我、原型等概念太抽象，無法以實驗來證明。他主張人類任何行為，都是由個人在生活環境中，向其所接觸的人、事、物學習而來，這種觀念與孔子的「近朱者赤，近墨者黑」的觀念頗為相似。

## 二、羅特的社會學習理論

羅特（Rotter, 1975）提出控制信念（locus of control）的理念。控制信念是指個人在日常生活中，對自己與環境關係的想法。有的人相信自己的成功或失敗完全受機運、命運或他人的控制，持這種想法稱為外在控制（external control）；另外有些人相信自己的成敗完全操之在己，將失敗歸因於

自己的怠惰或疏忽，持這種想法稱為**內在控制**（internal control）。一般人的控制信念介於內在控制與外在控制之間。

外在控制者產生心理疾病的機會，顯著的多於內在控制者（Ormel & Schaufeli, 1991）。外在控制者罹患憂鬱症的機率大於內在控制者（Benassi, Sweeney, & Dufour, 1988）。內在控制者的學業成就高於外在控制者，這是因為外在控制者比較不會自我反省，將一切歸諸於外在因素，同時常原諒自己。

一個人在某一方面是內在控制的，但是在其他方面可能是外在控制的，例如：個人在工作崗位上的升遷，屬於外在控制，讀書作學問則屬於內在控制。個人在某一領域專注的程度愈高，內在控制的傾向愈大，例如：某人特別注重身體健康，他可能改進自己的飲食衛生習慣。按羅特的解釋，一個人成為內在控制或外在控制的人格，與其行為結果是否得到獎勵或懲罰有關。例如：某生努力用功之後成績優良，接著得到大筆獎學金，以後該生可能用功求學。

## 三、班度拉的社會學習人格論

班度拉（Albert Bandura, 1925～）（圖12-4）將史金納不注重個體認知歷程的行為主義理論加以修正，提出社會學習論，他主張人與環境相互影響，個人的信仰、期望的認知結構，都受個人行為與環境的影響。按班度拉的說法，個人認知因素（例如：信仰、期望與思想）、外在環境與行為表現，這三者彼此相互影響，他稱為**相互決定論**（reciprocal determinism）。

班度拉認為個人在生活中，藉由觀察楷模人物的行為，無形中產生模仿與學習，這種學習現象稱為**替代性學習**（vicarious learning）。例如：青少年模仿電視明星的動作、髮型、服飾。所謂「見賢思齊」、「見不賢而內自省」、「孟母三遷」等，這些都屬於社會學習。近年來，班度拉對社會學習論略作修正，他強調同樣的楷模人物，對不同個人的影響力不見得相同；一

圖12-4　班度拉
（Albert Bandura, 1925～）

般人模仿對自己具有吸引力的人，兒童比較容易模仿同性別的楷模，青少年
則容易以父母、教師、同儕、親戚等作為模仿對象。兒童如觀看電視暴力節
目，就容易學習到攻擊行為。換言之，楷模人物對個人人格發展，具有相當
大的影響力。惟在學習楷模人物的行為時，個人認為學習成功或失敗的機
率，會影響其社會學習的效果。

　　認知─行為論是以科學的實驗法，探討人格形成的歷程。其研究所得到
的結果，雖然比較符合科學的原理原則，但是這個理論有以下幾個缺點：
(1)過分依賴動物的實驗研究，將動物行為推論到人類行為；(2)主張人性只
是一些虛幻式的抽象概念，不承認人具有本性、自我、潛意識等本質，只注
重理性，而忽略了人類感性的層面；(3)將人格進行分割研究，認為人格的
形成，只是一些刺激與反應之間的連結而已，不重視人格具有整體性、延續
性以及獨特性。

# 第五節　人格特質理論

**人格特質論**（trait theory of personality），主張每個人各有其人格的特質。人格特質是指在不同情境之下，仍然有相當穩定的人格特徵，以下說明幾位人格特質論學者的理論。

## 一、卡泰爾的人格因素論

卡泰爾（Raymond B. Cattell, 1905～1998）曾經以觀察法和問卷調查法，蒐集幾千名受試者有關人格特質的資料，再以**因素分析法**（factor analysis），分離出幾個人格組群，稱為**表面特質**（surface trait）。這些人格特質頗具有穩定性，與歐波特（G. W. Allport）的中心特質相似。例如：許多教師由長期觀察所得結果，描述該校校長的表面特質，由這些表面特質可以預測校長的行為。卡泰爾發現另一類人格特質為**潛源特質**（source trait），這種特質為人格結構的核心，他發現一般人擁有23種潛源特質。

卡泰爾（Cattell, 1971）從許多人的生活紀錄資料、觀察以及測驗所得到的資料進行因素分析結果，發現16種人格特質，如表12-1所示。

## 二、艾森克的人格特質論

艾森克（Hans Eysenck, 1916～1997），也採用因素分析法來研究人格，他發現人格可以分為兩個層面：內向—外向、神經質—穩定。內向者有文靜、被動、細心的特質；外向者有愛交際、友善的以及主動的特質。神經質者有焦慮的、易怒的、善變的特質；穩定者有沉著的、安逸的、自在的特質。由這兩個層面可以組成四個象限，如圖12-5所示。

艾森克在1975年又發現第三個人格層面，稱之為「精神病質」，在這個層面上得分較高的人，常表現出孤僻、虛偽、冷漠、不遵守社會規範的傾

表12-1　卡泰爾16種人格因素問卷所含的因素

| 低分時的人格特質 | 高分時的人格特質 |
| --- | --- |
| 內向 | 外向 |
| 魯鈍 | 聰穎 |
| 心浮氣躁 | 情緒穩定 |
| 謙遜 | 自我肯定 |
| 冷靜 | 安逸 |
| 粗心大意 | 謹慎 |
| 害羞 | 勇敢 |
| 強悍 | 溫柔 |
| 信任 | 懷疑 |
| 現實 | 想像 |
| 直率 | 狡詐 |
| 鎮靜 | 憂慮 |
| 保守 | 開放 |
| 從眾 | 自在 |
| 隨便 | 拘謹 |
| 輕鬆 | 緊張 |

向，這種人具有**心理病態人格**（psychopathic personality）的傾向。

# 三、五大人格因素理論

有些人格心理學者發現人格包含五種主要的特質，稱為**五大人格因素理論**（Big Five theory of personality），這五大人格因素如下（Costa & McCrae, 1992; Goldberg, 1993）：

## （一）**友善性**（agreeableness）

善解人意、容易與人相處、具同情心、喜歡與人合作。

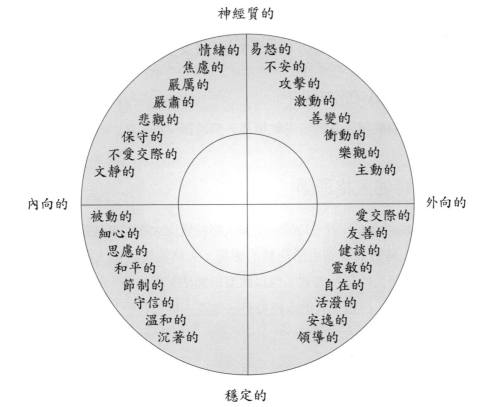

神經質的

情緒的
焦慮的
嚴厲的
嚴肅的
悲觀的
保守的
不愛交際的
文靜的

易怒的
不安的
攻擊的
激動的
善變的
衝動的
樂觀的
主動的

內向的

外向的

被動的
細心的
思慮的
和平的
節制的
守信的
溫和的
沉著的

愛交際的
友善的
健談的
靈敏的
自在的
活潑的
安逸的
領導的

穩定的

圖 12-5　艾森克的人格特質論

資料來源：採自 Eysenck（1991）。

## （二）神經質（neuroticism）

容易焦慮、情緒不穩定、容易緊張煩惱、容易杞人憂天。

## （三）開放性（openness）

富有好奇心、具有想像力、大方開朗、有豁達的胸襟、尊人愛物、忍讓寬容。

## （四）嚴謹性（conscientiousness）

做事有計畫、有恆心毅力、遵守常規、做事盡心負責。

## （五）外向性（extroversion）

好交際、喜歡與人互動、主動積極、樂於接受挑戰。

# 四、歐波特的人格理論

歐波特（Allport, 1897～1967）主張人格特質與大腦的某些部位有關，同時每個人的人格特質受到生活經驗的影響。人格特質是個人對外在環境反應，一致而且持久的行為方式。他以個案研究法，從很多人的日記、自傳、書信、回憶錄中，分析個人的人格特質。他將人格特質分為以下三類：

## （一）主要特質

主要特質（cardinal trait）最能代表個人人格的特質。例如：有些政治人物擁有高明騙術的人格特質，這種人競選時的政見與諾言，只是虛構的謊言，對人總是虛應故事。

## （二）中心特質

中心特質（central trait）是構成人格的幾個核心特質。許多人在替人寫推薦信函時，常對被推薦者寫出幾個中心特質，例如：張三為人誠信、個性開朗、溫文儒雅、盡職負責、修己善群等形容詞，就是屬於中心特質。

## （三）次要特質

次要特質（secondary trait）是個人只有在某些情境之下，才表現的人格特徵。例如：有些人雖然對老闆謙恭有禮，但是在背後常對別人批評老闆的

不是，假如從老闆不在場的情境來看，只能說這個人具有批判別人的人格。一般來說，次要特質比較不明顯；大多數人具有的次要特質，多於主要特質或中心特質。一個人具有喜歡音樂、運動、旅遊、社會服務等興趣，這些都屬於次要特質。

有一些人格心理學者，對德國、日本、英國和菲律賓人，進行**跨文化研究**（cross-cultural study），結果發現不同文化背景的人，他們的人格特質都涵蓋上述五大人格因素。此外，有一些心理學者根據這個理論設計人格量表，受試者接受這個量表測驗之後，其心理失常的情形，就顯現出來（Costa & McCrae, 1995; Trull & Sher, 1994）。

# 第六節　人格的測量

人格心理學家為了了解個人的人格，於是發展出許多**人格測驗**（personality test）作為鑑定人格特質的工具。由人格測驗的結果，可以比較個體之間人格差異的情形。以下就人格測驗的功用與種類加以說明：

## 一、人格測驗的功用

### （一）在臨床診斷方面

精神科醫師或臨床心理師在治療患者疾病之前，除了利用觀察和面談之外，有時為了深入了解患者的心理狀態，需要藉助於各種人格測驗，以廣泛蒐集個案相關的心理資料，以便做正確的分析與診斷。

### （二）在諮商輔導方面

心理學家常以專業知識來幫助當事人自我成長。諮商輔導的對象很廣泛，包括學校學生、社會人士、軍中士兵、企業機構的從業人員、醫院的病

患等。在與案主諮商之後,實施人格測驗更能了解案主的需要,以便提供適切的輔導或轉介。

　　學校機構的諮商輔導部門或學生生涯發展輔導中心,可以對學生實施人格測驗,測驗結果可作為學生升學或就業的參考。

## (三) 在員工甄選與安置方面

　　任何政府或企業機構都希望引進優秀人才,來提升工作績效及競爭力,人格測驗可以作為診斷新進員工人格的工具,再根據測驗結果作為錄用與否的參考依據。當錄取新進員工之後,工作的安排需要與個人的人格相配合,甚至主管人員的聘用,都需要藉助於人格測驗,才能夠甄選具有卓越領導力的人才。

## (四) 在心理研究方面

　　心理學家有時需要進行各種學術性研究,例如:IQ是否與EQ有關?資賦優異者具有哪些人格特質?住在鄉下的兒童是否比較內向?當研究問題涉及人格變項時,就需要以人格測驗作為工具,幫助研究人員蒐集有關人格的資料,研究者再將人格測驗分數經過統計分析之後進行比較,藉以考驗研究假設是否得到支持。

# 二、常用的人格測驗

## (一) 自陳量表

　　**自陳量表**(self-report inventory),是由受試者在人格測驗題目中,選答最適合描述自己情形的答案工具,這種量表在人格測驗中最常使用。自陳量表以紙筆測驗為主,每一個量表有許多題目,在受試者填答之後,依照一定的計分方法以人工或電腦來計分,再以適當的統計分析方法進行分析,就可

以對個別受試者或團體做解釋。自陳量表通常以團體方式進行施測。

　　自陳量表題目的設計與編製，有以下三個方法：(1)依據心理異常者的行為反應；(2)設計一些與人格有關的題目，同時施測正常人與心理異常者，測驗之後選出最能鑑別這兩類人的題目；(3)以因素分析法來編製測驗題目。

　　自陳量表的作答方式有很多種，以下僅列舉二選一以及三選一的問題。


　　二選一的例子：

| | 是 | 否 |
|---|---|---|
| 我常覺得沮喪 | □ | □ |
| 我害怕搭乘電梯 | □ | □ |
| 我時常感到頭痛 | □ | □ |
| 我常覺得有人跟蹤我 | □ | □ |
| 我相信命運掌握在自己手中 | □ | □ |


　　三選一的例子：

| | 是 | 不一定 | 否 |
|---|---|---|---|
| 我常作白日夢 | □ | □ | □ |
| 我常有坐立不安的感覺 | □ | □ | □ |
| 我覺得人生沒有意義 | □ | □ | □ |
| 我常情不自禁地流眼淚 | □ | □ | □ |


　　自陳量表雖然施測相當簡便，但是受試者在選答時，不一定坦誠作答。因此，以自陳法測驗人格，需要使用校正量表或效度量表。不過，自陳量表測驗結果可以利用電腦計分，相當客觀、迅速，而且容易建立常模以及便於解釋測驗分數，所以在從事學術研究上，心理輔導或心理學者常採用它。

## （二）投射測驗

投射測驗（projective test），是以曖昧的刺激情境，讓受試者在不受限制的情形下，隨心所欲的想像，研究者從其反應中探究潛藏不露的人格特質。心理學家對投射測驗功用的假設，認為受試者在曖昧情境之下，不受明確題意的限制，無形中將潛意識的需求、動機、心理防衛、心理衝突等投射出來（葉重新，1992；歐滄和，2002）。這種人格測驗法，可以彌補自陳量表受試者只能對特定選項作反應的缺點。投射測驗又稱為投射技術（projective technique）。以投射測驗來測量人格，大致可以分為以下四類：

### 1. 羅夏克墨漬測驗

「羅夏克墨漬測驗」（Rorschach Inkblot Test），是由瑞士精神科醫師羅夏克（Hermann Rorschach, 1884～1922）於1912年所設計的。該測驗有10張圖片，其中五張是黑白的；兩張除了黑白之外，摻雜紅色；三張為淡彩色（如圖12-6），每張墨漬圖都是左右對稱的。

本測驗實施過程：先對受試者呈現每一張墨漬圖，要他說出每張圖形看起來像什麼？或看到這張圖形會想到什麼？主試者記錄其反應內容、作答時間、情緒反應以及對墨漬圖反應的部位，並請受試者說明為何會作此聯想。依受試者對墨漬圖反應的部位、內容、從眾反應，以及對圖形、顏色、形狀、動作等反應細節，逐一進行評分，再依據評分結果來解釋受試者的人格特質（Exner, 2005）。

### 2. 主題統覺測驗

「主題統覺測驗」（Thematic Apperception Test, TAT）是由莫瑞（H. A. Murray）和摩根（C. D. Morgan）於1938年所編製。該測驗全部有30張圖片（如圖12-7），可任意組合成四組，每一組有19張。在實施測驗時，依據受試者的性別與年齡，選擇一組使用。施測時先呈現一張圖片，要受試者依圖片編造一個故事；對受試者的反應內容不加以限制，但是要其說出：圖畫中發生何事？如何發生？結果怎樣？他對圖中情境的一切有何感想？圖畫中的

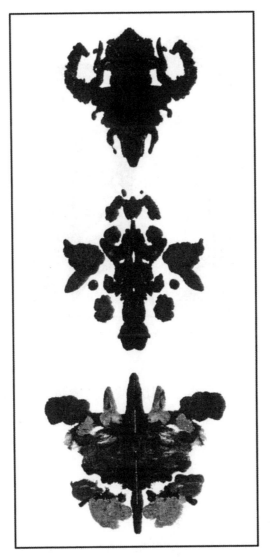

圖12-6　羅夏克墨漬測驗圖例

主角人物是誰？

　　當受試者看圖說故事時，主試者就開始詳細記錄其反應內容，如果受試者所說的故事不完整，就要求補充說明。本測驗結果的分析和解釋，並無固定公式可循，有一些心理學者採主觀的判斷，有些則以客觀量化來分析。

圖12-7　主題統覺測驗圖例

　　主題統覺測驗在測驗內容上，比羅夏克墨漬測驗更具有結構性。此測驗的主要目的，是想藉圖畫讓受試者講故事，受試者在說故事時，不知不覺地將潛意識表露出來，再由其故事內容中找出一個主題，從而分析該主題所代表的意義。

3. 字詞聯想與語句完成測驗

　　(1)字詞聯想測驗

　　字詞聯想測驗常以單字或詞當作刺激，讓受試者自由聯想。例如：以刀、木、水、火、父親、失戀、自殺、母親、安眠藥等字詞，作為聯想的材料。施測者記錄受試者對每一個字詞聯想的反應，依其從眾性、反應內容及反應時間來分析其人格特質。

　　(2)語句完成測驗

　　語句完成測驗（sentence completion test）是對受試者提供不完整的句

子，讓受試者將不完整的句子填滿，成為一個完整的句子。例如：再過十年，我就＿＿＿＿；假如我有＿＿＿＿，不知該有多好；我小時候的遭遇＿＿＿＿。羅特（J. B. Rotter）曾設計40個不完整的語句施測一群人，評分時將受試者在每一個題目上的反應，由適應不良到適應良好分成七個等級來評量，每一題都可以客觀計分，然後以受試者在各題得分作為臨床診斷的參考。

字詞聯想測驗與語句完成測驗的目的，在藉由字詞的聯想以及語句的完成，讓受試者將個人隱藏在內心中的問題無意中流露出來。

### 4. 繪畫測驗

繪畫測驗以「**畫人測驗**」（draw-a-man test）最普遍。由古德引納夫（F. L. Goodenough）所提倡，此測驗適用於不善言辭表達者或兒童。測驗時由受試者畫出一個人，受試者不知不覺地將**自我知覺**（self-perception），投射在其所繪畫的人形上。分析所畫人形的特徵，並且以面談方式了解受試者所畫的人代表何種性別、年齡、人際關係、態度及遭遇等，再對受試者的人格特質加以分析和解釋。

繪畫測驗除了畫人之外，有些心理測驗學者以畫房屋、樹木、動物等，作為測量人格特質的工具。雖然繪畫測驗的信度與效度普遍偏低，只能作為人格測量的輔助工具，可是，在施測時相當簡便。因此，在臨床上仍然是一種常被使用的投射測驗。

投射測驗具有的優點：(1)可以使受試者減少心理防衛；(2)可以測量受試者隱藏在內心深處的問題；(3)試題的設計與編製比較簡單；(4)受試對象適用於兒童及身體障礙者。不過，投射測驗也具有以下缺點：(1)缺乏客觀評分方法；(2)主試人員必須接受嚴格的專業訓練；(3)測驗結果的解釋相當主觀；(4)測驗的信度與效度不高；(5)測驗的常模不容易建立。

人格測驗除了前述幾類之外，尚有：(1)定向測驗；(2)藏圖測驗；(3)情境測驗；(4)自我概念測驗；(5)自傳量表；(6)提名技術等。

## 本章摘要

1. 人格是指個人在生活情境中，對一切人、事、物所表現持續的獨特人格特質。

2. 人格特質是指個人在各種生活情境中，所表現的各種性情。

3. 家庭、學校、社會、宗教等方面的教育，都對個人人格發展具有陶冶作用。

4. 佛洛伊德主張：人格是由本我、自我、超我等三部分所構成的。

5. 在佛洛伊德的理論中，與本我有關的概念有：生之本能、慾力、死之本能、快樂原則、初級的思維過程、潛意識等。

6. 佛洛伊德認為自我遵循現實原則，個體對各種問題作理性思考，稱為次級的思維過程。

7. 超我包括道德良心與自我理想，超我遵循完美原則。

8. 意識分為意識、前意識、潛意識等部分，本我屬於潛意識。

9. 個體潛意識中的內在衝突產生焦慮，為消除焦慮常採以下防衛機制：壓抑作用、投射作用、否認作用、轉移作用、反向作用、退化作用、合理化作用、認同作用、隔離作用、抵消作用、幻想作用、補償作用、昇華作用等。

10. 佛洛伊德將性心理發展分成五期：(1)口腔期；(2)肛門期；(3)性器期；(4)潛伏期；(5)兩性期。

11. 榮格的分析心理學主張人格包括：自我、個人潛意識、集體潛意識等三部分。其中集體潛意識是指由祖先遺留下來的意識型態，稱為原型。原型分為：假面人格、阿尼瑪、阿尼慕斯、陰影等四類。

12. 榮格將個人人格分為內向與外向，這兩種極端人格來自生活經驗，內向者關心自己的事物，外向者則反之。

13. 榮格認為每一個民族都有自己共同的圖騰，作為崇拜對象與精神的象徵，這些都會左右個人的人格。

14. 在阿德勒的個別心理學中，自卑感、補償作用、追求卓越、生活型態、社會關係、人格發展等，均為其理論的重要概念。

15. 阿德勒認為過度保護、被人拒絕、出生序都會影響個人的人格發展。

16. 人本論強調每個人心靈的自由與潛能，是人格成長的基礎。

17. 羅吉斯與馬斯洛為人本論的代表人物。羅吉斯主張個人在生活經驗中，周遭的人如能無條件正向關懷、具同理心、真誠與一致性，則個人的自我就能順利發展。馬斯洛認為自我實現是最完美人格的表現。

18. 史金納認為個人人格的形成，來自操作制約歷程所形成的行為反應傾向。

19. 班度拉主張人格來自社會學習。

20. 羅特提出控制信念的理念。控制信念分為外在控制與內在控制，外在控制是指個人的成敗、前途，受命運、機運或他人所控制，內在控制指個人的成敗或前途完全掌握於自己的手中。

21. 卡泰爾以因素分析法分離出兩類人格特質，其一為表面特質，另一為潛源特質。前者是指由觀察就可得知的人格特徵，後者是指人格結構的核心。

22. 五大人格因素理論的五大因素包括：友善性、神經質、開放性、嚴謹性、外向性等。

23. 歐波特將人格特質分為主要特質、中心特質與次要特質。主要特質是指最能代表個人人格的特質；中心特質是指構成人格的幾個核心特質；次要特質是指在某些情境下才表現的人格特徵。

24. 個人的人格與其生長環境、文化背景都有密切關係。

25. 人格測驗可以使用在臨床診斷、諮商輔導、員工甄選與安置、心理研究等方面。

26. 人格測驗最常使用自陳量表。這種工具以紙筆測驗為主，受試者對每一個題目作答，依照一定的計分方法計分，經統計分析之後就可以對受試者的人格特質做解釋。

27. 投射測驗是以曖昧的刺激情境讓受試者作答，從其反應中探究深層的人格特質。

28. 投射測驗至少可分為四類：(1)羅夏克墨漬測驗；(2)主題統覺測驗；(3)字詞聯想與語句完成測驗；(4)繪畫測驗等。

第 *13* 章

# 社會心理學

本章大綱

　　人不能離開群體而獨居，個人的行為時常受他人影響，同時也隨時影響別人。近年來，由於社會快速變遷、資訊與交通便捷，人際間的互動日益頻繁，因此，**社會心理學**已成為現代心理學的重要學門。社會行為是社會心理學研究的主要內容，它涵蓋個人對社會的知覺、人際關係、社會影響以及團體影響等方面，本章將分別對這些社會行為加以說明。

# 第一節　社會知覺

## 一、印象的形成

　　**社會知覺**（social perception），是指個人對人、事、物的認識、了解或判斷，其中對人的知覺稱為**人際知覺**（personal perception），它是社會知覺研究的焦點。心理學者對人際知覺的研究，以個人對他人印象的形成最多。影響我們對他人印象的因素，至少有以下幾項：

### （一）個人的相貌

　　一般人常從對方的相貌特徵，產生第一印象。許多人認為外貌英俊或嬌美者，其智力比較高，做事比較成功（Eagly, Ashmore, Makhijani, & Longo, 1991）。男性員工相貌堂堂者，升遷的機會比較大（Ross & Ferris, 1981），外貌佼好者，容易被視為人格健全（Feingold, 1992）。因此，在生活競爭劇烈的社會裡，男性英俊瀟灑、女性有漂亮的面孔，總是比較占便宜。電影、電視的名演員、歌星或主持人，他們的外貌大都有迷人之處。個人與相貌有連帶關係的身體特徵，容易使人留下第一印象，例如：留小平頭的中年男子，容易被人視為黑道人物；穿著西裝筆挺的男士，容易被視為高層社會人士；配戴許多珠寶鑽石的女性，容易使人以為她很富有。不過，由個人外貌所產生的印象，與實際情形不一定完全吻合。

## （二）刻板印象

個人由長期生活經驗中，對某特定的人、事、物，產生根深蒂固的觀念，稱為刻板印象（stereotype）。刻板印象可以分為三類：(1)性別刻板印象（gender stereotype）。例如：一般人對男性存有攻擊、支配、理性等印象；對女性存有溫柔、順良、感性等印象。(2)種族刻板印象（ethnic stereo-type）。例如：一般人認為美國人是民主的、自由的、富有的；日本人是有禮貌、守秩序及團結的。(3)職業刻板印象（occupational stereotype）。例如：認為醫師是富有的，教師是清高的，商人是奸詐的。

## （三）情境因素

個人對他人的印象頗受當時情境的影響。例如：某生時常曠課、遊手好閒，只有在期中或期末考試前，才看見他讀書，他就容易給人留下不用功的印象。

## （四）個人因素

個人的態度、價值觀、情緒、智力、宗教信仰等，都會影響自己對別人的印象。例如：情緒低潮時對別人的印象比較不好；個人對於與自己有相同宗教信仰或嗜好的人，通常比較有好印象。一般機關主管，對於與自己意見或態度相同的部屬，比較有好的評價。在求職面談時，當面讚美面試者，對面試者的看法表示贊同，或以正面的方式說明自己的優點，都可以讓面試者產生良好的印象。

## （五）初始效應

初始效應（primacy effect），是指自己對他人的全部印象，先接受到對方資訊的部分影響較大，後來接受到對方資訊的部分影響較小，這種先入為主的心理現象稱為初始效應。例如讓某班學生聆聽以下一則故事：

小明在星期日早上，到一家便利商店購買文具用品，他到了商店先主動與店員打招呼，在商店裡遇見老朋友，小明主動與這位朋友交談。購物後，小明在回家的路上遇到一名班上同學，他很親切地與這名同學交談，同時關心他的學業。當天下午，小明又到購物中心購物，在這家購物中心遇見兩位同學，小明靜待同學找他談話；在回家途中又遇到朋友，他不主動跟朋友交談，一邊喝飲料，一邊走回家。

盧欽斯（Luchins, 1957）曾以這則故事，講給幾十名學生聽，結果78%的學生認為小明是外向活潑的。如果將這則故事前半段與後半段對調，結果只有18%的學生認為小明是活潑外向的。由此可知，受試者對小明的印象，受先入為主觀念的影響很大。

### （六）月暈效應

月暈效應（halo effect）是指，個人對他人的第一印象，容易產生以偏概全的心理現象。這種效應就好像我們觀看天空中的月亮，看愈久就愈覺得月亮外圍有一輪光環，無形中把月亮看得大一些。例如：你初認識一名醫學系的學生，可能認為他是品學兼優的高材生，以為他各方面都很好。換句話說，月暈效應是指將對方的印象，產生誇大不實的現象。

## 二、歸因

個人對自己或別人行為發生的原因，所作的解釋或推論，稱為歸因（attribution）。例如：朋友婉拒和你一起去看電影，你可能認為他沒有時間。大多數人在下述四種情況之下容易作歸因思考：(1)一件令大家很關注的事；(2)某事件與自己有密切的關聯；(3)他人的行為出乎自己的預料之外；(4)個人對他人的行為產生懷疑（Hilton, Fein, & Miller, 1993）。以下說明歸因的理論學說以及相關的問題。

## （一）歸因理論

### 1. 海德歸因理論

　　海德（Fritz Heider, 1896～1988）（圖13-1）提出歸因理論，他將歸因分為兩類：第一，將個人行為歸因於能力、特質、性向和情感等，稱為**內在歸因**（internal attribution）或**人格歸因**（dispositional attribution）；第二，將個人行為解釋為情境或環境的因素，稱為**外在歸因**（external attribution）或**情境歸因**（situational attribution）。例如：你有一位朋友因成績不及格被學校退學，你可能認為他不用功或智力低，這就是內在歸因；假如你認為是因教師命題太難或評分不公正，這就是屬於外在歸因。一般人對他人行為表現的解釋，比較容易傾向作內在歸因；對於自己行為表現的解釋，則比較容易傾向作外在歸因。

### 2. 凱利的歸因理論

　　社會心理學者凱利（Kelley, 1973）認為一般人在推論別人的行為時，通常有以下三個特性：

圖13-1　海德
（Fritz Heider, 1896～1988）

(1)一致性

一致性是指某人在相似情境之下，是否重複表現相同的行為？例如：小明每次上課都守規矩嗎？

(2)特殊性

特殊性是指一個人的行為，只有在特殊情境之下發生嗎？例如：小明只有上數學課不守規矩嗎？

(3)共同性

共同性是指其他人在同樣的情境，都表現相同的行為嗎？例如：小明班上的同學上課時都不守規矩嗎？

根據凱利的歸因理論，在高一致性、低特殊性、低共同性之下，個人傾向作內在歸因。當在一致性、特殊性以及共同性均高的情境之下，個人容易作外在歸因。

## 3. 魏尼爾的歸因研究

一般人在成功或失敗時，大都會作不同的歸因解釋。根據魏尼爾（Weiner, 1974）的研究，成功或失敗的歸因，可以分為內在或外在、穩定或不穩定等兩個層面，這樣就構成四個類型的歸因（圖13-2）。例如：某生參加大學入學考試落榜，他可能歸咎於自己努力不夠或能力太差，也可能歸咎於運氣太差或試題太難。

|  | 不穩定的原因 | 穩定的原因 |
|---|---|---|
| 內在的原因 | 努力<br>疲勞<br>心情 | 能力<br>性向<br>智力 |
| 外在的原因 | 機運<br>幸運<br>機會 | 困難<br>艱深 |

圖13-2　成功或失敗的歸因

　　大多數人失敗時責怪別人，成功時則歸功於自己，這可能是來自於自我保護的動機，免得自己難過。另一種可能就是成功符合自己的期望，失敗與個人期望相反，因此不願意自己承擔失敗的責任，只好將失敗的原因推給他人或外在環境。

## （二）歸因的偏差

　　人們通常以理性的態度對自己或別人的行為作歸因，可是有時受動機、情緒以及資訊的影響，作出不正確的歸因。這種情形，歸因難免含有猜測的因素，稱為**歸因偏差**（attribution error）。常見的歸因偏差有以下幾類：

### 1. 當事人與觀察者的偏差

　　當事人與觀察者對同一個行為的歸因彼此間常有很大的差異。當事人傾向於將自己的行為歸因於情境；觀察者則傾向於將當事人的行為，歸因於當事人本身的因素，這種現象稱為**基本歸因偏差**（fundamental attribution error）（Ross, 1977）。這種歸因的差異，在於對他人行為作個人因素的歸因比較容易，歸因於他人行為的情境因素比較困難。因為影響他人行為的情境因素相當複雜，我們不容易十分了解。當事人為何傾向於將自己的行為，歸因於情境因素？因為當事人對他自己最了解，歸因於自己比較容易產生焦慮不安，歸因於情境則可以心安理得。

### 2. 心理防衛歸因偏差

　　旁觀者對他人的不幸遭遇，比較容易傾向於作內在歸因。例如：你的朋友發生車禍，你可能歸因於他太粗心大意，而不歸因於他運氣不好。為何會這樣？因為如果你歸因於他運氣不好，則該不幸事件也有可能發生在自己身上；而歸因於他粗心大意，則此事比較不可能發生在自己身上（Salminen, 1992）。像這樣把他人的不幸遭遇，歸因於他人的不是，以避免自己遭遇同樣不幸的歸因現象，稱為**心理防衛歸因**（defensive attribution）誤差。不過，這種歸因常與事實不符，個人可能因錯誤的歸因，使自己疏於警覺而大難臨頭。

## 3. 自我歸因偏差

個人將成功歸因於自己，將失敗歸因於情境，這種現象稱為自我歸因偏差。例如：某生英文成績不及格，他可能責怪老師教不好、題目出得太難或分數打得太嚴格，這就是歸因於情境，屬於外在歸因。別人可能認為他不用功，這就是個人因素，屬於內在歸因。事實上，這種歸因常與事實不符。

### （三）文化背景與歸因

大體來說，西方文化強調個人主義、獨立自主、自尊與依靠自己；東方文化則比較強調服從、互相依賴、爭取團體榮譽、守信用、行為不逾矩等。西方人大都依據個人的人格特質與獨特性來作歸因，比較少將個人行為的表現歸因於情境因素；東方人則相反。為何會如此？因為，西方人重視競爭和自尊心，試圖說服別人和他們一樣。在東方國家的日本人，他們把成功歸給他人，把失敗歸於自己努力不夠，美國人則反之（Markus & Kitayama, 1991）。由此可見，不同文化背景的人對於行為表現的歸因，也有很大的差異。

## 三、偏見

**偏見**（prejudice）是指，個人在沒有足夠明確的證據之下，對某特定團體的成員所持有的負面態度，偏見通常以種族、政黨、性別、宗教信仰等方面居多。世界各地常有因種族歧視、政黨利益或宗教信仰衝突，造成攻擊、暴力或搶奪財務等事件。

在1940年代，600多萬猶太人遭納粹黨徒殺害；北美洲印第安人在17世紀原有300餘萬人，到今天大約只剩下60萬人；中東地區經常爆發衝突戰爭，都是起因於種族或宗教信仰偏見的結果。以下就產生偏見的原因、消除偏見的方法，分別加以說明：

## （一）產生偏見的原因

### 1. 刻板印象

　　個人對某特定對象，在認知上深信對方擁有某些特質，這種刻板印象與個人的期望或團體內價值觀的差異，就容易產生偏見。

### 2. 團體內衝突

　　在社會團體之間，有時成員為了爭取工作機會或掠取有限資源，於是產生劇烈的競爭和衝突。如果衝突持續存在，已經威脅到團體成員的生存權利，團體內的成員將其他團體視為敵人，彼此仇恨或結怨，久而久之就容易產生偏見。例如：許多亞裔美國人在就業上與白人競爭，於是白人對這些競爭者產生偏見。

### 3. 團體間壁壘分明

　　每一個人對其所隸屬的團體常有濃厚的感情，彼此有共同的信念與生活方式，因此將這個團體視為我們的團體，也就是**內團體**（ingroup），將其他團體視為**外團體**（outgroup）。將自己的團體與其他團體劃清界線，對外團體的人員沒有好感，溝通與互動的機會減少，歧見日益加深，最後就形成偏見。

### 4. 社會學習

　　一般人從兒童時期學習父母、教師、朋友與其他成人的行為，如果成人或大眾傳播內容對某特定對象存有偏見，兒童在社會化的過程中也容易學得偏見。

## （二）消除偏見的方法

### 1. 直接接觸

　　雙方彼此增加接觸的機會，透過溝通增加互相了解，可以減少對抗與降低偏見。

## 2. 包容對方

透過各種教育方式，培養人們以愛代替仇恨、以尊重代替敵對，這樣有利於消除偏見。

## 3. 打破團體間界限

讓各個團體成員分工合作，制定法律保障弱勢族群的權益。鼓勵不同族群通婚，統一語言與文字，增進彼此的了解，都可減少彼此間的誤會，這樣有助於消除偏見。

# 第二節　人際關係

人際關係會影響一個人的家庭、婚姻、事業與前途，單打獨鬥的人不容易成功。人際關係的建立平時就要多與人互動；主動去關懷、協助、接納他人，平時就要與人禮尚往來，要真心讚美和肯定別人，時常保持笑容，留給人家美好的印象。如果事到臨頭才去拜託別人幫忙，通常不會有好的效果。人際關係良好的人，遭遇到困難問題時，就會有很多人挺身而出，所以是個人成功的重要因素。人際關係與人際吸引、愛情和文化背景都有密切的關聯。

## 一、人際吸引

人與人之間彼此相互欣賞、愛慕與關注的心理好感，稱為**人際吸引**（interpersonal attraction）。人際吸引使人建立感情與愛情，影響人際吸引的因素如下：

### （一）接近效應

個人與活動空間相近的人，由於接觸頻繁，容易由相識產生感情，這種現象稱為接近效應。例如：同學、同事、鄰居、教友、校友等，容易由相識

而互相吸引。在許多大學裡，「班對」、「校對」都與「近水樓台先得月」有關。住在大學宿舍的學生，寢室相距愈近者愈容易成為摯友。雖然今日社會的流動性很大，但是許多人結婚的對象，仍然以生活周遭的對象居多。

## （二）身體外貌的魅力

個人的身材外貌，是決定人際吸引的重要因素，難怪許多年輕貌美的淑女成為男士競相追逐的對象。尤其在與異性交往初期，外表是吸引對方的重要條件。但是，經過長期交往之後，對異性各方面的了解愈多，身體外貌的吸引力就逐漸降低。在兩性中，女性的外貌比男性的外貌對異性更具有吸引力。男性的社會地位、財富容易吸引女性；女性的身材、膚色、服飾或髮型，對男士比較具有吸引力。

## （三）相似性

俗語說：「物以類聚」、「惺惺相惜」、「官官相護」，這些都說明條件相近的人容易相互吸引。許多學者研究發現，具有相同種族、年齡、宗教信仰、興趣與嗜好、人格特質、教育程度、社會地位者，彼此具有吸引力。在許多配偶中，人格愈相似者婚姻愈幸福美滿。在眾多相似性條件中，**態度相似性**（attitude similarity）是受人歡迎的重要因素。一般人都有排除異己的心態，依此推論，部屬跟上司唱反調、學生向教師抗辯，都不容易得到長官或教師的歡心。

## （四）互補性

個人為了彌補自己的不足或缺陷，因而對自身所缺而對方所長的人，產生好感的心理傾向，稱為**互補性**（reciprocal effect）。例如：就讀理工類科的學生，可能喜歡學文、法、商的人；矮個子的女性喜歡嫁給高個子的男士；家境清寒的青年，喜歡娶富裕家庭的女子當太太。因為每個人的能力有限，無法樣樣精通或萬事俱全，因此藉他人的優點來彌補自己的短處，也是

構成人際吸引的條件之一。

## （五）能力表現

　　一般人如果才德出眾而且有傑出的表現，就容易成為眾人景仰的人物。有一個研究發現，精明能幹而且有小缺點的人，反而會受人歡迎，因為大多數的人偶爾也會犯一些小錯誤，這樣會使人覺得他也是和常人一樣。

# 二、愛情

## （一）愛的涵義

　　人際間的吸引，經建立友誼之後產生愛情，愛情總是讓人嚮往。佛洛姆（Erik Fromm）認為：愛就是給予和接受。古今中外對愛敘述最透澈的，記載在《聖經》哥林多前書第十三章第四至八節：「愛是恆久忍耐，又有恩慈；愛是不嫉妒；愛是不自誇，不張狂，不做害羞的事，不求自己的益處，不輕易發怒，不計算人的惡，不喜歡不義，只喜歡真理；凡事包容，凡事相信，凡事盼望，凡事忍耐，愛是永不止息。」

　　由於心理學以科學為取向，雖然愛有許多定義，可是它難以客觀計量研究。到了1990年代，有關愛情的實證研究尚不多見。

## （二）愛情三角理論

　　美國耶魯大學史騰柏格教授（Sternberg, 1988b）提倡愛情三角理論（triangular theory of love），他將愛情分為**熱情**（passion）、**親密**（intimacy）以及**承諾**（commitment）等三個層面。每一個層面可以分為有（＋）或無（－），這樣可以組成八種愛情類型，如表13-1所示。

　　史騰柏格進一步將愛情的三個層面，依其強弱及維持時間的長短，以曲線表示（圖13-3）。由該圖可知，只有熱情的愛情不能持久；唯有熱情、親密和承諾三者兼備，而且合而為一，才是**圓滿的愛情**（consummate love）。

表13-1　愛情三角理論——愛的類型

|  | 熱情 | 親密 | 承諾 | 愛的類型 |
|---|---|---|---|---|
| 1 | − | − | − | 沒有愛情 |
| 2 | + | − | − | 迷戀式愛情 |
| 3 | − | + | − | 友誼式愛情 |
| 4 | − | − | + | 空虛式愛情 |
| 5 | + | + | − | 浪漫式愛情 |
| 6 | − | + | + | 伴侶式愛情 |
| 7 | + | − | + | 愚昧式愛情 |
| 8 | + | + | + | 圓滿式愛情 |

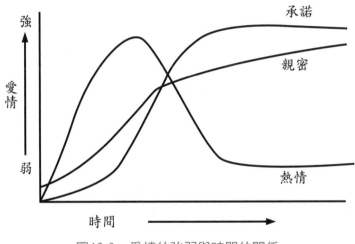

圖13-3　愛情的強弱與時間的關係

親密與承諾是預測情侶維持關係的指標。

## （三）愛情與幼年生活經驗有關

一個人在童年時期與父母的生活經驗，產生以下三類人格：

### 1. 安全依附型（secure attachment style）

安全依附型的人在個人長大成人以後，容易與人親近，建立友誼與愛

情，信任自己的伴侶，彼此擁有持續長久的愛情，婚姻生活大都幸福美滿。

2. 焦慮矛盾型（anxious-ambivalent style）

　　焦慮矛盾型者，一方面想跟人親近，另一方面又擔心別人不是真心愛自己，在愛情方面充滿焦慮、愛、恨、嫉妒等矛盾心理。

3. 逃避依附型（avoidant attachment style）

　　逃避依附型者，害怕與人親近，擔心受到傷害，不能完全信任對方，很難與別人建立親密關係及愛情。

　　由上述可知，讓兒童在充滿安全感的環境中成長，有利於他們未來的愛情生活，以及未來婚姻的幸福美滿。

### （四）夫妻維持愛情的要領

　　俗話說：「相愛容易，相處難」，夫妻要永遠恩愛至少要具備以下幾點：(1)要互敬互愛，相敬如賓；(2)要彼此包容互相寬恕；(3)要管控自己的情緒，不可互相指責或有暴力行為；(4)要互相扶持，彼此之愛不只是有最初戀愛的甜蜜，而是當繁華褪去，依然不離不棄；(5)要多讚美對方讓對方有被重視和被愛的感覺；(6)要互相忍讓，不要數算或計較對方的缺點；(7)要有同理心，用心傾聽對方的心聲並且保持良好的溝通；(8)要互相信任，對婚姻忠誠；(9)不要試圖改變對方；(10)在教養子女的態度和金錢管理上，要取得共識。

## 三、人際吸引、愛情與文化背景

　　人際吸引與個人生長的環境有密切關係。布士（Buss, 1994）曾經調查世界上37個國家的人民，結果發現：具有仁慈、情緒穩定、健康、誠實可靠的特徵，是人際吸引的重要條件。西方世界的男性喜歡年輕貌美的女性，女性則喜歡勤奮、有志氣、高社會地位及擁有財富的男性。

　　人際吸引有地區性的差異，例如：西方世界的年輕人，對異性的喜愛比

較偏重個人主義。但是，印度、日本、中國等東方世界的年輕人，則受父母與媒妁之言的左右較大。東方國家與歐美等國相比，日本、中國、印度以及南非等國家的青年在追求異性時，比較不重視浪漫氣氛與彼此的承諾。

## 四、與人拉近距離的技巧

要讓自己成為受歡迎的人，以下幾點供讀者參考：

1. 記得別人的姓名。
2. 時常保持笑容。
3. 真心讚美別人。
4. 講話的主題、內容最好是對方感興趣的。
5. 待人要有禮貌。
6. 要誠心誠意對待人。
7. 盡量少誇耀自己。
8. 講話幽默風趣。
9. 平時多關心、幫助別人。
10. 與人保持禮尚往來。

## 五、說話要有藝術

一個人講話如果信口開河，很容易得罪人。我們如何說話才能建立良好人際關係？以下說話的技巧可供參考：

1. 不說批評的話，要說感恩的話。
2. 不說抱怨的話，要說惜福的話。
3. 不說生氣的話，要說理性的話。
4. 不說悲觀的話，要說喜樂的話。
5. 不說自責的話，要說自信的話。

6.不說責備的話，要說讚美的話。

7.不說苦毒的話，要說祝福的話。

8.不說騙人的話，要說誠實的話。

9.不說諷刺的話，要說溫馨的話。

10.不說怨恨的話，要說愛心的話。

11.沒有把握的事，要謹慎說。

12.做不到的事，不要亂說。

13.不清楚的事，不要胡說。

14.別人的事，要小心說。

15.傷害人的事，千萬不能說。

# 第三節　社會影響

## 一、態度的形成與改變

　　**態度**（attitude）是指個人經由學習而對人、事、物的思想與判斷，所產生一種相當持久性的行為傾向。例如：對政府發消費券的看法、對公民投票的看法、對安樂死的看法等，都屬於態度。以下將就態度的性質、態度與行為、態度的形成理論與改變策略等方面，分別加以說明。

### （一）態度的性質

　　態度是指個體對某一特定人、事、物，憑其認知及情感，所表現相當持久不易改變的行為傾向。歷年來，大多數社會心理學者主張，態度包含三種成分：(1)**認知成分**（cognitive component），是指個人對人、事、物所擁有的信念、觀念或看法，例如：我認為運動有益身心健康、我認為到日本旅遊很安全；(2)**情感成分**（affective component），是指個人對人、事、物的好惡

與感情,例如:我喜歡出國留學、我喜歡住墾丁;(3)行為成分(behavioral component),是指個人對人、事、物所採取的行動,例如:我喜歡每天去游泳、我喜歡上圖書館。態度所包含的三種成分和例子,參見圖13-4。

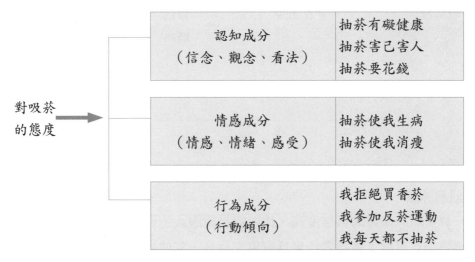

圖13-4　態度的成分

## (二)態度與行為

個人的態度與行為究竟有何關聯?歷年來雖然有一些學者發現由個人的態度可以預測其行為(Eagly, 1992),不過許多社會心理學家認為,個人的態度影響其行為有以下因素:(1)態度的強度;(2)情境因素;(3)個人的期望;(4)他人的影響。例如:甲生參加期末考試,他原來就有強烈作弊的意圖,考試當時班級學生人數很多,甲生對這次考試成績期望很高,加上過去班上許多不用功的同學作弊都拿高分,這樣就可能使他考試時產生作弊的行為。

## (三)說服對改變態度的影響

從各種大眾傳播媒體或他人,每個人每天接收到許多訊息,這些訊息無形中都在說服我們改變態度。說服的過程包括四個基本因素:訊息來源、訊息內容、傳播訊息的工具以及接收者(圖13-5)。茲分別說明如下:

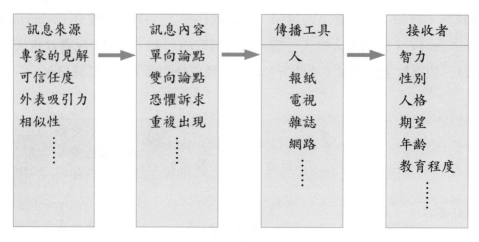

圖13-5　說服的歷程

## 1. 訊息來源

　　傳播訊息來源的可信度高，比較容易說服人。例如：政府官方資料通常比小道消息可靠；傳播者如果具有專家身分，其傳播的訊息比較容易使人改變態度，例如：由營養學博士宣導有機蔬菜的功效，比電視明星更具有權威性。傳播訊息者的外貌具吸引力，其傳播訊息比較容易使人相信。傳播者與接收訊息者的個性愈相似，其訊息愈容易被接受者相信。

## 2. 訊息內容

　　傳播訊息內容如果採正面的論點，稱為**單向論點**（one-side argument）或單向傳播，例如：演講、政見發表、廣告、牧師證道等。假如採正反兩面的論點，稱為**雙向論點**（two-side argument）或雙向傳播，例如：向消費者傳播一個新產品時，不要只報導這個產品的優點，這樣消費者容易懷疑其真實性，如果同時報導其優點與缺點，但是強調優點很多缺點很少，消費者比較會接受。

　　一般來說，單向傳播對教育程度低者比較有效。反之，雙向傳播對教育程度高的人比較有效果。因為教育程度低的人，不容易接收到反面訊息，同時他們對正面訊息比較不會作理性批判；教育程度高的人則相反。此外，傳

播內容使接收者產生擔心（例如：設核電廠），這種恐懼訴求頗具有影響力（Perloff, 1993）。傳播的訊息不斷重複出現，比較容易說服人（Bornstein, 1989）。

## 3. 傳播工具

一般常見的傳播工具，有網路、報紙、電視、廣播以及雜誌等，在這些傳播工具之中，以視聽媒體比較具有說服力，對接收訊息者的態度比較具有影響力。

## 4. 接收者

大體來說，智力低的人比較容易被訊息說服，尤其單向傳播的訊息更為明顯（Rhodes & Wood, 1992）。就性別來說，男性對於服飾、食品、化妝品的內容較不熟悉，容易被這類傳播訊息說服；女性對於政治、科學、機械等方面的傳播內容較不熟悉，容易被這方面的訊息說服。假如傳播的訊息在接收者預期心理範圍之內，就比較容易說服接收者。就年齡來說，傳播訊息內容是否會被接收者採信，與接收者年齡層所關心的事物有關，例如：老年人容易接受藥品廣告，小朋友則容易接受玩具或零食的廣告。

## （四）態度形成與態度改變的理論

## 1. 海德的平衡理論

海德（Heider, 1958）提出態度**平衡理論**（balance theory），該理論假設當事人（perceiver，簡稱P）、他人（others，簡稱O）以及態度事物（attitude object，以X表示），這三者中任何兩個之間有正或負的關係，例如：張三（P）喜歡看電影（X），這兩者的關係就是正的（＋）。反之張三（P）不喜歡看電影（X），這兩者的關係就是負的（－）。當上述三者之間的關係相乘的結果是正的（＋），就表示態度平衡。反之，三者相乘的結果是負的（－），就表示態度不平衡，如圖13-6所示。

依據海德的平衡理論，當態度不平衡時容易使人導致緊張，於是激發個人改變態度尋求平衡。在圖13-6右圖中，小明（P）喜歡小平（O），小平不

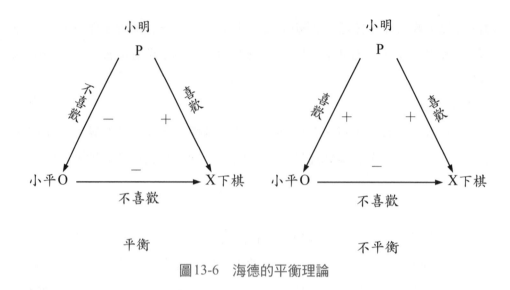

圖13-6　海德的平衡理論

喜歡下棋（X），小明喜歡下棋，對小明來說，在態度產生不平衡。假如想要達成平衡，只有兩種情形：其一是小明不喜歡小平，其二是小明不喜歡下棋。

2. 學習理論

　　態度的形成頗受學習經驗的影響，態度的情感成分，可以經由古典制約作用歷程來獲得。別人贊成你的意見，會增強你的態度；反之，別人不贊同你的看法，會消弱你的態度。例如：你贊成女生上成功嶺受訓，有人贊成你的看法，會使你更堅持自己的態度是對的。另外，觀察學習也會影響個人的態度，例如：你從大眾傳播媒體得知，英國黛安娜王妃車禍喪生與狗仔隊有關，此後你對狗仔隊就產生負面的態度。

3. 認知失調理論

　　社會心理學家費斯汀格（L. Festinger, 1919～1989）（圖13-7）提出**認知失調理論**（cognitive dissonance theory）。該理論認為，當個人有兩個認知彼此不協調時，就產生緊張不安的驅力，在自己改變態度之後才能使認知達到和諧的狀態。例如：我知道早睡早起有益健康，可是我是個夜貓子，這兩個相關的認知彼此不相協調，於是產生認知失調。為了減輕認知失調，至少可

圖13-7　費斯汀格
（L. Festinger, 1919～1989）

以採取兩個方法：第一，讓自己養成早睡早起的習慣；第二，舉證說明晚睡
也有益健康。不過，個人對相關的認知是否會產生失調？認知失調到何種程
度，才能夠使人改變態度？認知失調時，個人採取哪一種方式來調適自己的
行為？以上這些問題，尚缺乏實證性的研究報告。

4. 自我知覺理論

　　邊姆（Bem, 1967）提出**自我知覺理論**（self-perception theory），該理論
主張個人由自己的行為來推論自己的態度，例如：我上課遲到，因為我不喜
歡這門課。自我知覺理論與傳統認為態度決定行為的觀點完全相反。


二、從眾、順從與服從

（一）從眾

　　從眾（conformity）是指個人在社會壓力下，棄守己見而與團體成員表
現相同的行為。亞許（Asch, 1955）曾經做了一個實驗來證明人的從眾行
為。受試者為七名男大學生，實驗時受試者圍著一張長型桌子而坐，桌前放

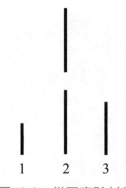

圖13-8 從眾實驗材料

置實驗圖形（圖13-8），要求受試者自圖13-8三條長度不等的垂直線中，選擇一條與上面標準線一樣長的直線。在每名受試者選完之後，就大聲說出答案；其中只有一人是真正受試者，坐在倒數第二個位置，其餘六人均為事先安排好的同謀者。同謀者在實驗第一回合與第二回合皆作正確的回答，第三回合前五人故意說出不正確的答案。這樣總共做了15次，其中11次同謀者故意說出不正確的答案，結果發現真正受試者產生了從眾的行為。

影響個人從眾的因素如下：

1. 向心力

個人在一個向心力愈高的熟識團體中，愈容易表現從眾行為。

2. 團體大小

團體人數三至四人，個人最容易產生從眾行為，在大團體中比較不容易表現從眾行為。

3. 情境

一般人在不確定的情境之下，比較容易表現從眾行為。

4. 社會地位

中等社會地位者，比社會地位低或高的人較容易表現從眾行為（Driskell & Mullen, 1990）。

## 5. 社會文化

生活在集體主義社會的人，比個人主義社會的人較容易表現從眾行為。

## （二）順從

**順從**（compliance）是指個人在社會壓力之下，為了自身利益或避免受到懲罰而屈從於他人的行為，也就是口服心不服。在亞許的實驗研究中，真正受試者接受訪問時表示，他的答案大都順從別人。在日常生活中，個人常有順從權威者的行為，例如：集會時穿制服。秦朝時趙高在朝臣面前「指鹿為馬」，這些大臣沒有人敢提出異議，這就是順從。要使人順從有以下幾個技巧：

### 1. 腳在門檻內效果策略（foot in the door technique）

這種策略就是勸誘別人接受我們所提出的要求，則以後我們提出更多或更大的要求時，對方為了維持自己樂於助人的形象，於是答應了我們再提出的要求，也就是一種得寸進尺策略。例如：每年舉辦好人好事表揚大會，好人代表無形中就繼續行善。

### 2. 臉在門上效果策略（door in the face technique）

這種策略就是一個人先向對方提出一項要求，當被對方拒絕之後我們再提出較小的要求，對方會覺得不好意思而順從我們的要求。

### 3. 正當性

如果我們提出的理由很具有正當性，就容易使對方順從我們的要求。例如，前面有人排隊上廁所，這時有人說：「我的肚子痛得要命，可不可以讓我先上？」於是人們就容易順從對方的請求。

### 4. 互補策略

如果我們先送對方一些東西，然後要求對方以一些東西作回報，對方就容易順從我們的要求。例如：學校以獎學金給家境清寒的學生，如果要求他們以後賺錢要回饋母校，這些學生以後容易順從學校的要求。

## 5. 低價策略

當我們對別人提出物品低價或優惠價格，別人就容易順從我們的訴求去購買。例如：百貨公司打五折時，許多消費者就容易去購買。

## 6. 非全部策略

告訴人家有買就有希望，使他人順從我們的訴求去購買。例如：某市長宣布花3,000元消費券買東西，就有機會抽得價值5,000萬元的豪宅，於是很多人就因此去消費。

## 7. 稀有策略

告訴人家機會難得，於是別人就把握機會去購買。例如：某汽車商宣布：「這款汽車原價60萬元，剩下這一台只要40萬元就賣了！」於是很多人就搶著去購買。

## （三）服從

服從（obedience）是指擁有權力者，以權威命令他人要完全服從，假如有所不從必加以處罰。服從是順從的特例，例如：軍官命令士兵、長官命令部屬等。米爾葛蘭（Milgram, 1974）在耶魯大學曾經做了一個實驗，登廣告徵求參加實驗的人員，凡全程參與實驗者就給予酬謝金。他告訴參與實驗者，這是一個有關懲罰對學習效果的實驗，讓一名受試者當「老師」，另一名當「學生」。實驗者向「老師」說明實驗的過程，再帶領另一名「學生」到隔壁房間坐在椅子上，手腕裝上電擊儀器（圖13-9）。實驗者事先告訴這名「學生」，實驗進行時不會真正受到電擊，但是必須假裝極痛苦的模樣；實驗者再帶領這名「老師」，參觀隔壁的電擊室。

當實驗進行時，實驗者下令這名「老師」打開電擊開關，強度由15到450伏特；當電壓愈強時，就會聽見隔壁房間這名「學生」的尖叫聲，同時看到其痛苦掙扎的情形。他雖然想停止操作，可是實驗者令其不可停止。實驗結果發現，有65%的受試者服從實驗者的命令，施以最高伏特的電擊。由此可以解釋，為何在戰場上的士兵，會完全服從上級的命令，造成雙方嚴重

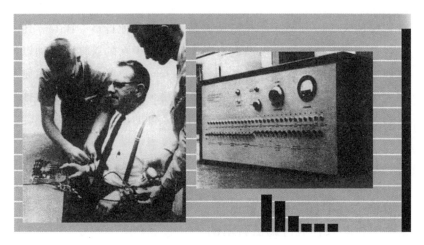

圖13-9　服從的電擊實驗

傷亡的原因。

# 三、助人行為

俗語說：「助人為快樂之本」，或說「助人會有福報」，這些說法都強調助人可以利己。宗教家則強調：「幫助別人是不求回報的」，助人也是重要的利社會行為（prosocial behavior）。俗語說：「人不為己，天誅地滅。」但是，為何在充滿功利主義與暴戾之氣的今日社會，仍然有許多捨己利人的利他主義（altruism）者？例如：諾貝爾和平獎得主德雷莎修女，終身奉行人道主義，創辦「仁愛傳教修女會」，獻身為窮人及垂死者服務長達半世紀之久。

影響助人行為的重要因素如下：

## （一）遺傳基因

由同卵雙生子的研究發現，其利他行為顯著高於異卵雙生子（Rushton et al., 1986）。遺傳會影響個人的氣質，進而左右個人是否表現利他行為

（Bates, 1987）。

## （二）社會學習

父母或其他成人如果常表現助人行為，同時對子女的善良行為加以讚美，可以增進子女的利他行為（Eisenberg, 1992）。

## （三）大眾傳播

大眾傳播內容對兒童的影響很大，電視明星人物如果常常表現助人行為，對兒童學習助人利他行為很有幫助。

## （四）生活經驗

個人在生活經驗中曾經受到他人幫助度過難關，或是從前沒有得到別人幫助，因而造成慘痛經驗者，以後表現助人的機率比較大。個人的善良行為奠基於童年（Hay, 1994），爾後受家庭、學校與社會教育的薰陶，逐漸養成助人的品格。反之，假如個人行善助人的結果沒有得到好報，就可能減弱其未來助人的意願。

## （五）宗教信仰

虔誠的宗教信仰，可以培養個人樂善好施與悲天憫人的人格。正當的宗教信仰不但有益身心健康，而且有利於個人形成助人的品德。

## （六）社會文化

根據米勒（Miller, J. G., 1991）等人的研究，美國人對熟人生命受到威脅時會主動幫助，但是對陌生就比較不願意伸出援手。印度人對急難的陌生人會主動去協助。換言之，美國人對陌生人比較存有戒懼之心。

## （七）受難者的特徵

　　旁觀者與受難者的特徵（例如：性別、年齡、種族、黨派等）愈相似，愈容易產生助人的行為。

## （八）情境因素

　　助人行為頗受當時情境的影響，單獨一人見到他人危急狀況時，會覺得自己有救人的責任；可是，當急難現場同時出現幾個人時，個人就容易產生袖手旁觀的心態，認為他人不去救，我何必多事？因此，在急難現場人數愈多，伸出援手的人可能愈少，這是由於**責任分散**（diffusion of responsibility）所導致的**旁觀者效應**（bystander effect）。

# 四、攻擊與暴力行為

　　世界各地幾乎每天都有**攻擊**（aggression）與**暴力**（violence）的事件發生。攻擊是指意圖以不法的手段，傷害他人身心的行為。攻擊與暴力行為，至少有以下幾個原因：

## （一）生理因素

　　許多犯罪心理學家認為，攻擊與暴力和個人的基因、荷爾蒙以及大腦損傷有連帶關係。根據多位心理學者研究573對同卵雙生子的結果，發現攻擊行為的相關係數為 .40；異卵雙生子的相關係數為 .20（Cloninger et al., 1982），由此顯示，攻擊暴力行為與遺傳有密切關係。世界各國男性犯罪人數，大約為女性的10倍，這種現象可能與雄性睪丸素有關。有一些學者發現，攻擊與暴力行為起因於大腦神經傳導物質不平衡（Brown & Linnoila, 1990）。此外，大腦嚴重受傷或酒精中毒者，都容易產生攻擊與暴力行為。

## （二）挫折與挑釁

個人在生活上難免遭遇挫折，挫折容忍力低的人，容易產生不耐煩、暴躁或憤怒，甚至表現攻擊暴力行為，尤其在遭遇挫折同時又受他人挑釁時更容易產生。例如：某人趕時間上班，在開車途中遇到大塞車，後面的駕駛員又一直按喇叭，在這種情形之下就可能因挫折與挑釁而產生攻擊暴力行為。

**挫折攻擊假說**（frustration-aggressive hypothesis），認為挫折是產生攻擊暴力行為的導火線（Miller, 1941）。由挫折所產生的攻擊行為，有時會以第三者為發洩對象，也就是找代罪羔羊。

## （三）社會學習

人類的行為大都經由學習而獲得，攻擊與暴力行為也不例外。根據社會學習理論，個人觀察他人的攻擊與暴力行為，容易助長自己的攻擊暴力行為。我們每天看的電視節目，有時看到殺人、搶劫、摔角、政治人物相互批評攻擊等節目，經由電視媒體日夜不斷播放，無形中提供人們模仿的對象，使人學到攻擊暴力的方法，降低自己對暴力的克制力，甚至對攻擊暴力習以為常。有一項研究發現，兒童在八歲以前喜歡看電視或電影暴力節目，到了30歲時就容易表現暴行（Eron, 1987）；這些兒童長大以後，大約有三分之一成為暴力犯罪者（Oliver, 1993）。

父母或教師如果常對兒童體罰或虐待，容易使兒童學習攻擊暴力行為。大眾傳播媒體如果經常報導暴力事件，兒童或青少年容易從中模仿與學習，這樣將助長青少年犯罪行為。由此可見，淨化大眾傳播內容，加強正確的親職教育及學校學生輔導工作，對於減少攻擊或暴力行為的發生，將有很大的助益。

## （四）情境因素

一般人在生氣、悲傷或憂鬱時，比較容易失去理性，因而產生攻擊行

為。有一些人因為身體不舒服、噪音太大或溫度過高等情境，容易表現攻擊行為。例如：夏天氣溫愈高，愈容易使人心煩氣躁，於是監獄受刑人暴動或暴力犯罪的發生機率都比較高。

# 第四節　團體影響

## 一、團體對個人行為的影響

### （一）社會助長作用

個人在群眾場合所表現的行為，與獨自一人時並不相同。個人在他人出現時，表現異於平常行為的心理現象，稱為**社會助長作用**（social facilitation）。例如：個人平時一人跑步與在團體中競賽，後者所表現的成績通常比較好。有一項研究以40名兒童為對象，在單獨一人或很多名兒童的情境下，以最快的速度捲起釣魚線。結果發現，大多數兒童在團體競賽時的速度比較快。一般來說，簡易的作業在社會助長作用之下，通常可以得到好的績效。可是，困難的作業可能得到相反的結果。

### （二）社會性干擾

**社會性干擾**（social interference）是指由於他人在場，而使個人產生分心或引起生理過度反應，導致不如預期的行為表現，這種情形在陌生環境的場合比較容易出現。例如：在面對同班同學演講的表現，比面對他校學生演講的表現較佳。

### （三）社會懈怠

個人在需要多人通力合作的情境之下，行為表現比獨自一人時較差，這種現象稱為**社會懈怠**（social loafing）。當個人的行為表現不受團體肯定或

指責時，比較容易產生這種現象，例如：兩人一起騎協力車，有的人比較不用力踩。如果事先讓團體成員知道，要對每一個人的行為表現進行評量，則社會懈怠現象發生的機率降低，尤其是與摯友一起合作或團體競賽時，比較不容易產生社會懈怠現象（Karau & Williams, 1993）。

　　社會懈怠與社會文化有關，例如：在政府機關工作的人，其社會懈怠比私人企業較為明顯。因為在政府機關工作的薪資與工作表現關係較小，在私人企業工作者，薪資待遇與工作表現關係比較大。

# 二、團體決策

　　凡團體性的事務，經由團體中多數成員共同做成的決定，稱為**團體決策**（group decision）。團體決策最常出現以下兩類現象：

## （一）團體極化

　　根據很多社會心理學家的研究，團體所做的決定不是趨於中庸，而是趨向極端，這種現象稱為**團體極化**（group polarization）。團體成員在共同討論問題時，如果大多數人傾向激進，則他們容易做出冒險的決定，這種現象稱為**冒險偏移**（risk shift）。反之，假如大多數人傾向保守，則容易做出謹慎的決定，這種現象稱為**謹慎偏移**（cautious shift）。在政治上極右派（又稱鷹派）與極左派（又稱鴿派），都比較容易做出冒險的決定。

## （二）集體思考

### 1. 集體思考的涵意

　　由一群同事對某個棘手問題，共同討論解決的策略，這種思考過程稱為**集體思考**（group think）。在團體做決策之前，通常要經過集體思考歷程，以達到集思廣益的效果。廣告設計家奧斯本（Osborn, 1963）所倡導的**腦力激盪**（brain storming），就是藉著集體思考合力來解決問題，由團體成員共

同想出最好的辦法。集體思考最好在自由、和諧的氣氛中進行，每個成員的意見都受到肯定與尊重，沒有權威人士在場造成心理壓力，每一個成員都能夠暢所欲言，別人的意見可以激發自己的思考方向。

2. 集體思考失敗的原因

(1)團體成員心態封閉，無法廣納建言。

(2)將集體思考結果合理化，認為共同的決定有瑕疵也無關緊要。

(3)排斥少數團體成員的相反意見。

(4)認為集體思考結果是無懈可擊的。

(5)尊重長輩、長官或領導人意見，自己不願意說出真心話。

(6)認為敵方愚蠢無知，以致輕忽他們的實力。

(7)相互依賴心理，以為解決問題是別人的責任。

3. 集體思考釀成大禍的例子

由集體思考所做的決定失敗案例很多。例如：1986年美國挑戰者號太空梭，在升空72秒後爆炸；1970年代美國總統尼克森，為了遮掩水門案件，由一群政府要員開過許多次會議，原本希望杜絕反對意見，結果導致黯然下台的結局。又如：前美國總統甘迺迪主政期間，以強勢軍力攻打古巴豬玀灣（Bay of Pigs），不但沒有推翻古巴，反而遭到慘敗撤軍的結局。因為在攻打古巴之前的幕僚會議，大家都認為打這場戰易如反掌，於是沒有人反對。由此可知，集體思考容易產生團體迷思，所以團體決策不見得比個人決策較好。

## 三、去個人化及匿名效果

### （一）去個人化

個人在團體中受到群眾的影響，失去自己原有的個性，表現出與團體成員一致的行為，這種現象稱為**去個人化**（deindividuation）。參加集體示威的群眾，常會做一些不理性的行為，說出一些平常不敢說的話，這時言行毫無

禁忌、行為粗暴、口出惡言，似乎完全變成另一個人。例如：總統選舉後有些不滿的群眾攻打警察，這種暴力事件與去個人化有密切關係。

## （二）匿名效果

群眾在團體中容易覺得自己的言行不會被人發現，也就是認為自己在團體中可以隱姓埋名，這種現象稱為**匿名效果**（anonymity）。當群眾人數愈多的時候，個人就愈容易認為自己不為人知，所以就更容易宣洩自己的不滿，自己的行為由團體來負責，所以其行為也就愈殘暴、狠毒。目前網路上的溝通也同樣具有匿名效果，所以從網路上所見到的言語表達，與個人平常的語言大不相同。

# 四、領導

在一個團體中，對團體最具有影響力的人稱為領導者，又稱為**領袖**（leader）。領導者運用其權力對團體成員的統御過程稱為**領導**（leadership）。以下就領導的理論、領導者的特徵與領導的技巧分別說明。

## （一）領導理論

有關領導理論的科學研究，大致上分為三種理論取向：

### 1. 特質論

**特質論**（trait theory）認為領導者具有某種人格特質，有超越他人的能力，領導者能運籌帷幄、扭轉乾坤，也就是英雄造時勢，例如：有了孫中山才能創建民國。表13-2是成功領導者常見的特質。

### 2. 行為取向理論

**行為取向**（behavior approach）認為，成功領導是取決於領導部屬的行為，領導行為取向可以分為**員工導向**（person-centered）、**生產導向**（production-centered）以及參與式、獨斷式領導行為等兩個向度，如表13-3所示。

表13-2 成功領導者具有的特質

| 領導者的特質 | 說明 |
|---|---|
| 堅強毅力 | 具有追求成功的企圖心與意志力 |
| 誠實正直 | 為人誠信,值得他人信賴 |
| 高風亮節 | 有高尚的品格,部屬願意景仰與追隨 |
| 果斷與有膽識 | 做事果決明快,具有冒險犯難的精神 |
| 要有遠見 | 具有高瞻遠矚的眼光,能為團體勾勒美好的未來 |
| 有自信心 | 相信自己的決定 |
| 高的智能 | 具有整合分析、明辨是非與正確判斷能力 |
| 豐富的專業知識 | 具備豐富的專業領域知識 |
| 創造力 | 具有創新求變的思維能力 |
| 彈性與調適 | 具有調適改變與危機處理的能力 |

表13-3 成功領導者的領導行為取向

| 領導取向 | 說明 |
|---|---|
| 領導取向一 | |
| 　員工導向 | 領導者採取為部屬謀福利的行動 |
| 　生產導向 | 領導者的行動是為了增進生產或工作績效 |
| 領導取向二 | |
| 　獨斷式領導 | 由領導者自己做決策 |
| 　參與式領導 | 領導者允許部屬參與做決策 |

3. 權變理論

(1)菲德勒的領導權變理論

美國社會心理學家菲德勒(Fiedler, 1978)所提出的**領導權變理論**(contigency theory of leadership),是最具代表性的領導理論。此理論主張領導績效與人際關係、工作結構、職務權力等三個因素有密切關係。人際關係是指領導者與團體成員之關係,人際關係可以分為好與壞;工作結構是指工作的組織架構,可以分為有或無;職務權力是指領導者對部屬獎懲、考核、任免的權力,這種權力可以分為強或弱。這樣組合起來就有八種類型,如表13-4

表13-4 菲德勒領導權變理論

| 權變 ＼ 類型 | 1 | 2 | 3 | 4 | 5 | 6 | 7 | 8 |
|---|---|---|---|---|---|---|---|---|
| 人際關係 | 好 | 好 | 好 | 好 | 壞 | 壞 | 壞 | 壞 |
| 工作結構 | 有 | 有 | 無 | 無 | 有 | 有 | 無 | 無 |
| 職務權力 | 強 | 弱 | 強 | 弱 | 強 | 弱 | 強 | 弱 |
| 領導績效 | 非常好 | 好 | 中上 | 普通 | 普通 | 中下 | 不好 | 非常差 |

資料來源：改自Fiedler（1978）。

所示，由該表可知，領導績效不是看領導者有多少才幹或魅力，而是隨著這八類型而有所不同。

(2)轉型領導

**轉型領導**（transformational leadership）是指，領導者影響組織的成員在態度上產生重大改變，願意對組織目標承諾與努力奉獻自己的能力。

(3)交易領導

**交易領導**（transactional leadership）是指，領導者使部屬清楚知道，要獲得怎樣的酬賞就必須先達成上級訂定的績效或目標；反之，部屬如果沒有達成目標就會受到懲罰。換言之，酬賞與懲罰是有條件的（秦夢群，2000）。

（二）領導者的特徵

1. 出生序：各行各業的領導人，其出生序大都屬於居中者。
2. 教育程度：教育程度愈高的人，愈不容易成為領袖（Simonton, 1990）。
3. 身材魁梧是領導者的重要特徵。例如：美國近幾十年來總是個子高的人當選總統。
4. 外貌不凡，有風靡眾人的魅力。
5. 個性外向。

　6.人際關係良好。

　7.有敢於冒險的性格。

　8.有自我反省能力。

　9.有堅強的毅力。

　10.樂觀、積極、進取。

## （三）領導的技巧

　　領導是一種科學，也是一種藝術。每一位領導者的領導方式不盡相同，但是成功的領導者，至少具有以下能力：

### 1.目標明確

　　領導者應讓所有團體內人員充分了解組織的目標，以便大家有共同努力的方向。

### 2.用人唯才

　　成功的領導者需要知人善任，而不是用一些聽話的奴才，或只用一些奉承的小人。

### 3.分層負責

　　當團體的組織愈龐大時，領導者必然無法事必躬親、凡事面面俱到，因此，應採分工合作與分層負責，才能使組織正常運作。

### 4.賞罰分明

　　領導人物對部屬有功必賞、有過必罰，賞罰應做到公正、公平、公開與合理。賞罰辦法可以由全體成員參與討論。

### 5.關懷體恤部屬

　　部屬的身心狀況，對工作績效有直接的影響。成功的領導者應視部屬如己出，關懷入微並且體諒部屬的辛勞。

### 6.有效溝通

　　領導者藉著溝通增進成員的彼此了解，促進團結和諧以及達成工作績效。近年來，電子通訊網路發達，使用這種溝通媒體者愈來愈多，有逐漸取

代面對面溝通的趨勢。

## 7. 以身作則

領導者要想順利執行政策，應以身作則成為部屬的表率，才能收到上行下效的效果。

## 8. 自我充實

領導者應不斷進修與自我充實，在領導過程中具有卓越的知能才能使部屬口服心服。

## 9. 自我反省

領導人物容易被小人包圍，甚至有時被心腹蒙在鼓裡而不自知。因此，領袖應充分了解自己的優缺點，聘用可以彌補自己弱點的屬下。有時可以透過問卷調查，深入了解團體成員的心聲，以作為改進領導方式的參考。

## 10. 為團體成員謀福利

成功的領導者應努力為團體成員爭取最大的福祉，這樣可以得到部屬的信賴與支持。

# 本章摘要

1. 社會知覺是指個人對人、事、物的認識、了解或判斷,其中對人的知覺稱為人際知覺。

2. 影響個人對別人印象的因素,至少包括:(1)個人的相貌;(2)刻板印象;(3)情境因素;(4)個人因素;(5)初始效應;(6)月暈效應。

3. 歸因是指個人對自己或別人行為發生的原因所作的推論或解釋。

4. 海德氏將歸因分為兩種:其一為內在歸因,其二為外在歸因。

5. 凱利氏認為個人在推論別人的行為時,通常有一致性、特殊性、共同性。在高一致性、低特殊性、低共同性之下,個人傾向作內在歸因;在一致性、特殊性與共同性均高的情境之下,個人傾向作外在歸因。

6. 大多數人將成功歸因於自己,失敗歸因於別人。

7. 常見的歸因偏差有三種:(1)當事人與觀察者的偏差;(2)心理防衛歸因偏差;(3)自我歸因偏差。

8. 偏見是指個人對某些人、事、物所持有的負面態度。

9. 產生偏見的原因有:(1)刻板印象;(2)團體內衝突;(3)團體間壁壘分明;(4)社會學習。

10. 消除偏見的方法有:直接接觸、包容對方、打破團體間界限。

11. 人際吸引是指人與人之間相互欣賞、愛慕與關注的感情。

12. 影響人際吸引的主要因素有五:(1)接近效應;(2)身體外貌的魅力;(3)相似性;(4)互補性;(5)能力表現。

13. 史騰柏格提出愛情三角理論,將愛情分為熱情、親密與承諾三個層面。

14. 個人童年在充滿愛與安全感環境中長大者,其愛情生活比較圓滿。

15. 人際吸引與個人的文化背景及居住地區有密切的關係。

16. 態度是指個人對人、事、物的思想與判斷。

17. 態度包含：認知、情感、行為等三種成分。

18. 由個人的態度不一定能預測其行為。

19. 說服個人改變態度的因素有：(1)訊息來源；(2)訊息內容；(3)傳播工具；(4)接收者。

20. 海德提出態度平衡理論，當個人與他人、事物之間不平衡時會導致緊張，於是激發個人改變態度尋求平衡。

21. 費斯汀格提出認知失調理論，認為個人在兩種認知不協調時，會產生緊張不安，唯有改變自己的態度，才能使認知達到和諧狀態。

22. 邊姆提出自我知覺理論，認為個人由自己的行為來推論自己的態度。

23. 「從眾」是指個人在社會壓力下，棄守己見而與團體成員表現相同的行為。

24. 「順從」是指個人在社會壓力之下，為了自身利益或避免受到懲罰，而屈從於他人的行為。

25. 「服從」是指擁有權力者，以權威命令他人完全順從，假如不聽從就施予處罰。

26. 影響個人助人行為的因素包括：(1)遺傳基因；(2)社會學習；(3)大眾傳播；(4)生活經驗；(5)宗教信仰；(6)社會文化；(7)受難者的特徵；(8)情境因素。

27. 在危機現場中，在場人數愈多時，伸出援手的人愈少，這是由於旁觀者彼此分散責任所導致的「旁觀者效應」。

28. 攻擊與暴力的形成原因有：生理因素、挫折與挑釁、社會學習、情境因素等。

29. 社會助長作用是指個人在他人出現時，表現異於平常行為的心理現象。

30. 社會懈怠是指在需要多人通力合作的情境之下，個人的行為表現比獨自一人時較差的現象。

31. 團體決策是指團體性的事務，經由團體中多數成員共同做成的決定。

32. 團體極化是指由團體成員所做的決定，不是趨於中庸，而是趨向極端的現象。團體極化又分為冒險偏移與謹慎偏移。

33. 集體思考是指團體事務經所有團員集思決定，集體思考結果不一定完美。

34. 腦力激盪法是藉集體思考合力解決問題。在團體成員思考時，每個成員的意見都受到肯定與尊重，別人的意見可以激發個人的思考方向。

35. 領導是指在團體中，領導者運用其權力對團體成員的統御過程。

36. 領導是一種科學，也是一種藝術，成功領導者通常需具備一些領導的技巧。

# 第 14 章

# 心理異常

本章大綱

　　近年來，由於交通便捷、資訊發達與工商業蓬勃發展，人口大量流向都市，家庭與社會結構隨之改變。在生活激烈競爭工作壓力大之下，焦慮不安、身體不適、人際疏離，犯罪、自殺、酗酒、濫用毒品或禁藥、性變態、精神疾病等**心理異常**（psychological disorders）患者日漸增多，這些問題已經成為變態心理學研究的焦點。

# 第一節　心理異常的定義與診斷

## 一、心理異常的定義

　　在古埃及、中國、希伯來和希臘，都有把異常行為視為魔鬼附身的習俗。治療這些異常行為的主要方式是驅魔，驅魔的方式有很多種類，包括祈禱、念咒語、隔離、按摩、水療等。到18世紀以後，由於醫學的進步、科技的發展，心理障礙逐漸被認為是一種疾病，而開始對其進行分析、治療。在現代社會中，很多人都有失眠、心情煩躁、焦慮不安的行為，有些同學在考試前就出現頭痛、拉肚子、失眠、心神不定的現象，這些情形是否心理**異常**（abnormal）？因此，需要先了解心理異常的定義。心理學家常用以下的標準，來判斷個人的行為是否異常。

### 1. 行為偏離社會常規

　　個人的行為如果偏離社會規範，就被視為不正常。例如：殺人、強姦、縱火、強盜、吸毒，這是社會所不容許的行為，一個人如果表現這些行為就被認為異常。但是，世界各國的道德倫理規範與風俗習慣並不同，因此即使同樣行為認定是否異常的標準也不一致。

### 2. 個人的不適應或失能

　　如果個人無法適應正常的社會生活，其行為屬於異常。例如：長期失

業、酗酒、被學校退學、逃學、中途輟學、精神疾病等。

### 3. 長期自覺痛苦或困擾

　　如果個人時常覺得煩躁、焦慮不安、沉悶、悲傷、失眠，總是覺得身體不舒服與精神不愉快，無法安穩過日子，這種人也被視為異常。

### 4. 統計上的少數

　　如果將許多人的各種資料加以統計，就可以發現呈**常態分配**（normal distribution），落入常態分配的兩個極端就被視為異常。例如，智能不足或資優兒童就是特殊教育的對象。

## 二、心理異常的診斷準則

　　精神科醫師或心理師要認定一個人的行為是否異常，大都根據**美國精神醫學會**（American Psychiatric Association, APA）的精神疾病分類系統，來作為診斷的標準。該學會於1952年出版《心理疾病診斷與統計手冊》（*Diagnostic and Statistical Manual of Mental Disorders*, DSM），DSM歷經五次改版（II、III、III-R、IV、IV-TR），第五版（DSM-5）已於2013年在美國出版。DSM-5在精神疾病分類概念中取消五軸診斷系統，將精神疾病增加至20大類，並且對於診斷準則、名稱和涵義等也做了許多的修訂，是目前精神科醫師或心理師診斷心理異常的最新工具。

# 第二節　焦慮症

## 一、焦慮症的特徵

　　焦慮是一種情緒狀態，例如考試快到了，如果你覺得自己沒複習好，就會很緊張擔心，這就是焦慮。這時你通常會抓緊時間複習功課，積極去做能

減輕焦慮的事情。當焦慮的嚴重程度和客觀事件或處境明顯不符，或者持續時間過長時，就變成了病理性焦慮，稱為焦慮症狀，若符合相關診斷標準，就會診斷為焦慮症。世界衛生組織的研究表明，一般人終身患焦慮症的機率大約為13.6%～28.8%，90%的焦慮症患者在35歲以前發病，女性通常多於男性。

焦慮症（anxiety disorder）的患者，大都有認知、情緒、身體、動作等方面的症狀。在認知方面，患者有無端恐懼、思考不合邏輯與不合理的思維，當他們無法找出焦慮的原因時，就會愈感到惶恐不安，同時無法專心注意某件事物。在情緒方面，隨時可能出現煩躁、緊張、心情紊亂與恐懼的情緒；身體的症狀包括：心跳加快、呼吸困難、頭暈、噁心、心悸、失眠、身心疲勞等現象；動作方面有坐立不安、做一些沒有意義的動作（例如：常用手指頭輕輕敲打物體或在房間內來回走動）。

大部分人都曾有過度擔心的經驗，這樣是否就是焦慮症？以下三個現象可以作為判斷的依據：

1. 焦慮的理由：一般人在重大壓力下（例如：升學考試、父母生重病、觸犯法律等）難免產生焦慮，可是如果在沒有壓力的情況之下也感受到焦慮，就是不正常的。

2. 焦慮的程度：如果焦慮的程度影響個人的日常生活，就可能有焦慮症的傾向。例如：擔心出門發生車禍，而不敢去上學或工作；擔心飛機出事而不敢出國旅遊。

3. 焦慮的後果：如果焦慮導致負面的後果，就可能是焦慮症的表現。例如：過度擔心導致無法專心工作。

茲就焦慮症的種類說明如下：

## （一）廣泛性焦慮症

廣泛性焦慮症（generalized anxiety disorder, GAD）是指，患者長期莫名其妙的擔心，似乎害怕些什麼事，可是又說不出來，內心總是惶恐不安，心

神不寧，對許多的事件或活動有過度的焦慮和擔憂，這種狀況至少維持六個月以上。患者所擔心的事情相當廣泛，例如：擔心大地震會來、車子會被偷、小孩會被綁架等。因為長時間過度擔心導致注意力無法集中。廣泛焦慮症患者所焦慮的事物游移不定，因此又稱為**遊蕩性焦慮**（free-floating anxiety）。

廣泛性焦慮症患者除了煩惱不安之外，因為長期緊張，所以常出現以下症狀：失眠、全身無力、頭暈、食慾不振、心悸、容易疲勞以及身體疼痛等症狀，嚴重者有盜汗、四肢顫抖、噁心、拉肚子等症狀。這些生理的不適又容易引起心理的焦慮，患者經過醫師診斷之後，通常找不出生理上有明顯的病因。

## （二）分離焦慮症

**分離焦慮症**（separation anxiety disorder）是指，有些人要離開家或離開家人會產生過度煩惱，持續過度擔心失去可以依附的人，擔心依附者會受到傷害、生病、災難或死亡，或擔心自己會迷路、被綁架、生病或發生意外。有些人不願意離開家去上學、工作或去其他地方，或拒絕離家過夜，當離開主要依附的人，就會有頭痛、腹痛、噁心、嘔吐等現象。

## （三）恐懼症

**恐懼症**（phobic disorder）是指，患者對於毫無危險的情境或事物，出現強烈又無法控制的懼怕，以致妨礙其日常生活進而造成焦慮不安，患者常想辦法逃避其所害怕的對象。常見恐懼症的種類如下：

1. 幽閉恐懼症（claustrophobia），害怕在狹窄的封閉空間。
2. 廣場恐懼症（agoraphobia），害怕經過很熱鬧的廣場。
3. 懼高症（acrophobia），害怕站在高的地方。
4. 動物恐懼症（zoophobia），對某一種動物特別恐懼，例如昆蟲。
5. 黑暗恐懼症（nyctophobia），不敢單獨處於黑暗的地方。
6. 懼水症（hydrophobia），害怕接近水。

7. 孤獨恐懼症（monophobia），害怕單獨一個人。

8. 飛行恐懼症（aerophobia），害怕搭乘飛行器。

9. 陌生人恐懼症（xenophobia），對陌生人很恐懼。

10. 懼蛇症（ophidiophobia），害怕看見蛇類。

11. 社交恐懼症（anthropophobia or sociophobia），害怕參與社交活動，如公眾演講或表演。

12. 蜘蛛恐懼症（arachnophobia），害怕看見蜘蛛。

13. 學校恐懼症（school phobia），害怕上學。

14. 同性戀恐懼症（homophobia），害怕同性戀。

15. 考試恐懼症（examination phobia），害怕參加考試。

16. 疾病恐懼症（illness phobia），害怕會生重病。

17. 特定恐懼症（specific phobia），對某種特定的物體或情景有不合理的害怕。

18. 密集恐懼症（trypophobia），對密集排列的小孔洞，例如看見蜂巢、螞蟻洞或蓮蓬都會有莫大的恐懼。

19. 恐尖症（aichmophobia），對針、剪刀、菜刀等尖銳東西害怕被刺傷。

20. 牙醫恐懼症（odontophobia），看見牙醫師會出現強烈的痛苦。

## （四）恐慌症

恐慌症（panic disorder）是指，患者在沒有特定害怕的人、事、物、情境，或在無任何預警之下，感到心裡有一股強烈且無法控制的恐懼，有時一瞬間就感覺心悸、暈眩、顫抖、呼吸急促、胸悶、作嘔、麻痺感，這種焦慮出現的時間大約只持續幾分鐘，並試圖避開過去曾經恐慌發作的地方。有些患者在恐慌症發作之後，很擔心恐慌症再度發作，擔心恐慌的嚴重後果，於是不敢出門或隨身攜帶手機，以便恐慌症發作時能立即聯絡救護車。

恐慌症若停止治療後再發率約30%，雖然在一生中的任何時間皆有可能

發病，但大多起始於青春期或青年前期，比較少發生於孩童或是老人，女性得到恐慌症的機率比男性高。

# 二、焦慮症的原因

## （一）生物因素

　　人類與生俱來的體質，可能發展成焦慮。根據有些學者的研究發現：多愁善感的人，對於身體內在疾病過分敏感，因而導致焦慮（Fowles, 1993; Reiss, 1991）。另外，大腦內部神經化學傳導物質的不平衡、正腎上腺素的濃度過高及遺傳因素，也是造成焦慮的重要因素。

## （二）學習因素

　　根據學習心理學的理論，人類的行為或習慣，大都是由學習歷程所形成的。學習過程至少涵蓋三種方式：古典制約學習、操作制約學習與觀察學習。以恐懼症為例，這種症狀是由古典制約歷程所形成的，例如：一名兒童原來看到穿白色衣服的護理師，毫無恐懼感，可是之後每當看到護理師就要被打針，白色衣服與打針總是同時出現，於是這名兒童以後看到穿白色衣服的護理師，就產生恐懼感。由此推論，個人對原來不具傷害性的中性刺激，經由學習歷程而產生恐懼的心理反應，例如：對某特定動物、高處、黑暗、血液等恐懼，都是經由古典制約學習而來的。

## （三）認知因素

　　人對某些事件的看法或認知，也可能產生焦慮。例如：當太陽、地球、月球三者成一條直線時，古代人很害怕天狗會吃月亮，在缺乏科學知識之下因為不正確的認知而心生恐懼。又如，台灣退出聯合國，就有不少人認為大難臨頭，整天焦慮、惶恐不安，甚至有人趕著辦理移民手續。反之，視危機就是轉機的人，就比較不容易產生焦慮。

## （四）人格因素

焦慮症患者大都具有神經質傾向，例如：缺乏安全感、罪惡感、沮喪、內向、情緒不穩定、缺乏自信、個性頑固、缺乏彈性、做事力求完美、潔癖，以及強烈要求他人注意等人格特質，患者對任何事物或情境都過分敏感。

## （五）壓力

一個人如果長期處於心理壓力之下，而這壓力大於其所能承擔的範圍，就很容易產生焦慮症。例如，在肺炎疫情之下，很多父母或做生意的人，擔心經濟蕭條影響家庭或員工生計，在龐大的生活壓力之下就產生焦慮症。Faravelli 與 Pallanti（1989）發現，壓力大容易使人產生身體某部位覺得疼痛。Blazer等人（1987）的研究發現，心理壓力過大的人，得到焦慮症的機率為一般人的8.5倍。這些人經常覺得渾身不對勁，到處求醫、亂服成藥甚至求神問卜，其實真正的原因在心理壓力，並非生理機能上的毛病。

# 三、焦慮症的治療

## （一）認知行為治療

焦慮症最常使用認知行為治療（cognitive-behavioral therapy），這是由貝克（Aaron T. Beck）首先提出來的。他主張要先改善一個人不適當的認知，進而改善情緒，才能消除其焦慮，根據臨床研究，認知行為療法對半數以上的患者，都有顯著的效果。例如：有一個人很害怕搭乘飛機，先幫助他了解這是完全不正確的想法，這樣可以有效緩解其焦慮的程度。患者要學會成為自己的治療師，每天花10到60分鐘完成認知療法的作業，需要不斷的練習在認知治療中學到的技能，才能消除焦慮症。

　　心理師要改善患者不適當的想法，先教導患者不要一直去想焦慮的事情，要患者回憶過去曾經愉快的一些往事，並且做一些減輕焦慮的事，例如：對焦慮的問題暫時擱置、繪畫、聽音樂、做全身肌肉放鬆訓練、花時間與寵物相處、去渡假或旅遊、深呼吸、冥想、下棋、打坐、泡湯、歌唱、規律運動、看球賽、看畫展、聽演唱會、釣魚、按摩、找親人訴說自己的心情，尋求心理師協助，還可以找朋友聊聊，從朋友的生活經驗中，找到解決困難問題的方法，使自己進入完全的放鬆狀態。

　　根據英國國家衛生與臨床優化研究院的研究，認知行為治療對改善強迫症、暴食症、創傷後壓力症候群、憂鬱症等，都有顯著的效果。

## （二）排除負面的思考

　　一個人即使過去的挫敗無法改變，但是只要對自己懷抱希望，擺脫心理創傷，有堅強的意志與勇氣，好好過自己的生活，就會有美好的未來。如果時常有悲觀的想法，一個人在遭遇到困境、諸事不順的時候，就會很容易想到：「我真歹命！」、「我不夠聰明！」、「我沒有辦法！」、「為什麼好事不會發生在我身上？」、「我永遠不會成功！」、「我不行！」、「我真衰！」、「父母為什麼不幫助我？」等話語。以上這些想法，會像種子在潛意識裡發芽、生根、長大，這種自我應驗的預言，會成為邁向成功的絆腳石。

　　悲觀的想法就像癌細胞一樣，會逐漸擴散甚至吞噬人的生命。如果一個人習慣的說出失敗、口出埋怨的話，就是在為自己的失敗鋪路，逐漸朝毀滅的道路邁進，所以一個人在逆境中所說的話，不要低估它的影響力。

　　一個人在逆境中要記得感恩惜福，要相信上天關了一扇門，也會為你開另一扇窗，要以理性態度分析困境的原因，而且要努力積極去面對，其實危機也是轉機，黑夜過後黎明就會到來。當一個人面對疾病、貧窮、事業不振、婚姻破裂、失業、考試失敗等狀況，千萬不要抱怨或與人爭執，反而要靠著正面的話語來扭轉困境，要經常告訴自己：「天底下沒有任何困難的事

可以難倒我的！」、「我一定會戰勝它們！」、「光明前程即將到來！」。

　　一旦對自己有足夠的信心，便能樂觀去面對一切困難與挑戰，就會逐漸累積能量往正面的方向去發展，也會有能力來應付一切挑戰，甚至醫師認為無可救藥的癌症，都可能不藥而癒。

### （三）藥物治療

　　精神科醫師對焦慮症患者最常使用的藥物治療，就是抗憂鬱劑，用來幫助患者心情放鬆以及調適生活壓力，目前主要的抗焦慮藥物有**苯二氮平類**（benzodiazepines, BZDs），患者在使用這類藥物之前應先向醫師諮詢。

## 第三節　體化症

　　**體化症**（somatoform disorder，或稱身體型疾患）是指與情緒有關而呈現在身體症狀的疾病，由心理上的問題轉化成身體的症狀，但是找不出生理上的病因。身體的症狀以麻痺、疼痛或身體不適者居多。體化症的類型、原因與治療，分別說明如下：

### 一、體化症的類型

### （一）身體症狀障礙症

　　**身體症狀障礙症**（somatic symptom disorder）是指，患者身體不舒服是由心理因素所引起的，患者長期覺得心臟、背部、腿部、胃腸、胸部、鼻子、喉嚨、泌尿系統或神經系統等不舒服，患者以女性居多。患者為了要解除身體不適，時常到處求醫診治。臨床上所表現的身體症狀，大多以自律神經系統所支配的器官為主。患者大多數只說其身體症狀，很少人會意識到自己身體不適和情緒有關。例如：有一位失業青年害怕求職考試成績不好，因

過度緊張而導致胃痙攣，他並未察覺到這是自己緊張所造成的，這種胃痛就是屬於體化症。

## （二）轉化症

轉化症（conversion disorder，或稱功能性神經症狀障礙症）是指，心理壓力轉化為生理疾病的現象，在患者生理上找不出明確的病因，通常以單一器官系統的疾病比較常見。臨床特徵包括身體運動異常及感覺異常兩部分。一般常見到的症狀包括：視覺模糊、聽力減退、身體某一個部位麻痺、手或腳僵硬、說話困難，這種症狀又稱為歇斯底里症（hysteria）。轉化症的患者常在面臨重大壓力時，藉著身體的疾病來逃避各種壓力。例如：在前線與敵人作戰的士兵，出現歇斯底里症狀被送到醫院治療，是為了免除戰爭導致死亡的威脅。

轉化症的病因可能和下意識的衝突，以及人格特質相關。個案通常屬於自戀型人格、做作型人格或依賴型人格者比較多。也有心理學者認為轉化症和壓抑以及反向等心理機轉有關。

轉化症的治療相當困難，治療的目的不只是讓症狀消除，還包括病患人格結構的徹底改變，所以如何建立個案對疾病的病識感，才是治療的主要目標。使用催眠治療方法雖然可以短暫讓症狀消除，但是就長期而言，仍以心理治療的效果較好。此外，改善個案的人際關係，也可明顯改善個案的症狀，當個案合併有焦慮或憂鬱的時候，也可以適當的使用抗焦慮劑。

## （三）罹病焦慮症

罹病焦慮症（illness anxiety disorder）是指，患者經常擔心自己得了嚴重的疾病，例如：肚子不舒服就認為得到大腸癌，覺得胸口悶就以為是心臟病，鼻塞就以為得了鼻咽癌。患者會為了一些症狀，很努力的尋求自己可能罹患的疾病資訊，包含上網找尋資料，不斷的到處就醫。曾經有一名罹病焦慮症患者，其姊夫心臟病過世，他就懷疑自己也會如此，於是到處求醫診

斷，每次看完醫師之後，醫師告訴他健康沒有問題，可是過了不久，又懷疑醫師的診斷太馬虎、不正確，接著又到別家醫院求診，整天惶恐不安無心工作，看遍各大醫院仍然不休止。

　　患者常伴隨著疼痛、強迫症、憂鬱以及焦慮，他們常將自己身體的小毛病想像得很恐怖。工作壓力太大、缺少運動以及先天體質比較差的人，得到罹病焦慮症的機率比較大。罹病焦慮症患者如果沒有治好，不僅會影響工作與生活，同時可能會併發焦慮與憂鬱症，甚至產生恐慌症。

## 二、體化症的原因

### （一）認知因素

　　體化症患者大都認為自己身體很虛弱，很少去關心外在的人、事、物，擔心萬一自己死了，家人怎麼辦？有些體化症患者認為，自己考試的失敗、事業上的挫折、婚姻的問題都是身體不好所造成的。此外，患者容易將自己身體的小毛病加以誇大。

### （二）人格因素

　　體化症患者具有過分自我關心、退縮、內向、消極、悲觀、情緒不穩定、神經質等個性。有些患者因為過分愛面子、擔心失敗，於是以身體疾病來當作逃避壓力的藉口。

### （三）生病的經驗

　　有一些人小時候生病，父母過分焦慮、關心與愛護，甚至送很多的禮物給他，患者就從生病而獲得利益，在潛意識裡產生生病是好事的心理，所以以後就容易生病了。

## 三、體化症的治療

在治療方面，單靠藥物很難改善體化症患者的焦慮不安，如果採用行為治療以及心理諮商比較容易產生良好的效果；至於醫師部分，應該勸導這類病患只做必要檢查就好，並且讓患者相信醫師說法，不必再四處就醫。

## 第四節　解離症

解離症（dissociative disorder）是指，當事人將痛苦的記憶，或不為人接受的慾念與衝動，從意識中脫離出去，藉以防衛自己避免產生焦慮，但是因而導致自我功能解體，進而產生心理失常的現象或自我認定混淆（identity confusion）。解離症的症狀，包括自我認同改變（identity alteration），覺得世界上一切都很不真實或自我認同混亂。

## 一、解離症的種類

### （一）解離性失憶症

解離性失憶症（dissociative amnesia）是指，患者突然間喪失創傷事件的記憶，尤其是與自己過去生活有關的重要事情，例如：嚴重車禍、被強暴、被搶劫、被學校退學或親人死亡。但患者可能在某時刻就恢復其記憶。

### （二）解離性漫遊症

解離性漫遊症（dissociative fugue）是指患者不但喪失創傷事件的記憶，甚至突然忘記關於自己的一切。例如：忘了自己是誰，到處遊走流浪卻找不到自己的家，或忘記父母親的姓名、家裡的電話。除此之外，有些患者會遊

走他鄉到處流浪，甚至用新的身分，換新的職業、家庭和新生活圈。不過，他會記得一些無關緊要的事，例如：機車品牌、在家裡的排行等。在經過一段時間之後，他們可能突然發現自己身處異鄉，而且忘記自己漫遊的經過，其最後的記憶是在漫遊之前所發生的事物。

## （三）多重人格

**多重人格**（multiple personality），DSM-5又稱為解離性身分障礙症（dissociative identity disorder），患者同時具有兩個以上的不同人格特質，而且患者自己不清楚。換言之，多重人格是自我的解離。正常的人只有一種人格特質，對自己的姓名、記憶、行為特徵都很清楚。可是多重人格者，在不同的時空裡出現不同的人格特質；當患者表現某一人格特質時，他渾然不知自己擁有其他的人格特質。例如：一位在白天內向、消極及悲觀的人，到了晚上就變換成相當外向、積極、樂觀、好客的人。有時，患者可能在某一個時段裡，表現出三種或更多重的人格。

多重人格最具代表性的例子，為一名Chris Sizemore的女性患者，她是「**三面夏娃**」（Three Faces of Eve）故事中的女主角，這名患者具有「白夏娃」、「黑夏娃」以及黑、白夏娃混合的人格特質。當出現白夏娃時，她表現出溫柔婉約、賢妻良母的個性；但是，當出現黑夏娃時，她表現出兇暴、失去理性與不負責任的行為。另外，《24個比利》（*The Minds of Billy Milligan*）的主角威廉‧密里根（William Milligan），也是典型的多重人格患者。他於1977年因在美國俄亥俄州立大學犯下三件強姦罪被警方逮捕。在此之前，比利已經因為多次持械搶劫被捕入獄，在審訊過程中，比利被診斷為罕見的多重人格分裂患者，所以被判無罪，該案件受到眾人高度的關注。近年來，由於生活競爭劇烈，多重人格患者有增加的趨勢。但是，有人將多重人格誤認是思覺失調症或鬼神附身。

## （四）人格解體障礙

**人格解體障礙**（depersonalization）又稱為「去人格化」疾患。人格解體障礙的患者會有自我經驗或知覺暫時失去或改變的症狀。例如，感覺自己的四肢大小改變了。有的患者會出現各種類型的感覺麻木，或感覺自己難以適當控制自己的言語行動。造成這些疾患的原因很多，例如：戰爭、交通事故、過度疲勞、藥物中毒、身體慢性疾病、焦慮沮喪或是嚴重的環境壓力等。

## 二、解離症的原因

大體來說，解離症是由於個人所承受的心理壓力太大，而且為了逃離焦慮的情境所造成的。有一些臨床心理學家認為，一個人在小時候如果曾受過嚴重的情緒創傷，長大以後可能導致解離症。另外，有心理學者認為，患者生活在極端不愉快、充滿緊張氣氛的家庭，或者有性方面的困擾，也容易表現出解離症，以表達其對父母無言的抗議。不過，解離症真正的原因，仍有待進一步探討。

## 三、解離症的治療

解離症的治療不只是讓症狀消除，還包括病患人格結構的徹底改變，才可以使症狀不再出現，所以如何建立個案對疾病的病識感，才是治療的目標。使用催眠治療雖然可以短暫讓症狀消除，就長期而言，最好採用病識感為主的深度心理治療。但是深度心理治療，遇到自戀型人格特質的患者，可能就無法進行，這時使用支持性心理治療就比較有效。例如家人改善與個案的關係，也可以明顯改善個案的症狀。

雖然藥物治療不是很重要，但在個案合併有焦慮或憂鬱的時候，也可請

精神科醫師開一些抗焦慮劑。

## 第五節　情感性疾患

　　每個人在日常生活中，都免不了有情緒的起伏與變化。情緒好、精神爽，不容易被視為變態。可是，長期情緒非常低落、哀傷沮喪、意志消沉、萬念俱灰、對生活與工作失去興趣，或情緒極端興奮，影響日常生活與工作，凡具有上述現象者，稱為**情感性疾患**（affective disorder）。情感性疾患依症狀的不同，可以分為：**憂鬱症**（depressive disorder）與**躁鬱症**（bipolar disorder），亦稱雙相情緒障礙症、情緒兩極症，早期稱為**躁狂抑鬱症**（manic depression），是一種精神病經歷情緒的亢奮期和抑鬱期。

## 一、憂鬱症

### （一）憂鬱症的診斷

　　一個人如果長期陷入情緒極端低潮，就有憂鬱症的特徵。在精神醫學上的診斷，患者如在兩週內出現下列五種以上的症狀，就視為憂鬱症。

1. 經常心情煩悶。
2. 對任何事情缺乏興趣或愉悅感。
3. 幾乎每天失眠或嗜睡。
4. 經常疲倦不堪，無精打采。
5. 時常心情激動急躁不安。
6. 時常動作緩慢或很激動。
7. 覺得自己沒有價值感，充滿悲觀與絕望。
8. 反覆存有自殺的念頭。
9. 體重明顯減輕或增加。

## （二）憂鬱症的類型

### 1. 重度憂鬱症（major depressive disorder）

　　患者會合併多種症狀，對工作、睡眠、讀書、飲食與過去喜歡的活動都失去興趣，而且妨礙正常的生活功能，部分重鬱症患者在一生中可能僅會發作一次，但是大多數人會重複發作。

### 2. 輕鬱症（dysthymic disorder）

　　在DSM-5中稱為**持續性憂鬱症**（persistent depressive disorder）。患者的症狀比較不嚴重，但是發病期會持續兩年或更長的時間。患者不會失去一般的生活能力，但是仍然會干擾正常的功能或感覺不舒服，輕鬱症可能在一生中，會發作一次或一次以上的嚴重憂鬱。

### 3. 精神病性憂鬱症（psychotic depression）

　　有一些思覺失調症會伴隨嚴重憂鬱症，例如脫離現實感、幻覺或妄想等。

### 4. 季節性憂鬱症（seasonal depression）

　　在冬天缺乏陽光的情況下會發病，通常到了春天及夏天，憂鬱症狀便會消失。季節性憂鬱症可採用光照療法，但是有將近一半的患者僅做光照療法是沒有效果的；若能使用抗憂鬱的藥物或結合心理治療，便可以有效改善症狀。

### 5. 產後憂鬱症（postpartum depression）

　　新手母親在產後四到六週被診斷出來的重度憂鬱症，據估計大約有10%至15%的婦女，在生產之後出現產後憂鬱症。

## （三）憂鬱症與性別有關

　　女性大約有25%曾患有憂鬱症的經驗，男性大約占10%，為何有這種差異？因為男性活動層面比較廣，遇到心情苦悶時以抽菸、喝酒來解除煩悶，無形中分散對不愉快事情的注意力，淡化了痛苦的情緒。反之，女性活動空

間比較少，而且還要照顧孩子，在遭遇到生活困境時容易鑽牛角尖，專心注意自己痛苦的情緒，並且喜歡哭泣或向他人訴苦，藉以減輕焦慮，結果其困擾的情緒無法獲得紓解，久而久之就形成憂鬱症。根據最近一項研究指出，女性為了身材苗條，過度節食容易罹患憂鬱症。此外，女性產後憂鬱症與生產之後荷爾蒙的改變有關（Kessler, 2003）。

### （四）憂鬱症患者有自殺風險

憂鬱症、癌症與愛滋病被認為是本世紀的三大疾病。根據世界衛生組織的統計，平均100人中就有3人罹患憂鬱症，由於嚴重憂鬱症自殺的人很多，已成為人類十大死亡病因之一。近年來，世界各國憂鬱症患者有日益增多的趨勢，有些患者因為長期失業、親友死亡或學業失敗而導致憂鬱症，患者常有失眠、情緒低落的現象。憂鬱症患者企圖自殺的比率，為正常人的25倍（Goodstein & Calhoun, 1982）。根據統計男性真正自殺死亡的人數百分比，高於女性。

## 二、躁鬱症

躁鬱症患者有時候極端狂躁（mania），有時候則極端憂鬱，其情緒起伏很大，極端興奮時稱為狂躁。患者在躁症發作時，自我誇大、精力旺盛、比平時更多話、睡眠需求降低、食慾大增、思緒飛躍、注意力集中、喜歡管閒事、抽菸與喝酒倍增、到處遊蕩、瘋狂購物，例如：訂購別墅、轎車、鑽石、高級手錶，可是到時無法付款，或看見人就送東西。

患者興奮高昂的情緒維持一段時間後，就陷入極端的憂鬱，這時不喜歡說話，不理會別人，幾乎天天失眠，很容易哭泣，無精打采，注意力不集中，對所有活動失去興趣，體重明顯減輕或增加，有時會傷害自己，幾乎每天感到無價值感，常常想到死亡；再經過一段時間，又進入極端興奮的狂躁狀態，其情緒在狂躁與憂鬱之間呈現週期性循環，患者情緒激烈的起伏震

盪，在狂躁期創作力特別強。例如，德國作曲家舒曼（Robert Schumann），在狂躁期時常有相當令人震撼的演出（Jamison, 1993）。躁鬱症發病率以20至29歲之間為高峰期，這類患者比憂鬱症患者較少（Goodwin & Jamison, 1990）。

　　躁鬱症通常在青少年或成年早期第一次發作，有時在兒童初期或四、五十歲發生；但是如果超過五十歲才第一次發生躁鬱症，則必須考慮是否為其他身體疾病問題所造成的，例如神經問題或是藥物、酒精中毒所引起的。

## 三、情感性疾患的原因

### （一）生理因素

#### 1. 遺傳

　　根據一些研究報告顯示，憂鬱症、躁鬱症與遺傳因素之間，彼此有相當顯著的相關。同卵雙生子其中一人如果罹患憂鬱症，另一個人有三分之二以上的可能性罹患此症，異卵雙生子只有15%會罹患。躁鬱症受遺傳的影響大於憂鬱症；憂鬱症有70%來自遺傳，30%是受環境的影響，躁鬱症受遺傳的影響大約85%（Nurnberger & Gershon, 1992）。一般而言一位重鬱症的患者，其一等血親得到此病的機率是常人的2至10倍。

#### 2. 腦部異常

　　憂鬱症與躁鬱症患者，大腦前額葉皮質與海馬迴縮小，從腦部核磁共振造影（MRI）可以發現，憂鬱症患者大腦皮質的活動量比一般人低，但是大腦杏仁核的活動量有時反而增加。此外，憂鬱症患者腦中一直盤據著痛苦的記憶，因而導致腦神經系統壞死的現象。躁鬱症患者發作時大腦杏仁核的活動量升高。此外，個人如果腦神經病變，例如腦瘤或自律神經失調等，也有可能導致情感性疾患。

#### 3. 神經傳導物質不平衡

　　根據最新的醫學研究，大腦中腎上腺素、血清素與乙醯膽鹼（acetylcholine）等三種化學傳導物質不平衡，會影響個人的感情。其中腎上腺素與狂

躁症有密切關聯，血清素與憂鬱症有連帶關係（Delgado et al.,1992）。因此，服用抗憂鬱劑大約三週以後就逐漸看到效果。

4. 其他

罹患癲癇、甲狀腺功能失調、癌症、心臟疾病、新陳代謝異常、嚴重外傷或久病不癒等因素，都與情感性疾患有密切關係。

## （二）心理因素

### 1. 心理動力取向

佛洛伊德認為憂鬱症患者大都有不愉快的童年，無法發展出正向的自我觀念。不少憂鬱症患者因為父或母早逝，對親人的離去，內心充滿遺憾與憤怒無法表達，於是轉向埋怨自己，最後轉變成憂鬱的情緒。

### 2. 認知取向

憂鬱症患者大都缺乏正向思考，對自己或其他人、事、物，抱持負面的思考模式或錯誤的推論，進而產生認知的扭曲。憂鬱症患者常見的認知扭曲，如表14-1所示。

### 3. 行為取向

憂鬱症患者在生活中遇到重大的壓力，例如：大地震、洪水、喪失親人或寵物、離婚、失業、破產、犯罪、被退學、久病纏身等，當無法有效因應時就產生挫敗感。他們想逃避壓力可是又無法避免，必須去面對痛苦的情境，就容易導致習得無助感與失落感。

### 4. 性格

憂鬱症患者大都具有完美主義的人格，太專心注意自己的一切，假如無法達成自己理想的目標時，就嚴重責備自己。患者通常人際關係不好，相當內向，情緒不穩定，有自卑感以及攻擊等人格特質。

表14-1　憂鬱症患者認知的扭曲

| 認知扭曲 | 特徵 |
|---|---|
| 二分法 | 對任何事情的看法很極端。例如：不是對就是錯；不是成功就是失敗。 |
| 以偏概全 | 遇到一件小挫折就認為完蛋了。例如：有一科不及格就認為會被退學。 |
| 悲觀 | 對人生很悲觀，認為努力也沒用。例如：覺得自己的病不會好了。 |
| 偏激 | 只注意某一方面。例如：只注意別人的批評，卻忽略他人的關懷 |
| 誇大 | 將一個小問題過分誇大。例如：呼吸不順暢就以為得到了肺癌。 |
| 妄下結論 | 沒有明確證據就輕易下結論。例如：頭痛就認為可能是腦瘤。 |
| 自責 | 責怪自己能力不好。例如：自己很笨所以成績差。 |
| 責怪他人 | 認為今天的我是別人造成的。例如：我生病都是媽媽害的。 |
| 錯誤歸因 | 對事情因果關係作錯誤推論。例如：我如果讀建中就會考上醫學院。 |
| 宿命觀 | 認為命運是老天註定的。例如：別人都沒憂鬱症，老天對我不公平。 |

## （三）其他因素

### 1.社經地位

　　家庭社會經濟地位（social economic status, SES）包括：家庭收入、父母教育程度、居住環境、工作職位等指標。家庭社經地位低的人以貧窮、失業者居多；家庭經濟困難，生活困苦，無錢就學、就醫，難免心情沉重，例如：在金融海嘯衝擊之下，憂鬱自殺的人數大量增加。

### 2.性別

　　憂鬱症患者女性多於男性，特別是已婚的年輕女性或單身女性。許多已婚女性，除了上班之外還要忙家事、照顧小孩，如果丈夫不能體諒與分擔家

務，加上生活困頓，在繁重的壓力之下女性又無發洩情緒的管道，就容易產生憂鬱症。

### 3. 季節

有一些情感性疾患患者容易在秋冬季節發作，因為日照時間比較短，可能與身體褪黑激素分泌不足有關。

## 四、情感性疾患的治療

### （一）憂鬱症的治療

#### 1. 藥物治療

服抗憂鬱劑可以改善憂鬱症狀，但是藥效大約二至三週以上才會出現，患者需依醫師處方耐心服藥。症狀改善後仍需持續服用一段時間，如果太早停藥容易再發病。服藥常見的副作用包括：口乾、嗜睡、便秘、心跳加快、視力模糊、姿勢性低血壓等，但並不是每一個人都會出現。

#### 2. 心理治療

專業人員依個別需要給予心理支持或各種心理治療，心理師在接納的安全關係裡，陪伴患者學習處理問題的有效方法，協助患者能夠在困頓中覺察自己，去探索不一樣的世界，然後嘗試各種新的方法，面對憂鬱的挑戰，以更理性的態度去度過危機，減低再發病的機率。

#### 3. 環境治療

憂鬱症患者需要家人多陪伴，鼓勵個案與家人、親人或朋友保持接觸，或參加各種團體活動增進人際交往。

### （二）躁鬱症的治療

躁鬱症的治療通常包括：心理治療、使用情緒穩定劑或抗精神病藥物，以及提供患者和家屬情緒支持、教育、應對技巧。常用的情緒穩定劑有鋰鹽、抗癲癇藥物和多巴胺抑制藥等。如果病人有傷害自己或他人的舉動，即

使病人本身不願意接受治療，還是有強制治療的必要。

　　如果認為病人的情況有住院治療必要，在經過兩位精神專科醫師鑑定後，可以強制病人住院接受治療。嚴重的行為問題在急性期，可以用苯二氮平類藥物或抗精神病藥物處理。若患者有服用抗憂鬱藥物，在狂躁期建議應停藥，若不停藥最好加上情緒穩定劑，對於其他治療反應都不佳且症狀嚴重的病人，可以考慮採用電痙攣療法。

## 第六節　思覺失調症

　　**思覺失調症**（schizophrenia）之前稱為精神分裂症，屬於最嚴重的精神異常，俗稱**精神病**（psychosis）。程度嚴重的患者會喪失自主生活的能力，通常必須住院治療。他們心神喪失無法控制情緒，缺乏與他人社交及工作的能力。思覺失調症患者極少數，大約只占總人口的1%至1.5%。其發病大多數從成年前期開始，到了25至35歲之間達到最高峰。

## 一、思覺失調症的症狀

### （一）思想紊亂

　　思覺失調症患者的思想混亂，無論在口語或文字表達時，大都不合乎邏輯；注意力無法集中，語無倫次、與人溝通有困難。

### （二）知覺扭曲

　　思覺失調症患者發作時，在其知覺上有明顯扭曲的現象，對各種顏色覺得鮮明刺眼，很小的聲音覺得震耳欲聾，即使對自己的身體都覺得奇異。例如：覺得自己的手比竹竿長、照鏡子時可能看到很多人像、臉形的輪廓都變得不規則，有時一個物體只會看到其中幾個小部分而已。

## （三）脫離現實

患者常離群索居，整天生活在自我幻想的世界；極端退縮，不與人交往，對任何新事物都不感興趣；缺乏時間或方位觀念，或長年在外地流浪，不知自己置身何方。發作期間蓬頭垢面，無法料理自己的生活，半夜醒來就無法入睡，失去正常生活作息的習慣。

## （四）妄想

思覺失調症患者，常有不合乎邏輯與事實的思想或觀念，這種現象稱為妄想（delusion）。妄想症分為幾種：

1. **誇大妄想**（delusion of grandeur）：患者誇大自己的重要性、身分、地位、權力、錢財、能力，而且深信不疑。覺得自己是世界第一、沒有做不到的事。

2. **被害妄想**（delusion of persecution）：患者擔心別人處心積慮地想陷害或殺害他，因此時常提心吊膽、草木皆兵、杯弓蛇影。吃東西怕被人下毒，出門怕遭人暗算，惶惶不可終日。由於擔心會遭他人殺害，因而可能先下手殺害他人。

3. **支配妄想**（delusion of influence）：患者深信他人有分身的功力，能控制他的言行。患者相信人的思想可不須經任何語言文字為工具，就可以輸入別人的心中，從而「支配」其行為活動。

4. **關聯妄想**（delusion of reference）：患者將一些不相關的事情聯想在一起，例如：警方追緝的行兇歹徒就是他、樹上的小鳥對他微笑、許多重大兇殺命案是他犯下的。

5. **嫉妒妄想**（delusion of jealousy）：患者常有強烈嫉妒別人之心。患者堅信愛人對自己不忠實或懷疑配偶不貞另有外遇，因此對愛人或配偶的行為或物品加以檢查和跟蹤。男性患者的妄想，多見於慢性酒精中毒伴有性功能減退的病人。

6. 宗教妄想（delusion of religion）：不尋常地堅信某些宗教信念，或認定自己是上帝的使者，奉命到人間來濟世救人。

## （五）幻覺

　　幻覺（hallucination）是指在毫無事實根據的情形之下，產生無中生有的感覺。幻覺可能單獨產生，也可能在妄想中出現。患者陳述聽到什麼聲音，稱為聽幻覺（auditory hallucination），這種幻覺是思覺失調症的主要特徵，也是精神科醫師診斷的重要依據。如果患者陳述看到什麼奇異的景象，就是屬於視幻覺（visual hallucination）。其他尚有嗅幻覺、味幻覺或觸幻覺等。

## （六）情緒錯亂

　　思覺失調症患者喜怒無常，在喜事場合可能嚎啕大哭，在喪事場合可能狂歡大笑。患者常臉部表情木然，對人非常冷漠，即使有人告知家人車禍死亡，也可能無動於衷。

## （七）動作古怪

　　思覺失調症患者常有怪異動作，有時喃喃自語或胡言亂語，有時比手畫腳，有時枯坐終日，有時無緣無故傻笑，有時在室內不斷來回踱方步。曾經有一名思覺失調症患者把自己想像成花瓶，站在牆角可以維持半日之久。

# 二、思覺失調症的原因

## （一）遺傳因素

　　近年來有很多精神醫學家的研究顯示，思覺失調症與家族遺傳有密切關係。由圖 14-1 來看，同卵雙生子中有一人患思覺失調症，另一人患該病的機率約占 48%，異卵雙生子大約占 17%，一般家庭子女罹患的機率約為 9%。換

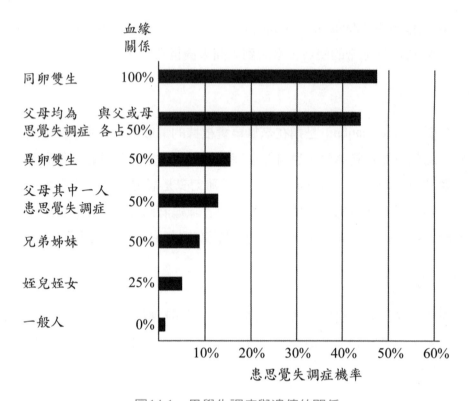

圖14-1　思覺失調症與遺傳的關係

資料來源：採自Gottesman（1991）。

句話說，血緣關係愈相近者，其罹患率就愈高。另外，有學者研究發現：父母之中有一人是思覺失調症患者，其子女有13%的機率罹患此疾病；如果父母雙方都是思覺失調症患者，則其子女有46%的機率罹患此病。父母患有思覺失調症，其子女送給他人領養，這些子女將來患思覺失調症的機率，為正常人的10倍（Kendler et al., 1994; Kety et al., 1994）。

　　一個人在成長過程中，如果原先具有思覺失調的遺傳因子，後來遭受到太大的生活壓力，就比較容易患此症。另外，有學者發現母親在懷孕前三個月感染病毒或受傷，其所生下的子女容易患思覺失調症（Stabenau & Pollin, 1993）。

## （二）腦部異常

近年來，又有一些精神醫學研究者發現：大部分的思覺失調症患者，大腦內部的多巴胺系統分泌過多，該神經化學物質位於大腦副皮質邊緣系統，它是掌控人類情緒的中樞。患者服用平衡多巴胺的藥物之後，能有效控制其情緒。此外，經由大腦斷層掃描發現，思覺失調症患者大腦的腦室比正常人大很多，且男性多於女性。

## （三）心理因素

### 1. 親子關係

不少臨床心理師與思覺失調症患者的父母或家人晤談，發現父母對子女有過度保護、過分關心，或對子女有拒絕、冷漠、過分嚴格、管教態度不一致、期望過高等現象。當小孩要表達情緒時常受到父母的壓制、父母在公眾場合打罵子女、家庭生活充滿緊張及矛盾氣氛，都可能使子女產生思覺失調症。

### 2. 家庭問題

思覺失調症患者，大都父母早逝或在破碎家庭中長大，例如：父母犯罪坐牢、父母離婚或童年受到虐待。由於在幼年時期心理受到嚴重創傷，導致其人格發展不健全。

### 3. 壓力過大

一個人所承受的壓力如果太大，例如：貧窮、長期失業、被虐待、親人死亡、家庭暴力、被霸凌、被綁架、被強暴等，都可能使人產生精神崩潰。

## 三、思覺失調症的治療

由於思覺失調症不只是單純的一種類型，而且其原因也還未十分明瞭，目前的治療方法以減輕症狀以及減少該症狀的復發為主。抗精神病藥物是目

前最佳的治療方式，但是並不能確保症狀不會再復發。藥物的選擇和劑量，必須由受過精神病藥物治療的合格醫師來決定。絕大部分有思覺失調症的人在服用抗精神病藥物後，其情況會呈現大幅度的改善，但是有些患者從藥物治療所獲得的幫助有限，有些人則沒有效果。

新的抗精神病藥物，通常對治療某些思覺失調症的症狀有效，特別是對有幻覺和錯覺的人，不過這些藥物對情緒表達困難的人並沒有幫助。有時思覺失調症患者出現憂鬱症狀時，其他症狀也會跟著惡化，但是這些症狀在加上抗憂鬱藥物治療之後，會有明顯的改善。

有的患者和家屬對治療思覺失調症的藥物，除了會擔心副作用外，他們也擔心劑量增加的問題。事實上，服用抗精神病藥的人不會產生亢奮或成癮的行為。除了藥物治療之外，支持性心理治療和改善家庭社會環境，也可以產生輔助的效果。

# 第七節　其他心理異常

## 一、強迫症

強迫症（obsessive-compulsive disorder, OCD）分為強迫思想（obsessive thought）和強迫行為（compulsive behavior）。有些患者同時具有這兩種強迫症，有些患者則只有其中之一，大多數的強迫症患者對自己的行為感到過度焦慮。強迫症主要特徵如下：

### 1. 強迫思想

無法控制自己的心思意念，經常重複出現不合理的思想與衝動，自己無法控制。例如：經常想到自己的失敗、想到別人要陷害他、經常想到小孩上學途中是否會被歹徒綁架。

## 2. 強迫行為

常有重複洗手、排序、檢查、計數、祈禱、默念等行為（例如：一疊鈔票要重複算幾十次才放心，經常檢查門窗、玻璃窗或瓦斯有無關好），個案必須以強迫思考或根據某些必須嚴格遵守的規則，來逼迫自己做出這些動作以消除內心的焦慮。這些行為或心智活動的目的是防止或減少痛苦或焦慮，或者預防一些可怕的事件或情況發生，有些患者每天會花一小時以上的時間，去做強迫的行為。

有些患者會有反覆拔除睫毛、鼻毛、鬍鬚、眉毛、恥毛或其他體毛的衝動；有些患者會有過度收購或蒐集一些不值錢、有危險性或不衛生的物品；還有些患者會有重複咬指甲、摳皮、咬嘴唇的行為。

## 3. 強迫症的原因

強迫症的成因複雜，包括體質因素與心理因素等。心理分析學家認為，強迫症起因於幼年肛門期，例如父母對小孩清潔衛生訓練太早或太嚴格，像是尿床就加以打罵所造成。

# 二、創傷後壓力症候群

**創傷後壓力症候群**（posttraumatic stress disorder, PTSD）又稱**創傷後遺症**，是指個人在親身經歷過極大心理創傷事件，例如：戰爭、大地震、洪水、火災、車禍、被強暴、被搶劫、被綁架、刑求或兒童時期受到虐待等重大創傷事件後，產生的精神疾病。這些症狀往往會在創傷事件發生後出現，而且會持續一個月以上。不少參加越南戰爭的美國退伍軍人、在台灣經歷過921大地震的災民，至今雖然已事過境遷，可是內心嚴重創傷的經驗，留下難以磨滅的烙印。創傷後壓力症候群患者的自殺風險比較高。常見的創傷後壓力症候群症狀如下：

1. 反覆想像創傷的事件，一想到當時的可怕場景就不停的作惡夢。
2. 對與創傷事件相關的事情，採取逃避的態度。
3. 經常出現過度焦慮的現象。

4. 對任何事物失去興趣。

5. 對人產生疏離感。

6. 睡眠困難，常常徹夜難眠。

7. 時常有負面的情緒狀態。

8. 注意力無法集中。

9. 常有強烈的驚恐反應。

# 三、人格異常

人格異常（personality disorder）是指異於正常人的人格。患者的偏差行為不符合社會規範，甚至傷害他人；不會對自己不良素行感到難過，甚至毫無罪惡感，又稱為人格障礙症。患者通常自兒童期就具有叛逆的性格，一直延續到青少年期或成年期（Kring et al., 2007）。

人格異常者具有以自我為中心的個性，他們不對自己的行為負責，常常責怪他人或抱怨運氣不好。人格異常可以分為三組群，又可以再細分為十種類型，如表14-2至表14-4所示。

## （一）人格異常組群與類型

### 1. A群人格障礙症

表14-2　A群人格障礙症各類型的特徵

| 人格異常類型 | 行為特徵 |
|---|---|
| 妄想型<br>（paranoid personality） | 對人有高度猜疑心，隨時防範他人，對任何事物過分敏感，常將錯誤歸咎他人，對任何人沒有情感，以及時常懷恨他人。 |
| 孤僻型<br>（schizoid personality） | 對人冷漠，與社會疏離，喜歡獨處。 |
| 思覺失調型<br>（schizotypal personality） | 有認知與知覺扭曲，以及幻想或古怪的信念。 |

2. B群人格障礙症

表14-3　B群人格障礙症各類型的特徵

| 人格異常類型 | 行為特徵 |
|---|---|
| 反社會型<br>（antisocial personality） | 違反社會法律規範，易怒、好攻擊傷害他人而不感到愧疚，有破壞公物、鬥毆、打人、偷竊、詐欺、勒索等行為。 |
| 邊緣型<br>（borderline personality） | 情緒不穩定、挫折容忍力低、不容易與人建立良好關係、行為衝動鹵莽和容易發怒，長期感到空虛、有自殘行為。 |
| 做作型<br>（histrionic personality） | 喜歡他人注意與讚賞、行為表現幼稚、情緒不穩定、以自我為中心、對事情容易厭煩、常為一些芝麻小事過分興奮。 |
| 自戀型<br>（narcissistic personality） | 具有誇大自我能力與成就，待人傲慢、自我陶醉、孤芳自賞、炫耀自己、缺乏同理心。 |

3. C群人格障礙症

表14-4　C群人格障礙症各類型的特徵

| 人格異常類型 | 行為特徵 |
|---|---|
| 畏避型<br>（avoidant personality） | 逃避與人交往，不能自我克制，缺乏自信心，害怕別人批評。 |
| 依賴型<br>（dependent personality） | 委曲求全，無法做決定，不敢對自己的行為負責。 |
| 強迫型<br>（obsessive-compulsive personality） | 做事力求完美，思考僵化，墨守成規，不知變通。 |

## （二）人格異常的原因

人格異常與遺傳有密切關係，這一類患者缺乏控制非法行為的能力。人格異常者其自主神經系統呈現呆滯現象（Eysenck, 1982）。患者大都在問題家庭中長大，其父母缺乏道德觀念，行為不檢、作奸犯科，對子女常採用體罰或虐待，子女經由長期模仿與學習父母的行為，於是形成人格異常。

# 四、性心理異常

性心理異常（psychosexual disorder）是指個體在性行為表現上，明顯與正常人不同的現象。人類藉著性行為得以繁衍下一代，可是性行為也是犯罪的根源，俗語說「萬惡淫為首」，就是這個道理。性行為就狹義來講，僅限於兩性性器官的接觸；但是廣義來說，性行為包括如何了解異性與尊重異性。性行為表現是否異常，頗受社會道德與文化的影響。性心理異常可以分為以下幾類：

## （一）性別不安

性別不安（gender dysphoria）又稱性別認同異常（gender identity disorder）、性別焦慮、性別不一致，是指在心理上認為自己的性別與實際的性別不同。簡言之，患者不認同自己的性別，因此喜歡穿著異性衣服或打扮成異性，甚至會進行變性手術。

## （二）性偏好症

性偏好症（paraphilic disorder）是指，個人不經由正常的性行為來尋求性滿足。患者以某些事物、情境或儀式，就能夠獲得性興奮。性偏好症大致可以分為以下幾類：

## 1. 暴露症

**暴露症**（exhibitionistic disorder）俗稱露陰癖，患者喜歡在陌生人毫無準備的情況下暴露自己的性器官，其目的不在誘惑異性，而在使異性產生強烈尖叫的情緒反應，從而獲得性興奮。患者以成年男性居多，其原因可能來自幼年時代，父親曾恐嚇他，如不聽話就要割掉其性器官，因此造成被閹割的恐懼感。當他長大之後，向異性展示自己的性器官，藉以表示自己的性器官沒有被父親閹割掉。另外，也有一些人處於極大壓力之下，或是婚姻不美滿，因而表現暴露症。男女性患者人數，大約為20比1。

## 2. 戀物症

**戀物症**（fetishistic disorder）患者蒐集異性有關性方面的物品，利用吻、嗅、接觸或玩弄等方式，來獲得性滿足。患者以40至50歲之中年男性居多，其戀物的物品包括：女性胸罩、內衣褲、裝飾用品、高跟鞋、頭髮等。當患者玩弄這些物品時，時常同時手淫，有時將這些物品想像成情人。

## 3. 異裝症

**異裝症**（transvestic disorder）患者喜歡穿著異性服裝，從而獲得性興奮與滿足。患者通常是男性，常一面穿異性服裝一面手淫，幻想自己正與想像中的情人發生性關係。患者從青春期開始異裝，開始只穿一、二件異性衣服，後來逐漸增多直到全身均是異性服飾。這時往往產生陰莖勃起，並且手淫。正常的性發育受到阻礙而又加上學習，是異裝症產生的重要原因。

## 4. 窺視症

**窺視症**（voyeuristic disorder）患者藉著窺視異性脫衣、洗澡或性交，從而獲得性興奮與滿足。患者通常為未婚男性，如為已婚男性可能是性生活得不到滿足。也有一些患者藉著窺視的緊張過程，來得到性的興奮。

## 5. 性施虐症

**性施虐症**（sexual sadism disorder）患者藉施加身心痛苦於性伴侶，以此來獲得性興奮與滿足。虐待的方式包括：鞭打、口咬、針刺或辱罵等，嚴重者以殺死性伴侶來得到快樂。個人性興奮和高潮的經驗，曾與痛苦連結在一

起，或對性有負面的態度，都可能產生性虐待症。有少數性虐待症患者，患有思覺失調症或其他嚴重的心理病態。

## 6. 性被虐症

　　**性被虐症**（sexual masochism disorder）患者從被異性毒打、綑綁或羞辱等虐待的過程中，獲得性興奮與滿足；患者也可能利用想像被虐待或虐待自己，來得到性滿足。例如：以針刺、電灼或殘害自己身體。性被虐症患者可能在童年時代，曾有性快感與痛苦連結在一起的經驗。有些心理學者認為，性被虐者先天具有某些病態的人格特質。

## 7. 戀童症

　　**戀童症**（pedophilic disorder）患者專以強暴或誘姦孩童，從中得到性滿足。有時患者要求孩童玩弄其性器官，或撫弄兒童的性器官。這一類男性懷疑自己性無能，只敢以孩童作為性滿足的對象，受害者大多為其生活環境中熟悉的兒童。患者具有反社會人格、酗酒以及吸毒等惡習。在性侵犯之後，擔心被告發觸犯法律，因此可能繼而殺害對方。有一些關於性侵兒童的戀童罪犯研究則顯示，患者與其神經系統異常和精神疾病有關。

## 8. 戀獸症

　　**戀獸症**（zoophilia）患者以禽獸作為愛撫或發洩性慾的對象，其產生原因尚無稽可考。可能因患者與禽獸相處的機會較多，生活孤獨寂寞，喜歡禽獸陪伴。或者在童年時代與異性相處產生不愉快的經驗，轉而尋求與禽獸發生性接觸。

## 9. 摩擦症

　　**摩擦症**（frotteuristic disorder）患者常選擇在人群擁擠而且容易脫逃的場所，觸摸或摩擦異性胸部、大腿或生殖器官，藉以得到性幻想、性衝動，通常以男性居多。由於患者不認為自己有性方面的心理疾病，所以他們很少主動尋求醫師診治。

### （三）性功能障礙

性功能障礙是指，性冷感、性厭惡、性交恐懼症、性交昏厥、性交時感到疼痛、陽萎早洩、陰莖勃起不堅、沒有性慾等，導致無法在做愛時激起性慾，或性交無法達到高潮順利進行性行為，持續時間大約六個月以上。

## 五、衝動、控制異常

有些人因過度衝動而從事一些異常行為，在衝動的時候自己無法控制自己的行為，例如：

### 1. 縱火狂（pyromania）

患者有關於控制衝動的障礙，縱火狂的患者到處放火，例如：放火燒機車或房屋，看到熊熊大火時就會很興奮，利用縱火緩解其緊張的情緒。有些縱火狂無法壓抑衝動，通常具有被害妄想，會認為有人即將陷害他，所以先下手為強，或是看到火光就會很興奮。另外一種是「性慾縱火者」，例如曾有縱火者放火後看著熊熊火光自慰，還有人會當場便溺，這些人具有**水火情結**（firewater complex），透過觀看火就能得到性滿足。

### 2. 病態性賭博（pathological gambling）

患者沉溺於賭博而不能自拔，只要身上有錢就會去賭博，身上沒有錢，也會借錢甚至偷錢去賭博，患者賭博成癮不去賭博會非常難受。

### 3. 竊盜癖（kleptomania）

患者經常到商店或私人住宅偷東西，偷來的東西不是拿去販賣或自己留用，只是滿足自己的衝動或快感而已，患者以出獄的累犯居多。

## 六、早年異常症

有些兒童在幼年時期因心理功能異常，而出現特殊行為，常見的有以下

幾類：

## 1. 注意力缺陷或過動症（attention deficit/hyperactivity disorder, ADHD）

　　患者容易分心，注意不集中，常喜歡說話甚至吵鬧，不聽從他人的指示，無法靜止久坐；無法專心完成學校功課，在生活中常忘東忘西。

## 2. 行為規範障礙症（conduct disorder）

　　也稱為品行障礙症，患者會表現攻擊性、反社會性的行為，比惡作劇或叛逆嚴重得多，例如：打架、偷竊、破壞公務、逃學、反覆說謊、離家出走、虐待動物、霸凌、違反校規或法律等。

## 3. 廣泛性發展障礙症（pervasive developmental disorder, PDD）

　　又稱社交障礙或發展遲緩，患者大約在三歲前出現此症狀，主要的行為特徵包括：(1)對外在世界的一切事物不在意；(2)人際溝通困難；(3)對任何事情都不感興趣。DSM曾將此症稱為自閉症（autism）。

## 4. 學習困難

　　有些兒童有閱讀障礙，理解文字、拼音、書寫、數學推理有困難。形成兒童學習困難的原因非常多，生理因素包括腦損傷、感覺統合失調缺陷、神經系統結構及功能異常、身體疾病以及早產。心理因素包括認知能力、缺乏學習興趣、行為問題、學校環境以及社會環境等。

## 5. 飲食異常症

　　例如：偏食習慣、暴飲暴食、厭食，或吃一些不可以吃的東西。

## 6. 運動技能異常症

　　也稱為運動協調障礙或運動障礙，相關症狀包括：視覺空間能力障礙、運動困難（例如：有跳舞、體操、準確拋出球、書寫等障礙）。

## 7. 語言障礙或發音障礙

　　兒童說話的能力、聽覺、語言的理解和表達顯著低落，造成溝通困難。例如：口吃。

# 七、自殺

　　許多嚴重憂鬱症患者因為過度悲觀，長期無助感對自己的未來絕望，因此容易導致**自殺**（suicide），全球的自殺率日益升高，但是有國情與文化的不同。大體來說，在生活競爭愈激烈地區的人自殺率愈高。男性自殺完成的比率高於女性，而男性想要自殺的比率是女性的四至五倍。

　　全世界每年有將近100萬人試圖自殺，自殺是占青少年死亡原因的第三位。青少年自殺，大多數起因於家庭或學業問題。一般人自殺的風險因素包括：憂鬱症、思覺失調症、躁鬱症、嗑藥、人格障礙、藥物濫用、學業成績低落、親子衝突、霸凌、經濟問題、人際衝突等問題，這些自殺的人大都缺乏社交生活。以往曾試圖自殺的人，再度自殺的可能性也較高。

　　一個人在晚年獨居無依無靠，如果加上貧窮、行動不便、久病纏身又乏人關懷，就可能產生厭世的念頭，甚至就此了結生命。有些年輕人如果在學業、感情、就業上遇到嚴重挫折；中年人如果長期失業、貧窮、離婚，又得不到社會的支持，也可能導致自殺。

　　一般來說，大多數自殺者認為自殺是解決自身困境的唯一方法，有些自殺者想藉著自殺行為，來懲罰或報復重要的關係人，抱持這種心理的人，一開始利用自殺來引起他人注意或同情，這些人在自殺之前通常會先發出警訊，可是這些警訊不一定都會被人注意到，如果其自殺的訊息一直得不到他人的回應，就真的會以自殺來結束生命。

　　長期以來，人們對於自殺的看法受到宗教、榮譽感和人生意義的影響。亞伯拉罕諸教認為生命神聖，所以自殺有違上帝旨意。在日本武士時代，切腹自殺象徵對失敗負責。印度有一種習俗是丈夫過世後，寡婦因為自願或迫於家庭和社會壓力，在丈夫的火葬儀式中要跟著自焚殉葬。在第二次世界大戰末期，日本空軍敢死隊會用戰機當炸彈直接衝向敵方的航空母艦，以自殺犧牲生命來效忠自己的國家。

　　自殺防制的方式包括：管制可能用來自殺的物品、提高取得槍枝以及毒藥的難度、對於企圖自殺者實施心理治療、政府立法禁止藥物濫用、改善媒體報導自殺的方式，以及提升經濟條件等。此外，學校加強生命教育，讓學生愛惜生命與尊重生命；對於有自殺傾向的人，利用生命線等管道說明自殺行為所帶來的嚴重後果，都有助於預防自殺行為的問題發生。

## 本章摘要

1. 心理學家常以四項標準區別常態與心理異常：(1)行為偏離社會常規；(2)個人的不適應或失能；(3)長期自覺痛苦或困擾；(4)統計上的少數。

2. 焦慮是指緊張、坐立不安、心情紊亂、注意力不集中、恐懼、煩躁等情緒狀態。

3. 常見的焦慮症有四類：(1)廣泛性焦慮症；(2)恐懼症；(3)分離焦慮症；(4)恐慌症。

4. 焦慮症的原因包括：(1)生物因素；(2)學習因素；(3)認知因素；(4)人格因素；(5)壓力。

5. 體化症是指個體覺得不舒服，可是毫無生理機能的原因。體化症分為三類：(1)身體症狀障礙症；(2)轉化症；(3)罹病焦慮症。

6. 解離症是指個人將痛苦的記憶從意識中脫離出去，藉以防衛自己，避免產生焦慮，因而導致自我功能解體，進而產生心理失常的現象。

7. 解離症可分為：(1)解離性失憶症；(2)解離性漫遊症；(3)多重人格；(4)人格解體障礙。

8. 情感性疾患是指情緒低落、哀傷沮喪、意志消沉、對生活或工作失去興趣，或情緒極端興奮等現象。

9. 情感性疾患可分為憂鬱症、躁鬱症等兩類。

10. 情感性疾患的病因與基因缺陷、大腦神經化學物質不平衡以及認知因素有關。

11. 躁鬱症患者有時情緒極端狂躁，有時極端悲傷憂鬱，這兩種情緒狀態有呈週期性循環。

12. 思覺失調症的主要症狀有：(1)思想紊亂；(2)知覺扭曲；(3)脫離現

實；(4)妄想；(5)幻覺；(6)情緒錯亂；(7)動作古怪。

13. 思覺失調症患者的妄想可分為：(1)誇大妄想；(2)被害妄想；(3)支配妄想；(4)關聯妄想；(5)嫉妒妄想；(6)宗教妄想。

14. 幻覺是指在毫無事實根據的情形之下，產生無中生有的感覺。思覺失調症患者的幻覺以聽幻覺居多。

15. 思覺失調症的原因，與遺傳、大腦神經化學物質不平衡以及心理因素有關。

16. 強迫症可以分為強迫思想和強迫行為。

17. 創傷後壓力症候群是指個人在親身經歷過極大心理創傷事件後，產生的精神疾病。

18. 人格異常是指異於正常人的人格。患者的行為不符合社會規範，不會對自己的不良素行感到難過，甚至無罪惡感，又稱為人格障礙症。

19. 人格異常可細分為十種類型：(1)妄想型；(2)孤僻型；(3)思覺失調型；(4)反社會型；(5)邊緣型；(6)做作型；(7)自戀型；(8)畏避型；(9)依賴型；(10)強迫型。

20. 人格異常除了與遺傳有關之外，患者大都來自問題家庭及破碎家庭。

21. 性心理異常是指個體在性行為表現上，明顯與正常人不同的現象。性心理異常可分為：(1)性別不安；(2)性偏好症；(3)性功能障礙。

22. 性偏好症常見的有九類：(1)暴露症；(2)戀物症；(3)異裝症；(4)窺視症；(5)性施虐症；(6)性被虐症；(7)戀童症；(8)戀獸症；(9)摩擦症。

23. 衝動與控制異常以縱火狂、病態性賭博、竊盜癖居多。

24. 常見的早年異常症有注意力缺陷或過動症、行為規範障礙症、廣

泛性發展障礙、學習困難、飲食異常症、運動技能異常症，及語言障礙或發音障礙比較常見。

25. 自殺者認為自殺是解決自身困境的唯一方法，自殺者想藉由自殺行為來懲罰或報復重要的關係人，在自殺之前常發出警訊，可是這些警訊如果沒人注意或關心，就真的以自殺來結束生命。學校應加強生命教育，以預防自殺行為的問題發生。

第 *15* 章

# 心理治療

　　根據考古學家的考證，精神疾病可以追溯至50萬年前石器時代，很多歐洲人類遺體的頭顱上有個破洞，考古學家認為這種現象是來自希伯來人的祖先，他們認為精神疾病者得罪神於是魔鬼附身，因此必須由神職人員或巫師採取**驅魔術**（exorcism）來驅逐邪靈，如果用盡各種辦法都無法奏效，就可能使用石頭器具或斧頭，在病患的頭顱上穿鑿一個洞，以便讓邪靈從洞口離開病人的身體，這種**顱骨環鋸術**（trephination）主要用來治療幻覺、憂鬱、精神病等異常行為。

　　大約在西元前500年至西元500年間，希臘和羅馬文明全盛時期，當時的醫生們發現，妄想症、**抑鬱症**（melancholia）、**歇斯底里症**（hysteria），患者都沒有明顯的生理原因，神學家認為這些疾病與鬼神有關。中古世紀的人大都相信心理失常者來自鬼魔附身，因此請神職人員以宗教儀式來驅趕病魔。假如沒有效果，就採取鞭打、焚燒、監禁、在身體烙印等殘酷手段來對付患者。根據文獻記載，歐洲地區在15至17世紀之間，因心理失常而被凌虐致死者，達到三十餘萬人。由上述可知，古代人對精神或心理疾病的治療，採取非常嚴酷的手段。

　　**現代心理治療**（psychotherapy）是由臨床心理師，對心理異常者實施心理衡鑑與治療。心理治療常使用**諮商**（counseling）或輔導來處理**案主**（client）心理異常的問題。心理治療的方法，包括：勸告、情緒支持、說服、討論、放鬆訓練、角色扮演、**生理回饋**（biofeedback）、藥物治療以及團體治療等。

　　近年來，有一些心理師採用詩歌或音樂治療。一般美國人身心不舒適時，大都願意接受心理師或精神科醫師診治，女性治療師有日漸增多的趨勢。反觀台灣一般人民，身心不舒適時都找一般醫師診治，效果不見得理想。茲就常用的心理治療簡要說明如下。

# 第一節 心理動力治療法

心理動力治療（psychodynamic therapy）認為個案對自己問題產生徹底領悟（insight），洞察自己問題的來龍去脈，是治療成功與否的關鍵。常見的心理動力治療法如下：

## 一、心理分析

心理分析學者主張：本我、自我與外在環境之間的潛在意識衝突，是產生心理疾患的主要原因，雖然患者察覺不到這些潛在意識衝突，但是它們卻對個人思考與情緒產生深遠的影響。因此治療的關鍵乃在幫助患者察覺那些被壓抑的潛在意識，治療目的就是在幫助患者逐步破除心理防衛機制，找出心理問題的潛在因素，徹底斬除其幼年時代的心理創傷。當個案對自己問題產生徹底領悟，其心理問題就可以迎刃而解。

佛洛伊德以心理分析法治療患者的焦慮症、強迫性思想與行為、恐懼症以及歇斯底里症，都相當有療效。他認為上述這些精神官能症，來自幼年時期潛在意識的壓抑與衝突，也是造成個人心理失常的根本原因。這些內在衝突大都來自性與攻擊的衝動，使得個人人格的自我、本我以及超我之間失去平衡。心理分析可以治癒當事人內心深處的傷痕，使個人的人格得以健全發展，其治療方法如下：

### （一）自由聯想

自由聯想（free association）是讓案主在毫無拘束的情境之下，盡情說出心中所想到的一切。治療時，心理師請案主躺在一張舒適的沙發椅上（圖15-1）。分析師坐在躺椅後方減少案主分心，同時不打擾案主的思想與話語，鼓勵案主不論是多恐怖、尷尬、荒謬、愉快的或痛苦的事情，都可以毫無顧忌地說出來。分析師邊聽邊做筆記，對案主所訴說的一切內容，都不作

圖15-1　自由聯想情境

資料來源：採取自Lindzey等人（1988）。

任何評論。

　　佛洛伊德認為，自由聯想法可以使案主童年時期的心理創傷、壓抑，在潛意識裡的衝動、慾望以及動機等，都完全呈現出來。心理分析師再根據案主自由聯想的資料，給予說明和解釋，使案主充分領悟到其心理困擾的真正原因。

（二）夢的解析

　　心理分析師鼓勵患者說出自己所作的夢，夢境的內容也是心理分析的重要資料。佛洛伊德認為個人不被社會所接受的思維、內心的衝突、動機或慾望等，受到壓抑而進入潛在意識裡，這些潛意識容易在作夢的時候，以象徵的方式呈現出來。**夢的解析**（dream analysis）是指心理師依據案主的夢境，解析患者作夢內容的潛在涵義。

（三）抗拒分析

　　案主對心理分析師表現不合作的態度，稱為**抗拒**（resistance）。案主在

接受心理分析治療（psychoanalytic therapy）過程中容易表現以下抗拒行為：

　　1. 不肯聽從心理分析師的話。

　　2. 不願將內心壓抑的感情全部傾吐出來。

　　3. 不按約定的時間到治療室接受心理治療。

　　4. 有時對心理分析師表現敵意。

　　5. 保持沉默不語。

　　案主抗拒的心理防衛機制，不願意將潛意識中不合情理的心思意念盡情說出來，這是案主對心理分析採取拖延的策略，藉以防止心理分析師揭開其內心隱藏的秘密。案主任何抗拒行為的潛在涵義，心理分析師應使其徹底領悟，進而察覺他們心理異常的原因。

（四）移情分析

　　案主在接受心理分析的過程中，將其童年重要他人，產生愛與恨交織的情感，轉移到心理分析師身上，這種現象稱為**移情**（transference）。個人的重要他人，以父母、兄弟姊妹等比較常見。心理分析師對案主移情行為的分析，稱為**移情分析**（analysis of transference），它可以協助案主深入領悟其問題的來龍去脈，進而使心理的壓抑和衝突得到釋放。當心理分析師的某些特徵，與案主關係密切的人物相似時，最容易產生移情作用。移情可以分為以下三類：

　　1. **正移情**（positive transference）：案主將潛藏在內心深處，對別人的愛意轉移到心理分析師身上。

　　2. **負移情**（negative transference）：案主將隱藏在內心深處，對別人的恨怒轉移到心理分析師身上。

　　3. **反移情**（countertransference）：心理分析師將自己的情感轉移到案主身上。心理分析師在對案主進行心理分析之前，必須先對自己作心理分析，以免自己的情感捲入案主身上，使當事人產生更多困擾。

## （五）闡釋

心理分析的最後一個步驟，就是闡釋（interpretation）。闡釋是指：心理分析師根據案主自由聯想、作夢的主題、抗拒以及移情等資料，向案主剖析這些行為的深層意義。心理分析師的闡釋，如果能夠獲得案主的信服，他就能夠領悟到自己心理困擾的真正原因，進而願意面對內心壓抑的心結，逐漸以建設性的態度來面對，案主的人格就能夠朝著成熟的方向去發展。

# 二、新心理分析治療法

新佛洛伊德學派的學者，例如：佛洛姆、榮格、阿德勒等人，使用新心理分析治療法，這種治療法以短期治療為目標。新佛洛伊德學派認為，意識對一個人的影響大於潛在意識，個人的自我意識主要受社會文化的影響。新心理分析治療法與古典心理分析治療法有所不同，如表15-1所示。

由表15-1可知，新心理分析的治療次數比較少，重視案主意識層面的問題；治療時心理分析師與案主面對面溝通，比較少探討案主性的壓抑以及個

表15-1　新心理分析治療法與古典心理分析治療法之比較

| 新心理分析 | 古典心理分析 |
| --- | --- |
| 治療大約每週一至兩次 | 治療大約每週四至五次 |
| 心理分析師與案主面對面 | 案主躺在舒適的沙發椅上 |
| 治療重視問題解決，增進適應，增強自我的功能 | 治療目標重視性格重建 |
| 心理分析師扮演積極引導的角色 | 心理分析師保持中性的角色 |
| 不重視童年經驗對目前行為的影響 | 重視童年不愉快的生活經驗 |
| 重視社會文化與家庭因素的影響 | 重視性壓抑是心理異常的原因 |
| 對案主的問題給予解釋、支持、教導 | 採自由聯想、夢的解析、抗拒分析、移情分析以及闡釋 |

人過去的不愉快事件。心理治療師以案主目前的問題與生活經驗、社會人際
關係等,作為心理分析的重點。

## 第二節　人本治療

　　羅吉斯秉持人本主義的理念,倡導**案主中心治療**(client-centered ther-
apy),又稱為**當事人中心治療**(person-centered therapy)或**人本治療**(human-
istic therapy)。這種治療法的基本假設:治療者需要了解案主對外在一切事
物的看法,才能真正了解他們的心理。因此心理師在治療過程中,要對案主
加以支持和鼓勵,幫助案主重視自己的感受,使案主重建正確的自我觀念,
進而自我接納及自我成長。由於這種治療法強調:心理治療師的主要任務在
引導案主洞察自己的問題,而不對患者的心理問題作任何解釋或建議,因
此,案主中心治療法又稱為**非指導心理治療**(nondirective psychotherapy),
案主中心治療針對個案當下的問題,而非過去的經驗,其基本要義如下:

## 一、和諧的治療氣氛

　　羅吉斯認為在治療過程中,心理治療師要營造安適、和諧的氣氛是非常
重要的。治療師對案主要有溫暖的、支持的以及接納的態度。案主在有充分
安全感的環境中,心理防衛自然降低,於是勇於面對自己的心理困擾問題。
為了達到上述效果,治療師必須具備以下三個條件:

### (一)　真誠(genuineness)

　　心理治療師對案主需要真心誠意、坦誠溝通、態度誠懇及自然、不擺出
權威的姿態,隨時與案主保持誠摯的關係。

## （二）無條件正向關懷（unconditional positive regard）

心理治療師對案主所陳述的一切，都要無條件的接納與關懷，對其行為、思想不作任何批評或糾正。治療師在諮商的過程中，應給案主有賓至如歸與備受尊重的感覺。

## （三）同理心（empathy）

同理心是指，心理治療師在傾聽案主自我陳述之後，站在案主的立場，設身處地的去體會其內心世界，讓案主感受到心理治療師真正了解他的苦衷。

# 二、治療方法

案主中心治療法特別重視心理治療師與案主之間和諧的關係，在諮商與心理治療的歷程中，要使案主拾回失去的信心，達到自我成長的境界需要經歷以下程序：

1. 隨時傾聽案主的心聲，在諮商治療初期，其思想和感情處於不一致的狀態。
2. 案主消極的思想、情感與行為逐漸減少，於是有意願去認識和經驗自己的情感。
3. 案主不良的自我結構鬆動，建構新的自我。
4. 案主願意談論自己，了解自己主觀的經驗。
5. 案主逐漸澄清自己的情感，體察內心的問題癥結所在，願意採取建設性的行動來面對自己的問題。
6. 案主在安全的環境氣氛中，勇於真實表達自己的情感。
7. 案主能掌握自己的情感，並且與他人作有效的溝通，成為一個更成熟、適應良好的人。

## 第三節　行為治療

　　行為治療（behavioral therapy）是應用學習心理學的原理，來幫助案主改變想法或改變不良適應行為。行為心理學者認為人類各種行為，都是由生活經驗中學來的。不適當的行為也是透過學習而來，所以改變不適當的行為，也可以利用學習原理來調整或改變。行為治療的基本要義如下：

## 一、行為治療的目標

　　行為治療有以下三個目標：(1)協助案主改變不良適應行為；(2)教導案主對各種問題做正確的決定；(3)強化案主良好的適應行為，以防止不良適應行為的發生。

## 二、行為治療方法

### （一）系統減敏感

　　系統減敏感（systematic desensitization），利用反制約（counter conditioning）與交互抑制（reciprocal inhibition）的原理，使案主的恐懼或焦慮等異常行為，逐漸成為正常的行為。

　　一般人常有焦慮與恐懼的情緒困擾，這些困擾都是個人在生活經驗中，經由古典制約的歷程學習而來。因此，讓案主學習與焦慮、恐懼相反的行為，就可以消除不良適應的行為。治療者實施系統減敏感法，常採取以下步驟：

#### 1. 協助案主確定焦慮階層

　　焦慮階層（anxiety hierarchy），是指案主面對特定事物，而引發不同程度的焦慮層次，例如：害怕面對群眾、害怕參加學測、恐懼死亡等。案主將自己對某一刺激所引起的焦慮，由最輕微依序安排至最嚴重程度，每一項焦

慮的事物屬於一個階層。焦慮階層因人而異，茲舉一個害怕參加大學入學考試學生的焦慮階層的例子，參見表15-2。

表15-2　焦慮階層

| 焦慮階層 | 焦慮的時間與事物 |
|---|---|
| 1 | 應考前一個月看到書 |
| 2 | 應考前三星期做模擬試題 |
| 3 | 應考前二星期整理補習資料 |
| 4 | 應考前一星期衝刺 |
| 5 | 應考前三天總複習 |
| 6 | 應考前一天去看考場 |
| 7 | 考試當天步出家門準備赴考場 |
| 8 | 到考場外聽到預備鈴 |
| 9 | 進入考場看到試卷 |
| 10 | 作答遇到難題 |

## 2. 對案主實施放鬆訓練

當一個人焦慮、恐懼時，肌肉通常很緊繃，藉著身心放鬆能夠克服焦慮。放鬆訓練有很多種方法，例如：瑜伽術、坐禪、肌肉鬆弛等。以肌肉放鬆訓練（muscle relaxation training）為例。在實施放鬆訓練之前，讓案主坐在舒適的座椅上，房間裝潢典雅，燈光微亮，而且寂靜無聲，讓案主聆聽肌肉放鬆的錄音檔，依照錄音檔內容來做。通常全身放鬆分成幾個部位：(1)臉部、頸部、上背部肌肉；(2)胸部；(3)腹部；(4)臀部；(5)腿部。由第一個部位逐漸到第五個部位，每一個部位重複實施，大約各做10分鐘。

在案主身體完全放鬆時，讓他從焦慮階層一的事項開始想像，想得愈逼真愈好；必須重複進行，一直到對該焦慮事項不再敏感時，才可以進入焦慮階層二。依此方法循序漸進，一直到對所有焦慮階層的恐懼事項，都不再敏感為止。

　　案主能夠以放鬆的方法，克服所想像的恐懼事物時，心理治療師再鼓勵他勇敢去面對真實害怕的事物。最後，案主能夠身心放鬆，消除焦慮與恐懼的心理。

## （二）嫌惡治療

　　**嫌惡治療**（aversive therapy）是提供案主厭惡的刺激，使其改變不良適應行為的治療法。酗酒、藥物濫用、口吃、抽菸、偷竊或過度肥胖者，適於接受嫌惡治療法（Wolpe, 1990）。例如：有一名酗酒者在接受嫌惡治療時，心理治療師在其酒瓶內先加入嘔吐劑，案主在不知情下喝了這瓶酒，不久後就開始反胃、大量嘔吐，非常難受。酒本來是案主所喜好的刺激，經古典制約作用之後，就變成了嫌惡的刺激（圖15-2），於是案主就從此戒酒了。嫌惡治療的實施，應注意嫌惡刺激不可超過案主所能忍受的程度。

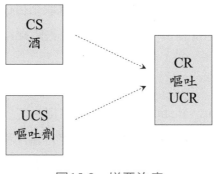

圖15-2　嫌惡治療

## （三）代幣制

　　**代幣制**（token economy）是指，案主表現適當行為的時候，就給予代幣，案主累積到一定數量的代幣時，就向心理治療師換取自己所期望的東西（例如：口香糖、餅乾等），或享有特殊的權利（例如：住舒適的房間、假日可以外出等），藉以養成案主良好的適應行為。反之，如果在治療期間，

案主表現不良適應行為，心理治療師就取消代幣。精神科醫師使用代幣制，能改善慢性精神病人自我照顧及社交的能力；代幣制在監獄教誨師管教受刑人時，也時常採用；學校教師可以使用代幣法來導正學生的偏差行為。

當代幣制產生治療效果之後，治療師宜逐漸取消代幣，改用精神上的鼓勵或讚美，使案主產生自我控制的能力。代幣制不適用於失眠、恐懼症等類型的患者。

## （四）隔離

隔離（time out）是指，將行為偏差者暫時與他人隔離，使其產生不愉快的經驗，藉以減弱或消除偏差行為。例如：教師要導正不守規矩的學生，在實施隔離法之前宣布，凡在團體中不遵守規定、妨礙秩序或影響他人者，將請他暫時離開這個團體，單獨一個人在空教室停留大約15分鐘。當事人被隔離之後，一時失去書本、玩具、同學、電視等增強物，感覺很不好受，案主在被隔離結束之後，再回到原來的地方，就改正自己的偏差行為了。心理治療師使用隔離法需相當謹慎，應留意案主在被隔離空間的行為。

## （五）刺激飽足

刺激飽足（stimulus satiation），是對案主提供許多其所需要的東西，使其對過多的增強物失去吸引力，進而改正偏差行為。例如：有一名國小學生上課時，在教室內丟擲飛鏢。教師叫他在下課時間，到大操場去丟飛鏢，一直重複丟到手痠麻不堪負荷為止。這名學生因丟飛鏢產生不愉快的經驗，以後上課時再也不敢表現這類行為。

## （六）洪水法

洪水法（flooding）是指，對案主呈現其最感到恐懼的刺激，藉以降低對恐懼事物的敏感度。例如：案主患懼高症，心理治療師帶領他到超高大樓的樓頂往下看，心理治療師在旁邊陪伴，並且給予精神上的支持。案主恐懼

程度降低時就給予增強物,這樣恐懼的程度就逐漸減輕,一直到恐懼症完全消失為止。洪水法的治療時間每次大約30分鐘到2小時,其恐懼程度才明顯下降;前後大約做六次才有效果(Marshall & Segal, 1988)。

## (七)爆炸法

　　**爆炸法**(explosive method)是指,在案主沒有心理準備的情形之下,突然呈現其最恐懼的刺激,當其能克服這個刺激之後,對恐懼刺激的敏感程度自然降低。心理治療師在使用爆炸法之前,應事先徵得案主的同意,同時考慮他承受突如其來恐怖刺激的忍受程度,以免造成身心傷害。

## (八)社會技巧和自我肯定訓練

　　**社會技巧訓練**(social skill training),是以教導和訓練方法,協助案主學習人際溝通與社交技巧,以建立良好的人際關係。**自我肯定訓練**(self-assertive training),旨在增進個人自我果斷、勇敢以及自在的行為。上述這兩種訓練法,對自卑、退縮、內向以及沮喪者,都很有幫助。社會技巧和自我肯定訓練的程序如下:

1. 教導案主學習特定的社交技巧。向他**示範**(modeling)其所期望的適應行為,示範的方法包括:治療師示範、角色扮演示範和電子媒體示範等。治療者在逐步示範時,對案主的學習行為,應給予鼓勵和支持。
2. 讓案主學習示範者,並給予實際**行為演練**(behavioral rehearsal)。
3. 由心理治療師對案主所學會的行為作**矯正回饋**(corrective feedback),使案主了解其所學習的行為還有哪些地方需要改進。
4. 利用各種增強方式,例如:褒獎、代幣、物品等;案主學習行為進步時,就給予獎勵。
5. 對案主提供家庭作業,例如:閱讀相關書籍、行為記錄、自行演練等。

6. 行為塑造（shapping）。將社會技巧或自我肯定訓練分解成幾部分，依序逐一練習，最後從頭到尾連貫起來。

### （九）行為契約法

行為契約法（behavioral contracting）是由心理治療師與案主協商，將案主預期達成的新行為當作目標，彼此簽定契約。如果他達成契約規定，就給予獎勵。反之，違反契約規定就施予處罰，藉以達到治療不適應行為的效果。行為契約的簽訂，應把握以下幾個原則：

1. 想要達成的行為目標，需以明確的文字記載。
2. 獎勵或懲罰事項，需由雙方互相協商。
3. 所有契約的條文，必須在案主自由意志之下簽署，治療師也一起簽名。
4. 案主的行為進步到何種程度，才可以得到獎勵？反之，在預訂日期之前未達成目標，應受到何種懲罰？都應由雙方事先協商，並且明確記載在契約條文上。
5. 雙方必須嚴格遵守行為契約，如果要更動契約條文的內容，必須先徵得雙方同意。

## 第四節　認知治療法

人類很多不良適應的行為，是來自個人認知上的偏差。認知治療（cognitive therapy）是根據認知理論，治療師藉解說和指導的方式，協助案主修正對人、事、物不合理的思想與觀念，經由領悟和認知結構的重新整合，達到心理治療的效果。貝克（Beck, 1987）（圖15-3）和艾理斯（Ellis, 1989）（圖15-4）是認知治療的先驅學者，認知治療已成為現代心理治療的主流。

圖15-3　貝克
（Aaron Beck, 1921～ ）

圖15-4　艾理斯
（Albert Ellis, 1913～2007）

# 一、理性情緒治療

　　美國心理學家艾理斯（Ellis, 1989）為執業心理師，在行醫期間發現很多婚姻不幸福的人，其主要問題是來自情緒困擾，於是在1955年提出**理性情緒治療**（rational-emotive therapy, RET）。他認為一般人對自己的問題無法作明智的思考，情緒困擾自然產生。理性情緒治療的基本要義如下：

## （一）理性情緒治療的理論基礎

　　理性情緒治療的人格理論，又稱為A-B-C-D-E-F理論（圖15-5）。A代表發生的事件，B代表個人對事件所持的信念，C代表由信念所引起的情緒後果，D代表對信念的駁斥，E代表駁斥之後產生的效果，F代表新的情感。

　　由圖15-5來看，在某一個事件發生之後，個人對該事件的思想、觀念、信念等，引發情緒反應；如果該情緒產生不良後果，心理師必須對其非理性的信念加以駁斥，使案主改變錯誤的認知產生適當的想法，方能產生治療的效果。

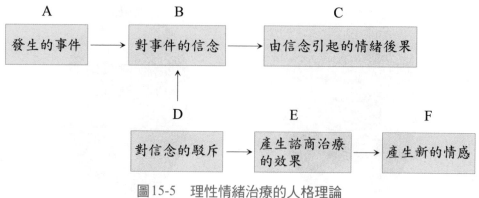

圖15-5　理性情緒治療的人格理論

## （二）心理失常起源於非理性的信念

艾理斯在多年的臨床心理診療工作中，發現很多人的心理失常是來自情緒困擾，非理性的信念是造成負面情緒的主要原因。一般人常具有以下非理性信念：

1. 個人應受他人的喜愛與讚美。
2. 一個有價值的人，必須無所不能，凡事做到十全十美。
3. 為非作歹、卑鄙、邪惡的人，都應受到法律的制裁。
4. 個人的期望不能如願以償時，將是一種可怕的災禍。
5. 個人的一切不幸自己無法掌控，這是由外在環境所造成的。
6. 個人對危險或可怕的事應該非常關注，而且必須隨時注意其發生的可能性。
7. 逃避困難與自我應負擔的責任，比去面對它們還容易。
8. 個人應依賴他人才能成功，尤其要有強人可以依靠。
9. 過去的經驗和事件影響現在的行為，過去的影響是永遠無法抹滅的。
10. 個人應該為別人的問題和困難感到難過。
11. 每一個問題都只有一個正確完美的解決方法，假如找不到這個方法，將會失敗。

　　艾理斯深信，很多人都擁有上述非理性的信念，因此不能理智思考問題，形成自我挫敗的思考模式；不能以積極、樂觀的態度來處理問題，因而產生心理失常。理性情緒治療的目的，在指導案主將非理性的思考轉變成理性思考，使困擾的情緒得到紓解。當個人對任何問題能理性思考，自我的潛在能力才能夠充分發揮。

## （三）心理治療的程序

　　理性情緒治療的心理治療師，扮演教師與教練的角色，以人本的精神去接納案主，關心案主的問題，並且教導案主洞察情緒困擾的原因。治療目標在使案主形成健全的人格特質，其治療常採取以下步驟：

1. 鼓勵案主反省目前生活中，有哪些情緒上的困擾是否來自不合理的信念？
2. 讓案主自行分析與檢驗，這些非理性的信念是否合乎邏輯與情理？
3. 依據案主陳述的內容，指出其明顯不合理的信念。
4. 讓案主知道自己情緒上的困擾，是因為不合邏輯的信念在作繭自縛。
5. 以幽默的口吻，駁斥案主的非理性思想。
6. 教導案主反駁自己不合理性的信念。
7. 教導案主以科學的方法，來處理自己的問題。
8. 讓案主學會採取理性的思考方式，來處理自己的一切問題。

# 二、貝克的認知治療法

　　貝克（Beck, 1988）強調認知對一個人的重要性，他認為案主不適應的行為乃起因於認知的扭曲，尤其是憂鬱症的個案，大都具有鑽牛角尖與固執的認知思考模式，因此，要治療憂鬱症必須改變患者的認知，利用反覆提問、澄清、反映案主的內在思維，讓他了解自己錯誤的想法，並對自己錯誤的信念進行面質，進而改變自己的思考模式。經許多研究結果顯示，認知治

療法比其他治療法對憂鬱症更具有療效。

## 第五節　折衷取向治療法

　　**折衷取向治療**（eclectic orientation therapy）是不以某一個理論學派為心理治療的基礎，而是針對個案的心理特徵，採取兩個以上學派方法的優點靈活運用，方能收到更好的治療效果。以下簡要說明幾種常用的折衷取向治療法。

## 一、完形治療

### （一）完形治療的哲理基礎

　　**完形治療**（Gestalt therapy）是由皮爾斯（Frederik Perls, 1893～1970）所倡導的。該治療法源自存在哲學，重視人存在的價值、主觀經驗與自我成長，認為個人的感覺、知覺、思考與情感是整體的，要了解一個人必須身歷其境。人的認知、情緒、動機以及知覺，彼此相互關聯不可分割。

### （二）完形治療的人格理論

　　完形治療主張個人是一個統合的有機體，人具有生物性與社會性需求，健康的人能自我調節各種需求以達成平衡。皮爾斯強調個人對事物**覺察**（awareness）的能力，是構成人格的基本要素。自己想要做的與認為應該做的，這兩股力量是個人內在衝突的來源。有些人會因為一些沒有完成的事（未竟事務），產生症狀或不適應行為。人格健全的人能夠對自己的行為負責，同時能以真誠的態度接納自己、發揮潛能、施展抱負，達成自己的願望。

　　人格不健全的人，具有以下特徵：(1)完全接受外在環境的一切，無法展現自己獨特的風格；(2)不能明察自己應負的責任，將一切責任推給別

人；(3)凡事委屈求全，自我壓抑；(4)與人同流合汙，不能堅持自己的理想。

## （三）治療的目標

完形治療的主要目的，在提升案主對人、事、物的覺察能力，使自己的觀念、情緒和行為能夠統整。心理治療師應先與案主建立和諧的關係，仔細體察其心境，了解其價值觀，協助他了解自己的優缺點，採取建設性的行為方式，以積極負責的態度來面對一切挑戰，進而自我成長。

## （四）完形治療的方法

### 1. 空椅子技術（empty-chair technique）

讓案主坐在一張椅子上，在其面前擺放一張空椅子。這張空椅子代表案主自己想要做的；而案主所坐的這一張椅子，則代表他應該要做的。心理治療師引導他與空椅子互相對話，從而增進其覺察的能力。

### 2. 倒轉技術（revesal technique）

讓案主扮演一個完全相反的角色，協助他發現被自己否認或隱藏的部分，使其人格逐漸統整。例如：讓一名退縮的人扮演積極、外向的角色。

### 3. 誇張練習（exaggeration exercise）

引導案主大膽表現各種身體語言，使其體會自由自在的感受。

### 4. 預演練習（rehearsal exercise）

教導案主對自己所期望的適當行為，事先演練以增加自信心。

### 5. 繞圈子（making the rounds）

引導案主不斷反覆體會適當的行為，使其逐漸朝向適應的行為，這種方法又稱為**穿梭技術**（shuttle technique）。

### 6. 投射（playing the projection）

鼓勵案主將自己內心的隱私充分表達出來，進而體驗到這些秘密讓別人知道也沒有什麼關係。

## 7. 對案主提供建議

心理治療師如果發現案主優柔寡斷，可以對他提出建議，請他重複說出一些建設性的話，例如：「成功要有堅持的毅力和正確的人生態度。」

## 8. 重歷夢境

讓案主重新思想以前的美夢，或與美夢對話，藉以體驗美夢成真的喜悅，進而激發其追求夢想的毅力與決心。

## 9. 我負責任

心理治療師要案主說出：「我要對_____負責」，例如：「我要對自己學業成績差負責。」藉以培養其凡事有負責任的精神。

# 二、現實治療

現實治療（reality therapy）由美國心理學者葛拉瑟（William Glasser, 1925～2013）所創始的。他於1969年曾出版一本著作《沒有失敗的學校》（*School Without Failure*），該書中提出現實治療技術，對於教育人員協助學業挫敗的學生重拾信心，獲得成就感或偏差行為，都有很大的幫助。

現實治療法以**理性實在主義哲學**（philosophy of rational-realism）為基礎，強調人類行為必須合乎理性，同時與現實環境相結合。每一個人必須對自己的行為負責，遵守社會的規範，個人如果對自己的行為不負責，就容易產生偏差行為。

## （一）現實治療的人格理論

葛拉瑟認為個人如果不斷經歷挫敗的經驗，會誤以為自己是個失敗者，因而產生自暴自棄、消極悲觀、憤世嫉俗的心理。反之，個人在人生旅程中經常有成功經驗與成就感，就能產生積極進取、負責任、自信、自重與自愛的人格特質。

有很多行為偏差的人，不是他們與生俱來就具有不良適應的人格，而是

他們某些適應行為無法得到別人的肯定，或社會忽視他們，於是他們反抗社會，許多人世間的不幸、社會的悲劇因而產生。

## （二）現實治療的目標

現實治療的主要目標，在協助案主成為具有理性、自主、自愛以及負責任的人。為了使個人具有成就感，心理治療師協助案主盡量獲得成功的經驗以及自我價值感，放棄自我批評與不負責任的行為。為了達成上述目標，心理治療師必須尊重、接納、關懷以及了解案主的抱負，同時不接受他任何不負責任的行為。

## （三）現實治療的方法

1. 接納案主挫敗、失望與無助感，引導他注重自己的情感與行為。
2. 案主表現不負責任的行為時，心理治療師就提出質詢，使他履行行為契約的承諾。
3. 對案主溝通、說服和直接教導，使其學習負責任的行為。
4. 鼓勵案主討論其不良適應行為，進而建立正確的自我觀念。
5. 培養案主具有幽默風趣的人格特質。
6. 當案主表現負責任的行為時，就給予鼓勵和支持。
7. 心理治療師以身作則，做一個對自己行為負責的人，成為案主模仿和學習的榜樣。

# 三、團體治療

團體治療（group therapy）是指多名案主在一個團體中，由治療師引導案主相互激勵、互相觀摩學習的方式，達成改正自己偏差行為的一種治療方法。團體治療自1950年代興起，在實施治療時團體成員大約4到15名，通常以8人較為理想。案主各自陳述問題彼此交換意見，分享個人的人生經驗，

並且討論處理問題的方法與策略。成員相互接納和情緒支持，使他們逐漸有勇氣來表達自己的意念，同時對他人的問題提出建設性的意見。案主為了博取其他成員的稱讚和認同，於是努力表現出合適的行為。

目前心理學家使用團體治療在婚姻及家族問題，例如：解決婚姻衝突、飲食異常疾病、親子關係衝突，這些問題團體治療效果良好。此外，心理治療師對有相同問題的案主，可以實施自助式心理治療。例如：憂鬱症、家庭暴力、酗酒、犯罪被害人等，透過彼此經驗分享與治療師的指導，以達到戒酒等目的。美國在1930年代有**匿名戒酒會**（Alcoholics Anonymous, AA），採用自助式心理治療，治療效果相當顯著。

團體治療的心理治療師其主要職責包括：篩選合適的團體成員，訂定治療的目標，引導和維持團體治療過程順利進行，並且防範案主免受心理的打擊。心理治療師運用各種技巧營造和諧的氣氛，促進成員的向心力和凝聚力。團體治療具有以下幾個優點：

1. 案主在治療過程中，察覺到別人也有同樣的困擾問題，其心理壓力因而減輕。
2. 案主從其他成員的行為、思想，領悟到他們產生心理困擾的原因，作為改正自己問題的借鏡。
3. 案主在團體治療中，學習與他人相處之道。
4. 團體治療適用於需要別人支持的案主，例如：酗酒者和濫用藥物者。

# 第六節　生物醫學治療

## 一、生理回饋

**生理回饋技術**（biofeedback technique）是利用儀器傳達身體功能訊息，

增進案主控制生理活動歷程的行為治療法。生理回饋法常使用肌電儀（elec-tromyography, EMG）來幫助案主放鬆身心，這種儀器可以測量骨骼肌肉的緊張程度。治療師將肌電儀附貼於案主身上，由該儀器所測量的生理訊息可以轉換成聲音，案主藉著聲音的大小，可以知道自己生理緊張的情形。當聲音變大時，可以利用轉移注意力、打坐冥想等方法來放鬆。這種訓練對於消除緊張、偏頭痛、高血壓以及肩膀痠疼，都相當有效果。

## 二、電痙攣療法

電痙攣療法（electroconvulsive therapy, ECT），又稱電療，是使用電流來破壞中樞神經系統的神經元，對長期性重鬱症的治療頗具療效。但是，電痙攣治療可能引起失憶症，而且大部分的重鬱症都可以使用藥物治療，所以這種治療法目前已經很少使用。

## 三、藥物治療

有些嚴重的精神或心理疾病，無法只使用心理治療就有效果，需要配合精神病藥物才能發揮最大治療效果。精神病藥物可以分為以下四類：

### （一）抗憂鬱藥物

抗憂鬱藥物（antidepressant drug）有三環抗鬱劑與單胺類氧化酵素抑制劑，這兩種藥物可以增加腦中神經傳導物質的濃度，患者服用之後需經過幾星期之後才能見到效果。另外一類抗憂鬱藥物有百憂解（prozac）、千憂解（cymbalta）、樂復得膜衣錠（zoloft）等，需持續服用三星期之後才能見到效果，但是容易產生口渴、緊張、噁心等副作用。

## （二）抗精神病藥物

抗精神病藥物（antipsychotic drug）比較常被使用的是穩舒眠糖衣錠（phenothiazines），這種藥物可以阻隔神經傳導物質多巴胺接受器的作用，對思覺失調、妄想症都有療效，但是容易產生口渴、抽搐、肌肉僵硬等副作用。

## （三）抗焦慮藥物

抗焦慮藥物（antianxiety drug）又稱為鎮定劑或安眠藥，這種藥物以肌肉放鬆劑及苯二氮平類藥物較常見。由於有些抗焦慮藥物容易降低注意力的副作用，所以需要開車或專心工作者應避免使用。

## （四）抗躁鬱藥物

自1949年起，鋰鹽（lithium）就被醫學界證實對躁鬱症有很好的治療效果。但是，患者如果服用過量容易導致抽搐或死亡。

現代心理治療強調心理失常患者，應由社區心理衛生中心先行診治，病情嚴重者再轉診至大型醫院。一方面可以節省醫療資源，另一方面可以減少患者依賴住院治療的心理。社區心理衛生中心同時具有宣導與預防心理疾病的功能。此外，由精神科醫師、臨床心理師、諮商心理師與社會工作師等專業人員組成心理治療團隊，精神科醫師主要負責精神病理之診斷，以及提供藥物治療；臨床心理師或心理諮商師負責心理測驗、心理衡鑑、心理諮商，以及心理治療工作；社會工作師負責蒐集患者個人生活歷史資料、家庭訪視以及長期追蹤服務工作。這些專業人員有時需要對棘手的個案，共同研討治療策略，方能收到最大的治療效果。

# 本章摘要

1. 心理治療是指由臨床心理師，對心理異常者進行心理診斷、諮商與治療的技術。

2. 心理治療的種類很多，大致可歸納成心理動力治療、行為治療、人本治療、折衷取向治療與生物醫學治療等類。

3. 心理動力治療，旨在協助案主徹底領悟自己的心思、動機、情緒，將內心深處的苦楚釋放出來，進而使其心理健全發展。

4. 心理動力治療法包括：心理分析治療與新心理分析治療法。

5. 佛洛伊德的心理分析治療步驟：(1)自由聯想；(2)夢的解析；(3)抗拒分析；(4)移情分析；(5)闡釋。

6. 新心理分析治療重視案主的意識層面問題，心理分析師與案主面對面溝通，以案主當前的問題、人際關係作為分析的重點。

7. 案主中心治療法強調治療者對案主的支持與鼓勵，幫助案主重視自己的感受和尊嚴，使其重建正確的自我觀念，進而自我接納及自我成長。

8. 心理治療師採用案主中心治療法，必須具備真誠、無條件正向關懷，以及同理心等條件。

9. 認知治療是由治療師以解說和指導方式，協助案主改正對人、事、物不合理的觀念，產生認知結構的重新整合，進而達到心理治療的效果。

10. 理情治療法認為心理失常起源於個人非理性的信念，治療的目的旨在協助案主將非理性的思考轉變成理性的信念，困擾的情緒就得以紓解。

11. 團體治療法是由心理治療師引導團體成員相互激勵、相互觀摩，進而改正自己偏差行為的心理治療方法。

12. 行為治療法是應用學習心理學的原理，來治療案主的不良適應行為。

13. 常用的行為治療法包括：(1)系統減敏感；(2)嫌惡治療；(3)代幣制；(4)隔離；(5)刺激飽足；(6)洪水法；(7)爆炸法；(8)社會技巧和自我肯定訓練；(9)行為契約法等。

14. 折衷取向治療法是兼採各種心理治療法的優點，以收到更好的治療效果。

15. 折衷取向治療法有：(1)完形治療；(2)現實治療；(3)團體治療。

16. 完形治療的主要目的，在提升案主對人、事、物的覺察能力，使自己的觀念、情緒和行為能夠統整。

17. 現實治療的主要目的，在協助案主成為具有理性、自主、自愛以及負責任的個人。

18. 生物醫學治療包括：(1)生理回饋；(2)電痙攣療法；(3)藥物治療。

19. 現代心理治療可由社區心理衛生中心先行診治患者，病情嚴重者再轉介至大型醫院。由臨床心理師、諮商心理師、精神科醫師、社會工作師等組成工作團隊共同會診，配合藥物治療，對患者做長期追蹤服務工作，效果較為顯著。

第*16*章

# 健康心理學

本章大綱

　　健康對每一個人來說都是最重要的，如果失去健康，即使有再多的財富也是虛空的。人類有許多疾病起因於壓力與挫折，尤其在生活競爭日益劇烈的工商業社會裡，人們的壓力與日俱增。如何對各種壓力做好調適，是現代人生活上的重要問題。

　　個人壓力適應良好有利於身心健康發展，也是邁向成功之路。反之，有些人遭遇到壓力時，常採取以下方式來應付，例如：怨天尤人、自艾自憐、攻擊別人、抽菸、酗酒、使用毒品、退縮消極、手淫、大量進食、放縱自己為所欲為，甚至犯罪或自殺。這些不當的適應壓力方式，久而久之將導致各種身心疾病，以及產生各類偏差行為。

# 第一節　壓力的基本概念

## 一、壓力的理論

### （一）一般適應症候群

　　最早對人類心理壓力（stress）作系統研究者，首推心理學者肯農（Cannon, 1932）。他認為個人在面對各種壓力時，常產生攻擊或逃避的行為，藉以適應生活。到了1956年，心理學者薛黎（Hans Selye）深入探討壓力對人類行為的影響，認為個人在面對各種壓力時，產生**一般適應症候群**（general adaptation syndrome, GAS）。該症候群包含以下階段：

#### 1. 警覺階段

　　個體面臨各種壓力的初期，心理上感受到威脅，於是處於**警覺階段**（alarm stage）；此時期交感神經系統的運作相當活絡，腎上腺素分泌增加，心跳呼吸加速，血壓升高，生理處於備戰狀態，隨時準備對壓力人做反應，以便度過危機。

## 2. 抗拒階段

　　如果壓力一直持續，就進入**抗拒階段**（resistance stage）；此時期個體將大部分的生理功能，用來對抗原來的壓力，生理功能處於高昂狀態。

## 3. 耗竭階段

　　假如該壓力仍然持續存在，個人無法抗拒則進入**耗竭階段**（exhaustion stage）；這個時期個體喪失適應能力，身心疲憊，體能消耗殆盡，嚴重者可能導致死亡（圖16-1）。

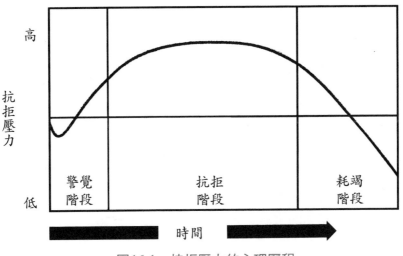

圖16-1　抗拒壓力的心理歷程

　　薛黎所提出的一般適應症候群理論，只能解釋人類適應生活壓力的部分現象，並不能對壓力的調適作普遍性的推論，因為在相同壓力之下，個人對於壓力的認知不一致，就產生不同的壓力。此理論有助於了解壓力導致疾病的關係，近年來結合心理、大腦與免疫學的**心理神經免疫學**（psychoneuro-immunology, PNI），認為太大的壓力會過度刺激免疫系統的運作，導致感冒、過敏、皮膚病、關節炎等疾病，如果強大壓力一直存在，個人又無法有效調適就有可能導致腫瘤或癌症的發生。

## （二）壓力認知理論

　　個人對壓力源（stressor）的知覺，是造成心理壓力的主要原因（Croyle, 1992）。拉哲陸斯（Lazarus, 1993）將人類心理壓力的歷程分為四個階段：第一階段為壓力源的出現；第二階段為個人對壓力衝擊作初步的評估。此時評估壓力如果會對自己構成威脅，則進入第三階段，個人對壓力作次級評估，並決定對壓力源採取應對措施。假如個體傾全力應付壓力之後，壓力如果仍然持續存在，就進入第四階段，於是產生長期壓力。這個階段個人在生理方面，出現自主神經系統亢奮，內分泌增加；情緒方面出現焦慮、恐懼、憤怒、悲傷、憂鬱、急躁不安等特徵；在行為方面，可能以問題為核心，力圖謀求解決之道或採取非理性方式來面對壓力事件。

# 二、壓力的來源

　　壓力的來源相當多樣與複雜，有一些壓力源會使人產生短暫的壓力，另有一些壓力源會使人產生長期性壓力，例如：慢性病、貧窮、長期失業、身心障礙等。一般人壓力的來源，大致可以分為以下幾類：

## （一）生活改變

　　吾人在日常生活中，時常會遭遇到一些不愉快的事件，使得自己的生活作息改變，進而產生壓力，例如：學業成績不及格、親人死亡、重大車禍、財物失竊、失業、離婚等。各種不愉快事件，對個人所造成的壓力不完全相同。賀梅斯與拉喜（Holmes & Rahe, 1967）設計一份「社會再適應評定量表」（Social Readjustment Rating Scale, SRRS），該量表包含43項重大生活事件，然後請一群人對這些不愉快事件分別加以評分（最高100分），結果如表16-1所示。由該表來看，在各種生活壓力事件中，以配偶死亡所產生的壓力最大，離婚次之，分居再次之；可是結婚、渡假、過聖誕節等事件，也會

表16-1　社會再適應評定量表

| 等第 | 重大生活事件 | 評分 |
|---|---|---|
| 1 | 配偶死亡 | 100 |
| 2 | 離婚 | 73 |
| 3 | 分居 | 65 |
| 4 | 坐牢 | 63 |
| 5 | 親人死亡 | 63 |
| 6 | 個人受傷或生病 | 53 |
| 7 | 結婚 | 50 |
| 8 | 失業 | 47 |
| 9 | 離異夫妻恢復同居 | 45 |
| 10 | 退休 | 45 |
| 11 | 家庭有人生病 | 44 |
| 12 | 懷孕 | 40 |
| 13 | 性關係適應困難 | 39 |
| 14 | 家庭添新成員 | 39 |
| 15 | 事業重新整頓 | 39 |
| 16 | 財務狀況欠佳 | 38 |
| 17 | 親友亡故 | 37 |
| 18 | 改換行業 | 36 |
| 19 | 夫妻爭吵加劇 | 35 |
| 20 | 借貸鉅大金額 | 31 |
| 21 | 貸款抵押品被沒收 | 30 |
| 22 | 改變工作職位 | 29 |
| 23 | 子女離家 | 29 |
| 24 | 訴訟 | 29 |
| 25 | 個人有傑出成就 | 28 |
| 26 | 太太就業或離職 | 26 |
| 27 | 初入學或畢業 | 26 |
| 28 | 改變生活條件 | 25 |
| 29 | 調整個人習慣 | 24 |
| 30 | 與上司不和 | 23 |
| 31 | 改變工作時間或環境 | 20 |
| 32 | 搬家 | 20 |

表16-1　社會再適應評定量表（續）

| 等第 | 重大生活事件 | 評分 |
|---|---|---|
| 33 | 轉學 | 20 |
| 34 | 改變休閒方式 | 19 |
| 35 | 改變宗教活動 | 19 |
| 36 | 改變社交活動 | 18 |
| 37 | 抵押貸款 | 17 |
| 38 | 改變睡眠習慣 | 16 |
| 39 | 家人團聚減少 | 15 |
| 40 | 改變飲食習慣 | 15 |
| 41 | 度假 | 13 |
| 42 | 過聖誕節 | 12 |
| 43 | 不慎觸犯法律 | 11 |

資料來源：採自Holmes與Masuda（1974）。

使人產生壓力。

## （二）生活瑣事

俗語說：「人生不如意的事情，十常八九。」每個人在日常生活中時常有很多瑣碎的事情讓自己無法逃避，如果這些事件愈多，而且存在愈久，就對身心構成壓力。一般人有以下幾方面的瑣事，構成心理壓力：

### 1. 家庭支出方面

每個家庭都有食、衣、住、行、教育、醫藥、納稅、娛樂、旅遊、交際應酬等生活費用的支出，如果因為經濟困難無法順利開支，必須向他人高利借貸，就會感到沉重的壓力。

### 2. 工作與職業方面

除非家財萬貫，否則每個家庭需要靠工作的收入來維持生計。在生活競爭激烈的今日社會，分工日益精細，個人未能具備特殊的職業技能，隨時都有面臨失業的可能，這正說明工作帶來的心理壓力。工作負荷過重、工作不

穩定、上司要求嚴苛、同事失和、工作危險性高等，都容易造成心理壓力。

### 3.身心健康方面

俗語說：「人無千日好，花無百日紅。」每個人難免有疾病，家庭成員中有人身心不健康甚至久病不癒，難免相處不愉快與不和諧，甚至造成衝突，心理壓力自然產生。

### 4.時間分配方面

現代社會生活分秒必爭，時間就是金錢。每天有忙不完的事，有很多應酬，時間不夠支配與不易掌握，造成很大的心理負擔。例如：晚一分鐘到達車站，車子已經開走了；國高中學生基本學力測驗，遲到20分鐘就不准進入考場；交通擁擠也是日常生活的夢魘。

### 5.生活環境方面

在高度工業化的社會中，居住在城市的人，遭受擁擠與環境汙染日益嚴重。除了空氣、噪音、水、農藥、攤販、垃圾等汙染之外，不良廣告、書刊、電腦網路媒體等汙染，也隨著社會劇烈變遷而日漸惡化，對於每天必須面對這些汙染的人來說，就會感到壓力沉重。

### 6.生活保障方面

在古代農業社會裡，有大家庭的庇護，生活保障自然不成問題，可是今日社會小家庭到處可見，萬一負擔家庭生計的人傷亡、失業、生重病，全家生活就失去保障。因此，房租、住家管理費、退休金籌措、房屋貸款等，都將造成莫大的心理壓力。

## （三）不可預測的因素

俗語說：「天有不測之風雲，人有旦夕之禍福。」人力不可抗拒的事情時有所聞，這些事情常常使人產生重大的心理壓力。例如：颱風吹倒住屋、洪水、海嘯或大地震毀壞家園、車禍造成重大傷亡、火災燒毀家產、飛機失事旅客全部罹難等。這些重大的打擊使人措手不及，使當事人或家人產生莫大的壓力。

　　每個人在日常生活中，有許多事情自己無法掌控，突如其來或不可預料的事件，往往帶給人們很大的心理壓力。例如：即將接受大手術、國際局勢詭譎多變、財物失竊或被詐騙、婚姻能否幸福美滿、能否順利升學或就業等。生活在這些不確定的情境下，也會使人產生心理壓力。

### （四）天不從人願

　　每個人生活在指望之中，成為追求生活目標的原動力。可是，假如不幸期望落空、理想破滅，就造成極大的壓力。例如：年輕醫師得癌症、法官的兒子犯殺人罪、教授的孩子是智能不足、佛教徒子弟要與回教徒結婚、白髮人送黑髮人等，都使當事人造成極大的心理壓力。

### （五）人為的災禍

　　在犯罪、暴力、罪惡充斥的社會裡，人隨時隨地都可能遭受攻擊與侵犯，無形中使人產生莫名的壓力。例如：故意縱火、媒體報導割喉之狼、核子反應爐故障導致核能外洩、工廠毒氣外洩、戰爭爆發、飛機失事以及重大車禍等。

## 三、壓力對工作的影響

　　人在日常生活中情緒難免起伏不定。例如：學生在面臨考試時，會產生考試焦慮；焦慮愈高，考試成績愈差（Hembre, 1988），因為焦慮對記憶力與注意力會產生干擾（Sarason, 1984）。

　　情緒高昂對簡易工作的表現較為有利，可是對複雜工作的表現卻不利（Mandler, 1993）。換言之，保持適度的情緒狀態，所產生的工作效率較佳（圖16-2）。在強大壓力情境之下，個人注意力降低，導致工作表現不佳。許多大型的球類比賽，地主隊在開賽不久勢如破竹，常有傲人的佳績出現，可是到了比賽接近結束時，由於在鄉親熱情加油之下，造成非贏不可的極大

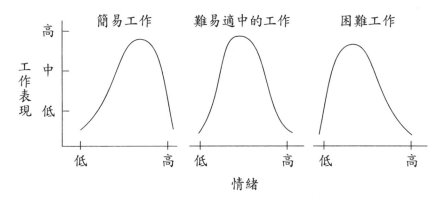

圖16-2　情緒狀態與工作表現的關係

心理壓力，因此常以失敗收場。

　　長期存在的壓力，容易使人產生疲勞、無力感、無助與無奈，進而產生倦怠（burnout）。此時，個人工作士氣低落，生產力與工作績效降低。在高度工業化的社會裡，人們長期扮演某種角色所承擔的工作壓力，就容易產生職業倦怠感，尤其以從事專業工作者，例如：教師、律師、工程師、程式設計師、醫師、法官、護理師比較常見。此外，長期或突如其來的巨大壓力，會使人產生心理失常問題，例如：失眠、作惡夢、憂鬱、精神官能症，嚴重者可能導致精神崩潰。

## 四、壓力對生理的影響

　　個人在心理壓力之下，大腦將壓力訊息傳遞到內分泌系統，分泌出各種激素，其路徑如圖16-3所示。由該圖可知：壓力促使大腦下視丘激發自主神經系統交感部分，繼而促使腎上腺分泌增加，個人乃處於攻擊或逃避的反應狀態，結果導致心跳加速、呼吸急促、流汗增多、血液快速流向肌肉，使得肌肉力量大增、心智活躍及注意力集中。

　　壓力同時促使腦下垂體分泌增加，刺激副腎皮質分泌激素，結果導致蛋白質與脂肪消耗，力量大增，自動減少身體的組織發炎。此外，壓力改變身

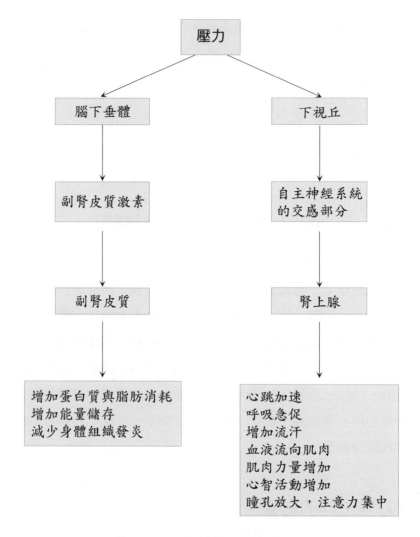

圖16-3　壓力對身心影響的路徑

體的免疫力，降低抵抗疾病的能力。同時，也影響大腦神經傳導物質的正常運作，進而產生憂鬱、失眠、偏頭痛等現象。

## 五、壓力與行為反應

### （一）攻擊

　　一般人在壓力之下，容易表現出肢體或言語的攻擊行為。多勒等人（Dollard et al., 1939）曾提出**挫折攻擊假說**（frustration-aggressive hypothesis），該假說強調人在遭遇到大的挫折之後，容易產生攻擊行為。根據佛洛伊德的精神分析論，攻擊行為可以使不愉快的情緒得到發洩。可是，如果攻擊他人容易導致造成人際之間的衝突，反而因此升高心理壓力。

### （二）放縱自己

　　有些人在巨大壓力之下，表現一些自暴自棄的放縱行為，例如：酗酒、使用禁藥、嚼檳榔、暴飲暴食、酒後駕車、賭博、飆車、犯罪、嫖妓等。

### （三）退縮

　　有些人遭遇到壓力，就從社會人際關係中退縮，表現恐懼、沮喪、退避或幼稚的行為。例如：某生犯錯被老師責罵後，從此不敢去找老師問問題；又如繭居族，整天不出門。

### （四）自我防衛

　　大多數人在面對壓力的情境之下，就以自我防衛方式來應付壓力。自我防衛方式包括：壓抑、投射、合理化、認同作用、反向作用、否認、隔離作用、抵消作用、昇華、過度補償、幻想等。自我防衛方式，雖然可以使人短暫的防禦焦慮或罪惡感，可是如果壓力一直存在又無法得到紓解，就容易產生身體或心理疾病。

## 六、壓力與疾病

在1930至1940年之間，很多心理學家認為：心理壓力容易使人情緒惡化，因而產生各種疾病，例如心臟病、腸胃潰瘍、氣喘、皮膚病、偏頭痛等（Weiner & Fawzy, 1989）。可是到了1970年代，有心理學者更發現：中風、肺結核、風濕性關節炎、糖尿病、白血球過多症、癌症、過敏症、傳染性疾病、長期背痛、性無能、難產、疝氣、青光眼、陰道感染、疱疹、甲狀腺腫大、血友病、盲腸炎、便秘、牙周病、感冒等疾病，也都是由壓力所引起的（Elliott, 1989）。

近年來，有一些人因為工作時間過長又經常超時加班，壓力過大導致**過勞死**，過勞死有逐年增加的趨勢。這種人大都因為心臟病發作而猝死，其中以科學園區的科技新貴、高階經理人或長時間從事學術研究工作者居多。

根據美國人口普查局（U.S. Census Bureau, 1993）的報告資料顯示：美國人大約三分之一死於心臟病。美國心臟病學家佛雷德曼與羅森曼（Friedman & Rosenman, 1974）的研究發現，心臟病患者大多數具有**A型人格**（type A personality），這一類型的人具有與人競爭、缺乏耐性、對人有敵意、個性急躁、生活步調很快、做事求完美等人格特質，這種人在都市化的工商業社會中最常見。由於日常生活中存有許多機會，凡事都要競爭，勝者生存，敗者被淘汰，在這樣重大的生活壓力情境之下，內分泌腺分泌出有毒的物質，就容易使人得病。

反之，與A型人格相反的為**B型人格**（type B personality），具有這類人格特質者，凡事從容不迫、悠閒自在、一切隨緣、樂意與人合作、對名利看得很淡薄，這種人比較不會得心臟病。佛雷德曼與其同僚的研究發現：A型人格者患心臟病的機率，為B型人格者的六倍。

之後，有些學者提出**C型人格**（type C personality），具有這類人格特質者，凡事自我克制、服從權威、自我犧牲、做事有耐心、常吃悶虧、避免表

現憤怒或不滿的情緒，這種人長期壓抑自己的情緒，容易罹患癌症，而且患病後病情容易迅速惡化（Eysenck, 1994）。

近年來，又有一些學者提出**D型人格**（type D personality），具有這類人格特質者，凡事容易悲觀、容易緊張、憤世嫉俗、苦惱（distress）、在社交場合感到不自在，任何一點風吹草動都很緊張、焦慮不安，總是覺得不幸的事情會降臨到自己身上，這種人容易罹患心臟血管疾病。

一般人都有生病的經驗，大多數人也都希望以後不要再生病，但是為什麼無法避免？根據社會心理學者帕森斯（Parsons）的研究，不少病人因為生病期間，可以得到別人的注意、同情、關心，甚至可以獲得他人贈送不少禮物，因此造成病患在潛意識裡期望再生病。這類病人常有頭疼、胃痛、喉嚨痛、背痛、腹瀉等輕微的疾病。由於患者的病因來自心理因素，而不是器官的病變，因此採心理治療來減輕或消除其心理壓力，才是治療病患疾病的根本之道。

## 七、因應壓力的方法

俗語說：「天有不測風雲，人有旦夕禍福」，很多事個人無法預料，又無法掌控，甚至無法避免。每個人在人生旅途中難免遭遇各種壓力，如何**因應**（coping）以利自己的身心健康，就成為相當重要的課題。因應壓力的方法很多，除了做運動、吃美食、唱歌、旅遊、泡湯、看畫展、音樂欣賞、找朋友聊聊、接受指壓按摩之外，至少可以有以下幾種做法：

### （一）針對問題尋求解決之道

針對問題就是找出壓力來源的癥結所在，尋求解決問題的方法，以理性的態度來處理各種難題。例如：某生修習微積分學期成績不及格，該學科是必修科目，如果不及格就無法畢業，於是產生心理壓力。為了消除此壓力，該名學生至少可以對壓力源進行分析，比如：自己的學習方法是否正確？學

習動機是否強烈？不懂的地方有無請教老師或同學？如能針對壓力源去克服，困難的問題自然迎刃而解，壓力自然消失於無形之中。

　　有些人遇到壓力就採取逃避的因應方式，轉移注意力不願去面對問題，或以喝酒、嗑藥來暫時忘掉煩惱，這種鴕鳥心態使得煩惱的問題一直存在，甚至導致嚴重的後果。

## （二）視危機為轉機

　　很多壓力事件是個人無法避免的，在這種情況之下，自己換個角度去看問題，往往可以達到消除壓力的功效。例如：某生追求異性朋友遭到拒絕，他認為這是讓自己找到更理想對象的機會。如果這名學生在遭遇到此挫折與壓力時，就借酒澆愁或使用迷幻藥，或去報復對方，結果也許會帶來更大的壓力，這絕非解決壓力的好辦法。

　　個人遭遇到困境時，要逆向思考，把吃苦當作吃補，把困難當作修行，凡事朝正面的方向去想，這樣就能將壓力消除。

## （三）多關心與參與自身以外的事務

　　助人為快樂之本，多去關心外在環境的一切，不要把焦點放在自己的身上。不管你有多麼痛苦，你將會發現還有人比你更不幸，相較之下也可以減輕自己的心理壓力。此外，參與各種社團活動或交朋友，讓自己有訴苦的對象，甚至他人會主動來協助你所遭遇的困難，這樣也可以達到紓解壓力的效果。

## （四）樂觀積極進取

　　樂觀的人面對困難問題時，採取正向的角度來思考，總是對自己的未來充滿希望，這種人通常身體比較健康。有一項研究發現：樂觀的人在醫院接受大手術之後，復原的速度比悲觀的人快很多，樂觀的癌症患者存活率比悲觀者高出許多（Scheier et al., 1989）；正向情緒的人平均壽命多十年（Danner, Snowdon, & Friesen, 2001）。樂觀的人在面對重大壓力時，比較能夠有良好的適應。這種人比較會主動去尋求他人的協助，同時對壓力事件會作比較正面的評價。反之，悲觀的人凡事容易作負面的解釋，沒有解決問題的勇氣和決心，有時將壓力事件歸因於命運，因而壓力一直存在，無法去克服。

## （五）尋求社會支持

　　個人遭遇到苦難時，**社會支持**（social support）是紓解壓力很重要的管道。社會支持是指社會中的個人或團體，例如：配偶、親戚、朋友、同事、同學、社團、教友、鄰居、慈善機構等，或透過新聞媒體報導之後，會有不少善心人士伸出援手，對自己提供物質的協助或精神上的支持。巴隆等人（Baron et al., 1990）的研究發現：社會支持可使人提高免疫力，進而產生抵抗疾病的能力；社會支持有助於癌症患者延年益壽，對正常人也具有同樣效果。換言之，社會支持有益身心健康，當個人在強大壓力之下，社會支持的力量可以使人承受較大的打擊。

　　個人在一個親密友善的團體中工作，由於同事之間相互關懷與支持，有樂同享、有苦同擔，也可以將壓力化於無形。亞倫等人（Allen et al., 1991）的研究發現，有團契式的工作夥伴或有知心的朋友，比較能夠承受大的壓力。

## （六）做好時間管理

　　當有很多工作必須在限定的時間內完成，如果無法達成目標就會產生壓力。反之，個人做好時間管理，將工作順利完成，就可以減輕或消除壓力。時間管理的技巧至少有以下幾項：

1. 依工作的重要性排列優先順序，先完成重要的工作，再完成次要的工作。
2. 將艱鉅的工作化整為零，逐步加以完成。
3. 將工作安排每日、每週或每月的進度，按進度來執行。

4. 避免浪費時間，舉凡聊天、打電話、交際應酬、看電視等，應盡量縮短時間，或推辭不必要的應酬活動。

5. 養成今日事今日畢的習慣。

6. 在一天精力最旺盛、最有工作效率的時段，做最重要的工作。

7. 有些工作可請人代勞，不必凡事親自來做。

除了上述因應壓力的方法之外，平時多運動、睡眠充足、樂於助人、凡事感恩惜福、知足常樂、靜坐冥想、培養幽默感與嗜好、多從事戶外旅遊活動、均衡的營養、做全身肌肉放鬆訓練以及情緒管理等方法，均有益個人解除壓力。個人的心理壓力如果用盡各種辦法仍然無法得到紓解，宜接受專家的心理諮商、輔導或治療。

# 第二節 生活方式與健康

對每一個人來說，健康最重要，身體健康是心理健康的基礎。許多不良的生活習慣有礙身心健康，身體健康亮起紅燈就產生很大的心理壓力。因此，要健康必須先革除不良生活習慣。例如：不吸菸、不酗酒、適度運動、不嚼檳榔以及良好飲食習慣等。身心健康應做好三級預防工作：(1)初級預防（primary prevention），在問題發生之前就先做好預防；(2)次級預防（secondary prevention），在問題出現的早期就檢查出來，以免問題擴大；(3)三級預防（tertiary prevention），對已經產生的問題進行治療，以免問題繼續惡化。良好的生活習慣包括：

## 一、不吸菸

吸菸是最不好的生活習慣，吸菸有礙身體健康，這是眾人皆知的事。但是為什麼有人要吸菸？吸菸者至少有以下心理因素：

1. 受到同儕遊伴的引誘或鼓舞。

2. 反抗父母、師長、學校或威權。

3. 代表自己已經長大成人，不必別人管教。

4. 心理空虛以抽菸麻醉自己。

5. 女性吸菸表示與男性平權。

6. 吸菸上癮，產生生理依賴。

一般來說，吸菸者比不吸菸的人早死。30歲的青年人如果每天抽兩包香菸，其壽命比不吸菸的同年齡者少活八歲（Hammond & Horn, 1984）。因為吸菸的人罹患肺癌、支氣管炎、口腔癌、食道癌、胃癌、十二指腸潰瘍、肝硬化、心臟病、膀胱癌、腎臟癌等疾病的機會，比正常人高出好幾倍（Fielding, 1985; McBride, 1992; Newcomb & Carbone, 1992）。

吸菸者在喝酒、咖啡以及不健康食物的消費上，也比一般人多，因此對其健康有相當不良的影響。吸菸不但對自己健康不利，同時對家人、同事以及其他吸入二手菸的人，也容易造成各種疾病；最常見的是肺癌，其次為呼吸系統的疾病。惟戒菸成功者，通常在五年之後，其身體健康大都有好轉的現象（Samet, 1992）。不過，根據許多學者的研究，大多數吸菸者，戒菸成功者約四分之一而已。由此可見，愛惜生命，拒絕吸菸才是明智之舉。

## 二、不酗酒

喝酒是交際應酬常見的行為，喝少許的酒可以增進胃口，促進血液循環。但是，如果經常大量喝酒，會傷害大腦神經系統以及血液循環系統。許多嚴重車禍都是酒後開車所造成的，因為喝酒過量會造成意識不清、精神恍惚，甚至於酒後亂性。

有些人遇到挫折或壓力時，就借酒澆愁。雖然喝酒可以使人暫時忘掉煩惱，可是當酒性一過，煩惱的事情仍然存在；如果再以喝大量的酒，來作為解除煩惱的方法，久而久之就容易上癮。這時對個人身心的傷害，是難以估計的。

根據台灣原住民族委員會統計資料，2015年原住民族十大死因中，慢性肝病及肝硬化患者其死亡率大約為非原住民的四倍（衛生福利部，2018），這個現象或與原住民的飲酒行為有密切關聯。

## 三、適度運動

適度運動有益身心健康，運動至少有以下益處：

1. 可以促進血液循環，減少心臟血管疾病的發生，降低高血壓。
2. 規則性運動可以消耗體內貯存的多餘能量，達到瘦身的效果，進而預防糖尿病以及呼吸系統的疾病。
3. 多運動可以減少結腸癌、乳癌及其他癌症的發生（Blair et al., 1992）。
4. 運動可以使人減少由壓力所產生的各種疾病，運動對降低憂鬱有幫助。
5. 參加團體式的運動，可以增進人際之間的交往與溝通，對於降低焦慮、緊張不安、憂鬱症以及增強自我概念等，都有很大的幫助。
6. 運動可以預防甚至治療很多種疾病，適合各年齡層的運動，以有氧運動（aerobic exercise）、慢跑、騎腳踏車、體操、游泳、太極拳等較為常見。雖然運動有益身心健康，可是運動需要注意以下條件：
   (1)空氣汙濁的地方不適合運動。
   (2)飯後或睡前不可以劇烈運動。
   (3)心臟病患者不可以做劇烈運動。
   (4)孕婦比較適合的運動是散步。
   (5)老年人不適合長期劇烈運動。
   (6)要避免運動傷害，注意關節以及肌肉不受扭傷。只有恆心地做適合自己身體的運動，才可以達到延年益壽的效果（Paffenbarger, Hyde, & Wing, 1990）。

## 四、不嚼檳榔

　　台灣目前每年大約有三千多人死於口腔癌，嚼檳榔是導致口腔癌發生率和死亡的主要原因。根據2018年行政院衛生福利部的調查顯示，40至49歲嚼檳榔率最高（占10.7%），其次為30至39歲（占8.6%）。

## 五、良好飲食習慣

　　俗語說：「病從口入」，不良的飲食習慣會傷害身體健康。飲食方面應注意以下幾項：

1. 不宜大量攝取乳酪、蛋、牛油、香腸、油炸食物等，以免造成心臟病。
2. 避免大量攝取烤焦、發霉、過期或有農藥殘留的食物，以免導致癌症。
3. 避免攝取高鹽分的食物，以免造成高血壓。
4. 少攝取熱量過高的食物，以免造成肥胖。
5. 要吃含有鈣質的食物，以免產生骨骼方面的疾病。
6. 成人每天大約要喝2,000 c.c.的開水。
7. 多攝取蔬果高纖維的食物，對身體健康很有幫助。
8. 少吃紅肉或加工肉類食品，以免罹患大腸癌。
9. 飲食均衡，不暴飲暴食，正餐以外少吃零食。
10. 少喝烈酒，以避免罹患肝癌。

## 六、不熬夜

　　生活在工商業社會的人們，因工作相當忙碌，生活競爭劇烈，因此常過

著熬夜晚起的生活。這種違反早睡早起自然律的作息方式，對健康相當不利，許多疾病都是由此產生。今日許多大學生，平時即使沒有課業壓力，也過著「夜貓子」的生活，這對自己的健康可說是弊多利少。這種生活型態如果不加以改變，年輕時代尚不覺得有何害處，長此以往，過了中年可能百病纏身，實在值得吾人警惕。

綜言之，影響個人健康與疾病的因素，大致可以分為四大類：(1)第一大類為心理因素，包括：壓力、應付壓力的技巧、人格特質、對疾病的心理反應；(2)第二大類為生活方式；(3)第三大類為生理因素，包括：生活環境、免疫力、遺傳因子；(4)第四大類為社會因素，包括：環境與公共衛生、衛生教育、醫療體系、汙染防治、社會支持等。健康就是財富，為了身心健康，個人應注重上述因素。此外，定期接受健康檢查，是非常有必要的。如果身體覺得不適，應早日接受合格醫師診治，這樣才能夠長保健康。

# 第三節　維護心理健康之道

每一個人在日常生活中，難免遇到不如意的事，如果心理不健康，將直接影響身體健康。個人要維持心理健康，至少把握以下幾個原則：

1. 建立正確的自我觀念，充分了解自己、接納自己、肯定自己，改進自己的缺點。

2. 生活有適當目標，鼓起勇氣面對各種挑戰，發揮自己的潛能，從工作中獲得成就感及樂趣。

3. 妥善管理與運用時間，工作、休閒與運動並重，做事採科學方法，提高效率。

4. 培養良好的人群關係，廣結善緣，結交知心的朋友；多接納、關懷以及讚許他人，多學習他人的長處。

5. 主動積極參與社會活動，擴展生活層面，多去助人與服務人群。

6. 培養正向思考，凡事樂觀、積極進取；不怨天尤人，常自我反省。

7. 培養正當的娛樂、嗜好以及藝術欣賞能力，充實精神生活。

8. 做好生涯規劃，不斷自我充實與自我成長，對環境做有效的適應。

9. 凡事盡力而為，不必講求完美，但求清心寡慾、淡泊名利、知足常樂、感恩惜福、與世無爭。

10. 培養高度幽默感以及穩定的情緒。

11. 要勇於表達自己的情緒和情感，不要壓抑自己和否認自己的情緒。

12. 如果自己的困擾問題都無法解決，應尋求專業人員的協助。

## 本章摘要

1. 個人在面對各種壓力時，會產生一般適應症候群，該症候群包含：警覺、抗拒與耗竭等三階段。

2. 心理壓力與個人對壓力來源的認知有關。

3. 壓力的來源大致可分為以下幾類：(1)生活改變；(2)生活瑣事；(3)不可預測的因素；(4)天不從人願；(5)人為的災禍。

4. 壓力與工作效率有關，保持適度的情緒狀態，工作效率較佳。

5. 強大壓力容易使人注意力降低，工作表現不佳。

6. 長期的壓力易使人產生疲勞、無力感、無助與無奈，甚至產生倦怠感。

7. 壓力會使個人腎上腺分泌增加，導致心跳加速、呼吸急促、力量大增。

8. 個人遭遇到壓力，可能產生攻擊、放縱自己、退縮、自我防衛等行為。

9. 許多疾病是由壓力太大所造成的，最常見的有：心臟、胃腸、呼吸、皮膚等系統的疾病。

10. A型人格者，做事力求完美，個性急躁、好勝心強，比較容易罹患心臟病。B型人格者，凡事從容不迫、淡薄名利、樂意與人合作，這種人比較不會得心臟病。C型人格者，凡事自我克制、服從權威、自我犧牲、常吃悶虧、避免表現憤怒或不滿的情緒，這種人容易罹患癌症。D型人格者，凡事容易悲觀、憤世嫉俗、苦惱，總覺得不幸的事情會降臨到自己身上，這種人易罹患心血管疾病。

11. 個人的心理壓力如果用盡各種辦法之後，仍然無法有效紓解，應接受專家心理諮商、輔導或治療。

12. 個人遭遇到挫折，如果對人產生攻擊行為以發洩心中不愉快的情緒，則容易遭致他人反擊，心理壓力反而升高。

13. 高昂的情緒對簡易工作的表現較為有利，但是對複雜的工作表現反而不利。

14. 多勒等人提出挫折攻擊假說，認為攻擊行為是由個人的挫折所引起的。

15. 長期的壓力容易使人產生慢性病、貧窮、失業、身心障礙等。

16. 個人因應壓力的方法至少可分為：(1)針對問題尋求解決之道；(2)視危機為轉機；(3)多關心與參與自身以外的事務；(4)樂觀積極進取；(5)尋求社會支持；(6)做好時間管理等。

17. 身心健康應做好三級預防工作：(1)初級預防；(2)次級預防；(3)三級預防。

18. 良好的生活習慣包括：不吸菸、不酗酒、適度運動、不嚼檳榔、良好飲食習慣、不熬夜等等。

19. 維護心理健康之道很多，其中以健全自我概念、妥善運用時間、工作與休閒並重、建立良好人際關係、服務人群、培養樂觀積極人格、自我成長等較為重要。

# 參考文獻

## 一、中文部分

周勵志（1993）。正視同性戀。**台灣醫界，36**（11），51-58。

秦夢群（2000）。**教育行政——理論部分**。台北：五南。

張利中（2004）。**心理學**。台北：普林斯頓國際。

張美惠（譯）（1996）。**EQ**。台北：時報文化。

陳心怡、陳榮華（2013）。**魏氏幼兒智力量表第四版（WPPSI-IV）中文版**。台北：中國行為科學社。

陳心怡、陳榮華、花茂棽（2015）。**魏氏成人智力量表第四版（WAIS-IV）中文版**。台北：中國行為科學社。

陳榮華、陳心怡（2018）。**魏氏兒童智力量表第五版（WISC-V）中文版**。台北：中國行為科學社。

陳龍安（1998）。**創造思考教學的理論與實際**。台北：心理。

黃光國（1988）。人情與面子：中國人的權力遊戲。載於黃光國（主編），**中國人的權力遊戲**（頁7-55）。台北：巨流。

楊國樞、黃光國、楊中芳（2005）。**華人本土心理學（上）**。台北：遠流。

葉重新（1992）。**心理測驗**。台北：三民。

葉重新（2008）。**教育研究法**（第二版）。台北：心理。

歐滄和（2002）。**教育測驗與評量**。台北：心理。

衛生福利部（2018）。**原鄉健康不平等改善策略行動計畫（2018年－2020年）**。取自衛生福利部網站。

## 二、英文部分

Adams, T. L. (1980). *Conceptual blockbusting*. San Francisco, CA: W. H. Freeman.

Ader, R., & Cohen, N. (1993). Psychoneuro-immunology: Conditioning and stress. *Annual Review of Psychology, 44*, 53-85.

Alexander, C. N., Chandler, H. M., Langer, E. J., Newman, R. I., & Davies J. L. (1989). Transcendental mediation, mindfulness, and longevity: An experimental study with the elderly. *Journal of Personality and Social Psychology, 57*, 950-964.

Allen, K. M., Blascovich, J., Tomaka, J., & Kelsey, R. M. (1991). Presence of human friends and pet dogs as moderators of autonomic responses to stress in women. *Journal of Personality and Social Psychology, 61*, 585-589.

Allport, G. W. (1937). *Personality: A psychological interpretation.* New York: Holt.

Allprot, G. W. (1961). *Pattern and growth in personality.* New York: Holt, Rinehart & Winston.

Amabile, T. M. (1996). *Creativity in context.* CO: Westview.

American Psychiatric Association [APA] (2000). *Diagnostic and statistical manual of mental disorder* (4th ed., Text Revision) (DSM-IV-IR). Washington, DC: The Author.

Annett, M. (1972). The distribution of manual asymmetry. *British Journal of Psychology, 63*, 343-358.

Arvey, R. D., McCall, B., & Bouchard, T. J. (1994). Genetic influcence on job satisfaction and work values. *Personality and Individual Difference, 17*, 17-33.

Asch, S. E. (1955). Opinions and social pressures. *Scientific American, 193*(5), 31-35.

Atkinson, J. W. (1981). Studying personality in the context of an advanced motivational psychology. *American Psychologist, 36*, 117-128.

Atkinson, J. W. (1992). Motivational determinants of thematic apperception. In C. P. Smith (Ed.), *Motivation and personality: Handbook of thematic content analysis.* New York: Cambridge University Press.

Atkinson, R. L., Atkinson, R. C., & Hilgard, E. (1987). *Introduction to psychology* (9th ed.). New York: Harcourt Brace Jovànovich.

Baars, B. J. (1986). *The cognitive revolution in psychology.* New York: Guilford Press.

Baddeley, A. D. (1995). Working memory. In M. Gazzaniga (Ed.), *The cognitive neurosciences.* Cambridge, MA: Bradford/MIT Press.

Bahrick, H. P., Bahrick, P. C., & Wittlinger, R. P. (1975). Fifty years of memories of names and faces: A cross-sectional approach. *Journal of Experimental Psychology: General, 104*, 54-75.

Bailey, J. M., & Pillard, R. C. (1991). A genetic study of male homosexual orientation. *Archives of General Psychology, 48*, 1089-1097.

Balkin, J. (1987). Contributions of friends to women's fear of success in college. *Psychological*

*Reports, 61*, 39-42.

Bandura, A. (1973). *Aggression: A social learning analysis*. Englewood Cliffs, NJ: Prentice-Hall.

Bandura, A. (1986). *Social foundations of thought and action: A social-cognitive theory*. Englewood Cliffs, NJ: Prentice-Hall.

Baron, R. S., Cutrona, C. E., Hicklin, D., Russell, D. W., & Lubaroff, D. M. (1990). Social support and immune function among spouses of cancer patients. *Journal of Personality and Social Psychology, 59*, 344-352.

Bartoshuk, L. M. (1988). Taste. In R. C. Atkinson, R. J. Herrnstein, G. Lindzey., & R. D. Luce (Eds.), *Stevens' handbook of experimental psychology: Vol. 1. Perception and motivation*. New York: Wiley.

Bashore, T. R., & Rapp, P. E. (1993). Are there alternatives to traditional polygraph procedures? *Psychological Bulletin, 113*, 2-22.

Bates, J. E. (1987). Temperament in infancy. In J. D. Osofsky (Ed.), *Handbook of infant development* (2nd ed.). New York: Wiley.

Beck, A. T. (1987). Cognitive therapy. In J. K. Zeig (Ed.), *The evolution of psychotherapy*. New York: Brunner/Mazel.

Beck, A. T. (1988). Cognitive approaches to panic disorder: Theory and therapy. In S. Rachman & J. Maser (Eds.), *Panic: Psychological perspectives*. Hillsdale, NJ: Erlbaum.

Beck, A. T. (1991). Cognitive therapy: A 30-year retrospective. *American Psychologist, 46*, 368-375.

Bem, D. J. (1967). Self-perception: An alternative interpretation of cognitive dissonance phenomena. *Psychological Review, 74*, 183-200.

Benassi, V. A., Sweeney, P. D., & Dufour, C. C. (1988). Is there a relationship between locus of control orientation and depression? *Journal of Abnormal Psychology, 97*, 357-367.

Bennett, H. L. (1993). The mind during surgery: The uncertain effects of anesthesia. *Advances, 9*(1), 5-16.

Benson, H. (1975). *The relaxation response*. New York: Morrow.

Berk, L. E. (1994). Why children talk to themselves. *Scientific American, 271*, 78-83.

Berry, J. W., Poortinga, Y., Segall, M., & Dasen, P. (1992). *Cross-cultural psychology*. New

York: Cambridge University Press.

Bertrand, L. D. (1989). The assessment and modification of hypnotic susceptibility. In N. P. Spanos & J. F. Chaves (Eds.), *Hypnosis: The cognitive-behavioral perspective*. Buffalo, NY: Prometheus.

Blair, S. N., Kohl, H. W., Gordon, N. F., & Paffenbarger, R. S. (1992). How much physical activity is good for health? In G. S. Omenn, J. E. Fielding, & L. B. Lave (Eds.), *Annual review of public health: Vol. 13*. Palo Alto, CA: Annual Reviews.

Blazer, D. G., Hughes, D., & George, L. K. (1987). Stressful life events and the onset of generalized anxiety syndrome. *American Journal of Psychiatry, 144*, 1178-1183.

Bootzin, R. R., Manber, R., Perlis, M. L., Salvio, M. A., & Wyatt, J. K. (1993). Sleep disorders. In P. B. Sutker & H. E. Adams (Eds.), *Comprehensive handbook of psychopathology* (2nd ed.). New York: Plenum.

Bornstein, R. F. (1989). Subliminal techniques as propaganda tools: Review and critique. *Journal of Mind and Behavior, 10*, 231-262.

Bouchard, T. J. Jr., Lykken, D. T., McGue, M., Segal, N. L., & Tellegen, A. (1990). Sources of human psychological differences: The Minnesota study of twins reared apart. *Science, 250*, 223-228.

Bozarth, M. A., & Wise, R. A. (1985). Toxicity associated with longterm intravenous heroin and cocaine self-administration in the rat. *Journal of the American Medical Association, 254*(1), 81-83.

Brown, G. L., & Linnoila, M. I. (1990). CSF Serotonin metabolite (5-HIAA) studies in depression, impulsivity, and violence. *Journal of Clinical Psychiatry, 51*, 525-534.

Bruner, J. S., & Goodman, C. C. (1947). Value and need as organizing factors in perception. *Journal of Abnormal and Social Psychology, 42*, 33-44.

Bruner, J. S., Goodnow, J. J., & Austin, G. A. (1956). *A study of thinking*. New York: Wiley.

Buss, D. M. (1994). Mate preferences in 37 cultures. In W. J. Lonner & R. S. Malpass (Eds.), *Psychology and culture*. Boston, MA: Allyn & Bacon.

Cacioppo, J. T., Berntson, J. T., Poehlmann, K. M., & Ito, T. A. (2000). The psychophysiology of emotion. In M. Lewis & J. M. Haviland-Jones (Eds.), *Handbook of emotions* (2nd ed.). New York: The Guilford Press.

Cain, W. S. (1988). Olfaction. In R. C. Atkinson, R. J. Herrnstein, G. Lindzey, & R. D. Luce (Eds.), *Stevens' handbook of experimental psychology: Vol. 1. Perception and motivation.* New York: Wiley.

Campos, J. J., Langer, A., & Krowitz, A. (1970). Cardiac responses on the visual cliff in prelocomotor infants. *Science, 170*, 196-197.

Cannon, W. B. (1932). *The wisdom of the body.* New York: Norton.

Cartwright, R. D., & Lamberg, L. (1992). *Crisis dreaming.* New York: Harper Collins.

Cattell, R. B. (1963). Theory of fluid and crystdllized intelligence: A critical experiment. *Journal of Educdtional psychology, 54*, 1-22.

Cattell, R. B. (1971). *Ability and their structure, growth and action.* Boston, MA: Houghton Mifflin.

Chomsky, N. (1959). A review of B. F. Skinner's "Verbal Behavior". *Language, 35*, 26-58.

Cloninger, C. R., Sigvardsson, S., Bohman, M., & Von Knorring, A. C. (1982). Predispositions to petty criminality in Swedish adoptees, II. Cross-fostering·analysis of gene-environment interaction. *Archives of General Psychitary, 39*, 1242-1249.

Coleman, P. (1993). Overview of substance abuse. *Primary Care, 20*(1), 1-18.

Colquhoun, W. P. (1984). Effects of personality on body temperature and mental efficiency following transmedian flight. *Aviation, Space & Environmental Medicine, 55*(6), 493-496.

Coren, S. (1992). *The left-hander syndrome: The causes and consequences of left-handedness.* New York: Free Press.

Coren, S., & Halpern, D. F. (1991). Left-handedness: A marker for decreased survival fitness. *Psychological Bulletin, 109*, 90-106.

Costa, P. T. Jr., & McCrae, R. R. (1992). Four ways five factors are basic. *Personality & Individual Difference, 13*(6), 653-665.

Costa, P. T. Jr., & McCrae, R. R. (1995). Domains and facets: Hierarchical personality assessment using the Revised NEO Personality Inventory. *Journal of Personality Assessment, 64*, 21-50.

Cote, L., & Crutcher, M. D. (1991). The basal ganglia. In E. R. Kandel, J. H. Schwartz, & T. M. Tessell (Eds.), *Principles of neural science* (3rd ed.). New York: Elsevier.

Cowan, N. (1988). Evolving conceptions of memory storage, selective attention, and their mutual constrains within the human information-processing system. *Psychological Bulletin, 104,* 163-191.

Croyle, R. T. (1992). Appraisal of health threats: Cognition, motivation, and social comparison. *Cognitive Therapy and Research, 16,* 165-182.

Danner, D. A., Snowdon, D. A., & Friesen, W. V. (2001). Positive emotions in early life and longevity: Finding from the nun study. *Journal of Personality and Social Psychology, 80,* 804-813.

Delgado, P. L., Price, L. H., Heninger, G. R., & Charney, D. S. (1992). Neurochemistry. In E. S. Paykel (Ed.), *Handbook of affective disorders* (2nd ed.). New York: Guilford Press.

Dement, W. C. (1978). *Some must watch while some must sleep.* New York: Norton.

Dennis, W. (1968). Creative productivity between the ages of 20 and 80. In B. L. Neugarten (Ed.), *Middle age and aging.* Chicago, IL: University of Chicago Press.

Dewey, J. (1933). *How we think: A restatement of the relation of reflective thinking to the educative process.* Lexington, MA: D. C. Heath.

Dollard, J., Doob, L. W., Miller, N., Mowner, O. H., & Sears, R. R. (1939). *Frustration and aggression.* New Haven, CT: Yale University Press.

Driskell, J. E., & Mullen, B. (1990). Status, expectations, and behavior: A meta-analytic review and test of the theory. *Personality and Social Psychology Bulletin, 16,* 541-553.

Eagly, A. H. (1992). Uneven progress: Social psychology and the study of attitudes. *Journal of Personality and Social Psychology, 63,* 693-710.

Eagly, A. H., Ashmore, R. D., Makhijani, M. G., & Longo, L. C. (1991). What is beautiful is good, but...: A meta-analytic review of rsearch on the physical attractive-ness stereotype. *Psychological Bulletin, 110,* 109-128.

Ebbinghaus, H. (1885/1964). *Memory: A contribution to experimental psychology* (H. A. Ruger & E. R. Bussemius, Trans.). New York: Dover (Original work published 1885)

Eccles, J. S., Midgley, C., Wigfield, A., Buchanan, C. M., Reuman, D., Flanagan, C., & MacIver, D. (1993). Development during adolescence: The impact of stage-environment fit on young adolescents? Experiences in schools and in families. *American Psychologist, 48,* 90-101.

Egan, D. E., & Schwartz, B. J. (1979). Chunking in recall of circuit diagrams. *Memory & Cognition, 7,* 149-158.

Eisenberg, N. (1992). *The caring child.* Cambridge, MA: Harvard University Press.

Ekman, P. (1982). *Emotion and the human face* (2nd ed.). New York: Cambridge University Press.

Elias, M. F., Elias, J. W., & Elias, P. K. (1990). Biological and health influences on behavior. In J. E. Birren & K. W. Schaie (Eds.), *Handbook of the psychology of aging.* San Diego, CA: Academic Press.

Elliott, E. (1989). Stress and illness. In S. Cheren (Ed.), *Psychosomatic medicine: Vol. 1. Theory, physiology, and practice.* Madison, CT: International University Press.

Ellis, A. (1989). Rational-emotive therapy. In R. J. Corsini & D. Wedding (Eds.), *Current psychotherapies.* Itasca, IL: F. E. Peacock.

Erikson, E. H. (1963). *Childhood and society* (2nd ed.). New York: Norton.

Eron, L. D. (1987). The development of aggressive behavior from the perspective of a developing behaviorism. *American Psychologist, 42,* 435-442.

Exner, J. E. Jr. (2005). *The Rorschach: A comprensive system interpretation.* New York: John Wiley & Sons.

Eysenck, H. J. (1982). *Personality, genetics and behavior: Selected papers.* New York: Praeger.

Eysenck, H. J. (1991). Dimensions of personality: 16, 5, or 3?—Criteria for a taxonomic paradigm. *Personality and Individual Differences, 12,* 773-790.

Eysenck, H. J. (1994). The outcome problem in psyschotherapy: What have we learned? *Behaviour Research and Therapy, 32,* 477-495.

Fantz, R. L. (1961). The origin of form perception. *Science, 204,* 66-72.

Faravelli, C., & Pallanti, S. (1989). Recent life events and panic disorders. *American Journal of Psychiatry, 146,* 622-626.

Farrar, M. J. (1990). Discourse and the acquisition of grammatical morphemes. *Journal of Child Language, 17,* 607-624.

Feingold, A. (1992). Good-looking people are not what we think. *Psychological Bulletin, 111,* 304-341.

Feldman, R. S. (2008). *Essentials of understanding psychology* (7th ed). New York: McGraw-Hill.

Festinger, L. (1957). *A theory of cognitive dissonance.* Stanford, CA: Stanford University Press.

Fiedler, F. E. (1978). Recent developments in research on the contingency model. In L. Berkowitz (Ed.), *Group process*. New York: Academic Press.

Fielding, J. E. (1985). Smoking: Health effects and control. *New England Journal of Medicine, 313*, 491-498, 555-561.

Flavell, J. H. (1985). *Cognitive development*. Englewood Cliffs, NJ: Prentice-Hall.

Flood, J. F., Silver, A. J., & Morley, J. E. (1990). Do peptide induced changes in feeding occur because of changes in motivation to eat? *Peptides, 11*, 265-270.

Ford, D. Y., & Harris, J. J. (1992). The elusive definition of creativity. *Journal of Creative Behavior, 26*(3), 186-198.

Fowles, D. C. (1993). A motivational theory of psychopathology. In W. Spaulding (Ed.), *Nebraska symposium on motivation: Vol. 41. Integrated views of motivation, cognition and emotion*. Lincoln, NE: University of Nebraska Press.

Friedman, H. S., Tucker, J. S., Schwartz, J. E., Tomlinson-Keasey, C., Martin, L. R., Wingard, D. L., & Criqui, M. H. (1995). Psychosocial and behavioral predictors of longevity: The aging and death of the Termites? *American Psychologist, 50*, 69-78.

Friedman, M., & Rosenman, R. F. (1974). *Type a behavior and your heart*. New York: Knopf.

Fromm, E. (1979). The nature of hypnosis and other altered states of consciousness: An egopsychological theory. In E. Fromm & R. E. Shor (Eds.), *Hypnosis: Developments in research and new perspectives*. New York: Aldine.

Funder, D. C. (2001). Personality. *Annual Review of Psychology, 52*, 197-221.

Galton, F. (1883). *Inquires into human faculty and its development*. London, UK: Mcmillan.

Gardner, H. (1983). *Frames of mind*. New York: Basic Books.

Geldard, F. A. (1962). *Fundamentals of psychology*. New York: Wiley.

Gibson, E. J., & Walk, R. D. (1960). The visual cliff? *Scientific American, 202*, 64-71.

Gilligan, C. (1982). *In a difference voice*. Cambridge, MA: Harvard University Press.

Gold, M. S. (1992). Cocaine (and crack): Clinical aspects. In J. H. Lowinson, P. Ruiz, & R. B. Millman (Eds.), *Substance abuse. A comprehensive textbook* (2nd ed.). Baltimore, MA: William & Wilkins.

Goldberg, L. R. (1993). The structure of phenotypic personality traits. *American Psychologist, 48*, 26-34.

Goleman D. (1995). *Emotional intelligence*. New York: Bantam Books.

Goleman, D., Kaufman, P., & Ray, M. (1992). *The creative spirit*. New York: Dutton.

Gonsiorek, J. C., & Weinrich, J. D. (1991). The definition and scope of sexual orientation. In J. C. Gonsiorek & J. D. Weinrich (Eds.), *Homosexuality: Research implications for public policy*. Newbury Park, CA: Sage.

Goodstein, L. D., & Calhoun, J. F. (1982). *Understanding abnormal behavior*. Reading, MA: Addison-Wesley.

Goodwin, D. W. (1992). Alcohol: Clinical aspects. In J. H. Lowinson, P. Ruiz, & R. B. Millman (Eds.), *Substance abuse: A comprehensive textbook* (2nd ed.). Baltimore, MA: Williams & Wilkins.

Goodwin, F. K., & Jamison, K. R. (1990). *Manic-depressive illness*. New York: Oxford University Press.

Gottesman, I. I. (1991). *Schizophrenia genesis: The origins of madness*. New York: W. H. Freeman.

Grossman, K., & Grossman, K. (1990). The wider concept of attachment in cross-cultural research. *Human Development, 33*, 31-47.

Grunberg, N. E., & Straub, R. O. (1992). The role of gender and taste class in the effects of stress on eating. *Health Psychology, 11*, 97-100.

Guilford, J. P. (1959). Three faces of intellect model. In B. B. Wolman (Ed.), *Handbook of intelligence: Theories, measurements and applications*. New York: Wiley.

Guilford, J. P. (1985). The structure-of-intellect model. In B. B. Wolman (Ed.), *Handbook of intelligence: Theories, measurements and applications*. New York: Wiley.

Hamer, D. H., Hu, S., Magnuson, V. L., Hu, N., & Pattaucci, A. M. L. (1993). A linkage between DNA markers on the X chromosome and male sexual orientation. *Science, 261*, 321-327.

Hammond, E. C., & Horn, D. (1984). Smoking and death rates—Report on 44 months of follow-up of 187,783 men. *Journal of the American Medical Association, 251* (21), 2840-2853.

Harlow, H. F. (1950). Learning and satiation of response in intrinsically motivated complex puzzle performance by monkeys. *Journal of Comparative and Physiological Psychology, 43*, 289-294.

Harlow, H. F., & Harlow, M. (1962). Social deprivation in monkeys. *Scientific American, 207* (5), 136-146.

Hay, D. F. (1994). Prosocial development. *Journal of Child Psychology and Psychiatry, 35,* 29-71.

Heidbreder, E. (1947). The attainment of concept: III. The process. *Journal of Psychology, 24,* 93-108.

Heider, F. (1946). Attitudes and cognitive organization. *Journal of Psychology, 21,* 107-112.

Heider, F. (1958). *The psychology of interpersonal relations.* New York: Wiley.

Hembre, R. (1988). Correlates, causes, effects, and treatment of test anxiety. *Review of Educational Research, 58,* 47-77.

Hilgard, E. R. (1965). *Hypnotic susceptibility.* New York: Harcourt, Brace & World.

Hilgard, E. R. (1986). *Divided consciousness: Multiple controls in human thought and action.* New York: Wiley.

Hilton, J. L., Fein, S., & Miller, D. T. (1993). Suspicion and dispositional inference. *Personality and Social Psychology Bulletin, 19,* 501-512.

Hobson, J. A. (1988). *The dreaming brain.* New York: Basic Books.

Holmes, T. H., & Masuda, M. (1974). Life change and illness susceptibility. In B. S. Dohrenwend & B. P. Dohrenwend (Eds.), *Stressful life events: Their nature and effects.* New York: Wiley.

Holmes, T. H., & Rahe, R. H. (1967). The Social Readjustment Rating Scale. *Journal of Psychosomatic Research, 11,* 213-218.

Horn, J. L. (1994). Theory of fluid and crystallized intelligence. In R. J. Sternberg (Ed.), *Advances in the psychology of human intelligence* (Vol. 1, pp. 443-451). New York: Macmillan.

Horney, K. (1967). *Feminine psychology.* New York: W. W. Norton.

Hull, C. L. (1943). *Principles of behavior.* New York: Appleton.

Iaccino, J. F. (1993). *Left brain-right brain differences: Inquires, evidence, and new approaches.* Hillsdale, NJ: Erlbaum.

James, W. (1890). *The principles of psychology.* New York: Holt.

Jamison, K. R. (1993). *Touched with fire: Manic depressive illness and the artistic temperament.* New York: Van Nostrand.

Jensen, A. R. (1980). *Bias in mental testing.* New York: Free Press.

Jung, C. G. (1953). *The psychology of the unconscious* (R. F. C. Hull, Trans.). *Collected Works* (Vol. 7). Princeton, NJ: Princeton University Press.

Jung, C. G. (1966). *Two essays on analytical psychology* (R. F. C. Hull, Trans.). Princeton, NJ: Princeton University Press.

Jung, C. G. (1993). *Modern man in search of a soul.* New York: Harcourt Brace Jovanovich.

Kalat, J. W. (2008). *Introduction to psychology* (8th ed.). Belmont, CA: Wadsmorth.

Kales, A., Kales, J. D., Soldatos, C. R., Caldwell, A. B., Charney, D. S., & Martin, E. D. (1980). Night terrors: Clinical characteristics and personality patterns. *Archives of General Psychiatry, 37,* 1413-1417.

Karau, S. J., & Williams, K. D. (1993). Social loafing: A meta-analytic review and theoretical integration. *Journal of Personality and Social Psychology, 65,* 681-706.

Kelley, H. M. (1973). The processes of causal attribution. *American Psychologist, 28,* 107-128.

Kendler, K. S., Gruenberg, A. M., & Kinney, D. K. (1994). Independent diagnoses of adoptees and relatives as defined by DSM-III in the provincial and national samples of the Danish Adoption Study of Schizophrenia. *Archives of General Psychiatry, 51,* 456-468.

Kessler, R. C. (2003). Epidemiology of woman and depression. *Journal of Affective Disorders, 74*(1), 5-13.

Kety, S. S., Wender, P. H., Jacobsen, B., Ingraham, L. J., Jansson, L., Faber, B., & Kinney, D. K. (1994). Mental illness in the biological and adoptive relatives of schizophrenic adoptees: Replication of the Copenhagen study in the rest of Denmark. *Archives of General Psychiatry, 51,* 442-455.

King, G. R., & Ellinwood, E. H. (1992). Amphetamines and other stimulants. In J. H. Lowinson, P. Ruiz, & R. B. Millman (Eds.), *Substance abuse: A comprehensive textbook* (2nd ed.). Baltimore, MD: Williams & Wilkins.

Kinsey, A. C., Pomeroy, W. B., Martin, C. E., & Gebhard, R. H. (1953). *Sexual behavior in the human female.* Philadelphia, MA: Saunders.

Kohlberg, L. (1963). The development of children's orientations toward a moral order: Pt 1. Sequence in the development of moral thought. *Vita Human, 6,* 11-33.

Kohlberg, L. (1981). *Essays on moral development: Vol. 1.* New York: Harper & Row.

Kohlberg, L. (1984). *Eassays on moral development: Vol. 2. The psychology of moral development*. San Francisco, CA: Harper & Row.

Kosslynn, S. M., & Rosenberg, R. S. (2006). *Psychology in context* (3rd ed.). Boston, MA: Pearson Eduation.

Kracke, W. (1992). Languages of dreaming: An thropological approaches to the study of dreaming in other cultures. In J. Gackenback & A. Sheik (Eds.), *Dream images: A call to mental arms*. Amityville, NY: Baywood.

Kring A. M., Davison, G. C., Neale, J. M., & Johnson, S. L. (2007). *Abbormal psychology* (10th ed). New York: John Wiley & Sons.

Krosnick, J. A., Betz, A. L., Jussim, L. J., & Lynn, A. R. (1992). Subliminal conditioning of attitudes. *Personality and Social Psychology Bulletin, 18*, 152-162.

Lange, C. (1887). *Ueber Gemuthsbewgungen*, 3. 8.

Lazarus, R. S. (1993). Why we should think of stress as a subset of emotion. In L. Goldberger & S. Breznitz (Eds.), *Handbook of stress: Theoretical and clinical aspects* (2nd ed.). New York: Free Press.

Levay, S. (1991). A difference in hypothalamic structure between heterosexual and homosexual men. *Science, 253*, 1034-1037.

Levy, J., & Nagylaki, T. (1972). A model for the genetics of handedness. *Genetics, 72*, 117-128.

Lewy, A. J., Sack, R. L., & Singer, C. M. (1990). Bright light, melatonin, and biological rhythms in humans. In J. Montplaisir & R. Godbout (Eds.), *Sleep and biological rhythms: Basic mechanisms and applications to psychiatry*. New York: Oxford University Press.

Lindzey, G., Thompson, R. F., & Spring, B. (1988). *Psychology* (3rd ed.). New York: Worth Publishers.

Loehlin, J. C. (1992). *Genes and environment in personality development*. Newbury Park, CA: Sage.

Luchins, A. S. (1942). Mechanization in problem solving. *Psychological Monographs, 54* (6, Whole No. 248).

Luchins, A. S. (1957). Primacy-recency in impression formation. In C. I. Hovland (Ed.), *The order of presentation in persuasion*. New Haven, CN: Yale University Press.

Luchins, A. S., & Luchins, E. H. (1950). New experimental attempts at preventing mechanization in problem solving. *Journal of General Psychology, 42*, 279-297.

Lynn, S. T., & Rhue, J. W. (1986). The fantasy-prone person: Hypnosis, imagination, and creativity. *Journal of Personality and Social Psychology, 51*, 404, 408.

Mahowald, M. W., & Schenck, C. H. (2005). Insight from studying human sleep disorders. *Nature, 437*, 1279-1285.

Mandler, G. (1993). Thought, memory, and learning: Effects of emotional stress. In L. Goldberger & S. Breznitz (Eds.), *Handbook of stress: Theoretical and clinical aspects* (2nd ed.). New York: Free Press.

Markus, H. R., & Kitayama, S. (1991). Culture and the self: Implications for cognition, emotion, and motivation. *Psychological Review, 98*, 224-253.

Marshall, W. L., & Segal, Z. (1988). Behavior therapy. In C. G. Last & M. Hersen (Eds.), *Handbook of anxiety disorders* New York: Pergamon.

Maslow, A. H. (1968). *Toward a psychology of being*. New York: Van Nostrand.

Maslow, A. H. (1970). *Motivation and personality*. New York: Harper & Row.

Matlin, M. W. (1989). *Cognition*. New York: Holt, Rinehart & Winston.

Matsumoto, D. (1994). *People: Psychology from a cultural perspective*. Pacific Grove, CA: Brooks/Cole.

Mayer, G. R., Butterworth, T., Nafpaktitis, M., & Sulzer-Azaroff, B. (1993). Preventing school vandalism and improving discipline: A three-year study. *Journal of Applied Behavior Analysis, 16*(4), 355-369.

McAdams, D. P., Lester, R. M., Brand, P. A., McNamara, W. J., & Lensky, D. B. (1988). Sex and the TAT: Are women more intimate than men? Do men fear intimacy? *Journal of Personality Assessment, 52*, 397-409.

McBride, P. E. (1992). The health consequences of smoking: Cardivascular diseases. *Medical Clinics of North America, 76*, 333-353.

McClelland, D. C. (1985). *Human motivation*. Glenview, IL: Scott, Foresman.

McClelland, D. C. (1987). *Human motivation*. New York: Cambridge University Press.

McCrae, R. R., & Costa, P. T. Jr. (1990). *Personality in adulthood*. New York: Guilford Press.

McCrae, R. R., & Costa, P. T. Jr. (1997). Personality trait structure as a human universal. *American Psychologist, 52*, 509-516.

McGue, M., Bouchard, T. J. Jr., Iacono, W. G., & Lykken, D. T. (1993). Behavioral genetics of cognitive ability: A life-span perspective. In R. Plomin & G. E. McClearn (Eds.), *Nature, nurture and psychology*. Washington, DC: American Psychological Association.

Middlebrooks, T. C., & Knudsen, E. I. (1984). A neural code for auditory space in the cat's superior colliculus. *The Journal of Neuroscience, 4*, 2621-2634.

Milgram, S. (1974). *Obedience to authority*. New York: Harper & Row.

Miller, G. A. (1956). The magical number seven, plus or minus two: Some limits on our capacity for processing information. *Psychological Review, 63*, 81-97.

Miller, G. A. (1991). *The science of words*. New York: Scientific American Library.

Miller, J. G. (1991). A cultural perspective on the morality of beneficience and interpersonal responsibility. In S. Ting-Toomey & F. Korzenny (Eds.), *International and intercultural communication annual: Vol. 15*. Newbury Park, CA: Sage.

Miller, J. G., & Bersoff, D. M. (1992). Culture and moral judgment: How are conflicts between justice and interpersonal responsibilities resolved? *Journal of Personality and Social Psychology, 62*, 541-554.

Miller, N. E. (1941). The frustration-aggression hypothesis. *Psychological Review, 48*, 337-342.

Miller, R. S. (1991). On decorum in close relationships: Why aren't we polite to those we love? *Contemporary Social Psychology, 15*, 63-65.

Mitler, M. M. (1993). Public safety in the workplace. In M. A. Carskadon (Ed.), *Encyclopedia of sleep and dreaming*. New York: MacMillan.

Moeller, F. G., Barratt E. S., Dougherty D. M., Schmitz J. M., & Swann A. C. (2001). Psychiatric aspects of impulsivity. *American Journal of Psychiatry, 158*(11), 1783-1793.

Moline, M. L. (1993). Jet lag. In M. A. Carskadon (Ed.), *Encyclopedia of sleep and dreaming*. New York: MacMillan.

Morgan, C. T., & Deese, J. (1969). *How to study* (2nd ed.). New York: McGraw-Hill.

Murphy, J. M., & Davidshofer, C. O. (2005). *Psychological testing: Principal and applications* (6th ed.). New Jersey: Pearson Education.

Murray, H. (1938). *Explortions in personality*. New York: Oxford University Press.

Nash, M. R., Lynn, S. J., & Givens, D. L. (1984). Adult hypnotic susceptibility, childhood punishment and child abuse: A brief communication. *International Journal of Clinical and Experimental Hypnosis, 32*(1), 6-11.

National Sleep Foundation. (2006). *Sleep in America poll.* Washington, DC: National Sleep Foundation.

Neisser, U., & Becklen, R. (1975). Selective looking: Attending to visually-specified events. *Cognitive Psychology, 7,* 480-494.

Neisser, U., & Harsch, N. (1992). Phantom flashbulbs: False recollections of hearing the news (Eds.), *Affect and accuracy in recall: Studies of "flashbulb" memories.* New York: Cambridge University Press.

Nelson, R. J., Bandura, L. L., & Goldman, B. D. (1990). Mechanisms of seasonal cycles of behavior. *Annual Review of Psychology, 41,* 81-108.

Newcomb, P. A., & Carbone, P. P. (1992). The health consequences of smoking: Cancer. *Medical Clinics of North America, 76,* 305-331.

Newcombe, N., & Huttenlocher, J. (1992). Children's early ability to slove perspective-taking problems. *Developmental Psychology, 28,* 635-643.

Nielsen, T. A., & Stenstrom, P. (2005). What are the memory sources of dreaming? *Nature, 437,* 1286-1289.

Norman, D. A. (1976). *Memory and attention: An introduction to human information processing.* New York: Wiley.

Nurnberger, J. I. Jr., & Gershon, E. S. (1992). Genetics. In E. S. Psykel (Ed.), *Handbook of affective disorders* (2nd ed.). New York: Guiford Press.

Olds, J. (1956). Pleasure centers in the brain. *Scientific American, 193,* 105-116.

Oliver, J. E. (1993). Intergenerational transmission of child abuse: Rates, research, and clinical implications. *American Journal of Psychiatry, 150,* 1315-1324.

Orme-Johnson, D. W. (1987). Transcendental mediation and reduced health care utilization. *Psychosomatic Medicine, 49,* 493-507.

Ormel, J., & Schaufeli, W. B. (1991). Stability and change in psychological distress and their relationship with self-esteem and locus of control: A dynamic equilibrium model. *Journal of Personality and Social Psychology, 60,* 288-299.

Orne, M. T., & Dinges, D. F. (1989). Hypnosis. In H. I. Kaplan & B. J. Sadock (Eds.),

*Comprehensive textbook of psychiatry/V: Vol. 2*. Baltimore, MD: Williams & Wilkins.

Osborn, A. F. (1963). *Applied imagination: Principles and procedures of creative thinking.* New York: Scribner.

Paffenbarger, R. S., Hyde, R. T., & Wing, A. L. (1990). Physical activity and physical fitness as determinants of health and longevity. In C. Bouchard, R. J. Shephard, T. Stephens, J. R. Sutton, & B. D. Mcpherson (Eds.), *Exercise, fitness, and health: A consenses of current knowledge*. Champaign, IL: Human Kinetics Books.

Parkinson, W. L., & Weingarten, H. P. (1990). Dissociative analysis of ventromedial hypothalamic obesity syndrome. *American Journal of Physiology, 259*, 829-835.

Perloff, R. M. (1993). *The dynamics of persuation*. Hillsdale, NJ: Erlbaum.

Perls, F. S. (1969). *Gestalt therapy verbatim*. Lafayette, CA: Real People Press.

Peterson, L. R., & Peterson, M. J. (1959). Short-term retension of individual verbal items. *Journal of Experimental Psychology, 58*, 193-198.

Pfaffmann, C. (1978). The vertebrate phylogeny, neural code, and integrative process of taste. In C. Carterette & M. P. Friedman (Eds.), *Handbook of perception: Vol. 6A*. New York: Academic Press.

Plomin, R., DeFries, J. C., McClearn, G. E., & Rutter, R. (1997). *Behavioral genetics* (3rd ed.). New York: W. H. Freeman.

Posner, M. I., DiGirolamo, G. J., & Fernandez-Duque, D. (1997). Brain mechanisms of cognitive skills. *Journal of Consciousness and Cognition, 6*, 267-290.

Postman, L. (1985). Human learning and memory. In G. A. Kimble & K. Schlesinger (Eds.), *Topics in the history of psychology*. Hillsdale, NJ: Erlbaum.

Price, R. A., Stunkard, A. J., Ness, R., Wadden, T., Heshka, S., Kanders, B., & Cormillot, A. (1990). Childhood onset (age less than 10) obesity has a high familial risk. *International Journal of Obesity, 14*, 185-195.

Randi, J. (1980). *Flim-flam: The truth about unicorns, parapsychology, and other delusions.* New York: Lippincott & Crowell.

Ree, M. J., & Earles, J. A. (1992). Intelligence is the best predictor of job performance. *Current Directions in Psychological Science, 1*, 86-89.

Reid, R. L. (1991). Premenstral syndrome. *The New England Journal of Medicine, 324*(17),

1208-1210.

Reiss, S. (1991). Expectancy model of fear, anxiety and panic. *Clinical Psychology Review, 11*, 141-154.

Rhodes, N., & Wood, W. (1992). Self-esteem and intelligence affect influenceability: The medicating role of message reception. *Psychological Bulletin, 111*, 156-171.

Rodin, J., Wack, J., Ferrannini, E., & Defronzo, R. A. (1985). Effect of insulin and glucose on feeding behavior. *Metabolism, 34*, 826-831.

Roffwarg, H. P., Muzio, J. N., & Dement, W. C. (1996). Ontogenetic development of the human sleep-dream cycle. *Science, 152*, 604-619.

Rogers, C. R. (1980). *A way of being*. Boston, MA: Houghton & Mifflin.

Rogers, C. R. (1986). Client-centerd therapy. In I. L. Kutasch & A. Wolf (Eds.), *Psychotherapist's casebook*. San Francisco, CA: Jossey-Bass.

Rorschach, H. (1942). *Psychodiagnostics: A diagnostic test based on perception*. Berne: Huber.

Rosenbaum, M., Lakin, M., & Roback, H. B. (1992). Psychotherapy in groups. In D. K. Freedheim (Ed.), *History of psychotherapy: A century of change*. Washington, DC: American Psychological Association.

Ross, B. (1991). William James: Spoiled child of American psychology. In G. A. Kimble, M. Wertheimer, & C. White (Eds.), *Portraits of pioneers in psychology*. Hillsdale, NJ: Erlbaum.

Ross, C. A., Norton, G. R., & Wozney, K. (1989). Multiple personality disorder: An analysis of 236 cases. *Canadian Journal of Psychiatry, 34*, 413-418.

Ross, J., & Ferris, K. R. (1981). Interpersonal attraction and organizational outcome: A field experiment. *Administratire Science Quarterly, 26*, 617-632.

Ross, L. (1977). The intuitive psychologist and his shortcomings: Distortions in the attribution process. In L. Berkowitz (Ed.), *Advances in experimental social psychology: Vol. 10*. New York: Academic Press.

Rotter, J. B. (1966). Generalized expectancies for internal versus external control of reinforcement. *Psychological Monographs, 80* (Whole No. 609).

Rotter, J. B. (1975). Some problems and misconceptions related to construct of internal versus external control of reinforcement. *Journal of Consulting and Clinical Psychology, 43*,

56-67.

Rotter, J. B. (1990). Internal versus external control of reinforcement: A case history of a variable. *American Psychologist, 45,* 498-493.

Rushton, J. P., Fulker, D. W., Neale, M. C., Nias, D. K. B., & Eysenck, H. T. (1986). Altruism and aggression: The heritability of individual differences. *Journal of Personality and Social Psychology, 50,* 1192-1198.

Salminen, S. (1992). Defensive attribution hypothesis and serious occupational accidents. *Psychological Reports, 70,* 1195-1199.

Samet, J. M. (1992). The health benefits of smoking cessation. *Medical Clinics of North America, 76,* 399-414.

Sarason, I. G. (1984). Stress, anxiety and cognitive interference: Reactions to test. *Journal of Personality and Social Psychology, 46,* 929-938.

Scarr, S. (1997). Behavor genetic and socialization theories of intelligence: Truce and reconciliation. In R. J. Sternberg & E. L. Grigorenko (Eds.), *Intelligence, heredity, and enivorment.* New York: Cambridge University Press.

Schachter, S., & Gross, L. (1968). Manipulated time and eating behavior. *Journal of Personality and Social Psychology, 10,* 98-106.

Schachter, S., & Singer, J. (1962). Cognitive, social and physiological determinant of emotional state. *Psychological Review, 69,* 379-399.

Schaie, K. W. (1990). Late life potential and cohort differences in mental abilities. In M. Perlmutter (Ed.), *Late life potential.* Washington, DC: Gerontological Society.

Schaie, K. W. (1994). The course of adult intellectual development. *American Psychologist, 49,* 304-313.

Scheier, M. F., Matthews, K. A., Owen, J. F., Magovern, G. J. Sr., Lefebvre, R. C., Abbott, R. A., & Carver, C. S. (1989). Dispositional optimism and recovery from coronary artery bypass surgery: The beneficial effects on physical and psychological well-being. *Journal of Personality and Social Psychology, 57,* 1024-1040.

Schiff, M., & Lewontin, R. (1986). *Education and class: The irrelevance of IQ genetic studies.* Oxford: Clarendon Press.

Schlegel, A., & Barry, H., III (1991). *Adolescence: An anthropological inquiry.* New York: Free

Press.

Schultz, H. (1993). Ultradian rhythms. In M. A. Carskadon (Ed.), *Encyclopedia of sleep and dreaming*. New York: MacMillan.

Seligman, M. E. P. (1975). *Helplessness*. San Francisco, CA: Freeman.

Selye, H. (1956). *The stress of life*. New York: McGraw-Hill.

Selye, H. (1973). The evolution of the stress concept. *American Scientist, 61*(6), 672-699.

Selye, H. (1974). *Stress without distress*. New York: Lippincott.

Shapiro, D. H. Jr. (1987). Implications of psychotherapy research for the study of meditation. In M. A. West (Ed.)., *The psychology of mediation*. Oxford: Clarendon Press.

Shepard, R. N. (1990). *Mind sights*. New York: W. H. Freeman.

Simon, H. A., & Hayes, J. R. (1976). Understanding complex task instructions. In D. Klahr (Ed.), *Cognition and instruction*. Hillsdale, New Jersey: Lawerence Erlbaum.

Simonton, D. K. (1990). Creativity and wisdom in aging. In J. E. Birren & K. W. Schaie (Eds.), *Handbook of the psychology of aging*. San Diego, CA: Academic Press.

Simonton, D. K. (2000). Creativity: Cognitive, personal, development, and social aspects. *American Psychologist, 55*, 151-158.

Skinner, B. F. (1953). *Science and haman behavior*. New York: MacMillan.

Skinner, B. F. (1969). *Contingencie of reinforcement*. New York: Appleton-Century-Crofts.

Skinner, B. F. (1971). *Beyond freedom and dignity*. New York: Knopf.

Skinner, B. F. (1974). *About behaviorism*. New York: Knopf.

Skinner, B. F., Solomon, H. C., & Lindsley, D. R. (1953). *Studies in behavior therapy: Status report 1*. Waltham, MA: Unpublished report, Metropolitan State Hospital.

Snarey, J. R. (1985). Cross-cultural universality of social-moral development: A critical review of Kohlbergian research. *Psychological Bulletin, 97*, 202-232.

Solms, M. (1997). *The neuropsychology of dreams: A clinic-anatonical study*. Mahwah, NJ: Erlbaum.

Spanos, N. P. (1986). Hypnotic behavior: A social-psychological interpretation of amnesia, analgesia, and "trance logic." *Behavioral & Brain Science, 9*(3), 449-467.

Spearman, C. (1904). General intelligence? Objectively determined and measured. *American Journal of Psychology, 15*, 201-293.

Spearman, C. (1923). *The nature of intelligence? And the principles of cognition*. London: MacMillan.

Sperling, G. (1960). The information available in brief visual presentations. *Psychological Monographs*, *74* (11, Whole No. 498).

Sperry, R. W. (1982). Some effects of disconnecting the cerebral hemispheres. *Science*, *217*, 1223-1226, 1250.

Spiegel, D., Bierre, P., & Rootenberg, T. (1989). Hypnotic alternation of somatosensory perception. *American Journal of Psychiatry*, *146*(6), 749-754.

Spinweber, C. L. (1993). Gardner, Randy. In M. A. Carskadon (Ed.), *Encyclopedia of sleep and dreaming*. New York: MacMillan.

Spranger, E. (1928). *Types of men*. Halle: Niemeyer.

Springer. S. P., & Deutsch, G. (1989). *Left brain, right brain* (3rd ed.). New York: W. H. Freeman.

Springer, S. P., & Deutsch, G. (1993). *Left brain, right brain* (4th ed.). New York: W. H. Freeman.

Stabenau, J. R., & Pollin, W. (1993). Heredity and environment in schizophrenia, revisited: The contribution of twin and high-risk studies. *Journal of Nervous and Mental Disease*, *181*, 290-297.

Steffens, A. B., Scheurink, A. J., & Luiten, P. G. (1988). Hypothalamic food intake regulating areas are involved in the homeostasis of blood glucose and plasma FFA levels. *Psysiology and Behavior*, *44*, 581-589.

Stern, W. (1914). *The psychological method of testing intelligence*. Baltimore, MD: War-wick & York.

Sternberg, R. J. (1988a). *The triarchi mind: A new theory of human intelligence*. New York: Viking Press.

Sternberg, R. J. (1988b). Triangulating love. In R. J. Sternberg & M. L. Barnes (Eds.), *The psychology of love*. New Haven, CT: Yale University Press.

Sternberg, R. J. (1991). Theory-based testing of intellectual abilities: Rationale for the triarchic abilities test. In H. A. H. Rowe (Ed.), *Intelligence: Reconceptualization and measurement*. Hillsdale, NJ: Erlbaum.

Stevdns, S. S. (1957). On the psychophysical law. *Psychological Review*, *64*, 153-181.

Stevens, S. S. (1975). *Psychophysics: Introduction to its perceptual, neural, and social prospects*. New York: Wiley.

Stunkard, A. J., Harris, J. R., Pederson, N. L., & McClearn, G. E. (1990). The body-mass index of twins who have been reared apart. *New England Journal of Medicine, 322*, 1483-1487.

Super, C. M. (1976). Environmental effects on motor development: A case of African infant precocity. *Developmental Medicine and Child Neurology, 18*, 561-567.

Terman, L. M. (1925). *Genetic studies of genius: Vol. 1. Mental and physical traits of a thousand gifted children*. Stanford, CA: Stanford University Press.

Terman, L. M., & Merrill, M. A. (1960). *Standford-Binet Intelligence Scale*. Boston, MA: Houghton Mifflin.

Terman, L. M., & Oden, M. H. (1959). *Genetic studies of genius: Vol. 5. The gifted group at mid-life*. Stanford, CA: Stanford University Press.

Thorndike, E. L. (1916). *Measurement of intelligence*. Boston, MA: Houghton Mifflin.

Thorndike, R. L., Hagen, E. P., & Sattler, J. M. (1986). *The Stanford-Binet Intelligence Scale: Fourth edition technical manual*. Chicago, IL: Reverside.

Thurstone, L. L. (1938). *Primary mental abilities* (Psychometiric Monographs No. 1). Chicago, IL: University of Chicago Press.

Tomkins, S. (1962). *Affect, imagery and consciousness: Vol. 1. The positive effects*. New York: Springer.

Trull, T. J., & McCrae, R. R. (1994). A five-factor perspective on personality disorder research. In P. T. Costa, Jr., & T. A. Widiger (Eds.), *Personality disorders and the five-factor model of personality*. Washington, DC: American Psychological Association.

Trull, T. J., & Sher, K. J. (1994). Relationship between the five-factor model of personality and Axis I disorders in a nonclinical sample. *Journal of Abnormal Psychology, 103*, 350-360.

U.S. Census Bureau. (1993). *The top 25 languages*. Washington, D.C.: U.S. Census Bureau.

Vandenberg, S. G., & Vogler, G. P. (1985). Genetic determinations of intelligence. In B. B. Wolman (Ed.), *Handbook of intelligence: Theories, measurements, and applications*. New York: Wiley.

Vokey, J. R., & Read, J. D. (1985). Subliminal message: Between the devil and the media. *American Psychologist, 40*, 1231-1239.

Vygotsky, L. S. (1986). *Thought and language* (A. Kozulin, Trans.). Cambridge, MA: MIT Press.

(Original work published 1934)

Walker, D., Greenwood, C., Hart, B., & Carta, J. (1994). Prediction of school outcomes based on early language production and socioeconomic factors. *Developmental Psychology, 65*, 606-621.

Wallace, R. K., & Benson, H. (1972). The physiology of mediation. *Scientific American, 226*, 84-90.

Wallas, G. (1926). *The art of thought*. New York: Harcourt Brace World.

Wang, Q. (2003). Infantile amnesia reconsidered: A cross-culture analysis. *Memory, 11*(1), 65-80.

Watson, J. B. (1913). Psychology as the behaviorist view it. *Psychological Review, 20*, 158-177.

Watson, Sr. R. I. (1978). *The great psychologists (4th ed.)*. New York: J. B. Lippincott.

Wechsler, D. (1939). *The measurement of adult intelligence*. Baltimore: Williams & Wilkins.

Wechsler, D. (1949). *Wechsler intelligence scale for children*. New York: Psychological Corporation.

Wechsler, D. (1955). *Manual, Wechsler adult intelligence scale*. New York: Psychological Corporation.

Wechsler, D. (1967). *Manual for the Wechsler preschool and primary scale of intelligence*. New York: Psychological Corporation.

Wechsler, D. (1981). *Manual for the Wechsler adult intelligencescale-revised*. New York: Psychological Corporation.

Wechsler, D. (1991). *WISC-III manual*. San Antonio, TX: Psychological Corporation.

Weiner, B. (1978). Achievement strivings. In H. London & J. E. Exner (Eds.), *Dimensions of personality*. New York: Wiley.

Weiner, B. (1985). "Spontaneous" casual thinking. *Psychological Bulletin, 97*, 74-84.

Weiner, B. (Ed.). (1974). *Achievement motivation and attribution theory*. Morristown, NJ: General Learning Press.

Weiner, H. (1992). *Perturbing the organism: The biology of stressful experience*. Chicago, IL: University of Chicago Press.

Weiner, H., & Fawzy, F. I. (1989). An integrative model of health, disease, and illness. In S. Cheren (Ed.), *Psychosomatic medicine: Vol. 1. Theory, physiology, and practice*. Madison,

CT: International University Press.

Weiner, M. F. (1993). Role of the leader in group psychotherapy. In H. I. Kaplan & B. J. Sadock (Eds.), *Comprehensive group psychotherapy*. Baltimore: Williams & Wilkins.

Weiten, W. (1995). *Psychology: Themes and variations*. London: International Thomson Publishing.

Welsh, D. K. (1993). Timing of sleep and wakefulness. In M. A. Carskadon (Ed.), *Encyclopedia of sleep and dreaming*. New York: MacMillan.

Wever, R. A. (1989). Light effects on human circadian rhythms: A review of recent andechs experiments. *Journal of Biological Rhythms, 4*(2), 161-185.

Wilcox, A. J., Weinberg, C. R., O'Connor, J. F., Baurd, D. D., Schlatterer, J. P., Confield, R. E., Armstrong, E. G., & Nisula, B. C. (1988). Incidence of early loss of pregnancy. *New England Journal of Medicine, 319*, 189-194.

Williams, B. A. (1988). Reinforcement, choice, and response strength. In R. C. Atkinson, R. J. Herrnstein, G. Lindzey, & R. D. Luce (Eds.), *Stevens's handbook of experimental psychology*. New York: Wiley.

Wilson, E. O. (1975). *Human decency is animal*. New York: Times Magazine.

Wink, P., & Helson, R. (1993). Personality change in women and their partners. *Journal of Personality and Social Psychology, 65*, 597-605.

Witkin, H. A., & Berry, J. W. (1975). Psychological differentiation in cross-cultural perspective. *Journal of Cross-Cultural Psychology, 6*, 4-87.

Witkin, H. A., Moore, C. A., Goodenough, D. R., & Cox, P. W. (1977). Field-depen-dent and field-independent cognitive styles and their educational implications. *Review of Educational Research, 47*(1), 1-64.

Wolpe, J. (1958). *Psychotherapy by reciprocal inhibition*. Stanford, CA: Stanford University Press.

Wolpe, J. (1987). The promotion of scientific therapy: A long voyage. In J. K. Zeig (Ed.), *The evolution of psychotherapy*. New York: Brunner/Mazel.

Wolpe, J. (1990). *The practice of behavior therapy*. Elmsford, NY: Pergamon Press.

Wood, S. E., & Wood, E. G. (1996). *The world of psychology*. MA: Allyn & Bacon.

Worchel, S., & Shebilske, W. (1989). *Psychology: Principles and applications* (3rd ed.). Englewood Cliffs, NJ: Prentice Hall.

# 索引

## 十二劃

## 二、英漢對照

國家圖書館出版品預行編目（CIP）資料

心理學／葉重新著. -- 五版. -- 新北市：心理，
　2020. 05
　　面；　公分. --（心理學系列；11050）
　　ISBN 978-986-191-906-5（平裝）

　　1. 心理學

170　　　　　　　　　　　　　　　　　　　109004735

心理學系列 11050

# 心理學（第五版）

作　　者：葉重新
執行編輯：林汝穎
總 編 輯：林敬堯
發 行 人：洪有義
出 版 者：心理出版社股份有限公司
地　　址：231026 新北市新店區光明街 288 號 7 樓
電　　話：(02) 29150566
傳　　真：(02) 29152928
郵撥帳號：19293172　心理出版社股份有限公司
網　　址：https://www.psy.com.tw
電子信箱：psychoco@ms15.hinet.net
排 版 者：辰皓國際出版製作有限公司
印 刷 者：辰皓國際出版製作有限公司
初版一刷：1998 年 9 月
二版一刷：1999 年 9 月
三版一刷：2004 年 9 月
四版一刷：2011 年 5 月
五版一刷：2020 年 5 月
五版四刷：2022 年 7 月
Ｉ Ｓ Ｂ Ｎ：978-986-191-906-5
定　　價：新台幣 600 元